给读者的话

戴尼提（Dianetics，源自于希腊文 dia"穿越"和 nous"灵魂"）详细阐述了心灵和精神体的基本原理。这些发现的应用结果清楚显示，戴尼提处理的是毫不受时间影响的"存在体"：人类的灵魂——L.罗恩哈伯德原先称之为"我"，后来称之为"希坦（thetan）"。此后，哈伯德先生持续研究，终于绘制出一条路径，能让个体通往完全的精神自由。

戴尼提是处理"希坦"（即精神体，其位阶高于身体）、希坦与身体的关系，以及它对身体所造成的影响。

本书以其原貌呈现，是 L.罗恩哈伯德之文献及著作的一部分，而非作者、出版公司或任何相关机构的声明。这是哈伯德先生对于生命及人类本质所做的观察与研究记录。

戴尼提没有从事身体治疗的意图，也没有任何这方面的宣称。戴尼提中心或相关机构不接受任何寻求身体治疗或心理治疗的人，相反，在处理精神问题的起因之前，会要求他们到合格的医院就其身体状况进行体格检查。

要想获利于戴尼提，实现戴尼提的目标，需要每个人全身心地参与，因为只有通过一个人自身的努力，才能够实现这些目标。

我们希望阅读这本书，是你个人探索之旅的第一步。

本 书 属 于

DIANETICS

戴尼提

现代心灵健康科学

DIANETICS

戴尼提

现代心灵健康科学

L. 罗恩 哈伯德 著

Bridge
Publications, Inc.

哈伯德®
出版品

BRIDGE PUBLICATIONS, INC.

5600 E. Olympic Boulevard

Commerce, California 90022

ISBN 978-1-4031-5390-6

CHINESE（SIMPLIFIED）-

DIANETICS：THE MODERN SCIENCE OF MENTAL HEALTH

在美国印制

献给

威廉·杜兰

重要说明

阅读本书时，要十分确定自己没有跳过任何一个没有完全理解的字词。一个人之所以会放弃某个学科、感到困惑或无法学习，唯一的原因，就是他跳过了一个不了解的字词。

产生困惑或不能掌握所学内容、无法学习，是由于**之前**对某个字词缺乏定义而且不理解。并非只有生字生词或不常见的字词才需要查字典，有些常用的字词也常常因为定义不对而造成困惑。

"不要跳过任何一个定义不出来的字词"这个资料，就"学习"这整个主题而言是最重要的。任何一门你曾经开始而又放弃的学科，当中都有你没弄懂意思的字词。

因此，在阅读这本书时必须要非常、非常地确定自己未曾跳过任何一个不完全明白的字词。如果你开始对教材感到困惑，或似乎无法理解时，那么在此之前一定有一个你不明白的字词。不要再继续往下看了，赶快回到困难产生**之前**的地方，找到不懂或误解的字词，查清楚它的定义。

词汇表

本书后附有《戴尼提用语》词汇表。此外，为了协助读者理解，L.罗恩 哈伯德曾指示编辑人员提供一份针对其它字词的词汇表，这就是附录中的《字词及用语之编者词汇表》。一个字或一个词有时候会有好几个意思，《编者词汇表》中只包含这些字词在本书中所适用的定义。其它的定义可以在标准的字典中找到。

如果你发现任何其它不了解的字词，请查阅一本好字典。

摘要

戴尼提（Dianetics，源自于希腊文 dia，意思是"穿越"，以及 nous，意思是"心灵"或"灵魂"）是心灵的科学。戴尼提在公理（axiom）的精密度上足以和物理或化学相比，但却比它们简单得多，也比它们实用得多。所有身心性疾病（psychosomatic）和人性偏差错乱（aberration）的隐藏根源都已经揭晓，恒久有效的治愈技术也已发展出来了。

戴尼提实际上是一个科学体系，它涵盖不同的人文科学，并把它们转换成精确有用的定义。本书探讨的是"个人戴尼提"；是一本包含处理人际关系和心灵治疗所需技术的手册。运用这本手册中的技术，聪明的外行人可以成功地治疗所有的身心性疾病和非器官性的偏差错乱。更重要的是，这本手册所提供的技术将制造出戴尼提清新者（Clear）——一个拥有比当今正常人更高智慧的最佳个体；或戴尼提解脱者（Release）——一个已经从自己的主要忧虑和疾病中解脱出来的个体。解脱者的境界不用二十个小时就可达到，而且比耗时数年的精神分析所产生的任何状态还要更好，因为解脱者不会旧状复发。

戴尼提是一门精确的科学，而且它的技术应用近似于工程学，但比工程学简单。它的公理不应与理论混为一谈，因为我们可以证明，这些公理是至今不为人知的自然法则。过去几千年来，人类已经知道戴尼提中的许多部分，但并未对这些资料的重要性进行评价，也未将其组织成一套精确的知识体系。除了那些已经存在但未经评估的资料外，戴尼提还包含了在思想和心灵方面大量独创的新发现。

公理可以在本书的衬页中找到*。透过理解及应用，这些公理可以涵盖人类活动与思想的整个领域，并且产生精确的成效。

戴尼提的第一个贡献是：它发现，思想和心灵机能的问题是可以在物质宇宙的有限范围内解决的。也就是说，解决心灵活动及人类行为所需的一切资料，都可以如科学真理般，供人测量、感觉与体验，并且与神秘主义或形而上学无关。这些公理和过去心灵方面的主张不同；它们并不是假设或理论，而是经得起最严格的实验和临床测试的定律。

戴尼提的第一条定律说明了"存在的动力原则"。

存在的动力原则是：生存！

我们找不到有哪个行为或活动是不具有这个原则的。"生命在追求生存"并不是什么新观念。但"生命的全部驱动力就只是生存"则是全新的观点。

生存分成四大动力（Dynamic）。我们可以了解，四大动力中的任一动力皆含有生存；透过不完整的逻辑，也可以仅用任何单一动力来解释生存。我们可以说人只为自己而生存，并以这个理论描述所有的行为；也可以说人是单为了性而生存，并只以性的角度来描述所有的行为；也可以说人仅仅为了团体，或仅仅为了人类而生存，并分别以这两种角度将个人所有的努力和行为转化

---

* 参阅《戴尼提基本公理》。

为方程式，并予以解释。这些说法是生存的四个方程式，每一个表面上看来都是对的。然而，除非承认每个人都具有这四大动力，否则人类的目标这整个问题依旧无法解决。一旦将这四大动力都纳入方程式中，就可以精确地估计个人的行为。因此，这些动力涵盖了个人或众人的所有活动。

第一动力：个体为自己及其最紧密的共生物（symbiote）追求最高潜在生存之渴望。

第二动力：个体在性、创造后代以及养育后代方面，追求最高潜在生存之渴望。

第三动力：个体为团体（无论是民间团体、政治团体，或种族团体）以及该团体的共生物，追求最高潜在生存之渴望。

第四动力：个体为人类以及人类的共生物追求最高潜在生存之渴望。

个人或社会受到这些动力的驱动而寻求生存。没有一种人的活动具有其它的动机：实验、调查以及长期的测试显示，一个没有偏差错乱的个体，亦即清新者，他的行动和决定是由上述所有动力所驱动的，而仅非单一动力。

只要神经系统的器官健全，精神病患、神经官能症（neurosis）患者、心理错乱者、罪犯或正常人，都能成为清新者，也就是戴尼提疗法的目标。清新者展现了人类的本性，而我们已经发现，人类的本性一律是善良的。"人性本善"目前已是确立的科学事实，而不只是一个观点而已。

清新者已达到非常高度的稳定状态。他不屈不挠、精力充沛、热忱而满足地追求生命。他是由上述的四个动力所驱动的。他已获得了他潜藏的最大的能力，并且能够运用那些能力。

若个人的一项或多项动力受到抑制，便会导致偏差错乱的状况，也往往会造成精神错乱和身心性疾病，导致个人做出非理性的结论。他的行动仍是在为生存而努力，不过方式却是破坏性的。

戴尼提技术能清除这些动力上的障碍，并且不用依靠药物、催眠、手术、电击或其它不自然的手段。这些障碍去除后，各个动力便能畅流无阻，理所当然地为个体带来更强的毅力，并且大幅提升他的智力。

戴尼提的精准，使得使用者可以随意阻挡或释放这些动力，并造成特定不变的结果。

戴尼提的发现之一，是找到所有非器官性心理混乱和身心性疾病的潜藏根源。尽管几千年来人们一直热切寻找，但这个根源过去从不为人所知，也没有人臆测过。要证明戴尼提所发现的根源就是真正的根源，所需的实验证据，其实少于威廉·哈维（William Harvey）证明血液循环的正确性所需的证据。这不用靠实验室复杂仪器的测试，任何一个理解力高的人，都可以在任何一群人中得到证明。

偏差错乱的根源已经找到了，那是目前为止没有人意料到的潜在心灵。这心灵具有它自己的全部记录，潜藏于人们认为"有意识"的心灵底下。无意识心灵的概念在戴尼提中已被以下发现所取代："无意识"心灵是唯一永远醒着的心灵。在戴尼提中，这个潜在的心灵称为反应式心灵（reactive mind）。反应式心灵是人类演化早期阶段的残留物，它在细胞层次上具有力量与控制权。它不会"记忆"；它只会记录，并只为了产生行动而使用它所记录的东西。它不会"思考"；它会挑选记录，在当事人不知情也未同意的情况下，用那些记录撞击"有意识"的心灵以及身体。

对于这样的行动，个体唯一得到的讯息是：他偶尔会感到自己在某些方面的行动是非理性的，却无法了解为什么。并没有所谓的"抑制器（censor）"。

反应式心灵专门依靠肉体疼痛和痛苦情绪来运作。它无法做区别判断的思考，只会以刺激–反应（stimulus-response）的原理来行动。这是动物心灵的运作原理。它接收的记录不是记忆（memory）或经验，而是能再度活化的力量。当那"有意识"的心灵变得"无意识"时，反应式心灵便接收记录，而这些记录便是细胞上的印痕（engram）。

一个人在服药昏迷的状态、在手术中被麻醉时、因受伤或疾病而变得"无意识"时，都还有一个反应式心灵在全力运作。他可能没有"觉察到"发生了什么事，但是戴尼提已经发现并可证明，在"无意识"期间里发生在人身上的一切，都会被完整地记录下来。这些信息并没有经过他有意识心灵的评估，既无衡量也无理性的分析。在将来的某一天，这些信息会因为这清醒的个体观察到了类似的状况，而再度活跃起来。当任何这样的记录（印痕）再度活化时，它就具有指挥的力量。它或多或少会关闭有意识心灵，接管身体的运动控制系统，做出一些有意识心灵（即个体本身）绝对不会同意的行为与行动。而此人却像个傀儡一样，任由他的印痕摆布。

因此，来自外界环境的对抗力量进入了个体，而他自己却不知情，也不曾同意过。这些力量在身体内部形成了一个力的世界，不仅在对抗外在世界，也在对抗这个人。偏差错乱来自个体所遭遇的事情，而非来自他所做的事情。

人类长久以来一直不知不觉地在协助反应式心灵，因为人们认定当一个人因为药物、疾病、受伤或麻醉等等因素而"无意识"的时候，是没有任何记录能力的。这个观念，使得大量的资料得以进入反应库，因为在"无意识"的人身边，没有人会小心地保持安静。语言的发明，以及语言进入反应式心灵印痕库（engram bank）的现象，使得这机械式反应严重复杂化。包含语言的印痕，以指令的形态撞击在有意识的心灵上。于是，印痕便具有比外在世界的一切还强大的指挥力。非理性的印痕指挥思想、驱动思想。扰乱思考过程的不仅是这些印痕指令（engram command），藉由再度产生无意识状态，反应式心灵更会降低实际的思考能力。因此，很少人拥有其潜能的百分之十以上的觉察力。

一生中所有的肉体疼痛及痛苦情绪，不论个体"知道"与否，都包含并记录在印痕库里。人其实什么也没有遗忘。同时，就算个体认为自己已经完全没事了，所有的肉体疼痛及痛苦情绪都还是能够从这个潜藏的层次再度打击他，除非我们以戴尼提疗法消除掉那些疼痛。

印痕，也唯有印痕，才会导致偏差错乱和身心性疾病。

我们能以很简洁的方式描述戴尼提疗法。戴尼提能消除一生中所有的疼痛。当我们从印痕库中擦除（erase）这些疼痛，并将其重新在记忆库中归档，成为记忆和经验时，所有的偏差错乱和身心性疾病便消失了，各个动力完全回复，身体和心灵的本质也重新显现。戴尼提留予个体完整的记忆，但不含疼痛。详尽的测试已经证明，潜藏的疼痛是不必要的，而且对于个人健康、技能、快乐以及生存潜能永远是有害的。它对于生存是毫无价值的。

心灵将疼痛重新归档的方法则是另一个发现。人类从来没有认知到自己其实拥有另一种回忆模式。偶尔有人知道它的存在，并且使用这种回忆模式，但却不知道自己做了什么；或者不知道他们所做的是一般人类并不晓得可以做到的事。这种回忆模式就是复返（return）。一个人在完全清醒且不使用药物的情况下，只要回忆的通道没有被印痕阻碍，就可以复返到一生的任何时期。

戴尼提发展出了避开这些阻碍的技术，并且能将这些原本强大未被发觉的阻碍化为有用的记忆。

治疗的技术是以所谓的戴尼提潜思（reverie）来完成的。经历此程序的人在一个安静的房间里或坐或躺，旁边则有一位朋友或专业治疗师担任听析员（auditor）。听析员引导患者将注意力放在患者自己身上，然后仅仅告诉患者"到那里"，而不是去"回忆"，如此便能将患者带至他人生中的各个时期。

整个治疗并非靠回忆或联想，而是靠在时间轨迹（time track）上移动。每一个人都有一条时间轨迹，它随着生命开始，并随着死亡结束。它是由开端到尽头，记录完整的事件序列。

我们在戴尼提中，以更精确的术语，称那有意识的心灵为分析式心灵（analytical mind）。分析式心灵包含"我"（觉察力中心）、个体的所有计算能力，以及各个标准记忆库（standard memory bank）。标准记忆库里充满了个人过去清醒与正常睡着时的所有感知（即所有非印痕性的资料）。这些标准库没有遗漏任何资料，所有的资料都在里面。除非身体器官有缺陷，否则这些资料会含有全部的运动、颜色、声音、触感、气味以及其它所有感觉。"我"有可能无法触及自己的标准库，因为反应式的资料使"我"看不到部分的标准库。成为清新者后，"我"就可以触及一生中的所有时刻，毋须费力，也不会感到不适，还可以感知到他曾经感觉过的一切，以完整的运动、颜色、声音、音调以及其它感觉加以回想。标准库资料的完整与庞大是戴尼提的一项发现，而这类回想的重要性则是另一项发现。

听析员指示患者的"我"在时间轨迹上移动。患者知道每件正在发生的事，并能完全控制自己，而且只要他想，随时都能把自己带回当下。这个过程不使用催眠术或其它方法。人可能还不知道自己可以这么做，但这很简单。

听析员用精确的方法，从患者一生中最早的 "无意识" 时刻里取回资料。这里的 "无意识" 指的是由惊吓或疼痛所引起的状态，而非只是没有觉察力而已。这样一来，患者便接触到细胞层次的印痕。听析员让患者复返到这些印痕中，并从头到尾经历过这些印痕。在患者重新经历数次后，这些时刻就会被擦除，并自动重新归档为标准记忆。就听析员和患者而言，他们会发现整个事件现在已经消失、不复存在了。如果他们在标准库中仔细寻找，会再次找到该事件，只不过它已被重新归档，上头注记着："曾使人偏差错乱，不许再以此方式进入电脑。"在早期的 "无意识" 区域还没擦除掉之前，晚期的 "无意识" 区域是无法进入的。

患者会经历到的不适是很轻微的。但印痕指令会命令他产生各种情绪和反应——这是让他却步的主要原因。

在解脱者的状态，个案（case）还没有进步到能拥有完整的回想。在清新者的状态，他拥有一生全部的回忆。此外，他还对颜色、运动、声音等等享有鲜明精确的回想能力，并拥有最佳的计算能力。

解脱者的身心性疾病会减缓，通常就此不再困扰他了。至于清新者，则不再有身心性疾病，而且不会旧疾复发，因为它们真正的根源已永远消除了。

比较起来，戴尼提解脱者大约等于目前的正常人或在正常人以上。而戴尼提清新者相对于目前的正常人，就如同目前的正常人相对于严重精神失常者一样。

戴尼提的诸多发现，它的公理、组织架构和技术，清楚解释了各式各样的问题。戴尼提在发展的过程中，不得不接受许多惊人的资料，因为自然定律及可量度的事实会产生特定而不变的结果。当一个人与这些事物打交道时，他必须接受的是大自然的真理，而不是他觉得合意或想要的结果。当一个人探讨的是事实而不是理论，并且第一次目睹人类行为的机制时，好几样事情会让他不知所措，就如同心脏的悸动之于哈维、酵母菌的活动之于巴斯德（Pasteur）一样。血液会循环并不是因为哈维说它可以循环，或说它有在循环。血液本来就在循环，而且已经循环了亿万年了。哈维够聪明、观察力够敏锐，因此可以发现到血液循环的现象；巴斯德和那些探索未知或未经证实事物的探险家们也都大致如此。

分析式心灵天生是完美的，而且在结构上能回复到完全运作的状态，这个事实在戴尼提的发现中占有举足轻重的地位。精准的研究证实了人性本善，这并不令人意外。但是，一个没有偏差错乱的个体是如此强烈地厌恶邪恶，并且能获得如此巨大的力量，则非常令人震撼。因为自古以来，人们一直误以为偏差错乱是力量和雄心壮志的来源；自柏拉图时代以来的权威们一直是这么说的。至于人具有一种机制，可以在他显然处于"无意识"状态、一切可能的测试都指出他"无意识"时，仍然分毫不差地记录一切，则是极具新闻价值的惊人发现。

在一般人的观念中，出生前的生活与心理机能二者之间，还是多少有些关系的，因为无数个世纪以来，人们一直关心着"胎教的影响"。对精神科医生、心理学家和精神分析师而言，出生前记忆长久以来是一个公认的事实，因为他们同意"子宫的记忆"会影响成人的心灵。但是对戴尼提而言，发现到心灵中出生前的部分，却完全是个意外：这个发现并不受期待，在当时也不受欢迎。尽管现今观念（此非科学事实）主张胎儿是有记忆的，但精神科医生和其他研究者却也认定，在神经周围尚未形成髓鞘前，人是不会有记忆的。这个矛盾对戴尼提所造成的困惑，就跟它给精神病学造成的困惑一样。经过数年的大量研究，戴尼提终于精确地证实了出生前的生活对往后心灵的确切影响。

一些不明究理的人，会说戴尼提 "接受并相信" 出生前记忆的存在。姑且不论精确的科学不会去 "相信" ，而会去确定与证明事实，戴尼提根本完全不认同出生前记忆。在无意间碰上 "出生前" 的问题之前，戴尼提得先跨入细胞学和生物学的领域，透过研究得出许多结论；它得先找出人们前所未知的反应式心灵及隐藏的印痕库，并证实其存在。研究发现，印痕记录可能位于细胞层次，而印痕库包含在细胞内。接着又发现，生物体内的细胞，在一代代分裂再生的过程中，似乎一直携带着它们自己的记忆库。细胞是生物体结构的第一个层级，是基本的建构单位。它们建造出分析式心灵。它们如鞭子一般操作着反应式心灵。有人类细胞的地方，就有潜在的印痕。人类细胞从受精卵开始，逐渐发展成胚胎，然后变成胎儿，最后成为婴儿。这成长过程中的每个阶段都有反应能力。细胞在细胞群成长的每个阶段中，都全然为细胞，具有记录印痕的能力。有朝一日，标准库将会为婴儿、孩童和大人所具有的完整分析器服务，但是在出生前，标准库本身尚未建构完全，因此戴尼提并不考虑出生前记忆。就戴尼提疗法而言，在髓鞘覆盖住神经之前，人是没有 "记忆" 也没有 "经验" 的。但戴尼提疗法关注的是印痕，不是记忆；是记录，不是经验。我们可以证明，只要是人类细胞存在之处，印痕便可能发生。而当肉体疼痛存在时，我们更能证实印痕已经产生了。

　　印痕是一种如同唱片沟纹般的记录：它完整地记录了疼痛期间所发生的一切。使用戴尼提技术，可以找出细胞所隐藏的任何印痕。此外，在治疗中，患者常常会发现自己位于出生前的细胞时间轨迹上。他将会在那里找到印痕，而他会到那里也只是因为那里有印痕而已。出生是一个印痕，戴尼提技术可以重新取得这个记录（而非记忆）。藉由复返以及时间轨迹在细胞层次的延伸，受精卵所储存的疼痛得以重现，也的确会重现。那并不是记忆。疼痛撞击到分析式心灵，并阻塞了存放记忆的标准库。这和出生前记忆极为不同。戴尼提能找回出生前印痕，并发现是这些印痕造成了许多的偏差错乱。戴尼提也发现，没有任何患者渴望回归子宫，但是印痕有时会命令个体返回那里，比如，在某些退化性的精神疾病中，印痕会试图使身体再变成像胎儿一样。

这篇摘要用了一些篇幅讨论出生前，目的是要在这个主题上给予读者们一个全面的观点。我们在此所处理的是精密的科学、准确的公理以及新的技术应用。藉由这些发现，我们得以控制偏差错乱和身心性疾病，并在人类演化的进程上迈出了一步。而这一步，会将人类置入另一个新境界，使人遥遥领先他动物界的远亲。 ✺

目录

第二篇：所有非器官性心理疾病与器官性身心性疾病的唯一根源

第三篇：治疗

附录

如何阅读这本书

戴尼提是一场探险。它是一项进入人类心灵这未知领域的探索；就在我们前额后方半英寸，那是个广阔且迄今不为人知的领域。

多年精密的研究及谨慎的试验所带来的发现与进展，使戴尼提得以成形。这是一项探索，也是一项统合。这条道路已经开拓出来了，航线也仔细绘制好了，让你能安全地驶入自己的心灵，在那里寻回你固有的一切潜能。而我们现在知道，那些潜能并不低，而是非常、非常高的。随着治疗的进展，你会在探险中明白自己为什么会在那个时候做出那样的事；你会明白是什么使得黑暗、莫名的恐惧进入你孩提时代的恶梦；你会明白你痛苦及愉快的时刻是存放在哪里。一个人对于自己、对于父母、对于自己的"动机"，有许多不明了的地方。有些你将发现的事情，也许会令你吃惊；因为你生命中最重要的资料，也许不是记忆，而是隐藏在心灵深处的印痕：模糊无形，只具破坏性。

你会发现许多自己"无法康复"的原因。而最终，当你发现印痕中的那些支配性的语句时，你会明白那些原因多么可笑，尤其是对你而言。

戴尼提并不是正经严肃的冒险活动。虽然它所触及的大多是痛苦和失落，但它总是以欢笑结束——因为造成悲伤的事物总是如此愚蠢，如此为你所误解。

藉由阅读本书，你将迈入自我未知领域的首航。在阅读中你会发现，有许多"你一向认为如此"的事，清清楚楚地写在书中。你会很高兴地知道，你对存在所抱持的许多概念，并不只是个人看法，而是具有科学根据的事实。你也会发现，这里有许多资料是大家早已知道的，而你可能认为那一点也不算是新闻，因而很容易就低估这些资料的价值。要知道，不论人们得知这些资料有多久了，就是因为低估了它们，才使得这些东西没有价值。因为，一项资料以及它和其它资料之间的确切关系若未经正确评估，它就无法成为重要资料。在本书中，你将依循一个充满资料的巨大网络前行；这网络向外延伸，可涵盖人类所有的活动领域。幸好，在读完本书之前，你不必特意沿着其中哪条脉络深入探究。届时，这些边境将拓展得非常辽阔，让每个人都心满意足。

戴尼提是一门大学问，但这只不过是因为，人本身就是一门大学问。一门关于人类思维的科学，必然会涵盖人所有的活动。藉由把资料仔细地区分与连结，这门学问得以局限在使人能够轻易理解的范围内。即使没有指名道姓，这本手册讲述的大多是你自己、你的亲人和朋友的故事；因为，你将会在这里遇见他们、认识他们。

本书无意使用拗口慢人的词句，艰涩冗长的字眼，或采取教授般疏离冷漠的态度。当一个人在提供简单的答案时，不必使沟通变得很困难，只须把想法清楚表达即可。本书所使用的是"基本语汇"，很多术语都是很口语化的；卖弄学问的做法不仅不予采用，反而予以忽略。这本书是要与生活中各阶层、各行业的人沟通；它不采用任何专业偏好的术语，因为那会妨碍其他人的了解。所以，精神科医生们，如果在此没有使用到你的结构理论，请多包涵，因为我们这里不需要结构；医生们，如果我们把感冒称作感冒，而不是呼吸道黏膜异常，也请多包涵。因为基本上，这是一门工程学，而工程师们通常用词毫无顾忌。而学者们，你也不会喜欢被那些总和符号以及洛仑兹－费兹杰罗－爱因斯坦方程式所困扰，所以我们也不该使用那种坚称有"绝对"存在、科学上却无从解释的黑格尔文法，来困扰那些较不坚守纯正主义的读者。

本书的架构好比一个圆锥体，从简单的事实开始，然后逐渐往下进入到较宽广的应用。这本书大体上是沿着戴尼提研究发展的足迹所写成的。首先是"存在的动力原则"，其次是它的意义，再来是偏差错乱的来源，最后是所有理论在治疗上的应用，以及对治疗技术的阐释。你不会觉得书中有什么困难的部分。真正经历困难的是作者。如果你看过戴尼提最初那些复杂的方程式及假设，就会明白了！随着研究的进行和这个领域的发展，戴尼提也变得愈来愈简单。而这本身就是一个很好的保证，表示我们是在一条正确的科学道路上。因为，唯有那些不为人所理解的事物，才会愈研究愈复杂。

建议你一口气读完本书。读到结尾时，你应该就可以将这门学问掌握得很好了。本书就是这样安排的。每一个与戴尼提疗法有关的事实，都以几种不同的方式说明，并一再介绍。这样一来，你就能注意到哪些资料是重点。读完之后，你可以回到开头，重新看过，并研读你认为自己需要知道的部分。

本书几乎不涉及戴尼提这门主学科的基础原理，也不包含任何来源资料。这一方面是为了将篇幅保持在五十万字以下，另一方面是因为这些内容该放在另一本书里，才能充分说明。尽管如此，除了治疗本身之外，你在本书中也将了解到这门科学的范围。

　　你将开始一场探险。把它当作一场探险。祝你从此焕然一新。

人的目标

第 一 篇

戴尼提的范围

一门心灵的科学是人类世世代代致力追求的一个目标。少了这门科学，多少军队、多少王朝和多少文明都因此灰飞烟灭。罗马因缺少它而化做尘土。中国因没有它而在血泊中挣扎。由于对这一门科学的无知，原子弹在军火库中翘首待发。

一直以来没有任何探求，比对心灵的探求更为坚定与强烈的了。无论是多么无知的原始部落，也都意识到这个问题的存在，而且也都尝试提出一套说法。时至今日，你仍可以看到，澳洲原住民以"神奇治疗水晶"来替代一门心灵的科学；英属圭亚那的萨满（shaman）则将就着用单调的歌声及神格化的雪茄，来替代真正的心灵法则；高尔地（Goldi）的巫医，用阵阵的鼓声替代适当的技术，来缓和患者的不安。

在希腊文明的黄金时期，最主要的心理疾病疗养院——医神阿斯库勒比尔斯（Aesculapius）的神殿里，有的也只是迷信；而罗马人为了使患者获得心灵的平静，最多只能祈求佩那特斯（Penates）——守护家庭的众神——或是祭祀掌管发烧的女神菲碧丝（Febris）。

7

数百年后，你仍可看到法师试图以驱魔来治疗英国国王的谵妄。

从远古至今，无论是最野蛮的原始部落或是最辉煌灿烂的文明，人类在面对着奇怪的疾病或是偏差错乱时，总是发现自己身陷惊慌无助之中。对于治疗这些人所做的努力，人类的绝望在整个历史中，几乎不曾改变。而直到现在，二十世纪已过了一半，人类成功消解精神错乱的比率，比起面对同样问题的萨满，仍是好不了多少。依当代一位作家的说法，精神疗法的唯一进步，就是为疯子们提供了干净的住所。但就治疗精神失常者的手段而言，以粗暴电击与手术破坏神经组织的所谓"文明"技术，其残酷程度已远远超过了萨满或贝德兰姆精神病院——根据结果来评断，这些手法根本不足以称为治疗，甚至也不为最暴戾的原始社会所容忍，因为这些治疗会使患者如同行尸走肉，摧毁他大部分的人格和抱负，使他成为一头容易驾驭的动物。这并不是在控诉"神经外科医生"的做法，也不是怪罪他把冰锥插入精神病患脑中搅动。提到这些只是要说明，当人类在面对似乎无可救药的错乱心灵时，他的绝望可以有多深。

从社会与国家的广泛角度来看，一门心灵科学的缺乏从来没有这么明显；因为，盲目前行的物质科学，已远远超过了人类了解自身的能力，它为人类配备了可怖而全面性的武器，只等着"战争"这社会性的精神失常再度引爆。

这些问题非同小可：它们横阻着每个人的去路；它们与未来一同等待着人类。自从人意识到自己之所以比动物优越，是因为有一个能够思考的心灵，自从他了解到心灵是他唯一的利器，他就一直在探求、思索并假设，以寻出一个解决之道。

就像一盒不小心打翻的拼图，原本可以衍生出一门心灵科学，甚至更高层次的宇宙科学的方程式，却不断被搅乱。有时候，两小片拼起来了；有时候，像是在希腊黄金时代，可以拼出一个完整的部分。哲学家、萨满、医生、数学家：每个人都看着这些碎片。有人认为这些碎片必然分属于不同的拼图，有人认为它们全属于同一幅拼图，有人说其实有六幅拼图，有人说应该是两幅。然而，战争还是不断，社会愈发沉沦纷乱，厚重的学术著作里则讲述着大群日益增加的疯子。

培根（Bacon）的方法加上牛顿的数学，使得物质科学一路前进，不断地强化、拓展疆域。就像一支不负责任的部队，根本不管它使多少盟军暴露在敌人的炮火之下，心灵的研究被远远遗弃在后。

但毕竟，一幅拼图里就只有那么多片。弗兰西斯·培根、赫伯特·斯宾塞（Herbert Spencer），还有其他几个人，前前后后已将拼图中的许多部分凑在一起，也观察到许多真正的事实了。

要探索这幅拼图所包含的数千个变量，一个人只需能分辨对错、真假，并以全人类和自然界作为他的试管。

一门心灵科学必须具有哪些要素？

1. 对于思想的目标提供解答。

2. 指出所有精神失常、精神病、神经官能症、强迫性冲动（compulsion）、心理压抑（repression）以及社会脱序的唯一根源。

3. 对于人类心灵的本质与运作原理提出不变的科学证据。

4. 具有技术（即应用的技艺），总能治愈所发现的这个唯一根源。当然，这不包括因为脑部或神经系统的畸型、切除或病理性伤害而造成的精神失常，特别是那些医源性的精神病（医生对于活人的脑本身造成破坏，而导致的精神病）。

5. 提供预防精神错乱的方法。

9

6. 对所有身心性疾病指出病因与治疗方法。有人说，这些疾病占人类疾病清单中的百分之七十。

这样的一门科学，将会超越任何时代曾经对它列出的最严格的条件。但只要对这个主题加以分析，就会发现一门心灵科学本该如此；它本该能做到这些事情。

一门心灵的科学若真的名符其实，它实验的精确度应该与物理化学不相上下。它的定律不应该有任何"特殊个案"。它也不能依赖权威。无论爱因斯坦同意与否，原子弹都会爆炸。自然界的定律掌控原子弹的爆炸。在发现了自然定律后，技术人员只要应用衍生出来的技术，要制造出一个或一百万个原子弹都行。

在这整套公理及技术整理成一门心灵科学，并且能像物质科学一般有效之后，你会发现，它和过去每个思想学派对思想的看法，几乎都有相吻合的地方。这亦是一项优点，而非缺点。

戴尼提虽然简单，但它做到了下列几点，并具有以下特质：

1. 它是一门有条理的思想科学，以明确的公理为基础。公理：对于自然法则的陈述，如物质科学中的定律。

2. 它包含了治疗的技术。这项技术，可以治愈所有非器官性的心理疾病，以及所有器官性的身心性疾病，并且保证能普遍让个案完全康复。

3. 它会使人的能力与理性状态远远超越现有的一般标准；它会增进而非破坏人的活力及人格特质。

4. 戴尼提发现，心灵全部的潜能远超出以往的推测，并让人对这些潜能有完整、深入的理解。

5. 人类的本性是戴尼提发现到的，而不是臆测或假设出来的，因为这本性在任何人身上都可以完全展现出来。而戴尼提发现，人的本性是善的。

10

6. 藉由临床或实验结果，戴尼提发现并证实了精神错乱的唯一根源。

7. 通过戴尼提，人类记忆的范围、储存容量与回想能力终于有了答案。

8. 戴尼提发现了心灵全部的记录能力，其结论与以往的推测有相当大的不同。

9. 戴尼提提出了疾病的非细菌理论，弥补了生物化学及巴斯德细菌理论之不足，以涵盖整个疾病领域。

10. 戴尼提终结了用电击或手术破坏大脑，以"调整"精神病患、使他们"温驯"的"必要性"。

11. 戴尼提对于药物及内分泌所产生的生理作用有一套实用可行的解释，并且也解答了内分泌学上的许多问题。

12. 戴尼提带来了教育、社会、政治、军事以及人类其它领域的进展。

13. 戴尼提有助于细胞学的领域，以及其它的研究领域。

以上概略地描述了一门心灵科学所该涵盖的范畴，这也是戴尼提的范围。 ※

清新者

以戴尼提而言，一个最佳状态的人，叫作"清新者"。在本书里，你会多次听到清新者这个名词以及清新这个动词，因此，最好在一开始就花点时间明确地说明，什么样的人可以叫作清新者，这也是戴尼提治疗的目标。

我们可以测试清新者是否有任何精神病、神经官能症、强迫性冲动以及心理压抑（即所有的偏差错乱）；也可以检查清新者是否有任何自源性（由自己产生的）疾病，即所谓身心性疾病。这些检验证实了清新者完全没有这类疾病或偏差错乱。除此之外，智商测验显示，清新者的智商高于目前一般的标准。观察清新者的行为，可以发现他精力充沛并且满足地在追求生存。

此外，这些结果也可以通过比较的方式来得到。先对一个患有神经官能症，同时有身心性疾病的人做测试，证实这些偏差错乱与疾病确实存在。然后用戴尼提治疗他，以清除这些神经官能症和疾病。最后，检查这个人，便会得到上述的结果。顺道一提，这个试验已经做过了许多次，结果都是不变的。经过精准的实验后发现，只要这个人还保有完整的神经系统，戴尼提清新法就会有这样的成效。

此外，清新者拥有一些基本、天生的特质，是在尚未清新的状态下未必可见的。我们一直没有意识到人类这些特质的存在，而且过去在对人类能力与行为的论述中，也没有提到这些特质。

首先要谈的是感知能力。即使是所谓的正常人也并非都能看见全部的色彩、听见全部的音调，或是用他们的嗅觉、味觉、触觉及体内感觉的各器官得到最佳的感知。

这些感知是人与这个物质世界（大多数人所认定的现实世界）间的主要沟通管道。有趣的是，尽管以往的观察家认为，如果偏差错乱的人想要心智健全，面对现实是绝对必要的，但他们却没有解释该如何做到这一点。要面对眼前的现实，人就必须能够以这些生活中最常用的沟通管道来感知现实。

人的任何一种感知能力，都可能因心灵问题而错乱。这些心灵问题，使得一个人心灵中理性分析的部分无法认知到他所接收的感觉。换句话说，尽管接收色彩的机制也许没有问题，但是心灵中有一些线路（circuit），会在意识得以看见物体前就把颜色删除了。我们可以发现，色盲是相对的，依其程度轻重，色彩会显得比较暗淡、不鲜明，在最严重的情况下，甚至会完全消失。谁都会认识两种人：有些人厌恶太鲜艳的颜色，有些人则觉得同样的颜色不够鲜艳、不起眼。目前人们尚未认知到，色盲程度的差别是心灵因素造成的；即使曾经有人注意到，也只是含糊地假设色盲与心理状况有关。

对某些人来说，声响可以相当恼人；例如，他们会觉得一把小提琴急切凄厉的琴声，简直像是手摇柄钻在耳膜上钻孔。但有些人觉得五十把小提琴放声齐奏，是令人心旷神怡的。有的人听到小提琴声，只是一副兴趣索然的乏味神情；还有的人，不论小提琴演奏出如何精巧复杂的旋律，在他们听来也只是一个音调。人们一直以为这些听觉感知能力上的差异，就如同颜色和其它视觉上的偏差一样，是天生的，或器官缺陷所致，或根本无从归咎。

同样地，嗅觉、触觉、体内感知、痛觉和重力感觉，也是极度因人而异。对你周围的朋友粗略测试一下，你就会发现，相同的刺激可以引发极大的感知差异。有人觉得烤箱里的火鸡香味扑鼻，有人闻了却无动于衷，还有人可能根本闻不到。更极端的例子是，有人可能坚称烤火鸡闻起来像发油的味道。

在我们还未获得清新者之前，一直难以理解为什么会有这些差异。其实，感知的质与量有如此大的差别，绝大部分是偏差错乱造成的。由于个人过去的愉快经历与天生敏感度不同，清新者之间会有些许差异，也不可想当然地认定清新者的反应都是标准化、经过调整的中间值——这是了无生气、令人厌烦的旧学派所追求的目标。清新者可以在自己对反应的需求范围内，得到最大程度的反应。对他来说，燃烧的无烟火药仍然闻起来很危险，但他不会因此生病。如果他饿了而且喜欢吃火鸡，那烤火鸡闻起来就很香，特别在此刻，闻起来会非常、非常诱人。小提琴所发出的是优美的旋律，而非单调的声响，不会让他感到痛苦。而且若是就品味而言，这个清新者正好喜欢小提琴，那他就会尽情享受。如果他不喜欢小提琴，那他可能喜欢定音鼓、萨克斯管，或配合他的心情，完全不要音乐也行。

换句话说，有两项变量在起作用。一项十分古怪，是偏差错乱所造成的变量。另一项则相当理性而容易理解，那就是个性所造成的变量。

15

因此，偏差者*（尚未清新的人）的感知能力，与清新后的人（无偏差错乱）相比，有极大的差异。

感觉器官本身的确有差异，由此而生的错误也的确存在。这些错误中只有极少数是器官性的，例如耳膜破了洞，便无法有效地记录声音。但大部分器官性的感官讯息（perceptic）错误，导因于身心性的错误。

我们随处可见架在鼻梁上的眼镜，甚至连儿童也不例外。戴眼镜大多是为了要矫正视力，但身体本身却也在做反矫正的抵抗。当视力进入需要戴眼镜的阶段时（这并不是眼镜造成的），它是因身心性的原理而退化的。若说这样的观察不负责任，那么说苹果从树上掉下来通常会遵守重力定律，也就同样是不负责任。在清新者身上会连带发生的其中一件事情就是，如果他过去是个偏差者时视力很差，那么现在他的视力通常会有显著的改善，而且只要稍加留意，迟早会恢复到最佳状态。（虽然某位眼镜业者因此反对戴尼提，但其实这反而会确保他们有不错的生意。因为据我们所知，清新者在治疗的尾声，得一副接一副地连买五副眼镜，以配合不断调整的视力。此外，许多年纪较大才接受清新的偏差者，视力最多会维持在略低于最佳状态的水平。）

偏差者的视力，会因偏差错乱而产生器官上的衰退，以致于感觉器官本身无法达到最佳的运作功能。反复的试验证明，当偏差错乱解除了，身体会尽最大的努力，重新打造回原来的最佳状态。

听力一如其它的感官讯息，也会因器官因素而有很大的差别。例如：钙沉积物会使耳朵不停地嗡嗡作响。排除了偏差错乱，身体便得以重新调整至它所能达到的最佳状态：钙沉积物消失了，耳鸣也停止了。但除了这种特定情况之外，听觉在器官上还有极大

---

* "偏差者（aberree）"为新创词，意指偏差错乱的人。

的差异。器官因素加上偏差错乱的因素，可以造成听力显著扩张或被紧紧地抑制，因此有人平常可以听到一条街外的脚步声，而另一个人却连门口的大鼓声都听不到。

种种感知会因偏差错乱与身心性疾病，而在不同人身上产生极大的差异，这只是在此所要描述的最基本的发现。回想能力因人而异的程度就更加惊人了。

在观察清新者和偏差者的过程中，我发现了一种全新的回想方式，这种回想能力是心灵与生俱来，但却一直没有人注意到的。在偏差者之中只有少数人能完全以这种方式回想。然而，对清新者来说，那却是标准做法。当然我并不是暗指过去的学者缺乏观察力。我们在此所面对的是一个全新、前所未有的研究对象：清新者。清新者可以轻易做到的事，以往许多人只能偶尔做到一部分。

心灵有一种先天而非后天学得的记忆机制，在戴尼提的术语中称之为复返。它的意思就如其字面的意义，并且是心灵正常的记忆功能，其运作方式如下：人可以在心理层面，或是同时在心理与生理层面，将他自己心灵的一部分"送"回过去的某段时光，并能以和过去相同的方式重新经历所发生的事件，获得和当时同样的感觉。以前有一种称做催眠术的技艺，对催眠对象使用所谓的"退化"；催眠师可用两种方式将被催眠者送回过去事件，此为其中一种。这是靠恍惚（trance）技巧、药物以及许多技术达成的。催眠对象可以 "彻底"被送回过去时刻，使得他呈现出完全有如那个年纪时的模样，且仿佛只具有当时的能力与回忆：这个现象称为"还原"（重活）。"退化"这种技术则是让个人部分的自我留在现在，而另一部分回到过去。以前人们认为这些心灵能力是催眠术中所特有的，而且只适用于催眠技术中。催眠的技艺存在已久，其历史可追溯至数千年前。至今在亚洲，这项技艺仍以其仿佛始自洪荒之初的传统型态流传着。

在本书中，复返取代了"退化"一词，因为复返不是一种可以比较的状态，也因为"退化（regression）"这个英文字有一些不好的意思，会干扰它的使用。重活取代了"还原"一词，因为你会发现，戴尼提解释了催眠术的原理，而且戴尼提疗法是不使用催眠术的，这点之后会详加说明。

因此，心灵有另一种回忆的能力。即使在人完全清醒的时候，心灵的一部分都能"复返"，再度完整体验过去的事件。如果你想要做测试，可以找几个人来试试看，直到找到能轻易做到的人为止。在完全清醒的情况下，他能够"复返"到过去的时刻。在要求他这么做之前，他可能不知道自己有这种能力。即使他已经知道了，也可能以为这是人人都做得到的（就是这种想法使很多这类资料长久以来一直不为人知）。他可以回到过去他在游泳的时候，并可以在听觉、视觉、味觉、嗅觉、体内感觉及触觉等种种感知上，得到完全的回想。

有一次，一位"博学"的绅士曾经花了几个小时向一群人讲解，要回想气味这种感觉是十分不可能的，因为"神经学已经证明，嗅觉神经和丘脑并没有联系"。但是人群中有两位已经发现了复返的能力，尽管有了这个证据，那位博学的绅士却仍然执意主张，嗅觉回想是不可能的。对这些群众所做的测试发现，不依靠复返，在场就有一半的人可以藉由再度闻一个味道来回忆味道。

复返是心象（imagery）回想的完整执行。完全的回忆能使器官部位重新感受到过去事件中的刺激。部分回想是很常见的；虽然不能说是稀松平常，但确实常见到值得详加研究的程度。因为这种部分回想也具有相当大的变异性。

对当下的感知，是面对现实的一种方法。但是，如果一个人不能面对过去的现实，那么在某些程度上，他就没有在面对现实的某个部分。如果我们同意面对现实是好的，那么人也必须要能面对昨日的现实，才能算是完全符合 "心智正常" 的现代定义。而要能 "面对昨日" 就得要达到某种回想的状态。这个人必须能够回忆才行。但是有多少种回忆方法呢？

首先是复返。这是一种新方法。它的优点是，可以检视事件发生当时所记录的动画图片和其它各种感官的感知，并重现所有的感觉。一个人还可以复返到他过去的结论与想象。能够再度置身于第一次看到资料的时空，这种能力对于学习、研究以及日常生活，都有很大的帮助。

再来就是较普通的回想。最佳的回想是运用单一或数种感觉的复返，但本人仍处在目前时刻。换言之，有些人在想到玫瑰时，会看到、闻到、摸到一朵玫瑰。他们用过去俗称的 "心灵之眼" 可以看见全彩且栩栩如生的玫瑰。他们嗅到扑鼻的花香。他们能感觉那朵玫瑰，甚至连上面的刺都感觉得到。他们想到玫瑰时，实际上是在回想过去的一朵玫瑰。

当这些人想到船时，会看到一艘船；如果想到自己在船上，会感到船的晃动，嗅到松焦油或甚至更难闻的气味，还可以听到四周的一切声音。他们能以全彩动画、全调音响体验到这艘船的一切。

在偏差者身上，这些能力会有很大的差异。有些人，当你要求他们想一朵玫瑰时，只能看到玫瑰的影像。有些人能嗅到但却无法看到。有些人虽能看到，但却是黑白的，或者颜色很暗淡。当你要求他们想一艘船时，有些偏差者只能看到一张平面无色、静止不动的图片，比如一幅船的画作或照片。有些人可以感知到船在动，但只有声音，没有颜色。有些人只能听到船的声音，却看不到任何图片。有些人只能想到船存在的概念，却不能藉由回想看到、触摸到、听到、闻到，或得到什么其它感觉。

　　过去有些观察家把这称为 "心象"，但这个用语很不适用于听觉、触觉、体内感觉与痛觉，因此戴尼提的技术用语统一采用回想（recall）一词。回想的价值在日常生活中极少受到注意，以致于过去从未有人理清这整个概念。也因此，以上特别用一些篇幅详细说明。

　　测试回想是非常简单的。假如一个人向朋友们探询他们的回想能力，他会很讶异地发现，人与人之间这项能力的差异有多大。有些人有某项回想能力，有些人有另一项，而有些人什么也没有，只能依靠回想的概念而已。如果你对周围的人作测试，请记住，任何一种感知都存档于记忆中，因此都有回想。这包括了疼痛、温度、节奏、味道、重量，以及上述的视觉、听觉、触觉和嗅觉。

　　戴尼提称这些回想为：视觉回想（visio）、听觉回想（sonic）、触觉回想、嗅觉回想、节奏回想、动觉回想（重量与运动）、体觉不适（somatic）（疼痛）、温度回想、体内感觉回想（身体内部的各种感觉；另外，根据新的定义，也包括情绪）。

　　此外，还有另一组心灵活动，可归类于想象以及创意想象之下。这方面也有丰富的材料可供测试。

　　想象，是将一个人曾经体验过、思考过或构思出来的事物予以重组呈现，而这重组出来的事物不一定是真正存在的东西。这是心灵用来预期未来、展望理想目标的方法。想象是任何心理问题的必要解答中，极有价值的一部分，在日常生活中也是如此。虽然想象是一种重新组合，但这一点并不会减损它巨大而惊人的复杂性。

　　清新者可以充分地运用想象。视觉、嗅觉、味觉、听觉——简言之，任何一种感知的想象都会留下印象。这些印象是人为制造的，依照记忆库中的模型，由概念性的想法与解释组合而成。新的物质结构、基于今天的明天、基于去年的明年、要获得的快乐、

20

要做的事、该避免的事故等等，所有这些都是想象的功能。

清新者具有良好且完整的颜色视觉想象、音调听觉想象、触觉想象、嗅觉想象、节奏想象、动觉想象、温度想象及体内感觉想象。如果请他想象自己乘坐在四匹马拉的镀金马车上，他会以全彩"看到"移动的马车、马匹和随从；他会"听到"一切该有的声响；他会"闻到"他认为该有的味道，他还会"感觉到"座垫、马车的晃动以及马车内自己的存在。

除了这种标准的想象之外，还有创意想象。这是一种无限宽广的能力，个别差异很大，有些人的这种能力极为庞大。在这里我们把创意想象独立出来，作为一个存在的实体，而不把它视为戴尼提一般心灵运作的一部分。一个人原有的创意想象，尽管在偏差错乱时受到抑制，成为清新者后，其存在便可获得证明。这种能力是与生俱来的。唯一会使它偏差错乱的方式，是禁止它发挥，也就是说，扰乱应用这项能力的持续性，或是封闭整个心灵。藉由创意想象，艺术品才得以产生、国家才得以建立、人类才得到滋养。我们可以将它视为一种特别的机能，独立运作，其存在全然和个人的偏差错乱无关，因为在拥有此能力的清新者身上观察该能力的活动与使用，结果充分证实，这是与生俱来的。几乎每一个人都拥有这个能力。

还有最后的一项，这可是心灵最重要的活动。我们把人视为有知觉的生物。而他的知觉有赖于他对情况的感知、创造与了解，并以此解决问题的能力。这种理性，正是心灵的某部分最重要、最高层次的功能。心灵的那个部分使人得以为人，而不只是另一种动物。除了回忆、感知、想象之外，人还有这项卓越的能力：他能导出结论，并利用既有的结论导出更进一步的结论。这就是理性的人。

远离了偏差错乱的理性，只能在清新者身上研究得到。偏差者的偏差错乱使得他呈现出非理性。虽然我们可以给非理性一些比较温和的名称，诸如"怪癖"、"人都会犯的错"，甚至说"个人特有的习性"，但这些仍然是非理性。一个人的个性并非取决于他的行为有多么不理性。例如，酒后驾车在十字路口撞死小孩，或甚至冒着可能会撞死小孩的危险而酒后驾车，都不能算是性格特质。非理性就只是：没有能力从资料中得到正确答案。

很奇怪的是，虽然 "大家都知道"（这句话使得数量惊人的错误资料广为流传）"人非圣贤，孰能无过"，但实际上，心灵有知觉的那个部分，那个在计算问题的解答、使人之所以为人的部分，是完全无法犯错的。

这个发现在当初造成了极大的震撼，但其实不需如此。这发现早就应该可以推论出来，因为它相当简单易懂。人真正的运算能力绝不会出错，即便他是一个严重的偏差者。当一个人观察这种严重偏差者的举动时，或许会轻率地假设他的运算是错误的。但这是观察者的失误。每一个人，不论是偏差者，还是清新者，都能根据所储存与感知到的资料，做出完美无缺的运算。

拿起任何一种常见的计算器（心灵是一台优异无比的仪器，远超过未来几世纪内心灵即将发明出的任何机器），输入问题要它解答。七乘以一。它会给出正确的答案，七。现在，若你一直按着这个七，同时运算六乘以一；六乘以一是六，但你得到的答案却是四十二。继续按着七并在计算器上作其它的运算，结果也都是错的。但错的不是题目，而是答案。现在，把这个七键固定住，无论按哪一个键，这个七键都是按着的，然后试着把这计算器给人。没有人会要的，因为很明显，这台机器疯了。它居然说十乘十等于七百。但真的是计算器的运算功能出了差错吗？还是仅仅因为输入了错误资料呢？

同样地，心灵也会受到错误资料的危害。人类心灵所须解决的问题规模、所须处理的变量，足以使任何一般计算器一小时当机上千次。错误资料输入机器中，机器就给予错误的答案。同样，错误资料进入了人的记忆库中，此人就会产生"不正常"的反应。所以基本上，要解决偏差错乱，就是要找出那个"按住的7"。对此，之后会有更多、更多的说明。现在，我们已经谈完眼前所提的内容了。

人类心灵的工作，便是持续不断地运算，并实际解决大量的问题。它有各种能力和做法以达成这项任务。心灵能够感知、能够回想或复返、能够想象、能够构思并解决问题。透过心灵的延伸物（感官讯息、记忆库以及想象力），心灵提供的答案永远是正确的，而这些答案只会因观察、教育，以及观点的不同而有所差异。

从清新者身上我们发现，心灵的基本目标以及人的本质是建设性的、善良的，而且一律是建设性的、一律是善良的。解决方法只会因观察、教育以及观点的不同而有所调整。

人是善良的。

去除掉人基本的偏差错乱，经院哲学家和道德家所津津乐道的邪恶也随之消失了。人身上唯一可以去除的部分就是"邪恶"。而当这部分去除后，人的个性与活力会更加提升。而他也会很高兴"邪恶"部分的离开，因为那就是肉体的疼痛。

后文中会提到这些事物的实验和证据，而这些实验都能以科学家所珍视不已的精度加以衡量。

所以，清新者并不是一个"适应良好"的人，其行动并没有受到彻底包藏的心理压抑所驱使。他是没有心理压抑的人，依自我决定来行动。他的感知、回想、复返、想象、创造以及运算能力则如上所述。

清新者是戴尼提疗法的目标。只要一些耐心、一些学习和努力，便可达到这个目标。除非很不幸，这个人的脑有一大部分被切除了，或神经结构天生严重畸型，否则任何人都可以被清新。

在此，我们已了解了戴尼提的目标。接下来让我们来看看人的目标。✳

人的目标

人的目标，也就是人所有活动最根本的共通点，或其存在的动力原则，是我们长久以来一直在找寻的。如果发现了这个问题的答案，其它许多问题的解答就必然水到渠成。它将能解释人类行为的所有现象；它将能导出解决人类主要难题的方法；最重要的是，它应该是有效的。

设想把所有的知识用一条界线画分成上下两边。在这界线之上的任何知识对于人类偏差错乱及一般缺点的解决并非必要，我们对这些知识也不甚明了。这样的思维领域可以说包含了形而上学及神秘主义之类的东西。这个界线之下则可视为有限的宇宙。这个有限宇宙中的所有事物，无论已知或未知，都可以为我们所感觉、体验与测量到。一旦感觉、体验及测量到时，便可将这些有限宇宙的已知资料归为科学上的事实。我们发现，解答一门心灵科学所需的所有因素，都在这个有限的宇宙里，而且已经被发现、感觉、测量及体验，成为科学的事实了。这有限的宇宙包含了**时间、空间、能量**和**生命**。我们发现在这个方程式中没有其它的必要因素了。

时间、空间、能量和**生命**有一个共同点。譬如我们可以假想**时间、空间、能量**及**生命**都开始于某个起点，并受命朝着一个近乎无限的目标持续前进。它们仅仅被告知该做什么。它们只遵从一个命令，而这个命令就是"**生存！**"

存在的动力原则是生存。

生命的目标可以说是无限的生存。我们可以证明，人作为一种生命形式，其所有的活动及目的，都只遵从一个指令：**生存！**

"人在追求生存"并不是一种新观念。但生存是他的唯一动机，却是一种新观念。

人唯一的目标是生存，但这并不表示人类是生物已经达到或即将发展出的最佳生存模式。恐龙的目标也是生存，但恐龙已经绝种了。

遵从"**生存！**"这个命令并不代表每一个如此遵从的努力都会成功。不断变化的环境、突变及其它许多情况，都会阻碍任何生物体，使其无法获得绝对有效的生存技巧及形态。

一个自身无法不朽的生物体，会创造出其它的生物体，然后自己死亡；同样地，旧的生命形式亦必然会改变、灭亡，而新的生命形式会发展出来。如果想让生命存活一段很长的期间，一个极佳的方式，就是想办法让生命采用多种形态。而为了要促进生命力的生存，死亡本身也是必要的，因为当环境变化、生物需要新形式时，只有死亡和腐朽可以清除掉旧的生命形式。生命，作为一种几乎永恒的力量，在其生物体和生命形式方面都需要一个循环轮转。

不同生命形式最佳的求生特性是什么呢？它们必须具有不同的基本特性，各个物种彼此相异，就如同环境各不相同一般。

这一点很重要，因为过去很少有人考虑到，某一物种的求生特性，对另一物种而言未必就是求生特性。

生存的方法可归纳为食物、保护（防御和攻击）及繁衍这三个课题。任何现存的生命形式都有解决这些问题的方法。每一种生命形式都有某些方面的失误，像是维持一种特性太久，或发展出那些也许会导致自身灭绝的特性。但是那些成功的演化发展，远比失误来得耀眼。博物学家和生物学家已经发现，支配演化的是需求而非一时的奇想，并因此不断地找出解答，说明某种生命形式为何具有某些特性。两片蚌壳间的绞合部，蝴蝶翼上吓人的面孔，都有其求生价值。

一旦将生存独立出来，作为能解释生命形式所有活动的唯一动力*，就有必要对生存的行动做进一步的研究。我们发现，只要思考痛苦与欢乐，我们就已掌握了一切必要的因素，能够阐述生命努力求生的行动。

---

* 为了建立戴尼提中的术语，使其不至于太复杂，一般用做形容词或是动词的字，偶而也拿来当做名词。这种做法所依据的原理是：现存术语包含许多不同的意思，我们必须先解释这不是旧的意义，才能说明新的意义，否则就无法在戴尼提中使用该术语。在解释旧意义，然后说我们不是那个意思时，沟通将不可避免地陷入混乱。为了省却这个步骤，并且避免来自希腊、罗马语言中将诘屈聱牙的音节堆栈在一起的古老习惯，我们采用上述原理及一些其它原理来制造新术语。动力（dynamic）在此当名词使用，在整本书中也都将如此使用。体觉不适、感官讯息等其它术语，将在使用时说明并加以定义。

如以下附图*所示，生命的波谱（spectrum）可以看成是介于死亡灭绝的零点，及潜在永生的无限之间。这个波谱包含了无数条线，像阶梯一般朝向永生不死的可能性延伸。当沿着梯级爬升时，线与线之间的宽度按几何级数逐渐增加。

生存的推力是远离死亡、趋向永生。最大的痛苦可以说是发生在临死前的片刻，而最大的欢乐则可谓永生。

就生物体或物种而言，永生可以说是一种吸引力，而死亡则为排斥力。但随着生存等级逐渐提升而趋向永生时，间隔也随之越来越宽，直到此间距于现实世界变得无法跨越。生物的渴望是远离死亡这种排斥力，并朝向永生这种吸引力；吸引力是欢乐，排斥力是痛苦。

对个人而言，当箭头长度达到第四区时，此人可说拥有高度的潜能。在这个区域里，生存潜能是极佳的，个人在此可以享受存在的欢乐。

从左至右的横轴可以标出年数。

动力是朝向欢乐的渴望。欢乐就是报酬；而追求这个报酬（生存的目标）则是一项令人愉快的行动。为了确保个体遵从"**生存！**"的命令、实现生存，似乎有一个预先设定好的条件：当潜能从高处往下降时，会带来痛苦。

痛苦的作用是使人远离死亡；欢乐的作用则是召唤人追求最佳的生活。就求生而言，寻求欢乐与获得欢乐的效用，并不亚于避免痛苦。事实上，观察到的证据显示，欢乐在这个宇宙体系中，似乎比痛苦更有价值得多。

现在，除了谈欢乐与永生的关联外，我们最好也定义一下什

---

* 这个图表的折页版本附于本书封底。

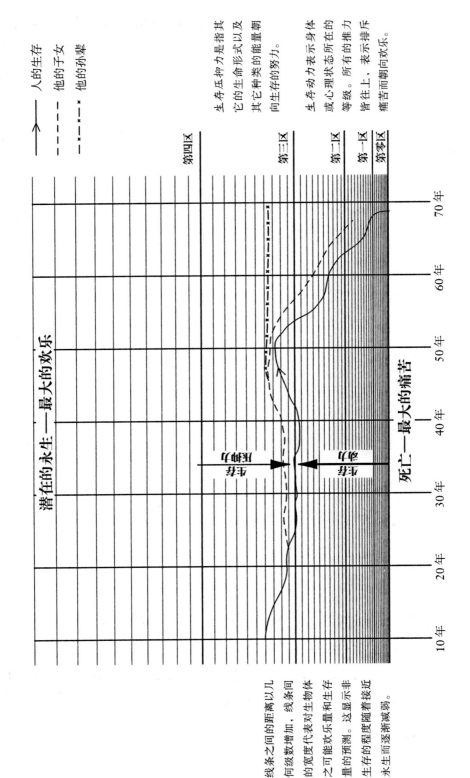

生存的描述图

么是欢乐。字典上说欢乐是："喜悦；精神或肉体的愉快情绪；一时的快乐；痛苦的相反。"欢乐包含在太多太多的事情和活动中了，只有列出一大张清单，内容包括一切人类所拥有、从事及认为有乐趣的事物和活动，才能使这个定义完善。

那么，什么是痛苦呢？字典说："肉体或精神上的折磨；惩罚。"

顺带一提，这两个定义是直觉式思维的例证，这种思维在语言表达中处处可见。每当一个人找到某种东西，可以解决一些迄今无解的问题时，我们竟然发现字典"早就已经知道了"。

如果我们想要利用这张图来表示生命形式的循环，除了年数会扩大成亿万年外，图表的其它部分则都相同。因为除了规模之外，个体和物种的目标似乎没什么不同。人类从受精卵发育成人的过程中，会经历整个物种在演化过程中所经历过的各种形态；然而即使没有这么引人注目的证据，我们也还是可以得出上述的推论。

关于这张图，还有一些东西是我们尚未提到的。个人的身体与心理状态每小时、每天、每年都在改变。因此，生存等级的高低可以藉由衡量个体每小时或每年所在的区域，画出一天或一生的生存曲线。并且，这会产生两种曲线：身体状态与心理状态的曲线。当我们读到本书后面的章节时，会发现这两种曲线间的关系极为重要，而且通常在身体曲线下降前，会先有一个心理曲线的下降。

因此，这些区域可运用在两种东西上：一为身体的状态，一为心理的状态。因此，这四个区域可称为存在状态区。如果某人心理上很愉快，他的生存等级可能在第四区。如果他身体患有重病，根据对其病症的评估，他可能处在第一区，或濒临死亡。

这些区域都各有名称，虽不精确但却可描述其状态：

第三区整体而言是快乐及健康的区域。

第二区是尚可忍受的存在等级。

第一区是愤怒区。

第零区是冷漠无助区。

这些区域可以作为一种情绪度等级表（Tone Scale），用以画分心灵的状态。略在死亡（零）之上，为心理状态最低的冷漠无助，或身体活力的最低阶层，也就是 0.1。在情绪度 1 时，身体正与肉体疼痛或疾病搏斗，或者此人正处在愤怒的情绪中；这个区域可从 1.0 的怨恨或敌意开始，往上渐升，经过情绪度 1.5，即火爆的盛怒，达到 1.9，即仅具有爱吵架的倾向。从情绪度 2.0 到 3.0，对于存在的兴趣会不断增加，以此类推。

事实上，身体或心理的状况，不会长期维持静止不变，因此会有各种的起伏。在一天之内，一个偏差者的心理状况可能在 0.5 到 3.5 之间上下游移。意外事件或疾病亦可在一天之内引起类似的起伏。

因此，有四种情况可以数字表示：一时的心理状态、一般平均的心理状态、一时的身体状态，以及一般平均的身体状态。在戴尼提中，我们不太使用身体的情绪度等级表。但心理的情绪度等级表却至关重要！

快乐、尚可忍受的存在、愤怒及冷漠无助——这些数值并非随意设定的。它们是根据对不同情绪状态的行为观察所推导出来的。我们发现，在平常的一天内，一位清新者的情绪度通常在 4.0 附近上下变化。他通常处在情绪度 4.0，这是清新者固有的特质之一。粗略估计，目前社会中一般人的情绪度通常在 2.8 上下。

这张平面的描述图有效地组合了对解决生命动力的问题来说

极为关键的资料。水平线条呈现几何级数的进展，从略高于死亡的零点开始。每一区都有十条线，而如前所言，每一区都代表一种心理或身体的状态。几何级数的使用，让线与线之间的距离不断扩大。当生存动力的箭头顶端位于该区中的某处时，间距的宽度即代表此刻的生存潜能。当生存动力箭头的顶端愈远离死亡时，个人就拥有愈好的生存机会。几何级数朝着不可能的无限前进；当然，它不可能达到无限。生物体在时间轴上由左朝右生存。生存的最佳状态——永生——就时间而言，位于右侧。潜能则只沿垂直方向衡量。

生存动力实际上存在于生物体内部，由物种相传而来。生物体是物种的一部分，就好比坐在火车上的观察者看到铁路的枕木是铁路的一部分，而观察者一直处在"现在"——虽然这或许不是最贴切的比喻。

生物体内部具有一种对痛苦来源的排斥力。痛苦的来源不是一种驱动力，就像会刮伤手的荆棘不是一项驱动力一样；生物体会排斥荆棘可能引起的痛苦。

同时，生物体还有另一种力量在起作用，这股力量吸引生物体朝向欢乐的来源。并不是欢乐具有磁力吸引生物体靠近。而是生物体本身具有这吸引力。它是与生俱来的。

对痛苦来源的排斥力，加上对欢乐来源的吸引力，合成一种使人避开死亡而朝向永生的推力。离开死亡的推力并不比趋向永生的推力强大。换言之，就生存动力而言，欢乐与痛苦具有同等效力。

这不应该解读为生存只着眼于未来。沉思欢乐、纯粹的享乐，以及缅怀过去的欢乐，全部和谐地组合在一起，它们在生物体内自动地运作，提升生存的潜能，在这样的沉思中，未来并不必成为心灵计算的一部分。

会对身体带来伤害的欢乐，例如纵情酒色，使人了解到经历欢乐对身体的影响（受压抑而朝向痛苦）以及对精神的影响二者间，存在有一定的比例，其结果使生存动力降低。平均而言，此类行为对未来可能造成的压力，加上经历放荡当时的个人状态，其总和再一次地压抑生存动力。因此，在人类历史上，各种放荡的行为一直都没什么好名声。"不道德的欢乐"便是依循这个方程式。每当有人把曾经造成生存压抑，或可能会压抑生存的行为，当作欢乐追求时，在人类历史上的不同时期都曾遭到谴责。最初会对某项行为或某类行为贴上不道德的标签，是因为这些行为压抑了生存动力。但后来将不道德的污名强加于人的做法，可能大多出自偏见和偏差错乱，于是造成大家对于何为道德、何为不道德争论不休。

因为人所从事的某些欢乐行为实际上是痛苦（在你读完本书之后，将很容易能找出为什么），再加上前述的道德方程式，使得在一个偏差错乱的社会中，欢乐本身可能受到责难。有一种思维（我们在后面会谈到）会使人分不清事物间的差别。分不清一个不诚实的政客与所有政治人物间的差别，便是一例。在古代，罗马人享受他们的欢乐，而某些他们认为是欢乐的事情对于其它族群，如基督徒而言，却是有点难以接受的。当基督徒推翻了罗马这个异教国家后，古罗马的建制就都扮演着坏蛋的角色；只要是罗马的东西就很糟糕。情况竟然演变成：由于罗马人爱沐浴，沐浴便成了极不道德的事情，以至整个欧洲在接下来的一千五百年间都不洗澡。罗马已经成为一个全面性的痛苦来源，因此关于它的每件事情都是邪恶的，甚至在罗马异教灭亡许久后，这些事情仍是邪恶的。以这种方式，不道德往往成为一个复杂的课题。在本例中，它变得如此复杂，以至欢乐本身被烙上了污名。

当生存潜能的一半，都从合法事项的清单中剔除后，生存真的会大受打击。若以种族规模来考量这张图，我们可以预见，生存潜能的减半势将导致一个种族悲惨的下场。实际上，人毕竟是人，任何一套律法，无论多么强硬执行，都无法完全消除欢乐对人的吸引。但在上述的例子中，剔除及禁止的事项确实太多了，结果便是历史的教训：黑暗时代以及社会的衰败。只有在诸如文艺复兴的时期，欢乐不再是那么不合法时，社会才振作起来。

当种族或个人掉到图上所示的第二区，且其一般情绪度范围界于第一区到接近第三区时，就会发生精神失常的状况。精神失常即非理性。由于精神失常的状态持续迫近非生存，该种族或生物体会采用各式各样疯狂的解决之道。

我们可以进一步地解释这张描述图，探讨生存压抑力这个东西。从图上可以看到，生存压抑力是一种推力，将代表物种或生物体的生存动力从潜在的永生朝下压。对于物种或生物体的生存而言，生存压抑力是一种合成且可变的威胁。这些威胁来自其它物种、来自时间、来自其它形态的能量。这些东西也以物种或自身身份的立场，参与生存的竞争，希望达到潜在的永生。因此冲突便产生了。其它每一种生命形式或能量，也都可以标示为一张描述图上的生存动力。如果我们在描述图上说明的是鸭子的生存动力，我们会看到鸭子在追求更高层次的生存，而人就会是鸭子压抑力的一部分。

事物的平衡与本质不允许"永生"这个无限的目标被达成。在变动的平衡以及几近无限的复杂中，生命和能量起起落落，从浑沌中成形，经历衰败，又再一次回归浑沌*。关于这点我们可以列出许多方程序，但这超出了我们目前所关心的范围。

就描述图的区域而言，对抗生存动力的压抑力有多强大，是

---

* 见《吠陀经》，及卢克莱修（Lucretius）的《物性论》。

相对性的。动力是个体、群体以及种族与生俱来的，它亿万年来不断演化，以抵抗压抑力。至于人类，他具有另一个层次的攻击与防御技术：他的文化。他首要的生存技术就是在知觉的层级上，以精神活动来支配身体活动。但每一种生命形式都有各自的一套技术，用以解决食物、保护和繁衍等问题。任何生命形式所发展出来的技术（如甲壳或大脑、快脚或伪装术），其有效性是一种直接的指标，反应出该形式的生存潜能，亦即达成永生的相对程度。过去曾经发生过许多大规模的动荡：当人类发展成世界上最危险的动物（人有能力、也确实在杀戮或奴役着任何的生命形式，不是吗？），并造成其它许多生命形式的压抑力过重时，这些生物的数量便逐渐减少，甚至绝迹。

气候的遽变，曾将大量的长毛象埋入西伯利亚的冰层中。这样的遽变，可能会造成生物形式的压抑力超载。在距今不太久远的年代，北美洲西南部的一次久旱，摧毁了某个印地安文明的一大半。

一次大灾变，例如地球核心爆炸（如果这有可能的话）或原子弹爆炸，或太阳突然停止燃烧，都会摧毁地球上所有的生命形式。

生命形式甚至也会在自己身上加诸过多的压抑力。恐龙毁灭了它所有的食物，因此恐龙自己也毁了。淋巴腺鼠疫杆菌贪婪地吞噬宿主，造成了整个世代的鼠疫杆菌的消失。自杀者本无意以这些方式自杀：这类生命形式面临到一个含有未知变量的方程式，而该未知变量又不幸地包含了足够的力量，造成压抑力过重。这就是所谓"不知枪中有子弹"的方程式。如果淋巴腺鼠疫杆菌在一个地区内造成了它自己过重的压抑力，而不再为它的食物兼居所（动物）带来困扰，这些动物就会因此而受益。

人类由于鲁莽、聪明、近乎无法毁灭，在各方面都已发展出一种迥然不同于"尖牙利爪"的生活形态。红木和鲨鱼亦是如此。人类身为一种生命形式，和每一种生命形式一样，都是"互利共生"的。生活是一种群体的努力。地衣、浮游生物、藻类可能仅靠阳光和矿物质便可活得很好，但它们是基础的建构单位。在这类生物之上，随着形态的渐趋复杂，生命之间存在着极密切的相互依存关系。

一位森林管理者大可相信某些树木会刻意毁灭它们周围的其它所有树种，因此断定树木具有某种"态度"，这结论看似有道理。让他再观察一下。是什么制造了土壤？是什么使氧气得以平衡？是什么使雨水可以降落在其它的地区？正是这些蓄意谋杀的树木。而松鼠植树，人也植树。树木为别种的树木提供遮蔽。动物为树木提供肥料，树木也为动物提供庇护。树木保持土壤，如此那些根不深固的植物便可生长。放眼望去，四处可见生命在帮助生命。生命以极端的复杂关系来展现彼此间的亲和力。这并不戏剧化，但它们是生命得以持续存在的稳定、实际且重要的因素。

一株红木可能会以红木群落的存在为第一优先目标。虽然表面上，它仿佛只以红木本身的存在为目的（这一点它做得很好），但若仔细观察，你将会发现，它与别的物种相互依存。

因此我们可以说，任何生命形式的动力都受到其它许多动力的协助，并与其它动力结合起来对抗压抑性的因素。没有生命能独自生存。

有人宣称需求是个非常好的东西。但大家经常很草率地把"需求"视为理所当然。这个词似乎已被大幅解读为机会主义了。什么是需求？除了是"发明之母"外，需求是不是一种激烈而突发的东西，一种为战争和谋杀护航、人快饿死时才会碰上的东西呢？还是它其实挺温和，一点都没那么激烈呢？按照留基伯（Leucippus）的说法："万物皆为需求所驱使。"这是长久以来许多理论的基调。

驱使——这是错误的关键所在。驱使，一切皆受驱使；受需求驱使，也受痛苦驱使。需求与痛苦，痛苦与需求。

人总是记得戏剧化的一面，而忽略重要的一面，他经常设想自己是需求与痛苦的猎物。需求与痛苦是两个拟人化的东西，它们全副武装地拿着矛向人刺去。若说这种观点错误，原因只在于它不能提供更多的答案。

不论人有什么样的需求，都是内在的。除了他朝向生存的原始驱动力外，没有任何其它东西在驱使他。在个人或团体内部都有这种动力。在他之中有着远离疼痛的力量；在他之中有着趋向欢乐的力量。

科学上的事实恰巧就是：人类在生命形式的可能范围内，具有自我决定力的极致，因为人类仍然依赖他种的生命形式以及周遭环境。但人类是自决的。这个议题之后还会谈到，但在这里必须指出的是，人类并非生来便受外界决定的生物体。也就是说，人类并非基于这个神奇的刺激－反应理论而受驱使。这个理论在某些教科书里写得非常漂亮，但在人类的世界里却完全行不通。当我们谈论人类的时候，那些方便好用的老鼠范例就不适用了。生物体愈复杂，刺激－反应的方程式也就愈不可靠。当我们提到最复杂的生物体（人类）时，他在刺激－反应方面的变异性就很可观了。一个生物体的知觉和理性程度愈高，自决力就愈高。自决力一如其它事物，是相对的。但与老鼠相比，人确实非常有自决力。这只是一个科学上的事实，因为这很容易证明。

人愈有知觉，就愈不是一个"按按钮"的机器。当然，假若他变得偏差错乱、能力衰减，就有可能会有些像傀偏一样；但我们也明白，一个人愈是偏差错乱，他的智力商数就愈接近动物。

既然具有这样的自决力，观察人如何运用自决力，便是非常有趣的事情。虽然灾难的发生，或他种生命的意外获利，都使他无法避免"不知枪中有子弹"的方程式,他仍在生存潜能很高的区域里运作。总之他是自决、理性的,他最主要的武器——心灵,极为优越地运作着。那么,人在需求上又有哪些本能呢?

根据那个十分敏锐、只是主题变换太快的东西——字典的说法,需求(necessity)是"需要的状况;无法避免的事物;强迫性冲动"。字典还提到,需求有"极度匮乏"的意思,但我们不需要那个定义。我们在讨论的是生存。

前述的强迫性冲动,可以生存动力的角度来重新评估。生存动力存在于生物体及种族的内部。对生存来说,什么是"必需的"呢?

我们已观察到,并在临床上证明,有两种要素在作用。避开痛苦的需求是其中的一种要素,因为单独看来没什么的小事,会一点一点地逐渐酿成大痛,且呈几何级数快速增加,最后造成死亡。痛苦可以是工作表现不好而挨骂时的悲伤,因为这可能导致解雇,解雇可能导致挨饿,挨饿可能导致死亡。运算任何掺入了痛苦的方程式你都会发现,痛苦会逐渐朝非生存恶化。但如果这就是生存的一切,如果需求就像个手持尖叉的邪恶精灵,那么很显然,人似乎没有什么理由继续生存下去。但是,方程式还有另一部分:欢乐。相对于斯多葛学派(Stoics)的说法,戴尼提的临床试验证实,在生存的方程式中,欢乐比痛苦更为稳定。

因此,我们的一项需求,是追求欢乐、是努力奋斗,因为快乐可以定义为:克服并非不可知的障碍,朝向已知的目标迈进。追求欢乐的需求是如此强大,人可以为了获得欢乐,忍受巨大的痛苦。欢乐是种正面的东西。它是对工作的享受、对过去成就的回味;它是一本好书、一位好友;它是双膝磨得没了皮也要攀上马特洪峰;它是听到婴儿叫出第一声爸爸;它是上海外滩闹哄哄的一场混仗,或门口情人吹来的口哨;它是冒险、希望、热情,以

38

及 "总有一天我将学会画画"；它是吃一餐佳肴，或吻一个漂亮女孩；它是在股票市场上玩一手高难度的吹牛把戏。它是人们爱做的事；它是人们爱幻想的事；它是人们爱回味的事；它也可能只是人们明知绝不会做却爱讲的事。

为了获得一点点欢乐，人可以忍受许多的痛苦。在尘世这座实验室里，这不用多久就能得到证实。

那么，需求又如何嵌合在这整个状况中呢？人类有追求欢乐的需求，这个需求就如同人的心脏般鲜活、跃动、满富生机。曾有人说，有两条面包的人，就应卖掉一条来买白色风信子。他说的是真话。创造性的、建设性的、优美的、和谐的、冒险的事物，没错，就连逃脱遗忘的深渊，这些事物都是欢乐，也都是需求。曾经有一个人，步行千里，为的只是看一棵橘子树；另一个人，纵然已伤痕累累、全身骨骼移位，却仍一心想要再有机会去 "扇野马"。

深居奥林匹斯山的高处，写一部惩戒之书，并没什么不好；读书以明白作家们说别的作家们说了些什么，也没什么不好，只不过不太实用。

痛苦驱策论并没有效。如果戴尼提的一些基础理论，只是描述人们宁静与快乐的诗篇，那或许也说得通。但凑巧的是，在尘世这座实验室里，它们有效。

人与人之间相亲相爱才能生存。而这样的生存即是欢乐。

四大动力

在戴尼提研究的早期，在它最初的方程式中，我曾认为生存只须以个人的角度来构想，即可解答所有情况。唯有有效的理论，才是好的理论。只要它能解释已观察到的资料，并可预测出新的资料，而这些资料经发现的确存在，那么这个理论就是有效的。

我曾以个人自身为基准来计算生存，直到人类一切的活动都能在理论上以自我加以解释。这个逻辑看起来相当正确。但把它运用于现实世界时，却出了问题：它无法解决问题。事实上，"人仅为自我生存"这个理论十分不中用，它无法解释大多数的行为现象。但你仍可以这样计算，而且看起来还会很有道理。

其后，一个几近直觉的想法产生了。那就是人类理解能力的发展，与他认知到自己和宇宙间紧密关连的程度成正比。这个观念可能陈义过高，但它却产生了成效。

个人本身与全人类有手足之情吗？人类确实是以一种群居及群体狩猎的模式，经过演化而强大起来的。我们似乎可以计算，人类的所有行动都是为了团体的生存。当初我做了这计算，而这看起来也挺不错的。这个计算假设个体完全仅为了团体而生存。它看起来不错，但却无法解释大多数我们所观察到的现象。

之后我也曾试着只用全人类来解释人类的行为。也就是说，我曾假设全人类是以非常利他的方式，为了全人类而生存。这完全是沿着让·雅各·卢梭（Jean Jacques Rousseau）的林间小径而行。我们可以设想个体仅为全人类的生存而活。但当我们把它运用于世界这座实验室时，它又行不通了。

最后我想起曾有人认为，个体的全部活动及他所有的行为，都可以"人仅为性而生存"的假设来解释。这个假设并不是新的，但我对它作了一些之前没有人做过的计算。把这个方程式很快地转了几个弯之后，我们的确可以仅以性为基础来解答人的生存活动。但是，把它运用在观察到的资料上时，它又无法解释所有的现象。

我对这些尝试作了一番检查。我曾经设想人仅为个体自我而生存；曾经推算人只为团体、族群、社会而生存；曾经假定人仅为全人类而生存；最后也曾经臆测人仅为性而生存。但没有一个假设可以独自成立。

于是我对生存动力作了新的计算。人类究竟为何而生存？我把全部四种要素——自我、性、团体、人类，都放入了新的方程式中。这时我发现手中有一个有效的理论了。它解释了观察到的所有现象，并预测了新的现象，而这些新的现象后来也证实是存在的。因此，这是一个科学的方程式！

像这样，生存动力演变成了四大动力。所谓生存动力指的是"生存！"这个基本指令；它是人类所有活动的基础。所谓动力指的是整个动力原则四种不同目的的分支。这四种动力并不是新的力量，它们是基本力量的细分。

第一动力是个人为其自身而追求个体最大生存的渴望。这包括了与他最亲近的共生物*、有益自身的文化延续，以及不朽的名声。

第二动力是个体藉由性行为、创造及养育子女而追求最大生存的渴望。这包括了子女的共生物、有益子女的文化延续，以及他们未来生活的保障。

第三动力是个体追求团体最大生存的渴望。这包括了团体的共生物，以及团体文化的延续。

第四动力是个体追求全人类最大生存的渴望。这包括了人类的共生物，以及人类文化的延续。

生命、原子、宇宙和能量本身都涵盖在共生物的范畴内。

我们立即可以看出，这四大动力实际上是一个没有明确分界线的波谱。生存动力可以视为从个人逐渐向外扩张，以至包含整个物种及其共生物。

这四大动力中，没有哪个动力比其它动力强大。每一种动力都一样强大。它们是人迈向生存的四条道路。这四条道路实际上是一条道路。这一条道路实际上是一个波谱，里头包含那四条路中的千万条道路。它们都有过去、现在与未来，因为现在可能是过去的总和，而未来可能是过去和现在的产物。

这个波谱可以说涵盖了人所有的目的，并解释了人所有的行为。

---

* 在戴尼提中，共生物的意思远超过字典上的定义，意指"相互依赖以求生存的一切生物或能量形式"。原子依赖宇宙，宇宙也依赖原子。

"人是自私的"，这话只有在形容偏差错乱的人时，才是正确的。"人是反社会的"这句话，同样也只在加上"偏差错乱"的修饰语后，才是正确的。其它类似的言论也可如此解决。

再者，这四大动力在个体或社会内部运作时，事实上也会相互竞争。这种情形的原因很合理。但"社会竞争"一词则是偏差错乱的行为和知觉障碍的化合物。

任何个人、团体或种族都可能在完全理性的层面上，与其它任何种族、团体或个人，甚至与性来竞争。

最佳解答的方程式如下：当问题得到妥善的解答时，最大多数的动力将得到最大的好处。也就是说任何一种解决之道，在时间许可能够执行的范围内，应尽可能对最大多数动力具有创造性及建设性。任何问题的最佳解答，就是在所有动力上都得到最大益处的解答。这意谓着当一个人决定某项计划时，如果能对这四大动力中与该计划有关的所有事物都有益，他会进行得最顺利。所以，为了求得最佳解答，他也必须使自己获益。换句话说，仅对团体或人类动力有益，而对性动力和个人动力有碍的，就不能算是最好的解答。求生行为模式建立在这种最佳解答的方程式之上。它是所有理性行为的基本方程式，也是一个清新者运作时所依据的方程式。它是人类与生俱来的。

换句话说，任何问题的最佳解答，将能为最大数量的个体，包括自己、后代、家庭亲属、政治和种族团体、乃至于全人类，带来最大的好处。最大的好处或许也需要某些破坏，但解答的恶化和它的破坏性是成比例的。自我牺牲和自私都是这最佳行动方程式中的负面因素，此二者一向受人质疑，也确实该被质疑。

问题全然在于：它有效吗？即使毫无偏差错乱，有些时候在某个活动的计算中，还是必须忽略其中一个动力。实际上，只有极少数的问题会重大到要考虑所有的动力。但是当问题变得如此重大，时间又不是个重要因素时，在考虑的因素中忽略了某个动力，就可能会导致严重的错误。

以拿破仑为例，他牺牲了其他欧洲人民来"拯救法国"，严重忽视了最佳解答的方程式，导致法国人民丧失了革命的一切成果。再以恺撒（Caesar）"拯救罗马"为例，他把这个方程式运算得非常糟糕，结果妨碍了罗马的生存。

但在一些特殊的情况下，当最佳解答的方程式与时间因素密切相关时，为了让某些动力持续存在，人必须忽略其它动力。例如一个水手牺牲了自己，以挽救全船的性命，这是合乎团体动力的做法。这种行为对于解决问题而言是可以成立的。但它违反了最佳解答，因为它并未顾及到第一动力：自我。

我们可以举出各式各样的例子，说明在完全理性的情况下，基于需求，这些动力中的某一个必须优先于其它动力。

在偏差错乱的基础上，这个方程式仍然成立，但却因为与状况无关的非理性因素掺入，而变得复杂起来。许多解答之所以差劲，仅仅是因为吸收了错误资料，或根本没有资料。但那仍然是解答。如果解答本身偏差错乱，那表示各个动力正受到严重的阻碍。对此后文将会完整介绍。

总结

存在的动力原则是**生存**。

生存可以按等级划分为四个区域，逐阶往上，每个区域都代表能有更好的机会达到潜在的永生。第零区从死亡开始，涵盖冷漠无助；第一区从冷漠无助开始，涵盖暴力；第二区从暴力开始，进入到普普通通、不太令人满意的成功；第三区从普通开始，到具有极佳的机会。每个区域都取决于压抑力与生存动力之间的比例。在冷漠无助的第零区中，压抑力显得过于强大而无法克服。在暴力的第一区里，压抑力多少还是强于生存动力，需要付出极大的努力，而且一旦尽了极大的努力却仍无效果，生物体便会掉入第零区。在平凡的第二区中，压抑力与生存动力几乎是势均力敌的。在第三区内，生存动力克服了压抑力。由于生存机会极佳，这个区域对问题会有高度的反应。这四个区域也可以分类为无希望区、暴力行动区、平衡区及高度希望区。这些区域是依据临床实验而定的，因为当个体由死亡区提升至高层次的存在时，身心状态会依这样的顺序进步。

这四大动力是生存动力的分支，驱使着人类追求实体形态的生存极致。这些动力涵盖了全人类所有的意图、活动和行为。它们可以算是一种求生行为模式。这些动力中的第一项，但不见得最重要，也不见得在各种努力中具有优先地位的，就是**第一动力**，即个人动力；这包括他身为人这个生命个体的生存，以及他个人共生物的生存。**第二动力**是透过子女追求潜在永生的推力；这包括所有的性行为，以及子女的共生物。**第三动力**是谋求团体的生存，而团体可以包括社团、军队连、城市、州及国家；这个动力也包括了团体的共生物。**第四动力**是为了人类这个物种，以及人类的共生物追求潜在永生的推力。存在的任何部分、任何物质形态甚至整个宇宙，都涵盖在这些分类中。

人类的活动或目的之中，所有可能发生的问题或状况，都涵盖在这些动力里。

最佳解答的方程式是生物体与生俱来的，它会因教育或观点而有所调整，也会因时间因素而进一步调整。它是非偏差错乱的个人、团体或人类的运作方式。最佳解答的方程式即使在严重偏差错乱的人身上也一直存在，且其应用也因他们的教育、观点及时间因素而有所调整。偏差错乱并不会除去动力中求生的行动。偏差错乱的行为是非理性的求生行为，但其意图仍完全是为了生存。这个意图与行为的不一致并不抹煞其求生存的本意。

以下为戴尼提的基本公理：

*存在的动力原则是：**生存！***

生存这个唯一且仅有的目标，可以划分为四大动力。所谓共生物是指帮助生存的所有实体与能量。

第一动力是个体追求自我与其共生物生存的渴望。

第二动力是个体藉由繁衍而追求生存的渴望；它包括性行为和养育后代，也包含照顾子女和子女的共生物。

第三动力是个体为团体，或团体为团体追求生存的渴望，并包括该团体的共生物。

第四动力是个人为全人类追求生存的渴望，或人类为人类追求生存的渴望，或团体为人类追求生存的渴望等等，并包括了人类的共生物。

生存的绝对目标是永生或无限的存在。个人透过自己作为生物体、精神体或是某个名称；作为他的子女、他所属的团体，或是全人类，以及他人与自己的后代及共生物等等方式，来追求无限的生存。

欢乐，是生存活动的报酬。

破坏性活动的最高惩罚是死亡或彻底的非生存，也就是痛苦。

成功会使生存潜能朝无限的生存提升。

失败会使生存潜能朝死亡降低。

人类的心灵不断地在感知资料、保存资料、构思结论、计算结论，并在四大动力上提出及解决与所有生物体有关的问题。而感知、储存信息、下结论以及解决问题的目的，在于引导生物体与其共生物，以及其它生物体与其共生物沿着这四大动力迈向生存。

智力是感知、提出、解决问题的能力。

动力是对生命的坚持，以及求生存的活力与耐力。

要能持之以恒并达成目标，动力和智力二者都是必需的。这两种能力的高低都因人而异，也因群体而异。

印痕会抑制动力，它横阻动力，并分散生命力。

印痕亦会抑制智力，将错误或分类不正确的资料输入分析器。

快乐就是战胜了非未知的障碍，向已知的目标迈进，以及对快乐的暂时沉思或一时的沉溺。

分析式心灵是心灵的一部分，它能感知及保存经验的资料，进而做出结论、解决问题，引导生物体在四大动力上前进。它以差异性和相似性来思考。

反应式心灵是心灵的一部分，它能归档及保存肉体疼痛和痛苦情绪，并试图完全以刺激－反应的方式来控制生物体。它只以等同性的方式来思考。

体觉式心灵是由分析式或反应式心灵所指挥的心灵，它将解答在身体的层面付诸实现。

训练模式是由分析式心灵所制定的一种刺激－反应机制，用来处理日常的活动或紧急事件。它存在于体觉式心灵中，并可为分析式心灵随意改变。

习惯是由反应式心灵所控制、来自于印痕的一种刺激－反应作用，并由体觉式心灵实施。只有能改变印痕的东西，才能改变习惯。

偏差错乱是由印痕造成的，其中包含所有疯狂或非理性的行为。偏差错乱具刺激－反应的性质，有助生存及反生存两类。

身心性疾病是由印痕造成的。

印痕是偏差错乱和身心性疾病的唯一来源。

在分析式心灵以某种程度减弱的"无意识"时刻，是个体唯一能接收印痕的时刻。

印痕是一个"无意识"的时刻，它包含了肉体疼痛或痛苦情绪，以及全部的感知，而且无法为分析式心灵提供经验。

情绪包含三种东西：对所处情况的印痕式反应、在分析式层次上身体为应付情况而产生的内分泌活动、生命力的抑制或强化。

个体或团体的潜能值（PV）可由下列方程式表达：

$$PV=ID^x$$

其中 I 代表智力，D 代表动力。

个人的价值是以他在任何动力上的潜能值，与该动力之最佳生存的一致性来计算的。高潜能值可能会因为作用方向相反，而导致负面价值；某些严重偏差错乱的人便是如此。任何动力上的高潜能值唯有在非偏差错乱的人身上，才能确保高价值。

所有非器官性心理疾病
与器官性身心性疾病的唯一根源

第二篇

分析式心灵与
标准记忆库

本章开始探索人类的错误，并指出没有错误的地方。

人类心灵可分成三个主要部分。一、分析式心灵；二、反应式心灵；三、体觉式心灵。

设想分析式心灵是一台电脑。这只是一种比喻，因为虽然分析式心灵的运作像电脑一样，但它比至今所生产的任何电脑都要强大太多，也精巧太多。我们可以称它为"运算的心灵"，或"厄咘拉苏耶"。但就我们的目的而言，"分析式心灵"这个叙述性的名称就已足够了。有一些线索指出这种心灵也许位于前额叶，但这只是一个结构上的问题，而没有人真正了解结构。所以我们就称心灵的这个计算部分为"分析式心灵"，因为它会分析资料。

监控器可视为是分析式心灵的一部分。它可称为人的觉察力中心。大致上来说，监控器就是这个人。几千年来，人们对它有各种不同的类似称呼，每一个称呼都可归结为"我"。监控器控制着分析式心灵。并不是因为有谁要求它去控制，而是因为它天生就在控制分析式心灵。它不是居住在头颅里的恶魔，也不是将人的想法化为声音的小矮人。它就是"我"。不论一个人多么偏差错乱，"我"始终是"我"。不论一个人变得多么"清新"，"我"仍然是"我"。"我"在偏差者中有时也许会隐没起来，但它始终是存在的。

从各种不同的迹象显示，分析式心灵是一个器官，但是，由于在现代我们对结构了解得太少，所以必须等我们对分析式心灵的功能有所了解之后，再去探讨关于结构的完整知识。在戴尼提中，我们第一次精确地知道它的功能。我们知道并可以轻易证明，无论分析式心灵是身体的一个器官或好几个，它的运作方式就像你对任何好电脑的期望一样。

你会期望一部电脑做什么呢？分析式心灵（或分析器）具有人所能想象最好的电脑所拥有的一切功能。分析式心灵会玩、也在玩电脑所能玩的一切把戏。除此之外，它还决定怎么建造电脑。它与最优良的电脑一样精确无误。分析式心灵不仅是一部好电脑，它是一部完美的电脑。它从未犯错。只要这个人还算完整无缺，那么它就不可能会犯错（除非有什么东西拿走了这个人心灵装备的一部分）。

分析式心灵是不可能犯错的；这一点它非常肯定，所以它以自己不可能犯错为前提来解决每一件事情。如果有人说"我不会加法"，那么他的意思，不是从来没有人教过他做加法，就是他在做加法上头有偏差错乱。这并不意味着分析式心灵本身有毛病。

即使整个人在偏差错乱的情况下非常容易犯错，分析式心灵仍然是不会犯错的。电脑的好坏，取决于它所依据的资料。因此，偏差错乱源自于分析式心灵拿到什么样的资料做为它计算的问题。

分析式心灵拥有它自己的标准记忆库。但是目前，我们一样暂不考虑这些标准记忆库在结构上究竟位于何处。为了要运作，分析式心灵必须具有感知（资料）、记忆（资料）及想象（资料）。

还有另一种资料储存库与另一部分的人类心灵，它们包含了各种偏差错乱，是非理性的根源。这些在后面将会完整探讨，在此不应将其与分析式心灵或标准记忆库相混淆。

不论包含在标准记忆库中的资料是否经过正确的评估，所有资料都在那里。各种感官会接受讯息，而这些讯息就直接归档到标准记忆库中。讯息并不是先经过分析器。它会先归档，然后分析器再从标准库中取得。

标准库有好多种；它们本身也可能有多套复制，使得每一种资料库都有好几个。自然界在这些方面似乎非常慷慨。每种感知都有一个或一组的资料库，这些资料库可以想象成以交叉索引系统（cross-index system）归档的资料柜，其功能会使一位情报官嫉妒得脸发紫。任何单一的感知都会归档为一个概念。例如，一辆汽车移动的景象，会依当时所见的色彩和运动状态归档到视觉回想库中，并且和看到的地点、汽车方面的所有资料、关于汽车的想法等等，产生交叉索引。此外，当时的结论（思考脉络）、过去的思考脉络及过去的所有结论，也都会一一归档。同样地，那辆车的声音也从耳朵直接归档到听觉回想库中，且如前所述形成多重的交叉索引。那一刻的其它感知也都分别归档到它们各自的资料库中。

也许，所有的归档都是在一个资料库中进行的；这样可能会简单些。不过，这里谈的不是结构，而是心灵性能的问题。终有一天，有人会发现这些资料是如何归档的。但现在我们感兴趣的只是那归档的功能。

每一种感知 —— 景象、声音、气味、触感、味道、体内感觉、疼痛、节奏、动觉（重量和肌肉运动）、情绪 —— 都各自整齐妥当地全部归档到标准库中。一个身体完整无缺的人，无论他有多少偏差错乱，也不管他认为自己有没有能力容纳或回想起这些资料，这些档案都在那里，而且非常完整。

这个档案记录始于非常早的时期——这在之后还会谈到。在人的一生之中，无论是睡着还是醒着，除了"无意识"*的时刻外，这个档案都不间断地持续记录。它显然具有无限的容量。

这些概念的数量（概念的意思是：某事物经感知后保留下来的东西），会让一个天文学家的电脑崩溃。我们在大量的个案中，发现了极为丰富的储留记忆，并对其进行研究。通过特定的程序，我们能在任何人身上检视这些记忆。

单就感知的动作而言，这个资料库中的一切都是正确的。感知器官可能会有器官性的错误，例如，盲与聋（生理上的，而非偏差错乱造成的）会使资料库留白；器官也可能受损，例如器官性半聋会导致部分空白。但这些都不是标准记忆库的错，只不过是缺乏资料。就像电脑一样，标准记忆库是完美的，它忠实、可靠地在做记录。

标准库的一部分是语义听觉记录，也就是对于所听到之话语的记录。标准库的另一个部分是语义视觉记录，也就是对于所读到之文字的记录。这些都是听觉和视觉档案中的特殊部分。一个必须以手指阅读的盲人，会发展出语义触觉档案。话语档案的内容完全和听到的一样，没有任何更改。

标准记忆库另一个有趣的地方是，它显然会将原始资料归档，然后将一模一样的副本提交给分析器。需要多少精确的副本，它就交出多少，并且不会减损真正的源文件。而它所交出来的副本，每一个都包含彩色动态的影像、具音质的声音等等。

---

* 在整本书中，"无意识"指的是"我"的觉察力或多或少降低的情况，即分析式心灵运作能力的减弱。

保存在一般标准记忆库中的资料数量，足可填满好几个图书馆。但是，保存的方法却是不变的，而且回想的潜能是完美无瑕的。

"理性"计算的主要错误来源为资料不足及资料错误。个体每天都会面对新的情况，他不一定总会有做决定所需的全部资料。可能他从可靠的权威人士那里得知了某件事，但实际上那并不是真的，然而在资料库中却又找不到反证。

在完美可靠的标准记忆库与完美可靠的电脑——分析式心灵之间，并没有任何非理性的合作存在。在取得资料的限度范围内，答案永远都对得不能再对了。任何人对计算或记录仪器的要求，也顶多如此了。

分析式心灵在追求正确性上所做的努力甚至超出人们的预期。它不断地依据过去的经验来检查和衡量新的经验；依据过去的结论来形成新的结论、更改旧的结论。总之，它忙着让自己保持正确。

可以说，细胞将保卫群落的神圣职责托付给分析式心灵，而分析式心灵在它的能力范围内，尽一切努力来完成这个使命。它尽可能地取得正确的资料，并且尽可能正确地用这些资料做计算。比方说，只要想一想在开车经过十个路口的动作中，一个人必须得处理数量多么庞大的因素，就能体会分析式心灵在多少不同的层次上，进行着何等繁忙的工作了。

好，在开始介绍这个作品中的反派角色——反应式心灵以前，我们必须先了解分析式心灵与生物体之间的关系。

由于分析式心灵负有完全的责任，它有相当大的权力能够采取行动、达成愿望。通过生命功能调节器的种种机制（此装置处理生活中所有的运作机能），分析式心灵可以达成任何它想要达成的身体机能。

在极佳的运作状况下——也就是说，当生物体没有偏差错乱时——分析式心灵能影响心跳、内分泌（如血液中的钙和糖分、肾上腺素等等）、血流的选择（任意闭塞或开启四肢的血流）、尿液、排泄物等等。身体所有的腺体、节奏和液体的调节功能，都可以由分析式心灵来控制。这不是说清新者的分析式心灵一直在控制这些功能；那会是很不舒服、很烦人的。不过，分析式心灵经过训练后，的确能够随心所欲地改变这些功能。从实验中，这点可以轻易获得证明。

长久以来，人们对于"心灵的完整能力"有一种直觉。心灵的完整能力就是分析式心灵与标准记忆库、生命功能调节器，以及另一种东西合作的结果。

最后也是最重要的一项，当然就是生物体。它由分析式心灵所掌管。分析式心灵控制生物体的方式不同于它控制生命功能的方式。所有的肌肉以及生物体的其余部分，都可以完全处在分析式心灵的指挥之下。

为了使分析式心灵及它的线路免受一些杂七杂八的小玩意儿及不重要的活动干扰，分析式心灵还具备一种调节装置，用以调整后天习得的训练模式。透过教育，它可以针对像是讲话、走路、弹钢琴等活动，置入必要的刺激－反应模式。这些习得的模式是可以改变的，但因为它们都是在思考和努力之后，由分析式心灵所做的选择，所以很少需要改变。如果有新的状况出现，分析式心灵就会把新的模式训练到肌肉中。这些模式中没有一个是"制约"，它们仅仅是生物体不用花费分析器多少注意力，就可以使用的训练模式。可藉由这种方式而置入生物体内的模式多不胜数。由于这些模式是依据时间和情况归档的，它们并不会造成任何困扰，而且只消一个轻微的想法就能取消旧模式，改用新模式。

所有随意、"不随意"的肌肉都可由分析式心灵控制。

因此，这就组合成了一个有知觉的个体。除了因资料不充分、接受不正确的资料所产生的错误之外（一旦证实资料错误，分析器就不会再使用这个资料了），是不可能出错的。这个领域包含的是欢乐、情感、创造、建设、甚至是破坏——如果最佳解答的计算显示，有必要破坏什么的话。

分析式心灵的活动以动力为基础。它所有的活动都可以用求生存的渴望来解释。我们能够了解这个运作机制基本的简单性，然而，这并不表示只依照这种方式运作的人就是冷酷、心机重重、热衷于"尖牙利爪"的争斗。无论是个人或整个社会，当人类愈接近这个最佳状态时，社会就会变得愈灵活温馨，整个社会的气氛和活动也会变得比较诚恳实在。

精神健全有赖于理性。这便是最高的理性，因此，也就是最健全的精神状态。这里所提到的亦全是人认为他应该具有的特质，或者可以说，是他认为神应该具有的特质。这就是清新者。

这就是精神健全。这就是幸福。这就是生存。

那么，错误出在哪里呢？

underlie: V, to be a hidden cause of strong influence on sth

＝…深层原始

反应式心灵

各种形态的生命都是从基本的构成单位（病毒和细胞）所发展出来的，这在现在已经受到普遍认同了。这个观点和戴尼提唯一有关联的地方，在于它有效。而我们对戴尼提的要求，也就只是有效而已。我没有必要在这里写一部关于生物学和进化论的巨著。我们是可以加一些章节谈论生物学和演化论，但是达尔文已经做得很好了。读者大可在达尔文和其他人的著作中找到关于演化的基本原理。

戴尼提在一开始的阶段，探讨的观点就是演化。当时的假设是，细胞本身都具有求生存的渴望，而这种渴望是所有生命所共通的。更进一步的假设是，生物体（个体）都是由细胞所构成的，而且事实上，生物体是细胞群的集合体。

生命基本的构成单位是如此，生物体也是如此。在这个研究领域，就我们的目的而言，人可以说是细胞群的集合体。我们可以假设，他的目的与其基本构成单位的目的是一样的。

细胞是一个生命单位；它追求生存，而且只追求生存而已。

人是由这些追求生存，而且只追求生存的细胞所构成的。

心灵是人类活动的指挥总部，其目的是提出和解决各种与生存有关，而且仅与生存有关的问题。

最佳的求生行动将可让人获得生存。

定出最佳的求生行为模式之后，我曾经找寻例外，结果发现没有任何例外存在。

研究发现，求生行为模式里充满了丰富愉快的活动，一点也不枯燥乏味。

这些假设并没有排除人类灵魂、神、创意想象等事物存在的可能性。作者完全了解，这项研究仅限于物质宇宙的范畴内，而在这个有限的范畴之上，极可能存在着更高的思想和行为领域。但作者也发现，要解决这整个偏差错乱和非理性行为的问题，并不需要考虑这些更高领域中的因素。

研究发现，人类心灵一直受到非常严重的诽谤，因为心灵所具有的能力，远远超过了迄今任何人的想象，更没有人曾经对这些能力做过测试。

基本人性会遭到污蔑，原因在于人不能区别因缺乏资料所产生的非理性行为和另一种根源更为邪恶的非理性行为。

如果真有恶魔，那么反应式心灵就是他设计出来的。

这个运作机制设法将自己彻底掩藏起来，因此只有借助归纳推理，从结果追溯原因，才能揭示它的存在。而缉拿危害人类心灵罪魁祸首的侦察工作已经费时多年了。现在，随意哪个诊所或任何团体的技术人员都可验明它的正身。目前为止，已有两百七十三人接受检验并获得治疗，其中包括各种类型的非器官性心理疾病以及各式各样的身心性疾病患者。结果发现，在每一个人之中，这个反应式心灵都在运作，而且运作的原理都是不变的。这个个案系列很长，而且很快地将会变得更长。

每个人都有反应式心灵。在检查了那么多人之后，我找不到谁是没有反应式心灵的，或谁的印痕库（也就是供应资料给反应式心灵的仓库）中，没有令人偏差错乱的内容。

这种心灵会做些什么呢？它会关闭听觉回想。它会将声音线路置入心灵。它会使人无法分辨音质的变化。它会让人口吃。它会制造各种你列得出的心理疾病：精神病、神经官能症、强迫性冲动、心理压抑……

它有什么本事呢？它能带来关节炎、滑囊炎、气喘、过敏症、鼻窦炎、心脏病、高血压等等。这张清单囊括了所有的身心性疾病，还外加一些从不曾归类为身心性疾病的毛病，例如感冒。

只有反应式心灵有办法对人造成这些影响。这一切都是反应式心灵惹的祸。

正是这种心灵，使得苏格拉底认为他身上有个恶魔在供应答案；正是这种心灵，使得卡利古拉（Caligula）任命他的马做官；正是这种心灵，使得恺撒砍下数千高卢人（Gaul）的右手；正是这种心灵，使得拿破仑让法国男人的身高少了一时。

正是这种心灵，使人类长年饱受战争的威胁，使政治沦为非理性的活动，使高层主管厉声咆哮，使孩子因怕黑而哭泣；正是这种心灵教人压抑自己的希望，教人保持冷漠无助，教人在该行动时犹豫不决，并且在人开始品尝生命前就先杀了他。

如果真的有恶魔，那么就是他发明了反应式心灵。

这个心灵资料库内容的负荷（charge）一旦被释放掉，关节炎就会消失、近视就会得到改善、心脏病会减轻、气喘会不见、胃功能会变得正常……一大串这类的状况都会消失，而且不再出现。

反应式印痕库的负荷一旦清除，精神分裂症患者（schizophrenic）便终于能面对现实；躁郁症患者（manic-depressive）就能把事情做好；神经官能症患者不再抱着那些大谈神经官能症有多必要的书，而开始好好过日子；妈妈不再对孩子们大吼，酒鬼也变得能适可而止了。

这些都是科学事实，与观察得到的结果完全符合，从无例外。

反应式心灵是所有偏差错乱的根源。这点是可以证明的，而且实验也反复证实没有别的原因了。因为当印痕库的负荷清除后，所有不好的症状都会消失，人便开始以他的最佳模式来运作。

如果有人要在人类心灵中寻找恶魔一类的东西（就像你在疯人院的病人身上会看到的那样），他一下子就找到了。只是他找到的并不是真正的恶魔，而是来自印痕库的跳接线路（bypass circuit）。唉，真不知为了对付这些跳接线路，人们曾经祈祷、规劝了多少回！

如果一个人不相信恶魔，如果他认为人终究是善的（当然，这只是一种假设），那么这些邪恶到底是怎么进来的？是什么造成了这些疯狂愤怒？是什么使人失言？人怎么会有非理性的恐惧？

为什么尽管老板一向和蔼可亲，却有人不喜欢他？

为什么有人会让自己粉身碎骨，以求了断？

为什么人类会做出破坏性、非理性的行为？为什么他会去打仗、屠杀、大举毁灭他的人类同胞呢？

神经官能症、精神病、疯狂，这一切的来源是什么？

让我们简单地回顾一下分析式心灵，查看一下它的记忆库。在这里，我们可以找到各种感知概念的档案。或者说，乍看之下是如此。我们再看一次，看看时间因素。这些分析式心灵的资料库有一种时间感觉。这种感觉非常准确，仿佛生物体内配备了一座精巧的时钟。但是关于时间，却有一件事情不对劲：记录中有空白！在某些时刻，标准库中似乎没有任何记录存档。这些空白的片刻发生在"无意识"状态，也就是由麻醉、药物、受伤或震惊所引起的状态。

这是标准库中唯一遗漏的资料。如果你在一位患者处于催眠恍惚状态时，观察他对某个手术的回忆，你会发现这类的事件是在标准库中唯一找不到的时刻。如果你愿意找，也不顾这会给患者带来什么后果，你是可以找到这些时刻的——这点后文会进一步说明。重点是，的确有东西遗漏了，那是在过去任何年代里，所有人都认为未曾记录下来的东西。

在过去的每个年代，也没有人能对精神失常有办法。这两个现象是相呼应的吗？它们是相关的吗？完全没错。

有两样东西似乎记录在标准库中（实际上并不是），那就是痛苦情绪和肉体疼痛。

如果你要建造一台灵敏的机器，它掌控生物体的生死存亡，是个体生活最重要的工具，那你会怎么设计这台机器呢？你会让它的精密线路一不小心就超载吗？还是会为它装上一组保险丝呢？如果要把一台精密的仪器接上电源，你会用好几组保险丝来保护它。任何电脑都会具备这种安全装置。

刚好有些许证据存在，支持这种神经系统的电流理论。疼痛会导致神经严重超载。个体受伤时，大脑很可能是超载能量的吸收装置，而能量是由受伤部位的损伤细胞所产生的。关于这点，我在别处有用戴尼提做一些计算。这只是理论，除了当作例子之外在此别无他用。我们现在只探讨科学上的事实。

在剧烈疼痛的时刻，分析式心灵会暂停运作。事实上，分析式心灵的表现就如同一个器官，每当冲击出现时，重要的供给线路就中断了。

例如有一个人，被汽车从侧面撞击，而陷入了"无意识"状态。当他重新恢复"意识"时，却没有"撞昏"期间的记忆。这种情况是不利生存的。这意味着当人受到伤害时，会失去自由意志，然而此时却是生物体最需要自由意志的时刻。所以，如果每当疼痛出现，整个心灵就断线，这是不利生存的。一个具有超过十亿年生物工程背景的生物体，会留下这么一个尚未解决的问题吗？

生物体的确解决了这个问题。也许在生物学上来说这个问题很困难，也许解决方式还不是很好，但是针对那些"无意识"的时刻，生物体还是采取了大量的防备措施。

如何使生物体在"无意识"或近乎"无意识"状态下做出反应，这个问题的答案也是精神病、身心性疾病以及人们常有的各种心理怪癖的解答。而就是这些怪癖造就了"犯错乃人之常情"这个无稽之谈。

临床试验证明，以下陈述都是科学事实：

1. 在生物体的一生之中，心灵都在某个层次上连续不断地做记录。
2. 一生中的所有记录都是可以取得的。
3. 心灵无法察觉周围环境的"无意识"，唯有在死亡时才可能发生；一生中并无所谓完全失忆的"无意识"状态。
4. 所有心灵层面的精神错乱和身体失调都导因于"无意识"的时刻。
5. 藉由探触这些时刻，并排除其中的负荷，我们可以使心灵回复至最佳的运作状态。

"无意识"是偏差错乱的唯一根源。所谓的"心理制约"根本不存在，有的只是意识清醒时的训练，但这也必须当事人同意才能发生。

如果你想做实验，可以找来一个人，使他"无意识"、伤害他，然后给他讯息。使用戴尼提技术，无论你给他什么讯息，最后都可以找回来。做这个实验必须很谨慎，因为你也可能造成他精神失常。

使用常规催眠术或药物催眠术，都可以获得类似的结果，只是效果比较拙劣。通过置入"正向暗示（positive suggestion）"，可使催眠对象的表现如同精神失常的人。这种试验并不新鲜。许多人早就明白，这么做能使心灵产生强迫性冲动或心理压抑。古希腊人很熟悉这种做法，也曾经用它来制造各种妄想症。

有一种技术，一般称为"催眠后暗示"。了解这个技术有助于了解精神失常的基本机制。这两种情况并不完全一样，但它们在本质上非常类似。

假设有个操作者用标准的催眠技术或某种催眠药物，将一个人置于催眠恍惚状态中。然后他可能对这个人说："当你醒来时，你必须做一件事情。不论何时，只要我摸我的领带，你就会把外套脱掉。当我放开我的领带时，你就会把外套穿上。现在你会忘掉我曾经叫你这么做。"

然后操作者唤醒催眠对象。催眠对象并没有意识到那个指令。如果你告诉他，在他"睡着"的时候接收了一个指令，他会否认这种说法，或者耸耸肩；他不会知道发生了什么事。然后操作者就摸他的领带。催眠对象可能会说天气太热之类的话，然后把外套脱掉。接着操作者放开他的领带。催眠对象可能会说他现在觉得冷了，然后再把他的外套穿上。操作者再次摸他的领带。催眠对象可能会说他的外套刚从裁缝师傅那里拿回来。讲了很多话，最后终于解释了他为什么要脱外套，也许是要看看背上的接缝是否有缝好。操作者再次放开他的领带，催眠对象说他很满意裁缝师傅的工，于是再把外套穿上。操作者可能会摸他的领带许多次，每一次都会得到催眠对象的动作反应。

最后，从别人脸上的表情，催眠对象可能会意识到有什么东西不对劲。但他不会知道毛病出在哪里。他甚至不知道摸领带就是使他脱外套的讯号。他会开始觉得很不自在。他可能会挑剔操作者的外表，开始批评他的穿着，但他仍然不知道领带就是讯号。他仍将做出反应，并且始终无法明白有一个奇怪的原因使他必须脱去外套——他所知道的是，每当操作者摸领带时，他就觉得穿着外套不自在；每当操作者放开领带时，他就觉得没穿外套不自在。

这些行为对了解反应式心灵而言是非常重要的。催眠术是一种实验室的工具。戴尼提疗法不使用催眠术，但催眠术可以用来作为一种检查心灵，并得到心灵反应的方法。催眠术是一个难以掌控的变量。有些人可以被催眠，但许多人却不能。催眠暗示有时"有效"，有时则不行。有时它们让人好起来，有时会把人搞病——同样的暗示对不同的人会有不同的反应。但工程师知道怎样去利用一个难以掌控的变量。一定有某样东西使得催眠术无法预料。找出使催眠术如此难料的根本原因，有助于发现精神失常的根源。了解催眠后暗示的机制，有助于了解偏差错乱。

在催眠状态下，无论那个人所接收到的暗示有多么愚蠢，他都会设法来执行。你可以要他脱下鞋子，或者在第二天十点打个电话给某人，或者早餐吃豌豆，他都会照做。这些都是直接的命令，他都会遵照执行。你可以对他说，他戴的帽子都不适合他，他就会相信那些帽子不适合他。只要较高层次的意识察觉不到，任何暗示在他心灵中都会有效。

你可以给他一些非常复杂的暗示。比方说，要求催眠对象不能把"我"这个字说出口。催眠对象会在他的谈话中去掉这个字，并以各种惊人的字词替代它，而且对自己必须避开这个字毫不"知情"。或者你可以要求他永远不看他的手，他就会真的不看。这些就是心理压抑。在催眠对象用了药或进入催眠状态后给予这些暗示，他清醒过来时这些暗示就会起作用。这些作用将持续下去，直到催眠操作者把暗示取消为止。

　　你可以告诉催眠对象，每当他听到"地毯"一词时，他就会有一股想打喷嚏的冲动。后来一讲到这个词，他果然就打起喷嚏。你可以要求他一见到猫，就必须往空中跳两呎高，他也真的会跳起来。在他清醒之后，他真会做出这一切。这些就是强迫性冲动。

　　你可以告诉他，他会对某个小姐产生一些非常色情的幻想，而当他有这种幻想时他会感到鼻子发痒。你可以告诉他，他会一直有想躺下来睡觉的冲动，但是一躺下来，他又会觉得无法入睡。催眠对象将会有这些感受。这些就是神经官能症。

　　在进一步的实验里，你可以告诉"睡眠中"的催眠对象说，他是一国的总统，有特务要暗杀他。或者你可以告诉他，他想去吃饭的每一家餐馆都会给他下毒。这些就是精神病。

　　你可以告诉他，实际上他是另一个人，人称"里格诺爵士"的他拥有一艘游艇。或者可以告诉他，他是一个小偷，坐过牢，警察正在追捕他。这些分别就是精神分裂症患者和偏执型精神分裂症患者（paranoid-schizophrenic）的异常状态。

　　你可以告诉催眠对象说，他是地球上最了不起的人，而且人人都这么认为。或者说他是所有女人倾慕崇拜的对象。这就会是躁狂（manic）型的精神失常。

　　在催眠中，你可以使催眠对象确信，当他醒来后，他会感到非常恐怖，以致于只想寻死。这就会是抑郁型的精神失常。

　　你可以告诉他，他一天到晚所能想到的就是他病得有多厉害，而且会得到每一种他在书上读到的疾病。这将使他表现得像个疑病症患者（hypochondriac）。

　　就这样，我们可以顺着心理疾病目录一路下去。藉由编造正向暗示、制造出心理状态，我们可以使得催眠对象在清醒后，产生任何一种精神失常的表现。

　　这些症状只是假象。它们和精神失常的相似之处，只不过是催眠对象的举止像一个精神失常的人。但催眠对象并不是真的精神失常。一旦解除了暗示，也就是说，告诉催眠对象那只不过是一个暗示，理论上来说，偏差错乱就消失了*（所有这些精神失常都可归类为偏差错乱）。

在接受了催眠或服用了催眠药物的试验对象身上，可以复制出所有类型的偏差错乱。这就证明了心灵中有某个虽然意识接触不到、但却储存着资料的区域。

就是对于心灵中此一部分的探索，为精神失常、身心性疾病，以及其它的偏差错乱带来了解答。这个解答不是以催眠术达到的，催眠术仅只是另一种工具，这种工具在戴尼提的实践中并没有用处，而且其实根本没有存在的必要。

假设有一个行为很正常的人，接受了一个正向暗示后，行为暂时变得不正常了。当他意识到这个暗示的内容时，暗示就不再对他有影响力，于是他就恢复了理智。但这只是一种类似的机制。真正的精神失常（即不是催眠师置入的东西），不需要浮现于意识中才能解除。在催眠和真正偏差错乱的根源之间，除此之外还存在着其它差异，但催眠可以令偏差错乱机制的各个部分展现出来。

让我们回顾一下正向暗示的第一个例子。被催眠者是"无意识"的，也就是说，他不具有完全的觉察力或自决力。有人告诉他必须要做某件事情，而这件事情隐藏在他的意识之下。操作者给了他一个讯号。当讯号出现时，催眠对象就执行一个动作。催眠对象为他的行为寻找各种理由，但都不是真正的理由。催眠对象挑剔操作者和操作者的衣着，但还是无法明白是领带引发了他的动

---

* 此处有个禁令：这些都是试验。我曾经对那些能以一般方式催眠的人，或仅能以药物催眠的人做过这些试验。它们为戴尼提带来了珍贵的资料。除非你打算一不小心就让人精神错乱，否则唯有当你熟知戴尼提之后，才能做同样的试验。因为这些暗示不一定都会消失。催眠是一个难以掌控的变量。它很危险；就如同原子弹，催眠也不是客厅里该玩的东西。

作。暗示解除后，催眠对象就不再觉得有强迫性冲动要去执行这个动作了。

这些就是偏差错乱的构成要素。一旦人明确了解到哪些部分是偏差错乱，整个问题就很单纯了。乍看之下，这个源头竟然能够彻底藏匿数千年，而不为研究者发现，似乎令人难以置信。不过再仔细看看，这个源头居然能被发现，才是奇迹。因为它隐藏得如此巧妙、如此高明。

非催眠情况下所产生的"无意识"就比较棘手了。要造成那种足以产生精神失常的"无意识"，需要的也绝不只是把手挥舞几下而已。

意外事件的冲击、手术时使用的麻醉剂、受伤的疼痛、疾病引起的谵妄等等，这些是我们所说的"无意识"的主要成因。

若以我们对心灵的比喻来说明，这个机制是非常简单的。当破坏性的肉体疼痛波，或像乙醚那种弥漫性的毒药入侵时，分析式心灵部分或全部的保险丝就烧断了。一旦分析式心灵停止运作，标准记忆库也就跟着失去功能了。

"无意识"的时期在标准记忆库中留下了空白。这些遗漏的时刻构成了戴尼提中所谓的反应式心灵库。

分析式心灵全面运作的时间，和反应式心灵运作的时间合起来，便构成了一条贯穿整个生命，连续不断的记录线。

当分析式心灵关闭全部或部分的线路时，全部或部分的反应式心灵就切入运作。换句话说，如果分析式心灵的保险丝熔断了一些，造成一半的线路断线，那么反应式心灵一半的线路就会接通。这样精确的百分比实际上是不可能的，这只是个概略的描述而已。

当个体处于完全或部分的"无意识"状态时，反应式心灵就完全或部分地切入。当他具有完全的意识时，他的分析式心灵就完全控制着生物体。当他的意识减弱，反应式心灵的线路就以相同的程度接通。

个人"无意识"的那些时刻，大体上来说就是反生存的时刻。因此极为重要的是，这时候必须有某件东西能接管个体，继续完成一些动作，以挽救整个生物体。拳击手在半昏迷的状况下还站在那儿攻击；烧伤的人奋力让自己爬出火海——在这些情况中，反应式心灵是有价值的。

反应式心灵是非常坚韧的。为了要经得起那些会使其它知觉短路的疼痛波，它必须如此。它并不很细致，但它却准确得惊人。它具有很低等的计算能力，可以说比低能还低，但是，如果一个心灵在身体被压碎、被火烤时还能持续运作，你本来就不会期望它有多高的能力。

反应库并不储存我们一般所谓的记忆。它储存的是印痕*。这些印痕是当人处于部分或完全"无意识"状态时，对于一切感知的完整记录，其中包含再微小不过的细节。印痕和身体中任何其它的记录一样精确。但是它有它自己的力量。如果唱片或电影也包含视觉、听觉、嗅觉、味觉和体内感觉等所有感知，那么印痕的记录就近似于唱片或电影。

然而，印痕和记忆之间有非常明显的差别。印痕能够和身体内的所有线路永久熔接，并且表现得就像是一个独立的实体。

所有印痕的实验室测试都指出，印痕拥有"无穷无尽"的力量来控制身体。无论印痕在一个个体中活化了多少次，它依然强而有力。实际上，随着印痕活化次数的增加，它的力量甚至会更强大。

唯一有可能动摇这些印痕的，就是后来发展成戴尼提疗法的

---

* 戴尼提中所使用的印痕，是该词最精确的定义："外来刺激在生理组织的原生质上所留下之明确而永久的痕迹"。戴尼提认为印痕是一组外来刺激针对细胞层次的生命所造成的冲击。

74

技术。本书的第三篇将完整叙述这项技术。

这里有一个印痕的例子：有一个女人被一拳击倒在地。这时她陷入"无意识"状态。有人踢她、骂她是骗子、骂她真差劲、说她老是变来变去。在这个过程中，一张椅子翻倒了。厨房里的水龙头开着。外头街上有一辆车急驶而过。印痕包括了所有这些感知的连续记录：视觉、听觉、触觉、味觉、嗅觉、体内感觉、动觉、关节位置、口渴的记录等等。印痕包含她"无意识"期间所接收到的完整讯息：说话的语调和声音中的情绪、最初的一击和随后殴打的声响及感觉、地板的触感、椅子翻倒时的感觉和声响、被打时的体内感觉，也许还有她口中血的味道或任何其它味道、打她的人的气味及房间里的气味、驶过的汽车引擎和轮胎摩擦声等等。

这些都可以算是某种的"正向暗示"。不过还有一些新的东西，这些东西除了它们的背景资料之外，都不在标准库里，这些东西就是：疼痛和痛苦情绪。

标准库和反应式印痕库的差异就是这些东西：肉体疼痛和痛苦情绪。造成偏差错乱——所有偏差错乱的印痕，和记忆*之间的差别，就是肉体疼痛和痛苦情绪。

我们都听过，坏的经验对生活有帮助，没有坏的经验，人就不能学习。或许这是非常非常正确的说法，但是这可不包括印痕。印痕不是经验。印痕是听命行事。

也许在人类发展出大量的词汇之前，这些印痕对他来说还算有用。在某些方面它们是有助于生存的，这些之后会讨论到。但是，一旦人类发展出精致的、同音异义的语言，甚至可以说，一旦他发展出任何语言后，这些印痕就变成弊多于利了。现在人类已

---

* 戴尼提将记忆视为是储存在标准记忆库中的任何感知到的概念，而"我"可能可以回想这些概念。由眼睛所见的场景，与其它感官所接收到的讯息，变成标准记忆库中的一项记录，"我"能回想起来作为参考。

经进化到了很高的层次，这些印痕就根本没有保护作用了，只会使他疯狂、生病、没有效率。

一项主张是否有效，端看它应用的结果。当这些印痕从反应式心灵库中消除后，人的理性和效率会大幅提高、健康状况会显著改善。个体会依求生行为模式做出理性的计算；也就是说，他会活得很好、喜欢与周围的人相处、倾向于建设与创造。只有在他的动力确实受到威胁时，他才会去破坏。

因此，人类的发展到了这个阶段，印痕的价值完全是负面的。当他的层次与他的动物表亲们还相差不远时（动物全部都有这一类的反应式心灵），这些资料或许对他是有用的。但是，语言的出现和人类生存方式的改变，使印痕成了显著的祸害，所有的印痕都不具有任何建设性的价值。

反应式心灵本来是用来保障生存的。现在它的行为仍旧假装是在保障生存，但是由于它错得离谱，结果适得其反。

印痕实际上有三种，三种都会使人偏差错乱。第一种是反生存印痕。这种印痕包含肉体疼痛、痛苦情绪，以及生物体所接收的其它所有感知和威胁。一个被强奸犯打昏并凌辱的孩子，接受到的就是这种印痕。反生存印痕中包含了在表面或实质上与生物体的对立。

第二种印痕是助生存印痕。假设一个受到虐待的孩子病了。当他在部分或完全"无意识"的时候，有人告诉他说会好好照顾他、很爱他等等。他会认为这种印痕不是反生存，而是助生存的。它似乎是有益于生存的。在这两种印痕中，后者造成的偏差错乱最为严重，因为恐惧的力量永远比不上亲和力，而亲和力法则（law of affinity）会强化印痕的力量。催眠术利用反应式心灵的这个特点，以同情的态度对待处于人为无意识状态的催眠对象。催眠术的效果有限，因为它不包含肉体疼痛和痛苦情绪，而这两样东西会把印痕系泊于"意识"层面之下，使人觉察不到。

第三种是痛苦情绪印痕。这种印痕和其它印痕类似，不过它是由突然失落的震惊所引起的，例如所爱的人过世。

反应式心灵库完全是由这些印痕组成的。反应式心灵完全用这些印痕来思考。它用印痕"思考"的方式大概会让科日布斯基（Korzybski）破口大骂，因为反应式心灵以彻底的等同性来思考，也就是说，一件事物等于另一件事物。

如果分析式心灵要对苹果和虫子做一个计算，结果大概会是这样的：有些苹果有虫，有些没有；除非已经好好喷过药了，否则咬苹果的时候偶尔会发现有虫子；虫子会在苹果里留下小洞。

然而，当反应式心灵对储存在它的印痕库中的苹果和虫子做计算时，情形就会变成这样：苹果就是虫子就是咬就是苹果里的洞就是所有东西的洞就是苹果而且永远都是虫子都是苹果都是咬……

分析式心灵的计算可以涵盖最惊人的微积分总和运算、诡诈多变的符号逻辑，它的计算能建造桥梁、制作服装。分析式心灵是天底下所有数学公式的来源，它可以用这些公式解决日常生活中最常见的问题。

但是反应式心灵就不同了！它简单得太精彩、太神奇了。可以说，它的运算只有一个公式：A=A=A=A=A。

用反应式心灵来任意做个计算看看。当然，要用它所包含的资料来计算。你会发现，对它而言，任何资料都跟相同经验中的其它资料完全一样。

在前面女人被踢的例子中，一个分析式的计算可能会是：女人有时候会因为某些状况，导致自己遭人踢、受到伤害，而大家都知道，男人往往会踢女人、伤害女人。

既然这是个印痕，反应式心灵对这个印痕的计算则会是：被踢的疼痛等于挨打的疼痛等于翻倒的椅子等于驶过的汽车等于水龙头等于她是骗子等于她真差劲等于她变来变去等于这个男人的音调等于当时的情绪等于骗子等于开着的水龙头等于被踢的疼痛等于被踢部位的体内感觉等于翻倒的椅子等于变来变去等于……何必再讲下去呢？印痕中的每一种感知都等于印痕中的其它各种感知。怎么回事？这不是疯了吗？正是如此！

让我们进一步地来检视那个受到催眠后正向暗示，一摸领带就脱外套的例子。在这个例子中，我们可以清楚地看到反应式心灵运作的要素。

这个催眠后暗示仅需加上某种弥漫的情绪和肉体上的疼痛，就能成为一个危险的印痕。实际上，它确实是一种印痕，藉由操作者对催眠对象的同情而置入。这使它成为一个助生存的同情印痕。

现在，我们知道操作者只要摸领带，就能使清醒的催眠对象脱去外套。催眠对象并不知道到底是什么导致他脱外套。他找来各种解释，但没有一个是正确的。在这里，催眠后暗示的印痕其实进入了反应式心灵库。它位于意识层次之下；它是来自意识层次之下的强迫性冲动。这种冲动作用在肌肉上，使催眠对象脱去外套。它是熔接到身体线路中的资料，在分析式心灵所能控制的层次以下；它不仅作用在身体上，也影响着分析式心灵本身。

如果这个催眠对象每当看见某人触摸领带时就脱下外套，一般人会认为他有点不正常。然而在这件事情上他却没有同意权。如果催眠对象试图违抗操作者，拒绝脱去外套，他就会有某种很不舒服的感觉。

现在让我们举一个例子，说明较低层次生命的反应式心灵如何运作：一条鱼游到浅水湾，那儿的水咸咸的、黄黄的，而且有铁味。它刚吞下满口的河虾，就有一条大鱼向它冲来，撞上了它的尾巴。

小鱼勉强逃开，但它受伤了。由于分析的能力微不足道，这条小鱼的行为大多取决于反应。

现在它的尾巴痊愈了，又继续过它的日子。但是，有一天它受到另一条大鱼的攻击，尾巴给碰了一下。这次它伤的不重，仅仅被碰了一下而已。但是有一件事情发生了。它体内有个东西认为它的行动抉择太不小心了。这是在同一部位第二次受伤了。

这条鱼反应式层次上的计算是这样的：浅水湾等于咸味等于黄色等于铁味等于尾巴痛等于口中的小虾，总之每一项都等于每一项。

尾巴上的第二次撞击键入（key-in）了印痕。这个事件向生物体证明，类似第一次的意外可能再度发生（等同式思考〔identity-thought〕）。因此，小心啊！

这件事情过后，小鱼又游到了带咸味的水域。这让它稍微有点"紧张"，不过它还是继续游着。它发现自己进入了黄黄的咸水中，但它仍然没有回头。它开始觉得尾巴有一点点痛，但它还是继续游。突然间，它尝到了铁味，尾巴开始剧烈疼痛起来。于是它闪电般地溜走了。后面并没有大鱼追击，可口的小虾就在那儿等着它。但是它仍然逃走了。这地方危险！如果它不调头的话，尾巴真的会让它痛苦不堪。

这个机制可以算是一种求生行为。它对鱼可能还有点用处。但是，对一个每次别人摸领带时就得脱外套的人来说，这种生存机制早已过时了。而它却仍然存在！

让我们进一步地探讨那位年轻人和外套的例子。脱外套的讯号非常精确：操作者触摸他的领带。这讯号相当于那条鱼接收到的感知，无论是单独或综合的感知，都迫使它回头。触摸领带也可以换成许多其它的讯号，随便哪一个都能引发脱外套的动作。

在另一个例子中，女人遭到拳打脚踢而晕了过去。印痕中的所有感知都具有某种再刺激（restimulation）的特性。开着的水龙头可能不会对她有太大的影响。但是开着的水龙头加上驶过的汽车，就可能开始轻微地活化印痕。她挨打和被踢的地方会隐约有点不舒服，虽然还不足以使她真正感到疼痛，不过确实存在。如果除了哗哗的水声和驶过的汽车，我们再让一把椅子突然翻倒，这时她会受到轻微的惊吓。现在，如果再加上踢她的那个男人的气味和声音，疼痛就开始增加了。那个机制正告诉她，这地方危险，她得赶快离开。但她不是鱼；她是具有高度知觉的个体，而且就我们所知，是地球演化迄今，最为复杂的心灵结构体——万物之灵的人类。在这个问题里，除了这个印痕，还存在着许多别的因素。因此，她留了下来。她挨打处的疼痛成了使她容易患病的因子，或者那些疼痛本身就成为一种慢性病。虽然这个事件本身不怎么严重，但那仍然是病。她对打她的男人也许有很高的亲和力，因而在平时高情绪度的协助下，分析式心灵所在的层次足以对抗这些疼痛。但是，当分析式层次变低时，它得不到什么协助，因此疼痛就可能变得很严重。

那条受到袭击并且得到印痕的小鱼并没有拒绝再碰小虾。也许之后小虾不再让它那么兴奋了，但是吃小虾对生存的助益，还是使得小虾所代表的欢乐远多于痛苦。

一个大体上欢乐而充满希望的生命具有很高的生存潜能（不管那些自作聪明的人怎么调侃女人，千万别认为我们在暗示女人仅为了食物而留）；这样的潜能可以克服大量的痛苦。然而，随着生存潜能逐渐消失，人距离痛苦的层次（第零区和第一区）就越来越近，于是印痕就可以大肆活动起来。

但是，除了痛苦，这里还有另一种因素——事实上，还有好几种别的因素在作用。如果那个脱下外套的年轻人得到的是一种神经官能症的正向暗示，就像在几页之前提到的，那么他也会对讯号产生神经官能症的反应。

这个女人所得到的印痕，除了包含如水龙头、汽车、翻倒的椅子等一般的再刺激物（restimulator）之外，还包含一个神经官能症的正向暗示。有人告诉她说她是一个骗子、很差劲、总是变来变去。这个印痕可以藉由许许多多的方式再刺激起来；这时，她会有一种"感觉"，觉得自己很差劲、是个骗子，而且她真的变来变去。

我手边有一些案例特别突显了这种不幸的状况。其中有一个已经清新了的个案，她曾经多次遭受毒打，每次被打时听到的都是类似的话语，都充满了侮辱。内容大约是说她的行为很不检点、与谁都能同居。她父亲带她来治疗的时候，她已经离婚了。父亲抱怨她的行为非常不检点，在几周内就与好几个男人同居。她承认自己确实如此。她不明白为什么会这样，对此也感到很苦恼，但是她好像就是"无法控制"。仔细检查她反应式心灵库中的印痕后，我找到了一长串带有这种内容的毒打事件。因为这是研究而非治疗——虽然她获得了治疗——我连络上她的前夫，在她不知情的状况下对她前夫做了检查。结果证明，在他盛怒的印痕复演（dramatization）中，的确使用了那些字眼。由于害怕行为不检点的女人，他把妻子打成了行为不检点的女人。

这项研究对所有的个案都做了查证，比对患者的印痕与施加者的印痕。我尽可能地查证事件的内容，发现两端的内容全都是一致的。为了防止在施加者及患者之间有任何其它方式的沟通，我还采取了各种防护措施。每一名患者在"无意识"时期所找到的每一件事，经过比对，都与其它的资料来源完全吻合。

催眠和偏差错乱之间的相似性亦得到了证实。透过正向暗示，催眠术植入了某种形式的精神失常。通常这只是暂时性的植入，但有时催眠师并不能满意地"解除"或取消催眠暗示。对尚未清新的人施行催眠实验的危险，也可从反应式心灵的另一种机制中窥见。

在我们前述印痕的例子中，那个女人在得到印痕时，显然是"无意识"的。除了知道自己被那个男人打昏了之外，她的标准库中没有那个事件的记忆（记录）。因此，印痕并不是我们一般所谓的"经验"。印痕能够在潜意识运作，使她的思考过程偏差错乱。印痕能够在她受伤的部位产生莫名的疼痛，而她找到的却是别的原因。她不知道是印痕在作祟。

键入是活化印痕的必要因素。但是，到底什么会键入印痕呢？事后的某一天，当她感到疲倦时，那个男人扬言要再度揍她、辱骂她。这属于意识层次的经验，这个经验使她感到"心痛"。而她之所以会"心痛"，是因为经验的背后隐藏着真实的、活生生的肉体疼痛，而这个疼痛被意识层次的经验"键入"了。这第二次的经验，就是一个锁（lock）。锁是一种记忆，但它在标准库中具有一种新的作用。它的威力太强大了，而这威力来自于过去的殴打。反应式心灵在时间上是很粗心的。印痕一旦键入，它连一岁与九十岁都无法分辨。此时，真正的印痕就往上移动到标准库的下方了。

这个女人以为她在为锁的经验中男人所说的话而感到担心。实际上她担心的是印痕。于是，记忆就成为"痛苦的"了。但疼痛并不储存于标准库中。这个标准库是容不下疼痛的。一点也容不下。但是标准库可以储存疼痛的概念，而光是什么会带来痛苦的概念，就足以使人类这个有知觉的生物体，远离所有他认为是真正危险的疼痛。一位清新者没有会引发疼痛的记忆，因为他的反应式心灵库中，没有留下任何肉体疼痛记录，来破坏机器。

那个脱外套的年轻人并不知道是什么使他烦心，或者是什么促使他那么做。具有印痕的人并不知道自己在苦恼什么。他以为是锁，但是锁的内容可能与印痕本身差了十万八千里。锁中可能具有类似的感官讯息，但它和印痕可能完全是两码事。

82

要理解这些印痕的作用并不难。它们只不过是一些肉体剧烈疼痛的时刻，这些疼痛足以切断分析机器部分或全部的线路；它们是和生物体的生存相对立的情况，或是对生物体的生存伪装出来的同情。印痕的定义不过如此。印痕具有程度不一的"无意识"状态、肉体疼痛、感官讯息，以及反生存或助生存的资料。处理印痕的反应式心灵，则完全按等同的原则来思考，即每一件事都等于每一件事。印痕挥舞着肉体疼痛的鞭子，驱使生物体服从命令。如果生物体不按照它的旨意去做（任何一个清新者都会告诉你，那是不可能的！），肉体疼痛就会出现。印痕操纵人就像驯兽师操纵老虎一样——印痕能轻而易举地把人变成一只老虎，还顺便让他染上疥癣。

如果人类不曾发明过语言，或者（这在稍后会说明）在语言中少一些同音异义词，多一些明确特定的人称代名词，印痕仍将是有生存价值的资料，它的机制也还会有用。但是，人类已经进展到不再需要印痕的阶段了。他在语言与潜在的疯狂间做了选择，为了前者巨大的好处，他接受了后者的诅咒。

印痕是偏差错乱和身心性疾病的唯一根源。

我们已经仔细审视了大量的资料，却找不到任何例外。不论是"正常人"、神经官能症患者还是精神病患，只要清除全部或部分的印痕，无需其它治疗，就能使每个人都达到远高于目前平均值的状态。不用求助于本书以外的任何理论或疗法，人便能治疗所有精神上的疾患与身心性疾病。

细胞与生物体

长久以来，人们一直不知道印痕就是偏差错乱和身心性疾病的唯一根源。这是因为简单的印痕可以引发几乎无穷的复杂现象。

为什么人类心灵是以那种方式演化而来的呢？对此我们可以假设好几种理论，但这些毕竟只是理论，而戴尼提并不关心结构的问题。然而，有一两点纯粹只是假设的说法可以提出来，以刺激这个领域未来的研究人员。身体中任何类似电流的能量，和受伤细胞所释出的能量之间，有一种明显的关联。我们可以架构一个这样的理论：受伤的细胞会释放类似电流的能量，造成邻近细胞的损伤，因而迫使生物体发展出一种特殊的细胞。这种细胞如同一条导管，可以用来"排放"这个痛苦的负荷。这种细胞导管或许就演变成了神经元，使得负荷可以比较均匀地分散到全身。如此一来，在受到伤害冲击的地方发生局部机能丧失的可能性就比较小。这些导管（神经元）可能因身体前进方向的末梢受到冲击而开始成形。这会使得头颅成为最大的神经元集团。人由于直立行走，也许还有一个新的冲击点，那就是前额，并因而发展出了前额叶。也许事实并不是这样。这仅仅是理论，并没有经过任何的实验证实，也只有少数具有科学价值的资料支持这样的论点。

但无论如何，以下这部分至少必须提出来，作为结构上的理论。细胞是身体的一种基本架构单元。为了生存得更好，细胞似乎结成了细胞群落；而细胞群落最关心的，就是生存。细胞群落经发展、增殖而成为集合体，也就是生物体；此时，生存仍然是唯一的目的。生物体发展出心灵，以协调肌肉，解决与生存有关的问题。这依旧只是理论，即使沿着这个理论的确推导出了戴尼提，它还是有可能完全错误。戴尼提有效。即使把这个理论从戴尼提中抽离，戴尼提仍然是一门科学，并且会继续有效。先前电脑的概念对戴尼提而言并不特别重要，只是有用而已。若不用那个概念，但戴尼提仍旧成立。科学会随着本身理论的发展而不断改变。戴尼提打开了一扇门，使我们进入了一个浩瀚的研究领域。目前的戴尼提有效，而且每次都有效，没有例外。至于使它有效的原理，无疑将会受到反复的推敲与改进——如果事情不是这样，那么我们对这一代的科学家，或对未来世代持续的信赖，就没道理了。

为什么我们要谈论细胞，到后面就会很清楚了。我们之所以知道过去对结构的观念不正确，是由于这些观念不符合实际上的功能。我们提出的一切事实都是功能性的，它们是科学上的事实，有实验室证据全面、彻底的支持。功能先于结构。在人们对原子结构真有一点概念之前，詹姆斯·克拉克·麦克斯韦（James Clerk Maxwell）早就提出了他的数学假设，人类也早已开始广泛地享用电所带来的好处。功能总是比结构先出现。在过去几千年中，人类心灵领域的进展之所以如此惊人地乏善可陈，可以部分归咎于这个事实：它的"思想器官"落在医学这门领域中。而医学在过去一向是一门技艺，而非科学；在未来相当长的时间内可能也仍是如此。得先有解释生命的基本哲学，这一门技艺才能更上层楼。

举例来说，医学在细胞能力方面的研究十分匮乏。近年来虽有若干研究出现，试图发现更多的资料，但基本的哲学却仍然欠缺。研究者只观察了细胞，却无法预测细胞的现象。

对于人类细胞的研究，迄今主要都是采用死的组织。然而死的组织少了一种未知的、很重要的性质：生命。

在戴尼提的实验室观察中，令人大为惊奇的是，我们发现细胞显然具有知觉；这是目前无法解释的。除非我们假设在受精时，人的灵魂就进入了精子和卵子，否则除了说这些细胞确实以某种方式具有知觉能力外，某些事情用其它任何假设都无法解释。开拓一个新领域时，若拥有能向四方披荆斩棘的假设，将无可避免地揭露出与过去理论不符的资料。比如生存这个基本原理就是一位优秀的向导，它能解释和预测碰得到的各种现象，不断地引导我们探索越来越深的领域。当资料就像观察到"在地球一般状况下，苹果熟了就会落下来"一样科学时，我们就不得不接受它。抛弃过去的理论，也许会伤害人们所珍爱的信仰和老学派的怀旧之情，但事实毕竟是事实。

作为思考单位的细胞，显然对于身为思考单位和生物体的身体有影响力。我们不需要先处理这个结构上的问题，才能解决我们在功能上的假设。很明显地，细胞会保留痛苦事件。毕竟受到伤害的是它们。细胞显然保有控制权，每当分析器使细胞失望时就惩罚分析器。印痕的故事，就好比是每当将军让军队中的一些兵牺牲时，军队和将军之间就会上演的斗争故事。将军在保护这些军队时越无能，士兵所拥有的权力就越大。细胞显然一直推动着大脑向前进化，以达到更高的知觉能力。疼痛逆转了这个过程，就好像细胞在后悔自己把太大的权力，交到一个中央集权的统治者手上。

反应式心灵很有可能是细胞智能的结合体。不用认定这就是真的，但在缺乏任何真正结构方面的研究下，这个结构理论还是非常好用的。反应式印痕库可能是储存在细胞本身中的材料。这种说法的可信度，现在还无关紧要。但我们对它总要有个理论，好让大家对 "无意识" 时刻所发生的事情有些概念。

不过这是观察及测试过的科学事实：当遭遇肉体疼痛时，生物体会切断分析器的线路，使生物体本身只留存一点点觉察力，或变得完全没有觉察力。生物体这么做的目的，若非为了保护分析器，就是要撤回分析器的权力。因为它相信在紧急状态下，印痕才是最可靠的。而根据经验观察，分析器并不同意这点。

在这些非分析式的时刻，每一种当时出现的感知，包括肉体疼痛，都会被记录下来。每当疼痛（肉体疼痛）出现时，分析器就会关闭，其程度多寡不一。即使疼痛只有一瞬间，分析器也仍然会减弱一瞬间。这一点很容易得到证实：你只要试着回想一下你上次严重受伤的时候，看看是否至少有一段短暂的空白时期。在麻醉下睡去，一段时间后又苏醒过来的状况，则是一种更为复杂的分析器关闭，因为它包含了肉体疼痛，但最初的无意识却是由毒药引起的（从技术上来说，所有的麻醉剂都是毒药）。另外，如溺水等窒息的状况，也是一段分析器关闭的时期，只不过程度有轻重之分。还有一种情况，同样会引起程度不一的分析器关闭：血液因某种原因而离开具有分析能力的部位（不管是什么部位）。这样的情况包括休克（此时血液往往会集中在身体中心），由外科手术、受伤、贫血所引起的失血现象，以及通过喉部的动脉受阻。自然睡眠虽也会造成分析式活动的减弱，但减弱程度并不深，也不严重。使用戴尼提疗法，人可以轻易还原睡眠期间的任何经历。

我们现在应该可以了解，有很多情况会造成分析能力的关闭，也可以看到分析器会有不同程度的减弱。当一个人被烟头烫到手指时，会有一瞬间的疼痛和轻度的分析器减弱。如果一个人接受手术，手术期间为好几个小时，这时关闭的程度可能就极为严重。持续期间和分析器减弱的程度是两个不同的东西，虽有关联，不过十分不同。这点并不是那么重要，但还是得提一下。

阅读戴尼提到这里，我们发现"波谱"的原理对我们非常有用。我们可以看到，分析能力减弱的程度，也能够用描述生存潜能的方法来描述。它可能只减弱一点点，也可能大幅减弱。回到前面看看生存潜能的范围，你会发现在底部是死亡，而在顶部则是永生。有所谓"无限的"生存。人是否可能有无限的分析能力，是神秘主义的问题。然而，个体情绪度和分析器关闭的程度之间存在着明确的关系，却是一个科学上的事实。这么说吧：当个体感到健康、快乐并且充满热情时，分析能力是很高的（第三、四区）。当个体躺在卡车车轮底下，处于"无意识"和极度痛苦之中时，分析能力则降到了第零区。生存潜力和分析能力之间存在着一种比例关系。当一个向下走，另一个也会向下走。乍看之下这没什么，然而由此我们却可以推论出许多意想不到的资料。这是一个非常重要的比例关系。

印痕包含所有的感知资料。其中两种就是肉体疼痛和痛苦情绪。还有一种则是体内感觉，也就是生物体在印痕发生时所处的状态。得到印痕时，生物体是处于怎样的状态中呢？或多或少的"无意识"。这表示生物体有一种分析能力减弱的体内感觉，因为分析能力显然来自于身体的一个或数个器官。如果印痕被一个或数个再刺激物活化起来，也就是说，如果具有印痕的个体接收到他环境中的某个类似印痕内感知的东西，印痕就会使它所包含的一切（如水龙头和话语等感知资料）产生不同程度的作用。

再刺激的程度有大有小。个体环境中的再刺激物，可能只会使印痕发挥一点点的威力，或者，若环境中有许多再刺激物，身体状况也不佳时，印痕就会展现它全部的威力（这一点之后再谈）。然而，不论印痕所受到的再刺激是轻微还是强烈，印痕中的一切内容都会以某种方式产生效力。

所有的印痕仅有一个共同点；就只有一样东西是每一个印痕所共有的。每一个印痕都具有这个资料：分析器或多或少关闭了。每一个印痕中都有这个分析器关闭的资料。因此，每当一个印痕受到再刺激时，即使身体尚未感到肉体疼痛，部分的分析能力还是会关闭，分析器的一个或数个器官会在某种程度上断路。

这一点，对于了解偏差错乱如何运作非常重要。它是一个科学上的事实，可以接受检验，并且从不改变。收到印痕时，肉体疼痛和情绪就会关闭分析器；印痕受到再刺激时，有一部分的印痕指令就会使分析器关闭。这是铁定会发生的。实际上，这是非常机械化的程序：印痕受到再刺激，部分的分析能力就关闭了。这是铁定会发生的，就像开关电灯一样。拉一下绳索，灯就熄了。虽说分析器的减退不会那么黑白分明——它有不同的明暗渐层，但却是同样地机械化。

用乙醚麻醉一个人，并且打伤他的胸部。乙醚和胸痛先后关闭了他的分析能力，因此他获得了一个印痕。在他躺在手术台上的时候，反应式心灵记录了器具的喀嗒声、谈话的整个内容、所有的声响和气味。我们再假设此时还有一个护士抓着他的脚，因为他的脚会乱踢。这就是一个完整的印痕。

未来某个类似的事件，会键入这个印痕。在键入以后，每当他听见类似器具的喀嗒声，就会多少变得紧张起来。如果此时他注意一下身体的情况，可能会发现他的脚好像稍微有一种被人抓着的感觉。但是他不太可能注意到他的脚，因为如果他真能注意到什么的话，就会感觉到胸痛了。而他的分析能力已经稍微关闭了一些。就像脚感觉到被人抓着，分析器也会得到被乙醚和疼痛关闭的概念，再刺激物（喀嗒声）往往会轻微地引发整个印痕，而印痕指令中的一部分，就是分析能力的减退。

这完完全全就是"按按钮"的机制。如果一个人知道另一个人有哪些主要的再刺激物（话语、声调、音乐……无论是什么，只要是印痕的一部分，在反应式心灵库中有记录），他就能几乎完全关闭这个人的分析能力，甚至让他陷入"无意识"状态。

我们都认识那些会使我们觉得自己很笨的人。这可能有两个原因，都来自印痕。其中一个原因：不论什么印痕受到再刺激，都有部分的分析能力会关闭。

如果环境保持不变，印痕可能会处于长期的再刺激状态！这意味着部分的分析能力长期关闭。一个清新者的智力之所以会恢复、之所以会提升到如此高的程度，一部分是由于解除了印痕中说他愚蠢的话语指令，但较大的成分是因为解除了这种长期分析器关闭的状况。

这不是理论。这是科学的事实。它纯粹是实验的结果。印痕含有分析器关闭的感知资料；当受到再刺激时，印痕就使那个资料重新发挥某种程度的力量。

因此，在"无意识"状态下所接收的印痕，每当受到再刺激时，就会引起部分的"无意识"状态。具有印痕的人（任何偏差者）不必收到新的肉体疼痛，就会有新的部分"无意识"的时刻。他会感到"昏昏沉沉的"、"想睡觉"或"迟钝"，其中一个原因是分析器呈部分关闭状态。感到"紧张"、暴怒或恐惧，也都会伴随分析能力的部分关闭。

催眠师会"成功"，原因在于透过与人们谈论"睡眠"，他能使某些包含睡眠一词的印痕受到再刺激，关闭分析能力。这是催眠术"有效"的原因之一。

然而由于印痕的再刺激，整个社会都容易受到分析能力或多或少关闭的影响。

但是，一个人反应库中印痕数量的多寡，并不能代表他分析能力减弱的程度。一个人可能有印痕，但这些印痕可能还没有键入。就算它们已经键入了，这个人的环境中也可能并不具有大量的再刺激物。在这些情况下，即使他具有大量的印痕，他所在的生存区域可能还是很高的。另外，他也可能藉由教育，让自己稍微能够不受这些印痕控制。

然而如果一个人的印痕已经键入了，他的环境也确实有许多再刺激物，那么他就很容易遭受非常大量的再刺激和严重的分析能力关闭。这是很常见的情况。如果一个人有大量的印痕，这些印痕已经键入，生活周围又有许多再刺激物，他的状况就可能会在正常与精神失常之间游移。在一天之中，一个人的状况可以由正常到疯狂，再回到正常状态；例如一时大发雷霆的男人，或陷入冷漠无助的女人。我们在此使用的"精神失常"，意指极端的非理性。因此，精神失常有暂时性的，也有长期性的。

当一个人杀了人之后，法庭会进行一个悲惨的程序，那就是判定这个人是否精神失常。这种法庭本身就是非理性的。这个人在杀人的当下当然是精神失常的。法庭现在问的是，他是否为长期性的精神失常。但这其实与案件本身没有什么关系。如果此人已经精神失常到会杀人，那么将来他就可能因精神失常而再度杀人。因此，长期意味着长时间的周期现象或是一种连续的状态。法律定义精神健全为"有能力区分对与错"。但是当一个人受制于一种机制（所有的人都如此），使得他在这一分钟有理性，而下一分钟却会受到再刺激，那么可以说社会中没有一个人，在尚未清新之前，永远能够区分对与错。至于法律认定什么是"对"、什么是"错"，则又是另一回事了。

这个例子，说明了偏差者如过山车般的精神状态。所有偏差者都有印痕（通常一个人大概数以百计）。在分析式的层次上，人拥有非常大的选择自由；他甚至能够处理哲学上的对与错。但若是一个偏差错乱的人，他的印痕库永远可能受到再刺激。星期二是"最理智"的偏差者，到了星期三就可能变成一个杀人犯——如果刚好有那样的情景来触发那样的印痕。一个清新者在某个特定情况下的行为模式是无法完全预测的，因为他具有非常宽广的选择力。但是一个偏差者的行为则完全无法预测，理由如下：

1. 包括偏差者本人在内，没有人知道在偏差者的反应式印痕库中有哪些印痕。

2. 什么情况中会包含什么再刺激物，全凭机运。

3. 偏差者会如何在反应式的层次，对印痕里的种种因素行使其选择力，我们不得而知。

人从这些基本机制中衍生出的行为模式是如此复杂，怪不得某些哲学学派认为人是一种相当无望的个案。

如果印痕库保存在细胞层次，理论上我们可以假设，细胞会确保分析器在处理生存这种生死交关的事情上不致于太大胆。因此，我们可以设想，当肉体疼痛和情绪造成"无意识"状态时，细胞已经复制了"无意识"的每一刻中所包含的所有资料。这样，当任何类似的资料出现在环境中时，细胞就会警觉起来。假若大量的再刺激物出现在眼前时，细胞很可能就会关闭分析器，开始靠反应行动。这是一种原始的安全机制。如果生物体曾经安然度过了一段"无意识"时期，那么显然细胞可以做出这样的推论：在类似的危险情况下，应用当初的资料和行动将能再次获得生存。对爷爷适用的，对我也适用。在公车车祸中适用的，在公车上也适用。

这种低能的"思考"就是反应式心灵的典型特质。它就是这样

93

思考的。它是极端的守旧派。它总是抓不到要点、每每错失重要资料；它让身体疼痛难耐，它是一团混乱的漩涡。如果每一种情况仅有一个印痕，也许还勉强过得去。但是可能十个印痕都具有类似的资料（那就是印痕锁链〔engram lock chain〕），而这些资料可能彼此互相矛盾。所以当一个新的紧急情况出现，其中包含链中的再刺激物时，反应式心灵会无法提出一套过去适当的行为模式来应付状况。

很显然，未知因素在于语言。如果这属于细胞层次的问题（前面曾提过，这部分只是资料推导出来的理论，用以解释发生了什么事。理论可以改变，但事实在科学上的有效性却不会因此而改变），那么细胞大概不太能理解语言。如果它们真能理解语言，也就不会发展出这种"解答"了。

举两个关于球棒的印痕为例。第一次，这个人的头被打到，昏倒在地，此时有人在喊："快跑！快跑！快跑！"第二次，这个人在相同环境下被球棒打昏了，此时有人喊着："待在那里！你很安全！"这下子当他再听到、闻到或看到球棒，或者听见那些话时，他该怎么办呢？跑开还是留在那儿？两种行动都会带来类似的疼痛。实际上的结果是什么？他会头疼。这就是所谓的内心冲突。这就是焦虑。当一个人有九十个印痕将他往南拉，有八十九个印痕将他往北扯，纯就力学上来看，这还真会产生非常严重的焦虑。他该往南还是往北呢？还是就这么"神经崩溃"了？

反应式心灵的聪明程度与一架唱机相差无几。唱针放上了唱片，唱片就唱起来了。反应式心灵只会放上了唱针。当它尝试着挑几张唱片同时播放，问题就来了。

无论是造物主有意如此，或设计上的疏失，或演化时跳过了一个步骤（这个老旧又无用的器官居然还存在），总之，细胞把这个印痕库隐藏得相当好。人在分析式心灵运作时是有意识的。当他"无意识"时，他的分析式心灵就不能监管进来的资料，而这资料在我们用比喻称呼的标准库里也找不到。所以，此时进来的一切都会跳过意识。既然跳过了，不靠戴尼提程序，意识就无法回想这些资料，因为没有回想的管道。

失去意识时，印痕就进来了。此后它就直接在生物体中运作。只有藉助于戴尼提疗法，分析器才可以获得这种资料。（这些资料的移除靠的完全不是分析器与资料的接触，尽管有一种旧的观念认为，要"认清"问题才能摆脱它，但是如果不用戴尼提技术，你一"认清"印痕，麻烦马上就来了。）收到印痕的是细胞组成的身体。反应式心灵纵然可能是分析能力的最低层次，但这并无法改变一个科学上的事实，即就其作用而言，印痕仿佛焊接上了生命功能调节器、器官协调功能以及分析式心灵自身的基本层面。在此"焊接"的意思是"永久接合"。而键入就是将印痕接入，成为操作身体的机器的一部分。分析式的思维过程并不会永久地接合在那儿，分析器可以随心所欲地将它接入或切出线路。但印痕就不是这样了。因此我们使用"焊接"一词。

分析式心灵会安装一种训练模式；只要有利于生物体，这种训练模式便会以刺激－反应的方式顺利地运作。印痕也是一种训练模式，它会以完整套装的形态"永久"固定在线路之中（若没有戴尼提疗法的话），其运作方式宛如训练模式，但完全不经分析器同意。

由于受到印痕中正向暗示，以及分析能力减弱等几个方面的影响，分析式心灵无法找出真正确实的理由来解释生物体的行为。既然分析式心灵的工作就是确保生物体永远正确，它会编造理由。正如同那位脱外套的年轻人，为他脱外套的行为找了一大堆可笑的解释，当分析式心灵观察到身体似乎毫无道理地在从事非理性的行为（包括说话），它就会为这些行为辩解。印痕能够支配生活可能经历的种种过程；它能够控制信念、主张、思考过程，或让人无法具有这些想法；它能够操纵各种行动；它制造出来的状况，能复杂愚蠢到教人叹为观止。印痕可以依内容来下任何指令，而它的内容又可以包含整个语言中所有字词的组合。由于有非理性的行为及念头存在，分析式心灵被迫要为生物体的行为和状况，以及它自身怪异的错误辩解。这就是辩解式思考。

因此，生物体能以下列三种方式思考：

1. 分析式思考：理性的思考，可因教育和观点而调整。

2. 辩解式思考：企图解释行为反应的分析式思考。

3. 反应式思考：这种思考完全基于 "印痕中的一切等于印痕中的一切等于环境中的一切再刺激物等于与这些再刺激物有关的一切"。

我们都曾见过某人犯了大错之后，会提出理由来解释为何犯错。这就是辩解式思考。之所以铸成大错，如果不是教育和观点所致，就是印痕。分析式心灵这时不得不为这个错误辩解，以确保身体是对的，它的计算也是对的。

其次，印痕还可以引起两种情况。一个是印痕复演，另一个是个性扮演。

你见过一个小朋友破口大骂、气极败坏的样子。你见过一位男士勃然大怒的行动过程。你见过人们做出一连串没有理智的行为。这些都是印痕复演。当一个印痕受到彻底的再刺激，彻底到它焊接的部分完全控制了整个生物体时，便会产生这些情形。印痕可能只接入线路一点点，也可能完全接入。也就是说，印痕复演有程度之分。当它火力全开时，印痕会一字不差地重现。此时个体就像个傀儡演员，扮演着指派给他的角色。一个人可能会接收到新印痕，而使老印痕的重要性退居次位。（社会的惩罚情结，目的完全在于提供反印痕的教育。）

在反应式心灵愚蠢的思考中，印痕复演是一种有利生存的行为。它思考的前提是，当生物体过去处于"类似"情况时，因为有这些行为存在才得以幸存。

那个遭到拳打脚踢的女人，可能会照本宣科地做出殴打她的人对她所做的事、说出那人对她所说的话，藉此复演她的印痕。这时受害者可能会是她孩子或另一个女人。如果她够强壮的话，受害者也可能是给她印痕的人。但尽管她具有这个印痕，不代表她就会拿来用。她可能有一百个其它的印痕可用。但是一旦她印痕复演，情况看来就如同这个焊进去的印痕在操纵一个木偶一样。她可能会尽剩余的一切分析能力来改变这个模式。因此，她的复演可能类似当初的印痕，也可能完全相同。

印痕复演的现象全然是"尖牙利爪"式的生存。就是这种东西过去使观察者认为，"尖牙利爪"是生存的首要法则。

印痕跳过理智与标准记忆库，就这么进来了。现在它在生物体中，但生物体却意识不到它的存在。印痕受到一个意识层次的经验键入，从此就可以被复演了。印痕的力量完全不会因使用而减弱；用得越多，或复演的次数越多，印痕就越紧抓着线路。肌肉、神经，都得听它的。

这便是"尖牙利爪"式的生存。细胞十分确定这点。再来我们要提到个性扮演（valence）。拉丁文的 valens 这个字，意为"强大的"。这用语很好，因为它是 ambivalent（矛盾；在两个方向具有力量）的后半部，在任何好字典中也都查得到。这个用语很好的另一个原因，是它描述了（虽然字典并不是这个意思）生物体在复演印痕时的意图。而多重个性扮演（multivalence）的意思即是"许多强大的力量"。这包括人格分裂，以及人在不同情况下奇特的人格差异。在戴尼提中，个性扮演意指印痕中某个登场人物的人格。

在女人遭受拳打脚踢的例子中，在场有两种个性扮演：她自己与她的丈夫。如果当时有另一个人在场并参与了这个事件，印痕就会包含三种个性扮演：她自己、她丈夫和第三个人。假设在一个公车事故的印痕中，车里当时有十个人在说话或行动，那么这个"无意识"的人所获得的印痕，将包括十一种个性扮演："无意识"者本人和十个有说话、行动的人。

在丈夫殴打妻子的例子中，印痕只包含两种个性扮演。谁赢了？这就是"尖牙利爪"的法则，也是从印痕观点所见的生存。谁赢了？丈夫。所以丈夫的个性会被复演。妻子没有赢。她受伤了。喔！所以只要那些再刺激物出现，就该成为胜利者、成为她丈夫；说话要像他一样，说他说过的话、做他做过的事。他生存下来了。"像他那样！"细胞这么说。

因此，当这个女人的印痕受到某种行动的再刺激，比如她孩子的某个行为，她就会复演胜利的个性扮演。她对孩子拳打脚踢，骂他是一个骗子，说他真差劲，老是变来变去。

如果她复演的是她自己，那会发生什么事呢？她必须倒下、撞翻一把椅子、晕过去，并且相信自己是一个骗子、很差劲、老是变来变去。她就得感受到所有拳打脚踢的疼痛！

"做你自己"的忠告，对反应式心灵而言犹如耳边风。它的做法是这样的：每当生物体受到生活的惩罚时，反应式心灵就认定分析式心灵出错了。因此，反应式心灵就根据周遭再刺激物（危险）的数量，按比例切断分析式心灵的线路，并使身体参照先前生物体受伤的类似情景，做出与胜利者一样的动作反应。

现在，如果"社会"，或她丈夫，或某种外界力量对这个在复演印痕的女人说，她必须面对现实，那会怎么样？不可能。因为现实就是做她自己，而做她自己就会受伤。如果某种外界的力量打破印痕复演，那又会如何？也就是说，如果社会反对印痕复演，拒绝让她踢人、大叫大嚷，结果会如何？印痕仍然焊接在里面。反应式心灵强迫她成为胜利的个性扮演，但现在她不能当胜利者了。当她愈接近自己的个性，反应式心灵就会模拟印痕中另一个个性扮演的状况，以示惩罚。毕竟，印痕中另一个个性扮演并没有死。于是挨打的疼痛就发作了；她认为自己是一个骗子、很差劲，老是变来变去。换句话说，她进入了失败的个性扮演。持续地打破印痕复演会使人生病，这就如同天有阴晴一般必然。

　　一个人在十岁以前，会在印痕中累积五十种个性扮演。哪些是胜利的个性扮演呢？你会发现每当一个印痕再刺激时，他就会使用那些个性扮演。多重人格？两个人？应该是五十到一百种人格吧。在戴尼提中，你会看到人们切换各种个性扮演，其变化之快，连变脸大师都会瞠目结舌。

　　观察一下这些行为举止的复杂性。如果一个人想要系统化地分类他所观察到的一切现象，来解决偏差错乱的问题，但又不知道基本的根源，那么最后他只会分出各式各样的精神失常、神经官能症、精神病、强迫性冲动、心理压抑、偏执与残疾；英语中能有多少词汇组合，就能分出多少类别。用分类法来寻找基本原理从来就不是好研究。印痕可能展现的无限复杂性构成了人类偏差错乱行为的完整清单。（经过极为严密、彻底控制的实验发现，印痕的确能够造成在此所列举的各种行为。）

　　印痕还有一些基本而重要的行为，如寄生线路、情绪嵌塞、身心性疾病等，这些将在它们各自的章节中探讨。光使用在此列举的几个基本原理，就足以解决偏差错乱的问题。这些基本原理很简单，它们带来了个人和社会经历过的所有问题。精神病患待的疗养院、关罪犯的监狱、各国囤积的军备，甚至化为灰烬的昔日文明，这一切的存在都是由于这些基本原理不为人知。

　　细胞演化成生物体，在演化过程中，它创造了一个曾为心灵必要条件的东西。人类发展至今，已经创造出一个方法来克服这个进化上的严重失误。观察证明，清新者已不再需要这个东西了。现在他所处的状态，已使他能够凭自身之力，以人为方式迈出演化的下一步。跨越峡谷的桥已经建成了。　❈

"恶魔"

我们先把细胞这种科学化的东西暂时摆一边，来进一步看看了解人类心灵时所遇到的问题。

人类行为问题的研究，已经有好几千年的历史了。印度教、埃及人、希腊人、罗马人，和过去几百年来我们自己的哲学家及研究者，都一直在和极端的复杂性奋战。

戴尼提之所以能发展出来，靠的就是将问题划分成基本要素的哲学程序，以及数十个评量尺度的发明，譬如"武断的导入"、"亲和力法则"、"动力"、"最佳解答的方程式"、"决定重要性的法则"、"用来组织科学的科学"、"比较权威以去除权威"等等。这些全是写一本哲学巨作的好题材，但是我们在这里谈的是戴尼提，它是一门科学。不过我还是该提一下，研究一开始所采用的一个步骤并不是我发明的，而是借来并修改过的东西，那就是赫伯特·斯宾塞的"可知及不可知"的理论。

绝对主义是通向停滞的康庄大道，因此我不认为斯宾塞对于他

101

的可知及不可知抱持着完全绝对的看法。"**生存！**"是两类事物的分界点：一类是那些可藉由感官体验到的事物（我们的老朋友休姆〔Hume〕和洛克〔Locke〕谈过）；另一类是那些不一定能透过感官来认识的事物，我们有可能知道，但却不一定要知道它们才能解决问题。

神秘主义和形而上学的领域就是属于那些不一定要知道的事物（戴尼提版的不可知）。在戴尼提发展的过程中，我刻意跳过了许多东西，只因为这些东西并不曾给谁带来解答。神秘主义因此被摆在一旁，尽管我确实研究过神秘主义。有些西方心灵领域的异端，动辄将那些他们所知有限的二手资料奉为权威。然而我对神秘主义的理解来自亚洲。在那里，如果一个通灵者不能使他的"灵体"出窍，为他跑腿办事，那他只能算是二流的通灵者。我们很清楚，在那个拼图中的确有几片是橘中带黄点，有几片是紫中带胭红条纹，但是我们发现只要捡起关系密切的那部分就可以了。因为有一天，会有大量的拼图片（像是有关结构等等的部分）出现，届时心电感应、先见之明等各式各样的事情都将获得解答。要知道，一个哲学性宇宙的建造，需要大量的图块。但是如果要创造一门能有效解决偏差错乱的心灵科学，却完全不需要神秘主义的图块。在现阶段，戴尼提并不对鬼魂和印度绳技发表任何意见，只不过将它们视为色彩斑斓的图块，而我们只要白色的图块。这些白色图块大部分都已经找到了，它们在原本一片漆黑的地方，拼合出一片美好的纯白。

在这种情况下发现了"恶魔"，我的惊愕是可想而知的。你可能还记得，苏格拉底曾说他有一个恶魔。这个恶魔并不告诉他该做什么，只告诉他是否已经做了正确的决定。在此之前我们一直在物质宇宙的范畴内前进，只探讨感觉得到的事物；这样的坚持肯定会使休姆本人感到满意。然而，"恶魔"却跳出来了。

对十四位测试者彻底检验的结果显示，他们每一个人似乎都有某种"恶魔"附身。这些人是由社会各种不同阶层中任意挑选出来的，因此这个"恶魔"的问题也就格外吓人。当然，和某些异端（或他们自己所谓的学派）不同的是，我们拒绝进入虚幻不实、无稽可考的领域，也不想使用令人混淆的标签。我们必须建造一座桥来横越峡谷，但恶魔却是极为拙劣的撑柱。

在婆罗洲、菲律宾等太平洋群岛上，我曾见过不少恶魔学的东西。恶魔学实在很迷人。恶魔进入人体使人生病、或者进入体内代人发言、或者人因为恶魔附体而疯狂，跑来跑去，发出恶魔的咆哮。这些属于狭义的恶魔学。像萨满、巫医这些人都专门在搞恶魔学（这一行报酬还不错）。虽然我不会特别怀疑，但是我总觉得恶魔可以用比较简单的方法来解释，不用老谈灵质那一类感知不到的东西。

在文明社会的居民同胞身上居然发现"恶魔"的存在，真是叫人不安。然而它们确实存在。至少，萨满和巫医认定是恶魔引起的那些现象的确存在。我们发现这些"恶魔"是可以列下来的。有"指使的恶魔"、有"挑剔的恶魔"，还有常见的"告诉你该说什么的恶魔"、会站在你周围叫喊的"恶魔"，以及把事情遮盖起来让你找不到的"恶魔"。当然不只这些种类，但一般"恶魔学"的领域谈的就是这些。

一些施打药物的实验案例显示，这些"恶魔"可以随意制造出来。甚至将整个分析式心灵改造成一个"恶魔"都是可能的。因此恶魔学的说法有问题。一个人无需特别的仪式，光用话语就能在人们身上创造一个新的恶魔。因此在戴尼提中并没有真正的恶魔。（我在此特别强调这点，以防哪个神秘主义者四处奔走，告诉大家有一门新的心灵科学相信恶魔。）

戴尼提所说的恶魔是一种寄生线路。它在心灵中会表现得像自

103

我以外的另一个个体。它完全源自于印痕中的话语。

　　一旦你仔细观察过一个恶魔，就不难理解恶魔是怎么来的。爸爸在婴儿无意识的时候，对妈妈大吼大叫说："你他妈的！你只能听我的！"婴儿因此获得了一个印痕。从婴儿期到死亡之间的某个时刻，印痕被键入，从此恶魔线路就起作用了。

　　一个电子工程师能随心所欲地在收音机线路中设置恶魔。以人来说，就好像从标准库拉一条线路到分析器，但是在这条线路抵达分析器之前，先在中间插入喇叭和麦克风，然后再把这条线路连到意识层。在喇叭与麦克风之间存在着一部分的分析器，这部分的分析器功能仍然正常，但与其它部分的分析器隔开了。意识层上的"我"需要资料。这资料应该直接来自标准库，经过下层的计算，然后纯粹以资料的形态抵达。不是话语形式的资料，就只是资料。

　　分隔出部分的分析器，又安置了喇叭与麦克风，加上包含"你他妈的！你只能听我的！"语句的印痕长期受到再刺激，此时另一件事就发生了。在上层注意力单位中的"我"需要资料。他开始在意识下层扫描标准库。这资料抵达时是说出来的，仿佛他的头里有个声音。

　　清新者没有任何"心里的声音"！他不用语音思考。他思考时不用在心中念出想法；他的想法不是以声音的形式出现的。这点将使许多人感到惊讶。"听我的"恶魔在社会中很常见，也就是说这个印痕流通甚广。"待在那儿，听我说"将印痕固定在目前时刻（也会将个人相当程度地固定在印痕发生当时）。从键入的那一刻起，这个人就思考得很"大声"，也就是说，他把思考用言语来表达了。这样的思考非常缓慢。心灵的思考（就清新者而言）是极为迅速的；当它得到解答时，言语的意识流还在起点呢。

　　要证明这点非常容易。在每一个个案清新的过程中，都曾发现这样的恶魔，没有例外。有的个案有三、四个；有的有十个；有的只有一个。我们可以安全地假设，几乎每一个偏差者都有一个恶魔线路。

会制造 "挑剔的恶魔" 的印痕类型是："你总是挑剔我。" 印痕中包含着许多这一类的语句，其中任何一句都会制造出一个挑剔的恶魔。同样地，要求听从命令的任何字词组合，也会制造出一个指使的恶魔。

这些恶魔都是寄生性的。也就是说它们占用了分析器的一部分，将分析器隔开。恶魔的思考水准只与这个人心灵的思考水准一样高，并没有额外的能力。全无益处，只有损失。

将整个电脑（分析器）改造成一个恶魔线路，并将孤零零的 "我" 置之高阁，是有可能的。表面上看来，这是相当好的花招。它可以使整个分析式心灵不受干扰地进行计算，然后将答案传给 "我"。但实际上这是非常糟糕的，因为 "我" 就是意志、就是生物体的决定力、就是觉察。很快地，"我" 就会变得非常依赖这个线路，而这个线路则会开始并吞 "我"。这样的线路若要持久，必须带有疼痛，而且必须是长期性的。简单地说，它必须是一个印痕。因此，它必然会减损智力，最后并且会以某种方式致病，伤害它的主人。

在我们找到的，也消除掉的所有印痕恶魔线路中，最危险的一种线路，里头包含着一位威力似乎无比强大的外部实体，它能解决所有问题，并响应你的每一项要求。随着印痕的键入愈来愈深，并受到经常性的再刺激，' 我 "最终将成为一个毫无骨气、唯唯诺诺的木偶。由于还有其它印痕存在，这些印痕的打压合在一起，往往会造成极为严重的精神失常。如果你需要例子，只要想象一下你必须对一个被催眠的人说些什么，才能使他认为他在某个强大个体的掌握中，受这个个体使唤；然后再把这些话，想成是一个人受到某种伤害而失去意识时，所听到的东西。

　　还有另一大类的恶魔，叫做"闭锁恶魔"，这种恶魔会阻断事物。它们并不算是真正的恶魔，因为它们不会说话。真正的恶魔会给予思想声音，或使听过的话语不断地在内心回响，或提供各式各样复杂的建议，就像真有个人在外头讲话一样。（会听见说话声的人具有外部语音恶魔；这种线路已将他们的想象线路绑住了。）闭锁恶魔没有任何话要说。造成心理错乱的，反而是它不许你说、不许你做的事物。

　　闭锁恶魔可能只是针对一个词。例如，一个小女孩从脚踏车上摔下来，她失去意识，得到了印痕。一位警察试着帮助她；她仍然处于无意识，不过却在动，并且喃喃地说着她不能动了（这是旧的印痕作祟）；警察乐观地说："千万别说不能！"一段时间之后，她在有意识的情况下，又从车上摔下来，不过这次没有受伤。（我们不断提及这个必要的第二步——锁，因为过去的神秘主义者认为它是一切问题的根源：它是"精神上的痛苦"。）现在小女孩很难说"不能"了。不管发生什么事这都很危险。要是她有那个常见的印痕语句"可别说不！"那会怎么样呢？

　　闭锁恶魔会掩藏事物，使"我"看不见。要遮蔽许多字词也一样容易。有这样一个闭锁恶魔的人讲话时会略过这些字词，或者更改这些字词，或把它们拼错、讲错。恶魔并不是更改字词的唯一原因，不过它是个明确的例子。闭锁恶魔的力量还可以更强，范围也可以更大。它可以是这几句话造成的："不要讲话！"、"不要跟长辈顶嘴"，或是"在这儿你不准讲话。谁说你可以讲话的？"所有这些语句都可能造成一个人口吃。

　　除了言语以外，恶魔也可能闭锁其它各方面。每一种心灵能力都可能受到针对那项能力的恶魔所抑制。"你看不见！"会闭锁视觉回想。"你听不见！"会闭锁听觉回想。"你感觉不到！"则闭锁了痛觉和触觉回想（英文是个充满同音异义的东西）。

回想中的任何一项感知，都有闭锁的可能。每当某种回想闭锁时，也会影响到实际的感知和感知器官。"你看不见！"可能不仅会减弱回想，也会减弱眼睛器官的实际功能，例如导致散光或近视。

由于英语（或其它地方的其它语言）中全部的词汇，都有可能出现在印痕里，我们不难想见，有多少心灵运作的能力可以闭锁起来。一个最普遍的例子就是"你不会想！"

到目前为止，我们的说明和例子中用的都是"你"，以接近催眠和药物实验中的情况。事实上，包含"我"的句子更具有破坏性。"我什么都感觉不到"、"我没办法想"、"我记不起来"。这些句子，还有数以千计类似的句子，如果说出来让"无意识"的人听到，一旦印痕键入线路，就会作用在他自己身上。

"你"这个字会有好几种效果。对一个清醒的人说："你真差劲"，如果他有那样的印痕在，他可能会勃然大怒。他内心里大概觉得大家都认为他很差劲。可能有一个恶魔在告诉他说："你真差劲。"他会以告诉别人他们真差劲，来复演这个印痕。这可以透过印痕复演散播出去。例如，如果一个人的印痕说他性无能，他就会对别人说他们性无能。（"照我的话做，别学我的样子。"）如果他有一个印痕说："你真差劲，你得用刀吃东西。"他可能真会用刀吃饭，不过如果别人用刀吃饭，他就会激动起来，而且如果有人说他用刀吃东西，他会变得非常火大。

就这样，还有"强迫恶魔"、"困惑恶魔"等等。

印痕具有指挥力。反应式心灵有一种选择力，以决定要使用哪个印痕、什么样的印痕。但是任何印痕，只要受到够强的再刺激，就会浮现出来，造成印痕复演。如果复演受到阻碍，那么它就会对个人发威，这可能是暂时的也可能是长期的。

反应式心灵完全照字面来解释指令，而且它对可怜的分析式心灵所施加的骚扰，也完全依字面来，这是一件很奇怪的事。"这真叫人痛不欲生"这句话可能会被解释成生产太痛苦了，还是别生得好。在任何语言中都会有数以千计的惯用语，如果按字面来解释，会与说话者的原意大不相同。

反应式印痕库将这些话语记录下来，和疼痛、情绪、"无意识"一起储存，然后很低能地将它们照字面交给分析式心灵当作**法则**和**指令**。这个操纵印痕库的快乐小白痴，只要一有机会，就会让这些该死的恶魔来消耗分析式心灵的线路。

因此我们可以看到，分析式心灵会遭受另一种形式的耗损。它的线路在正常情况下可以进行平稳、迅速的计算和分析，现在却被恶魔紧紧地束缚住，造成超载。恶魔是寄生虫。它们是分析式心灵隔离出来的区块，而且不能做大量的计算。

所以一旦消除了这些恶魔，智商会急遽上升，也就不足为奇了。我们在清新者身上所观察到的便是如此。再刺激造成的线路关闭加上恶魔线路，使我们可以观察到这样的事实：人只使用到其心灵潜力的大约二十分之一而已。研究和科学统计数字显示，当我们把 "无意识"和恶魔线路从印痕库中清除，资料以经验的形式回归标准库之后，会把百分之九十八的心灵力量置于在"我"的支配之下 —— 而在他还是偏差者时，他从来无法使用这些力量。 ✵

身心性疾病

身心性疾病是起因于心理因素的器官性疾病。尽管在戴尼提以前，在这方面并没有明确的科学证据，但自古希腊时代开始，人们一直坚信身心性疾病是存在的；在近代，有各式各样的药剂被调配出来，在市面上贩售，企图治疗这些疾病。这些努力已获得些许成功，足以鼓舞研究者进行更大量的探讨。例如：研究发现胃溃疡可以透过劝导与改变环境来改善；一种名为促肾上腺皮质激素（ACTH）的药物具有惊人却难以预料的成效；藉由药物抑制体内的组织胺，过敏多少可以获得改善。

身心性疾病的问题完全属于戴尼提的范畴。藉由戴尼提技术，在所有个案中这些疾病都得以完全根除。

在目前内科医生的疾病清单中，大约有百分之七十属于身心性疾病。我们难以预测戴尼提推行数年之后，还会有多少疾病可以归到这个类别。但可以肯定的是，归类为身心性的疾病数量会多于目前。将所有疾病均归类为身心性当然是荒谬的，毕竟那个叫做细菌的生命形式的确存在，而它们也以生存为目标。

路易斯·巴斯德建立了疾病的细菌理论。戴尼提使我们得到了疾病的非细菌理论。就目前而言，这两种理论外加生物化学，三者互补各自之不足，形成了病理学的完整架构——当然，这里是将病毒包含在细菌理论中了。

戴尼提为细菌理论增添了新页，那就是预置。病症的发展具有三个阶段：预置，意指那些容易导致身体处于生病状态的因素；引发，意指那些促使疾病呈现的因素；延续，意指那些使疾病持续下去的因素。

疾病有两类：第一类可称为自生性疾病，这种疾病产生于生物体内部并且是自发性的；第二种是外生性疾病，这种疾病的根源在于外界。事实上，尽管这是很好的医学理论，但它还没达到戴尼提所期望的精确程度。心理疾病本身其实是外生性的。但在医学上，我们认为疾病可由身体自行产生（自生性），或可来自于诸如细菌的外在因素（外生性）。按照这种分法，巴斯德的细菌理论是外生性（由外界产生）疾病的理论，而身心性疾病则是自生性、由身体自行产生的。

意外伤害的治疗、为矫正基因引起的身体天生畸形等状况而施行的外科手术，以及实际上可以归类为前二者之下的骨科，都不属于戴尼提的领域——但可以附带一提的是，几乎所有事故的起因，都可以追溯至印痕复演，而清新者很少发生意外事故。

心，当然指的是心灵，而身则指身体；身心性一词，意指心灵使身体生病，也就是心理的紊乱使得身体内部产生疾病。一旦我们解决了人类偏差错乱的问题，自然这类疾病就全变得容易治疗了。

关节炎、皮肤炎、过敏症、气喘病、心脏病、眼疾、滑囊炎、胃溃疡、鼻窦炎等等，这些只构成了身心性疾病目录中的一小部分。身体各部位的莫名疼痛，一般而言皆属身心性。偏头痛也属身心性，而且连同其它各种身心性疾病，皆可用戴尼提疗法治愈。（在此治愈指的是完完全全的治愈。）

到底有多少生理上的毛病是身心性的，这取决于印痕中的因子可以造成多少种身体状况。例如我们已经发现，感冒也是身心性疾病。清新者不会感冒。至于病毒在感冒里扮演什么角色，或是否有任何角色，我们不清楚。但是我们已经知道，一旦清除了有关感冒的印痕，这个人就不会再感冒了。这是实验所得的事实，到目前为止，在二百七十个病例中，没有一个例外。普通感冒通常来自于某个暗示感冒印痕，再经另一个包含实际黏液分泌的印痕所强化。印痕也会预置和延续某些细菌造成的疾病，如结核病。

如前所述，印痕遵循着一套行动周期。当初次接收印痕时，印痕所包含的动作和状态就预置在身体之中。其后，一个有意识的经历键入印痕，而其它的经历或这个印痕本身的内容，使得它变成长期性的。这就是心理层面的预置、引发和延续。

印痕、遗传性残疾、意外事故与细菌，这些是使生物体的身体偏离最佳状态的四种方法。许多一般称为"遗传性残疾"的情况，实际上来自于印痕。印痕的预置，使人易于发生意外。印痕能预置和延续细菌感染。因此，戴尼提可以影响的疾病，可以列成一串极长的清单。本书的目的不是罗列后果，而是陈述原因，因此读者须凭靠自己的知识，或参考医学文献，才能了解到底有几千、几万种情况源自于印痕对身体的干预或扰乱。

目前，戴尼提研究预期将包括癌症和糖尿病。从若干理由可以推测，这些疾病可能是由印痕所导致的，尤其是恶性肿瘤。提及这些是为了让大家对于这样的可能性予以注意；由于对癌症和糖尿病患者的试验尚未进行，因此这种想法纯粹只是理论，不应视之为癌症治疗上的宣言。然而，前文所列举的那些疾病已经过彻底的试验，并且已全数屈服于戴尼提疗法。

　　心灵引起生理上的残疾，或在身体中预置某种疾病，并使疾病延续，这种机制的基本原因其实非常简单。当人开始把所有可能的因素都结合在一起时，复杂性就出现了——此时我们就可以列出一张惊人的潜在疾病表。

　　在其它实验室中，对于经药物或一般催眠的患者进行一系列简单的临床测试，即可证明这个基本机制。在发展戴尼提的过程中，我曾做过一系列这样的试验，并获得了一致的成功。

　　让我们首先来看一个几乎不能算是疾病的轻微身心性状况。有一名患者接受了催眠。他收到了正向暗示，说他的听觉将会变得非常敏锐。这就是"听力扩张"。在消除了其它获得资料的管道后（包括防止操作者和催眠对象间有心电感应），可以发现他的听觉能够扩张许多倍。事实上，"听力扩张"的偏差者到处都是。催眠暗示可以将听力调低或调高，可以使人近乎全聋，或能让远处一根针落地的声音清晰可闻。暗示解除后，催眠对象的听力便回到了他原本的正常状况。

　　同样地，我们也可以对眼睛进行感光度的实验。我们可以将患者的视力调高或降低，使他眼睛对光线的敏感度远高于或低于平时。这完全是以话语暗示来进行的，例如 "光线看来会变得非常、非常亮"，或"光线将变得非常暗，你看东西会变得很吃力"。第一个暗示可使患者的视力几乎和猫一样好，他能精准无误地指出物体的所在，只不过周围的人会认为，他不可能看得见那些东西。第二个暗示可使患者在极为刺目的强光下，似乎还能怡然自得地阅读。

　　触觉也同样能藉由话语的暗示而增强或减弱，变得异常敏锐或迟钝到几乎毫无感觉。

　　各种知觉都能如此。只要话语进入心灵，即可改变生理机能。

　　现在让我们来看看心脏。透过深度催眠或药物，我们使患者进入一种失忆恍惚（amnesia trance）的状态中。此时 "我" 不再处于掌控地位，而催眠操作者成了 "我"（事实上，这就是催眠术真正的作用：通过亲和力法则，将分析能力从催眠对象转移至操作者手中。这种转移，对于成群奔逃的动物具有种族繁衍和生存上的价值）。

做这个实验，须特别注意遵守一点，那就是你选择的试验对象心脏要非常强健，没有任何心脏病的历史。因为如果他曾有过心脏病，这个实验会让他病得特别厉害，比其它催眠实验都还严重。并且在读完这本书、知道怎么解除暗示之前，绝不可进行任何催眠测试。因为现行的催眠术就像点燃的导火线，不熟悉戴尼提的催眠师，若是不懂得怎么为一颗原子剥皮，就不会知道如何解除他所置入的暗示。他以为自己知道答案，但是戴尼提已经处理过太多过去曾接受催眠的人了，按照那些对戴尼提感兴趣的工程师的说法，这些人被整得 "一塌糊涂" 。这并不是在批判催眠术或催眠师（他们通常是很有能力的人），而是要强调，在这方面还有更多该知道的事。

心脏可以光靠正向暗示而加速、减速或产生不同的律动。由此可见，话语进入心灵深处可以改变生理活动。此外，也可以仅因暗示而抑制身体某些部位血液的流动。（警告：此实验特别会加重心脏负担。）例如，我们可以拒绝血液流到手部，此时若割破这只手的静脉，只会轻微出血，甚至完全不流血。印度教的上师有一种特技，曾令当时在印度的作者大为惊奇，那就是在清醒的状态下抑制自己身上的血流。一声令下，伤口就可以流血或不流血。这看来十分不可思议，也极具宣传效果，使人感到面前的这位上师一定已近涅盘之境，方能控制万物。但当作者明白，透过催眠，自己的身体也能这么做，与涅盘毫无关系后，敬畏就打了折扣。这种机制消退得很快，几天之后就得重来一次，因为身体自有其最佳的操作方式。尽管血液流动的确能够以"分析式"的方法操纵，维持手部的血液循环并非高层次的分析式工作。在此要强调的只是，血液的流动可以为话语暗示所干预。话语和身体是连结在一起的。

至于这是如何发生的，在心灵科学发展的这个阶段，和功能相比，我们对结构并不那么感兴趣。如果仅仅凭借对功能的了解，我们就能一再地治愈偏差错乱和身心性疾病、预测新的疾病及状况，并且概言之，就能"创造奇迹"（在人类对心灵有所了解之前，这些行为都曾被视为"奇迹"），那么何乐而不为呢？

排泄物是最容易以暗示来控制的事物之一。正向暗示可以轻而易举地引发或治好便秘。小便也可以如此控制。内分泌系统亦然。

要对尚未获得充分了解的内分泌功能进行测试，是较为困难的。直到今天，腺体方面的研究都还没有太大的进展。然而我们可以观察到，清除了印痕，内分泌系统即重新达到平衡，因此内分泌系统显然是心灵操纵身体的控制机制之一。腺体很容易受到影响。这些液体和内分泌——睾丸酮、雌激素、肾上腺素、甲状腺素、副甲状腺素、垂体后叶素等等——都是心灵控制身体的管道。可以说，它们构成了传递线路。体内的每一种激素都各具功能。

以下的实验应可证明，"心灵由腺体支配"这个古老的假设是错的。为偏差者注射二十五毫克的睾丸酮针剂，每星期两次。他的生理状态在短期内可能有所改善——他的声音可能变得较低沉，也可能会多长些胸毛。现在我们不用催眠暗示，只删除他反应式心灵中的印痕，让这些印痕能在标准库中，重新形成记忆。在这项工作完成之前，他的身体已经开始能利用更多的睾丸酮了。注射剂量明显地减少，却比以前更有效果。最后，他可以不必再注射了。针对那些使用睾丸酮和雌激素等内分泌物质却不见成效的人，以及因使用这些激素而产生不良反应的人，我们也曾做过同样的实验。反应式心灵中印痕的消除，使得每位患者都能受惠于这些激素，而且除了非常年迈的患者之外，都不需再使用人工激素。这对于老年学（关于长寿的研究）有何意义，目前还无法估计，但可以确定的是，删除反应式心灵中的印痕，会产生显著的延年益寿之效。这个资料要等到今后一百年左右才能取得。目前还没有清新者已活了那么久。

目前重要的是，我们可以轻易证明正向暗示对内分泌系统的影响，以及人工激素对偏差者效果的不足。

"性很可怕、很肮脏，我讨厌性。"这类印痕对睾丸酮的分泌有极为严重的抑制效果。

过去一般认为，自律神经系统与心灵没有密切关系，但我们可以显示，心灵能影响自律神经的各个部分。在此存在着一种下降螺旋的效应（请注意生存潜能图中的线条）：印痕使生命功能调节器出现机能障碍，使得心灵功能失调：而心灵功能的失调会进一步地影响生命功能调节器；这使得生理活动更加衰弱，而就我们目前所知，心灵既然是身体器官的一部分，其情绪度就会下降。心理情绪度使得身体情绪度降低，而身体情绪度的降低，又使得心理情绪度恶化。这如同一个负向的几何级数。一个人开始生病了；因为具有印痕，他会病得更厉害。清新者不会陷入这种下降的螺旋。事实上，这个叫做身心性疾病的可怕玩意儿不过是个纸老虎；在治疗中它是第一个投降的东西，不用达到清新就消失无踪了。

至于各种试图改善身心性疾病的药剂，其成效之所以如此不确定，原因在于此一事实：心灵包含着那些"有利生存"的印痕（这就好比说人的脑袋需要开个洞），它指使生命功能调节器积极地制造疾病。若有什么东西来把这些疾病去除，心灵就得快速地逆转这项行动，再把疾病放回去（你瞧，那些病"有利生存"；这些要命的细胞很愚蠢地这样坚持）。试图透过理性或针筒去影响反应式心灵，其难度可不低于要规劝一个疯狂嗑药的家伙，别把酒吧里的人杀光。这个家伙也在 "求生"。

ACTH 这类药剂的效果稍有不同。由于使用权上的限制，我们无法对它做任何研究。不过根据相关报告，它似乎会影响印痕的时间感觉。后文的治疗篇章中会提到，它会改变个体在时间上的位置反应。ACTH 会将人从某个慢性印痕转移到另一个慢性印痕；其它许多同类的药剂或许也是如此。这情况就如同欧洲换独裁者一样，很不可靠。下一个可能加倍糟糕，甚至可能是个躁狂印痕——那可惨了，尽管表面上它会让你"欣快（euphoria）"。

电击治疗、贝德兰姆的鞭打，以及其它此类行为，包括针对导源于身心性的状况施行手术治疗，都还具有另一种效果，这种效果类似 ACTH 形态的药物，会施加另一种冲击，将印痕模式转换到身体的另一部位，切换成不同的偏差错乱（这些做法若有效，原因是新的偏差错乱没有旧的那么强烈）。电击、殴打、手术，甚至眼镜蛇的毒液，都会改变印痕库对身体的影响，不一定会变糟，也不一定会变好；就只是变换印痕而已。这好比玩掷骰子：有时你会得到七。

另外，还有身心性疾病的组织切除疗法。这种疗法直接切除身体上正忙着印痕复演的部位。可能是切除一根脚趾头，也可能是切除脑。在写作本书时，这些做法仍然相当普遍。有人用切除脚趾头来处理印痕内容的一部分，即体觉不适；有人误以为切除部分的脑（如经眼眶前额叶脑白质切开术、前额叶切开术或任何更新的手术），可以去除心灵上的偏差错乱。在这个情况中，也有一种弃绝机制在运作：外科医生或患者有一种想要"除掉它"的偏差错乱，所以就会割掉或去除身体的一些部分。某些患者听医生的建议而弃绝部分的身体结构，或者他们自己坚持要这么做，就像老一辈的人相信放血疗法一般。放血治病和切除疗法是类似的。

两者都建立在弃绝（除掉）的印痕之上，而且两者都完全无效。我们期望这种理发师脸盆医疗法终将消声匿迹，就如同那些死去的患者一样。

以下是身心性疾病的五种类型：

1. 由于心理因素造成体液流动紊乱而导致的疾病，这又可分为：

   a. 体液流动的抑制。

   b. 体液流动的增进。

2. 由于心理因素造成身体发育失调而导致的疾病，这又可分为：

   a. 发育的抑制。

   b. 发育的增进。

3. 由于某一部位长期身心性疼痛而造成病症的预置，因而导致的疾病。

4. 由于某一部位长期疼痛，造成病症持续，因而导致的疾病。

5. 由印痕话语指令的内容所造成的疾病。

在第 1a 类中，会出现便秘之类的常见疾病，以及关节炎之类的不寻常疾病。关节炎的机制很复杂，不过原因却很简单，治疗也还算容易。记得印痕中有两种东西：肉体疼痛和话语指令。如同大多数的身心性疾病一般，在关节炎中，两者都必定存在。发病的关节或部位必定发生过事故，而在那段受伤的"无意识"期间也一定有过一个指令，使印痕易于长期受到再刺激。（如 "它老是这样"、"它就是痛个不停"、"我动弹不得了"这样的指令都会产生类似的结果。）如果这个印痕发生，然后键入了，受伤部位就会产生慢性疼痛。这可能很轻微，但仍然是疼痛。（如果印痕包含具有麻醉性质的指令，例如"他不会感觉到的"，此人就有可能感受不到疼痛。这种指令会造成类似的状况，但此人"意识不到"那个疼痛。）这个身体中的疼痛可能在告诉细胞和血液"此处有危险"，因此细胞和血液会避开这个部位。假设某个指令允许心灵去影响副甲状腺，而副甲状腺掌握着血液中钙含量的奥秘，那么这个部位就会开始产生一种矿物质的沉积物。这种矿物质沉积物不尽然是疼痛的原因，但它却是一种身体的再刺激物。矿物质越多，疼痛就越严重，印痕键入程度就越高。这就是下降的螺旋。这就是关节炎。要了解，副甲状腺素以及血流会避开患部只是理论上的成因；科学上的事实为，一旦找到关于关节炎部位的印痕，并把它去除后，关节炎就消失了，并且不再复发：这有X光片为证。这种情况每次都会发生，不是靠暗示或药物，而是由于去除了印痕，并将印痕重新归档。随着印痕的清除，疼痛不见了，关节炎也消失了。这样的疾病有一整类，关节炎只是其中之一。它们的机制都差不多，都可以说是"由体液减少而引起的生理失调"。

第1b类的身心性疾病"体液流动的增进"，包括如高血压、腹泻、鼻窦炎、异常勃起（雄性性腺过份活跃）或任何其它导源于体液过剩的生理状况。

第2a类能够造成的症状诸如手臂萎缩、鼻子短小、生殖器发育不良，或任何与大小有关的腺体发育不良（这些亦可列在第1a类中），以及少发（少发如同本类的其它疾病，可能是基因型态，即遗传所致）。简言之，身体任何部位的尺寸减小皆可列于本类。

第2b类导致的疾病如手过大、鼻子过长、耳朵过大、器官扩大以及其它常见的身体畸型。（这一类或许也可包含癌症，即细胞过度修复的现象。）

第3类包括结核病（少数个案）、肝病、肾脏病、皮肤疹、感冒等等（此类疾病可以交叉归类在其它类别中；其它类别也多少都可以交叉归类）。

第4类中的疾病，其发生并非受到身心性因素的影响，而是偶然间固着于先前受伤的部位，并藉由再刺激，使印痕在那个部位保持键入状态，致使病况长期化。结核病可归于这类疾病之列，还有结膜炎，各种脓疮和任何长久不愈的病症等等。

第4类还包括了所有稀奇古怪的疼痛，以及各种无法发现实际病变的身体不适。

第5类所涵盖的病症极为广泛。这些病症都可以并列于其它的类别之下，也可能全然只由印痕造成，因为印痕会命令疾病出现，或者坚持疾病是不可或缺的。"你老是感冒"、"我脚痛"等等，这些语句宣告了某种身心性疾病的到来，而种种身体机制可以使之成真。

无论什么疾病都可以由印痕所引发。这疾病也许起因于细菌；但是当个体具有一个说他可能生病的印痕时，依照这种笼统的说法，身边随便什么都足以使他生病。再者，更广泛地说，印痕会减弱身体对疾病的抵抗力。当印痕受到再刺激（也许是因为一场家庭纷争、一次意外事故，或诸如此类之事），个体抵抗疾病的能力便会自动降低。

儿童拥有的印痕数量，远超过我们的预期，这点后文会说明。几乎所有的童年疾病发生前，都有精神上的扰乱。而如果有精神上的扰乱，即印痕不断受到再刺激，这些疾病可以变得异常猛烈。例如麻疹可以只是麻疹，或是麻疹伴随印痕的再刺激。在后者的情况下，它可以几乎致命，或真的致命。针对印痕所预置、引发、延续的童年疾病，我们检查了许多试验对象，结果使人十分怀疑，这些疾病本身事实上到底有多严重。在已清新的儿童身上，我们从未观察到这些疾病。因此，我们有理由探讨这样的可能性：童年疾病本身非常温和，只因精神上的扰乱(印痕的再刺激)才复杂起来。

　　事实上，我们对整个病理学的领域都可以有这样的提题：除去了心理因素后，疾病的实际影响为何？细菌到底有多严重？

　　在此之前，细菌学领域一直没有"动力"的原则；动力，也就是生存，适用于所有生命形式，而"生命形式"亦包括细菌。细菌的目的是生存。它面临着食物、保护（攻击和防御）及繁衍的问题。为了达成这些目的，细菌以它的最佳效率在生存。它随着自然淘汰而变异，同时因应生存的需要而积极改变（这是演化论中遗漏的步骤），以图实现生存的极致。它的错误，在于杀害自己的宿主，但有求生意图并不意味着一种生命必然得以生存。

　　在患病时，细菌由于坚持自身的目的，形成人类生存动力的一种压抑力。人类在没有印痕压抑的情况下，细菌的压抑力究竟会有多严重，目前尚无定论。充分的资料显示，当人类个体的潜能位于第四区时，他似乎是不太会生病的。例如感冒，不论是否为病毒造成的，都不会找上他；他也不会有慢性感染。至于抗体扮演着什么角色，或这个因素到底是什么，则是另一个问题。但不变的事实是，清新者不容易生病。对偏差者来说，疾病紧跟着精神抑郁，即生命动力的减弱而来。

　　因此，印痕引起的心灵与身体的偏差错乱，不仅导致身心性疾病，而且还会产生实际病变 —— 至今在一般人心目中，这些病变与心理状态没什么关系。临床研究已经证明，清除印痕的效果并不仅止于消除各种潜在、急性和慢性的身心性疾病。清新还有助于增强个体抵御疾病的能力，不过抵御至何种程度则还不可知。因为若要建立实际的统计数据，需要非常广泛、长期的调查。这个计划将需要数千个病例和医生长期的观察才能完成。

　　一个人所显示的偏差错乱程度，即他在理智等级表上的位置，与身心性疾病没什么关系。这样的疾病仅需一两个特定性质的印痕，就会表现出来。这些印痕除了使人容易患病之外，在其它方面也许并不会令人偏差错乱。有身心性疾病与"疯了",或有疑病倾向并不相同。疑病症患者认为自己有病,这是上文中第5类的特殊情况。

错乱可以清楚地归为两类:第一类是心理错乱(任何非理性的状况)。在戴尼提中,我们将其统称为偏差错乱,如此便不用老是列下非理性可以造成的几千、几万种现象分类。另一类的错乱是体觉不适:这仅仅涉及个体的生理状况、体能及健康情况。偏差错乱和体觉不适二者都存在于每一个印痕中。但是印痕可以长期性地以体觉不适、偏差错乱或二者一起的方式呈现。在戴尼提中我们经常使用"体觉不适",而避免使用"疼痛"一词,因为"疼痛"的涵义不够广,并且具有再刺激性。

印痕必定包含肉体疼痛。当印痕在日常生活中受到再刺激时,肉体疼痛不一定会出现。如果印痕并非以疼痛,而是以偏差错乱的方式呈现,此人就处于自己之外的个性扮演中(这就是他"必须展现敌意"的状况)。如果他够理智,能待在自己的个性扮演中,就会感到肉体疼痛。在戴尼提里,我们会说体觉不适出现了。一旦任何体觉不适出现,除非这个人是正在接受治疗的待清新者(preclear),否则部分的偏差错乱也会出现。简言之,偏差错乱可能独自呈现,也可能体觉不适和部分的偏差错乱会同时出现。当一个人印痕复演自己以外的个性扮演时,偏差错乱就会出现;他会像放唱片似地从印痕中复演某个个性扮演;此时,若受到其它因素抑制,诸如警察、更强壮的人,甚至个体自己的抑制(这种情况过去称为压抑,此处不用这个词,因为它充满了其它涵义),体觉不适就必然登场。因此,如果个体占有印痕中生存的角色,即胜利的个性扮演,似乎就会"过得好些";细胞有意让他如此,因为至少这样他不会生病。然而,因为这些印痕复演,已经有多少人丧命、多少银行遭抢劫、多少配偶被逼疯?因此社会为了保护它的成员，会将个人健康视为次要的事务。事实上，"社会"一直都不了解这个机械化的特质。人在复演印痕中生存的个性扮演时，可能对他人暴力相向。那些不允许自己印痕复演的人，或受制于社会而不能印痕复演的人，则必然罹患身心性疾病。所谓"正面我赢，反面你输"。解决之道在于减弱（reduce）或清除印痕。因为这个问题还有其它几个部分：姑且不论社会如何，在印痕复演的人不容易生存下去；此外，假如他复演印痕，而同印痕中的另一个人曾中伤他所在的个性扮演，那些话语就会对他造成影响。

此处所列举描述的各类身心性疾病，其组合会造成一些错综复杂的情况。科学事实指出，没有任何身心性疾病能脱离偏差错乱而单独存在。同样地，没有偏差错乱能够独立存在于潜在或实际的身心性疾病之外。有一种大家最不会认为是身心性的身心性疾病，叫做性变态。

实际上，性变态者的身体状况其实相当差（简单说来，戴尼提以性变态一词来概括第二动力上所有类型的偏差，诸如男同性恋、女同性恋、性虐待等等，以及整个艾利斯〔Ellis〕和克拉夫特 - 埃宾〔Krafft-Ebing〕的目录）。性变态的病状太多了，其范围必定涵盖上述第 1 至 5 类中的每一类。有的性变态者性器官过度发育、有的发育不良；有的精液受到抑制、有的精液过剩等等。总之，性变态者必然在某方面病得很厉害，不论他是否意识到这点。他绝不至于因此而该受谴责，但也绝不能算正常；他对社会构成了极大的威胁，以致于姑息性变态所造成的社会伤害，与惩罚性变态不相上下。在此之前，由于缺乏适当的方法，社会一直在姑息和惩罚之间犹豫不决，性变态的问题自然也一直悬而未解。稍微偏离主题一下：以往对性变态所做的最佳解释，不外乎女孩钦羡起爸爸的阴茎；或是妈妈有一天太不小心了，居然露出那恐怖的东西——阴门，使得男孩十分焦虑。其实，性变态产生的背景，远比那连篇废话要惨烈得多。情况比较会是，例如把婴儿的头撞凹进去、以压路机将他碾过、用生锈的刀子将他劈成两半、把他放到来舒（Lysol）消毒水中烹煮，同时还要有疯子用最污秽、最不堪入耳的言语对他大吼大叫。人是非常强韧的角色。他那要命的强韧使他得以征服整个动物王国、得以撼动星星。若要使他的第二动力失去平衡，简直得把但丁（Dante）和萨克斯·罗默（Sax Rohmer）的作品结合起来。因此，具有好几百个严重印痕的性变态者，在死亡和性变态之间，几乎没有选择余地。然而，假若已经有了一门有效的科学可以对症下药，社会还继续容忍性变态与其所产生的可悲、龌龊的后果，那么这个社会就不值得继续生存下去了。

性变态问题还有其它的面向。我曾研究过一个社会，在那个社会里，性方面的偏差错乱极为泛滥，导致一个神秘教派突然壮大起来，主张一切心理疾病都来自性。这当然是对第二动力（性）偏差错乱的推波助澜，因为这种邪门的信仰必定源于一个第二动力严重偏差错乱的人。此种主张"性"是人类偏差错乱和苦难的唯一来源的信念，自然吸引那些拥有类似偏差错乱模式的人。就这样，这个教派进一步强化了社会中既有偏差错乱的因素，因为他们所有的活动，目的都在于将性贴上标签，使它成为社会中心理疾病的首要来源，使性成为洪水猛兽。帮这一位神代言的是摩尼，一个公元三世纪的波斯人。他教导世人，有关身体的一切都是邪恶的，尤其是性。摩尼的教派一直持续到黑暗时代，然后便消声匿迹，不再扰人了。

任何动力都能被阻碍：个人动力、性动力、团体动力、人类动力。每一种动力，都曾在某个时代，成为某个教派的标的，以治疗人类所有的疾病、拯救人类。戴尼提对拯救人类不感兴趣；它的贡献在于防止人类再被"拯救"。作为一门有组织的科学，戴尼提的结论，只能来自于实验室的观察。

　　我们可以发现，教会秉持权威，倾全力禁止亵渎神灵的言行是正确的。当一个人受到撞击，处于"无意识"时，非常可能会有人讲出亵渎神灵的话语。这将使得神圣的名字和咒骂进入印痕。印痕在此人体内起反应，使这个人对上帝产生一种不寻常的恐惧、强迫性冲动或憎恶。这不是宗教本身的错，而是对宗教的亵渎所造成的。这样的亵渎会制造出非理性的狂热分子和凶残的无神论者，两种都是教会最不欢迎的人。

　　就身心性疾病而言，语言的任何组合，都和印痕中其它因素一样，是破坏性的。反应式心灵的低能逻辑，除了认为印痕中的一切都等于印痕中的一切，它还认为外部世界中任何与印痕相近的事物（再刺激物），都足以使印痕生效。于是偏差错乱和疾病就出现了。

　　然而，慢性身心性疾病有一个特别之处：偏差者的反应式心灵能运用一种选择力，使得只有助生存印痕成为慢性印痕。可以说，在反应式层面，偏差者不会允许自己罹患来自于印痕的疾病，除非那疾病具有"生存"价值。这是治疗中极为重要的一点。患者所展示的慢性身心性疾病，都具有同情（助生存）的背景。

　　爱和亲情不可能会"宠坏"孩子。这么假定的人所根据的资料必定很糟，而且没在观察。孩子需要他所有可能得到的爱和亲情。一家医院所作的一个试验显示，单独留下婴儿而不予以照顾，婴儿会发烧。一旦给予照顾，温度立即就降低了。尽管作者本人没有亲眼观察，但根据报告，这个试验似乎是在妥当的控制条件下进行的。倘若如此，我们便可假设人类遗传有一种用疾病来获得关爱的机制。没有不能如此假设的理由；人类的进化工程已经延续够久了（几乎二十亿年），足以把任何事情绘入蓝图之中。这些婴儿分成几组，被父母留在医院进行实验；当缺乏关爱时，他们统统都生病了。假如这些试验正确无误，在此展现的便是亲和力法则。这项实验的目的并不是协助戴尼提，而是要证明，婴儿出生之后，若因一点小毛病就将他留在医院，必定会使病情加重。

一系列为时甚长，严格控制的戴尼提实验证明，对于身心性疾病而言，亲和力法则的威力远远大于恐惧和对立，其差距之大，好比钢梁对稻草。如上所述，研究发现，慢性的身心性疾病，唯有以同情印痕为后盾，才得以存在。亲和力法则或许可以解释为凝聚的法则；"爱"的两种含意，或许都能拿来定义"亲和力"。剥夺关爱和缺乏关爱，都可视为对亲和力法则的违背。人与人必须相亲相爱，才能生存。自杀的人通常认为，除去自己能以某种方式对他人带来益处。在反应式心灵中，这是一种司空见惯的计算，它完全来自于印痕。一个外表严峻冷酷的工业巨子，当他为身心性疾病所苦时，病根也通常源自于同情印痕。

同情印痕会假装是有助生存的。正如一位待清新者所说，害一个人的不是他的敌人，而是他的朋友。印痕总是在或轻或重的"无意识"时刻产生的。没有一个印痕是不带有"无意识"的。只有当分析器断路之后，外部世界才能在未经分析的情况下进入内部，从内部运作。当分析式心灵认出某个印痕是印痕的那一瞬间，该印痕就丧失了百分之二十制造偏差错乱的效力，并且通常百分之百地丧失制造身心性疾病的效力。疼痛极易消散，欢乐则是刻在铜版上的。（这不是诗，而是科学。身体疼痛只需短暂的注意力就能消除。欢乐，甚至普普通通的经验，却牢牢固定在心灵中。针对欢乐的记录，我们花费了许多心血，以检验它们的持久性。截至目前，戴尼提尚未找到任何方法能动摇这些记录。它们是持久的；肉体疼痛则是短暂的。唉，叔本华〔Schopenhauer〕，你完全搞错了。）

锁是一个"精神痛苦"的时刻。一旦供应它能量的印痕消失了，锁就会在分析器察觉它存在的那一刻，像糠一般地随风而逝。

分析器按照"真实资料的原则"行事，不与任何它发觉是虚假的事物打交道。仅仅揭露印痕的存在，而不消减它，就有若干治疗价值（百分之二十）。这造成了一种信念，认为人只须认识自己的疾病，就可让疾病消失。果真如此就太美妙了。

因此最严重的印痕，就是反应式心灵（那个低能儿）认定为个体生存所不可或缺的印痕。同情印痕就是以身心性疾病的形式长期存在的印痕。这有两个原因：当接受到同情印痕时，人通常处于自己的个性扮演中；其次，人的反应式心灵深谙亲和力的价值，因此会展现身心性疾病来吸引亲和力。在此，个体的分析式自我，即"我"，并没有自由意志。但是，反应式心灵却完全拥有"自由意志"。

同情印痕可以是这样的：一个小男孩受到父母折磨，病得很厉害。他的祖母照顾他，并在他处于谵妄状态时安慰小男孩，说自己会照顾他、会一直待在那儿直到小男孩痊愈。这使得生病具有很高的"生存"价值。他在父母身边感到很不安；他想要祖母待在身边（祖母为胜利的个性扮演，因为她能对父母发号施令），而且现在他得到一个印痕了。没有印痕，人就不会有身心性疾病。生病、"无意识"和肉体疼痛是接收这个印痕的必要条件。但它并不是一个反生存印痕，而是一个助生存印痕。人可以在自己的个性扮演中复演这种印痕。

在这种情况下，身心性疾病成了一种"宝贵资产"。"我"甚至不知道这种计算。印痕进来时，分析器已经断路了。除非使用戴尼提疗法，否则分析器无法回想起那个印痕，印痕也不会消失。

因为这个印痕的缘故，这名患者有鼻窦炎，而且有一个肺炎的预置。也许他非常不幸地娶了一个像他母亲或祖母的女人为妻。即使妻子和他祖母或母亲只是在言谈、声调或习性上约略相似，反应式心灵却仍无法分辨出她们的不同。妻子并不富有同情心。于是印痕发作，索求同情。即使妻子认为鼻窦炎和肺炎十分恶心，甚至因此而要离婚，反应式心灵却仍将印痕保持在键入状态。愈受到妻子的厌恶，印痕就键入地愈深。你可以这么把一个人给杀了。

以上是一个标准的同情印痕。当一个治疗师试图从患者身上解除这个印痕时，反应式心灵会抵抗。"我"并不会抵抗，分析器也不会抵抗。它们都希望能甩掉这个印痕。但反应式心灵把它钉得牢牢的，直到戴尼提人卡一根铁撬进去，这才拔得起来。（附带一提，解除够多的锁，可能会减轻这个状况，不过患者将因此而挖掘出又一个印痕来！）

以往各种治疗所遇到的抗拒，其实都来自于这些同情印痕。然而这些印痕就位于表层，以慢性身心性疾病的形式展露无疑。

无论让身心性疾病患者服用多少药物，都只能带来暂时性的解脱。"我"并不想生病。分析器也不想生病。但是身体有病，而只要有谁成功地把病治好，却没有消除那个印痕，那么在反应式心灵的指挥下，身体将会找一个替代疾病，或对那个药物产生"过敏"，或使那个药物完全无效。

当然，你永远可以用刀子、冰锥或电击的方式，将脑内的活体组织大块大块地割除。这的确会终结身心性疾病。但很不幸地，这也会终结一个人的个性、聪明才智，甚至往往终结了生命本身。

在戴尼提中，应用技术来减轻这些引起疾病的印痕，已使每一位接受治疗的患者获得解脱，并且不会旧病复发。简而言之，每一种身心性疾病，现在都能获得根治了。

情绪与动力

情绪是一个 θ（希塔）量，也就是说，它与生命力的关系密切，因此目前戴尼提虽已能够有效地处理情绪，然而它对于情绪，仍仅止于理论性的描述而已。对于情绪，我们还必须做更多的研究；但是，只要治疗方法中包含情绪处理，并且成功地释放情绪，那么在某种程度上，我们其实不需要更多资料。

　　情绪，可以分为负面情绪和正面情绪。负面情绪的特色，就是不利生存，而正面情绪的特色，则是促进生存。愉悦的情绪并不是我们在此讨论的重点。我们相信所有的情绪都是同一种东西。但就本书的目的而言，我们目前可略过第一区以上的各种情绪，不作说明。

　　在第一和第零这两个区域中，情绪在治疗方面变得非常重要。如前所述，第一区和第零区分别是愤怒和冷漠无助的区域。从死亡往上一直到害怕与愤怒的分界线，这个范围是第零区。从这条分界线上升到无聊情绪的起点就是愤怒，这就是第一区。

　　这就仿佛当生存动力逐渐被压缩到第一区时，首先会开始显现敌意。然后，当进一步受到压抑朝向死亡时，则呈现出愤怒。再更进一步受压时，则表现出盛怒，随后再往下一阶是害怕，然后是惊恐，最后则是仅位于死亡之上的 —— 冷漠无助。

　　当动力受到压抑时，细胞便会抵抗威胁而且反应剧烈。分析器一路抵抗到第一区的顶端，但其控制力却不断减弱。从这个区域开始往下，细胞（实际的生物体）会做最后的奋力一搏。从第一区的顶端一直到死亡，反应式心灵皆取得了完全的掌控，而且其控制力随着动力受到压抑而不断增强。

　　情绪与真正的生命力之间，似乎是密切相连的。没有哪一个工程师会怀疑生命力的存在。当人类和医学在观察牛奶壶时，常常会忘记牛奶壶只是为了装牛奶，而牛奶才是重要的量。生命力就如同气球里灌的氦气，一旦氦气外泄，气球就会落地。在我们发现了这种能量，并能将它独立出来时（如果它确实只是一种能量），医学就可以大步向前迈进，其步幅之大，将使以前所跨出的步伐看似玩布袋竞走。医学并没有任何备用的氦气，即可为证。

　　这股生命力在生存等级表上能够拓展到多高，并没有人知道。在第三区以上的领域，仍然充满着问号。清新者迈入一个持久、充满活力、不屈不挠、理性和快乐的层级。也许某一天，清新者将达到一种微光隐现的状态 —— 作者过去在印度常听说那种状态，它表示一个人已完全为灵所充满。

　　至于生命力到底会坠到多低，则有确切的答案：人会死。此时他不会动也不会思考。他先以生物体的形态死去，再以细胞的形态死去。细胞具有不同的"死后存活阶段"。生物学家认为，毛发细胞和指甲细胞在人体死后还可以存活若干个月。所以，死亡的波谱是从生物体开始，然后是一个个的细胞群落。

　　那是从第零区的底端往下。然而，我们感兴趣的是从第一区到第零区底部之间的区域。我们可以假设，当分析式心灵处于第三区时，它能够对外部的压抑力进行最强有力的反击，并且能尽其所能地照顾生物体。当压抑力把生物体往下推时，处在第三区下层的分析器便会强力回击。这是需求在起作用。在这个行动中，迫切需求度（necessity level）能够上升到足以键出（key-out）所有印痕的程度！

我们必须了解到，分析器会考虑未来的压抑力，并且不断地进行计算，提出未来可能出现的问题给分析器来解决——这便是想象力的一项功用。我们必须进一步了解到，分析器也在对目前进行大量的计算，因为分析式心灵正不断地处理那些为数庞大的压抑力因素，而这些因素构成了现在的和未来的压抑力。例如，它会计算如何与朋友及共生物结盟，而它最大的胜利就是将某种压抑力转化成同盟者。

在生存的波谱上，我们可以假设一个人处在生存动力的顶端。当压抑力向下施压，或者未来的压抑力威胁着要对他施压时，分析式心灵会提出解决之道回击。一个人生存的等级，取决于他似乎能把这些压抑力处理得有多好。

现在我们要来谈谈清新者，而在特别指明以前，我们将继续以清新者为讨论对象。清新者是一个没有偏差错乱的人。他是理性的；他会根据自己所拥有的资料，并从自己的观点，尽可能地提出最佳解决之道。无论是现在或将来，他都会为生物体以及其它动力谋求最大的欢乐。清新者没有任何印痕；这些印痕会被再刺激，输入不为人知的错误资料，而导致计算失误。他没有任何偏差错乱。这就是为什么我们在此举清新者为例。

清新者的生存动力很高，远超过压抑力。让我们把这当作一个初始状况。他的动力将位于第三区，情绪度3.9。现在，压抑力增加了，动力被下推至情绪度3.2。此时需求高涨。压抑力受到反弹,生存动力再度回到情绪度3.9。这个行动可以称为重燃战斗力。这个人真的已经"生气了"——也就是说,他自我号召,涌起思想和行动的力量。在心理方面,他使出一切心灵能量,不管那是什么构成的。在身体方面,假若这个压抑是针对身体而来的,他就会运用他的肾上腺素。这是内分泌的正确用法:利用内分泌使身体恢复到与压抑力相抗衡的状态。身体的任何功能都受到分析式心灵的指挥(但不一定随时受到监控)。

现在我们假设,压抑力从上而下汹涌而来,冲击着生存动力,并把它推至3.0。迫切需求度开始上升。行动产生了。个体尽全力与压抑力对抗。现在我们再假设,有一个新的因素加入了压抑力,使它大幅增强。个体仍会试图对它反击。然而,压抑力却朝他压迫地愈来愈沉重。他心灵和身体的能量开始耗竭(这种压抑力既可是心理,也可是身体方面的)。由于疲乏的缘故,个体向下掉到了2.5。压抑力再度增加。个体再度试图奋起。最后,个体用尽了他所有的能量和资料。此时又有另一个因素加入压抑力,增强它的力量。个体于是下沉至2.0。

分析器失败后,在2.0的这一点上终于断路。个体进入了第一区的顶部。敌意出现了。压抑力正向下打压细胞实际的生存。于是它降得更低。个体开始进入了愤怒的阶段,在不经意识的情况下,从细胞寻得最后的力量。但压抑力再度壮大。个体进入了盛怒状态。压抑力再一次地压下来。此时个体感到害怕,情绪度到了0.9。压抑力获得了新的因素,再度下压。这时个体被压迫至0.6,处于惊恐之中。压抑力以新的力量再度压下来。个体就进入了恐惧麻痹的状态, 0.2。

让我们以一个极为简单,颇富戏剧性的例子来做比喻,这样就不用考虑数不清的细微因素了。一个没有狩猎经验的清新者决定要猎杀一只大灰熊。他有一支性能优越的来复枪,所以猎灰熊看起来很简单。这个人处在 3.9 或 3.9 以上。他充满信心，准备去猎那只大灰熊，因为大灰熊一直对他养的家畜造成威胁。他满怀热忱地来到灰熊的洞穴，经过一番等待，终于看到了那只大灰熊。他的上方有一座峭壁，是他平常无法攀爬上去的。但是，为了要在这只大灰熊溜走以前取得有利的射击位置，他必须爬上那座峭壁。由于有失去猎物的危险，这个人的情绪度下降至 3.2。需求迫使他登上那座峭壁。他开枪了，但在开枪时却从峭壁上跌了下来。大灰熊受了伤，开始朝他走来。需求急速升高。这个人捡回枪，再射击一次。射击的那个时刻他的情绪度在 3.0。但他没有射中。又开枪，还是没射中，再加上大灰熊向他冲来，使他的情绪度降至 2.5。这个人再一次射击。大灰熊中弹，却还是不断向他靠近。这个人又开了一枪，但他突然了解到，他的枪阻止不了这只大灰熊。他的情绪度掉到 2.0。他开始怒吼，拼命开枪，乱射子弹。他对于手上的枪、对大灰熊、对整个世界都狂怒不已，然后他把枪扔开，准备与几乎扑到身上的大灰熊赤手相搏。突然间，这个人意识到了害怕。他的情绪度是 1.2。当大灰熊的气味进入鼻孔时，他的情绪度降至 0.9。他知道灰熊会杀了他。所以他转身想爬上峭壁逃走，但是他的动作非常慌乱。他处于 0.6，极度惊恐；大灰熊一掌把他从峭壁上打下来。这个人静静地躺着，呼吸几乎停止，心跳也减慢到几乎静止的程度。大灰熊又给了这人一掌，他仍旧安静地躺着。后来，大灰熊认为他死了，于是就离开了。震惊过后，最后他终于恢复了知觉，情绪度逐渐上升到 2.0。他的分析器正是在这一点关闭的。他的身体动了几下，然后爬起来。他的情绪度回到了 2.5，现在他处于分析式的害怕和谨慎。他找回他的枪，离开那里。这个人觉得非常需要挽回自己的自尊，情绪度上升到 3.2 了。他离开那里，到了一个安全地带。然后他突然想到，他可以借朋友的毛瑟枪来用。于是他开始计划如何逮到那只熊。他的热忱再度升起。不过，他会根据经验来行动，尽管大灰熊打昏他时，的确留下了印痕。三天以后，他杀死了那只大灰熊，情绪度上升到 4.0，于是他有兴致回味、讲故事，然后新的事物就占据了他的心思。

生活比杀死大灰熊来得复杂许多，而且通常很少这么戏剧化，但却总是充满着各种情况，造成压抑力起起伏伏。追求任何令人愉悦的目标——杀死一头熊、亲吻一位女士、获得歌剧院前排的座位、结识一位朋友、偷到一个苹果——也都会使情绪度大幅改变。而且一般来说，一个人会同时进行三个或甚至三千个计算，而这些计算中又有三十个或甚至三万个变量。未知数越多，就有更多"不知枪中有子弹"的因素掺入，所有这些因素都可以使分析器从思绪直接、有条不紊的状态转变成毫无功能的凌乱状态。当情绪度达到 2.0 时，我们便可以认定分析器停止运作了。从 2.5 往下，它所进行的计算都不太理性——未知数太多，不可预期的因素太多，意外的估算错误也太多了。

这是处于"清新者"状态时所过的生活。我们那位猎人在被熊攻击时，接收了一个印痕。当那个印痕键入时，他会感到害怕、会变得冷漠无助。这可能来自于某些因素的出现：当时的各种感官讯息——土地、树枝的气味，和大灰熊呼吸的气味等等。但他杀死了那只熊，所以那个印痕键入的可能性很小。倒不是因为他杀死了那只熊，而是因为他毕竟已经是成年人了。而且，如果他是清新者，就可以回顾一下，自行把这个印痕清掉。

这是一个完整的情绪周期。热忱和高度的欢乐在顶端。恐惧和麻痹则在底端。对于人而言，假死与情绪度等级表上真正的死亡非常接近。假死是一个有效的机制。但它也表示全然的冷漠无助。

只要分析器还在运作，就不可能接收到任何印痕。每一件事都归档在标准库中。一旦往下通过了 2.0 的界线，我们就可以断定"无意识"已经开始了，此时与疼痛或痛苦情绪一起记录下来的任何事物，就会成为印痕。这并没有改变之前的定义。外科的麻醉剂让分析器断路的点就是2.0。麻醉剂可能进一步压制人的觉察力。疼痛也可能更进一步地压制觉察力。但是，压制觉察力并不一定会压制情绪。在周遭环境中，我们感受到了多少危险或同情？这才是压制情绪等级的事物。一个反应式印痕可能含有4.0的情绪度，另一个可能含有1.0的情绪度，还有一个可能包含的是0.1。因此，情绪并不完全是二维的东西。

痛苦情绪、毒药或其它抑制觉察力的东西，都会影响意识的深度。意识受到压制之后，就全是印痕了，而这印痕本身的情绪等级，可以从4.0到0.1不等。

我们现在可以看到两个东西在运作。一个是生理状态，这状态会使分析器减弱；另一个是心理状态，这状态会使情绪等级往下掉。

但是请记得，印痕中还有另一个因素存在：个性扮演。一旦个体的分析器关闭，身体就会采用现场任何其它分析器的评价或情绪状态。亲和力在此大大地发挥作用。一个人"失去意识"时，若周围有其他人，他会将在场每一个人的个性扮演都记录下来。其中有些个性扮演是偶然出现的。他将首先挑出最富同情心的个性扮演，作为他未来理想的朋友（或把其他相似的人当做朋友）。他也会挑最厉害的个性扮演（生存能力最强的人、老大、胜利者），作为印痕复演的角色。他还会用胜利者（胜过自己或其他人）的个性扮演，来表现自己的情绪。如果胜利的个性扮演和同情的个性扮演是同一个人，那么他就可以彻底利用这个印痕了。

我们举个例子：一个人在拔牙过程中接受氧化亚氮麻醉（这是目前为止，人发明出来最差劲的麻醉剂，因为它实际上不是麻醉剂，而是一种催眠药）。然后一如往常，每个人都在"无意识"患者的周围喋喋不休，谈论着患者、天气、最受欢迎的电影明星或棒球。这个牙医是蛮横的角色，他喜欢对护士发号施令，特别容易被琐事激怒；但是他又非常同情患者。而这个护士是一位金发碧眼的女郎，她在性方面很偏差错乱。这名患者实际上处于痛苦之中。他正在接收一个可能毁掉他一生的超级印痕（氧化亚氮是种恐怖的东西；任何戴尼提人都可以证实它会造成很夸张的印痕）；他不处于分析式的状态下。对他或是在他周围说任何话，都会被他逐字接收。他选择牙医的个性扮演，作为在场最厉害的个性扮演与同情的个性扮演。然而，牙医所说出的每一句话都很偏差错乱，而且是由那个快乐的小白痴——反应式心灵，来阐释的。反应式心灵就如同"傻瓜西蒙"一样，人家告诉他"小心踩到馅饼上"，于是他就小心地踩到馅饼上去了。这些人也许在谈论别人，但是他们所说的每一个"我"或"他"或"你"，都是印痕性的，患者会直接把这些词，完全按字面意义套用在其他人或他自己身上。牙医说："他什么都记不得的。"好了，在印痕键入时，这名患者将在记忆上产生或多或少的闭锁。"他看不到也感觉不到"：这代表会有视觉、痛觉和触觉上的闭锁。如果这名患者的眼睛此时因痛苦而泪汪汪的（虽然完全"昏迷"），那么他也许会因为这个经验而视力变得很差，视觉回想也不好。接着，他们把他交给这个金发护士，让他逐渐从麻醉中苏醒。这护士是偏差者中的偏差者。她知道当患者仍然"昏迷"时，会做一些奇怪的事情。所以，她就从这个患者那里探听有关他生活的秘密。而且她知道，他们可以受到催眠（是的，她肯定知道），所以她给这患者一些正向暗示。为了自娱，她说患者会喜欢她，而她也会对他好，并且要他现在好好待在这儿。

所以，这可怜的患者，只不过拔了两颗阻生的智齿，就得到了完整的愤怒－同情印痕复演。他的一般情绪，和牙医当时向屋内其他人所展现的情绪一样，而牙医对那位护士很凶。他的回想变得乱七八糟，然后几年后，他遇到一个很像那位护士的女人，而护士当时已经给他置入了对护士的强迫性冲动。愚蠢的小低能儿（反应式心灵）在这个完全不同的女人身上，仍然见到许多相似之处，于是它便把那护士与这个新认识的女人画上等号。结果，这名患者就与自己的元配离婚，跑去和那个假护士结婚了。一旦他与假护士结了婚，拔牙的印痕才开始严重地键入。他的身体病了；已拔掉智齿旁的两颗臼齿出现很大的蛀洞，并且开始溃烂（血液循环停止了；这个区域有疼痛但却感觉不到，因为痛觉回想关闭了）。他的记忆支离破碎、种种回想变得更糟，眼睛也开始出毛病，还罹患了一种奇怪的结膜炎。此外（因为牙医有时会将手肘靠在他的胸部和腹部上），他有胸痛和胃痛。氧化亚氮损害了他的肺脏，因此这个疼痛也长期受到再刺激。然而最可怕的是，他相信这个假护士会照顾他，因此他就不太再费心照顾自己了。他无精打采。在分析层次上，他知道这一切全不对劲；他不是他自己了。因为他现在固着在那个牙医的个性扮演里，而牙医对护士生气，所以他就揍那个假护士，因为他感觉一切邪恶都源自于她。这个与他结婚的女孩，根本不是那个护士；她只是讲话的声音与那护士有点像，而且也是金发。女孩也有自己的印痕，也开始起反应。于是她试图自杀。

由于这只是此人众多印痕中的一个，所以有一天，精神病院找上了我们这位患者。那儿的医生认为他只需要好好接受一系列的电击，来摧毁他的大脑就成了。假如那还没效，就要在电击后或电击过程中，朝两颗眼球内各插一支锐利的冰锥，然后将冰锥往上划一个大弧形，来捣毁分析式心灵。他妻子同意了。这位患者无法保卫自己：他精神失常，而你也知道，精神失常的人是没有权利的。

然而在这个案例中，就在千钧一发之际，戴尼提像骑兵队般地降临，清新了患者和他的妻子，如今他们过着愉快的生活。这是一个真实的印痕，一个真实的个案史。它是一个同情印痕，被低能的反应式心灵认定有益生存。

举这个例子，是要突显示一个印痕中情绪的高低起伏。这个人的身体已经失去知觉，处于痛苦当中。他的心灵则依感染的原理，接收了各种不同的情绪度。患者本身实际的情绪度，是彻底的冷漠无助；因此，他再也不能"做他自己"了。

在此顺道一提，在任何手术或任何受伤现场，都应当保持绝对的沉默、全然的安静与死寂。当一个人处于"无意识"状态时，对他说任何一句话，或使他接收任何感官讯息，对他都没有好处。完全没有！根据这些研究与科学调查（这在其它实验室或其他团体，也都可以迅速证明），在一个"无意识"的人周围制造出任何言语或声响，应当视为犯罪行为而予以惩罚。因为，对于知道这些事实的人来说，这种行为实际上是在刻意摧毁一个人的理智或心理平衡。在催眠中、受伤时或手术过程里，如果对患者表示赞美，会形成一个躁狂印痕，这会带给他短暂的欣快感，但是最后反而使他陷入周期中的抑郁期*。

有一条金科玉律可以改写成这样：假若你爱你的兄弟，那么当他无意识时，请闭上你的嘴。

因此，我们可以看到情绪存在于这两个层面之中：个人的层面，以及其它个性扮演的层面。情绪可以藉由等同性思考而传染。

* 作者非常明白，有许多医生在使用麻醉精神疗法时，曾偶尔不经意遇上"无意识"时期。这时他们立刻会想到，这些区域是不确定的，患者也许并非真的无意识。在戴尼提研究中，我们曾让两位心存怀疑的医生（但此后即不再怀疑了）在满意地确认患者已经无意识后，给予患者一些戴尼提人毫不知情的讯息。这两位医生嘀咕着为患者测量血压、呼吸等等，以确定患者已完全无法更"无意识"，否则就是死了。结果在每一个个案中，患者都完全找回在"无意识"状态下获得的一切资料，包括完整的测量结果。有两位患者，因为医生们在麻醉与检查时无心的评论，而产生了严重的偏差错乱。提出这点是要警告未来想做这类实验的人，精神失常就是以此原理制造出来的。所以处理患者一定要小心。

一个人处于"无意识"状态时，在场若有盛怒的情绪，将给予他一个包含盛怒、情绪度1的印痕。一个"无意识"的人，周围若有冷漠无助，他就会得到一个情绪度0的印痕。印痕发生时，快乐的情绪虽然不致造成严重的偏差错乱，但仍会产生一个情绪度4的印痕。以此类推。换句话说，"无意识"的人身边的情绪，都会传达给他，成为他印痕的一部分。任何情绪都可以如此传染。

偏差者在印痕复演时，总会选择胜利的个性扮演，当然这不会是他自己。如果当时只有另一个人在场，而那个人正以冷漠无助的情绪谈话，那么，这个印痕的情绪度就会是冷漠无助。当冷漠无助的印痕受到再刺激时，如果个体不想痛得太厉害，他就会表现出冷漠无助。由于最接近死亡，这个情绪度对个体而言是最危险的。把盛怒的情绪传达给一个"无意识"的人，就造成了一个他能用来复演的盛怒印痕。这对社会来说是最具杀伤力的。一个"无意识"的人周围若仅有敌意的情绪度存在，他便会获得一个仅带有敌意的印痕（潜藏的敌意）。若有两个人在场，两人各有不同的情绪，那么"无意识"的人收到的印痕中，就会包含两种他自己以外的个性扮演。当发生这种情况时，他首先会用胜利者的情绪复演胜利的个性扮演。如果迫于情势不能如此，他将用第二种个性扮演的情绪来复演。如果在慢性印痕里，他被迫中止复演的话，就会精神失常。

这些话并不能解释成"人只会使用或复演同情印痕"。事实绝非如此。同情印痕会使人罹患慢性的身心性疾病。只要他受到再刺激，就会复演任何印痕。

因此，情绪是一种沟通，也是一种个人的状态。细胞对于情况的评估，依靠的是在场任何其它的分析器，即使这个分析器对细胞完全抱持敌意，它也会拿来用。缺乏了这种评估，个体便会暂时采用他自己的情绪度来评估。

还有另一种情绪状态，对治疗师来说极为重要、也极为有益，因为这是开启个案时，首先得要处理的东西。在此我们无意开始讨论治疗，而只想描述情绪中一个无法避免的部分。

重大的失落，以及其它突发而严重的压抑性行动，会拦阻印痕中的情绪。失落本身可以是一种打击，会削弱分析能力，因此人就得到了一个印痕。如果一个人失去的是他所依赖的、同情他的人，那么对这个人来说，死神仿佛也快降临到自己身上了。这种压抑力效应出现时，就好像一根坚硬的钢线弹簧压缩在印痕里。一旦放开弹簧，惊人的情绪将如山洪暴发（如果这种释放真为情绪；不过我们似乎也找不到其它名称来称呼了）。

生活中的这些时刻，似乎会拦截生命力。一个人可能原有大量的生命力，但其中一部分被压缩在失落印痕中。此后，这个人的活力似乎就没有以前那般丰富流畅了。这可能不是情绪，而是生命力本身。因此，心灵之下如同有个囊肿，里头存储着大量的悲伤和绝望。在囊肿中累积的负荷愈多，一个人的情绪就愈不自由。这个囊肿可能以情绪压抑的形态持续，使得情绪度无法快速上升。他的未来似乎再也没有什么，能把他带回过去他曾经享有的生存状态。

童年的光辉和色彩，随着一个人年龄的增长而逐渐消失。然而奇怪的是，生命的光采、美妙和对生活的感受度并没有消逝。它们只是包藏起来了。清新者最不寻常的经验之一，就是在治疗过程中，发现自己重拾了欣赏世界之美的能力。

从童年以来，人在人生的旅途中不断遭受一次又一次的失落，每个失落都取走他一些 θ 量。这个 θ 量或许真的就是生命力。这些受到束缚的生命力，不但不能为人所用，反而对人有害。

举例来说，唯有这种情绪囊肿会分隔一个人的心灵，使他具有多重人格，使他看不见或听不见自己的过去。每经一次失落，反应库便会进一步地割据分析式心灵，直到生命力再也无法流动。此时人便死去了。

因此我们可以说，情绪（或一般称之为情绪的东西）实际上分为两方面：其一是内分泌系统，由分析式心灵在较高的两区所操纵，或是由反应式心灵在较低的两区所控制。内分泌带来害怕、热忱、冷漠无助等等的情绪反应。其二是生命力本身，在反应式心灵中逐渐为印痕所分割、封闭。

我们有可能开发一种疗法，只藉由释放这些压抑生命力的负荷，就产生一个完全的清新者。可惜的是，至今为止这还未能实现。

情绪的奇特之处在于，它通常根据印痕的话语内容而做出反应。假如一个印痕说："我很害怕"，偏差者就很害怕。假如一个印痕说："我很平静"，那么即使印痕的其它部分使他牙齿打颤，偏差者仍然必须"很平静"。

对于情绪包含内分泌平衡和生命力两方面的问题，还有另一个复杂的情况，即印痕中的肉体疼痛，常被误认为印痕中的一种特定情绪。例如，印痕中话语的内容是，此人"感到性兴奋"，而痛觉内容是腿部的疼痛；印痕的实际情绪内容则是愤怒（即说"我感到性兴奋"的那个个性扮演的情绪）。这件事对于复演此印痕的偏差者来说，是很复杂的。当他"性兴奋"时——他知道字面上的意思——他同时也感到愤怒，腿也会痛。在许多案例中，上述的情况实在十分可笑，并造成了一套标准的临床笑话。这些笑话开头的第一句都是："嗯，就跟一般人的感觉一样嘛。"

戴尼提人发现，大家总是依自己的印痕反应来评估世人的情绪、信仰、智力及体觉不适。一旦了解这一点，戴尼提人便乐于发掘对于"情绪"的新观念。"人愉快的时候会有的感觉，你知道的啊；就是耳朵会发烫。""我高兴的时候，感觉就跟别人一样啊！我的脚还有眼睛会痛。""我当然知道人愉快的时候有什么感觉，就是全身像被针刺一样。""真不懂人怎么能忍受热情的感觉，这样鼻子很痛耶。""我当然知道人兴奋的时候会觉得怎样，他们会想上厕所。"

可能根据印痕指令，世上的每一个人对于每一种情绪状态，都有自己独特的定义。印痕指令，加上体觉不适和感官讯息，便构成了他们所谓的"情绪状态"。

所以情绪的问题，实际上应该依据清新者来下定义，因为清新者的运作不需靠来自反应式心灵的印痕指令。如此一来，这个定义就可以分解为内分泌系统，以及可用来反抗压抑力的自由生命力的变动。

另外要补充的是，笑，严格来说并不是一种情绪，而是情绪的解脱。古时的意大利人非常笃定地认为，笑能治病。这个观念呈现在他们的民间故事中。这些故事认为，忧郁是唯一的心理疾病，而笑是这种病的唯一处方。在戴尼提中，我们与笑的关系很密切。患者在治疗时会有各种不同的反应，从咯咯轻笑到疯狂大笑。我们可以预期，一个印痕若要真正松脱，会以界于流泪和无聊的情绪度开始，而以笑声结束。初次接触时，印痕的情绪度愈接近流泪，在印痕减轻时笑声就愈肯定会出现。

待清新者在治疗中经常达到的一个阶段，就是他过去的生活似乎全都是让他大笑不已的主题。这并不表示他成了清新者，而是表示他已释出了大部分包藏的负荷。有一位待清新者几乎一刻不停地大笑了两天。这种笑与青春期痴呆（Hebephrenia）是两回事。因为当一位待清新者了解了他过去生活的阴暗面，并完全清楚是什么造成了他过去的害怕和惊恐，那种解脱的畅快是很强烈的。

笑在治疗中扮演着明确的角色。看到待清新者一直受到一个包含大量情绪负荷的印痕所缠扰，然后突然挣脱出来，实在很有意思。因为不管当时的情境有多骇人，在印痕减轻后，它就怎么看都非常可笑。一个人对这些内容失去兴趣之后，笑也就逐渐消退了。对于这个事件，他可以说是处于"情绪度3"。

笑，肯定是痛苦情绪的解脱。

出生前经历与
出生印痕

不到一百年前，老妇人们曾颇有智慧地谈论过"胎教"，以及一个妇女会如何影响她的胎儿。事实上，许多这样的直觉都是根据观察而来的。我们可以观察到，私生子往往是个不幸的家伙（如果社会并不赞同这种生养方式的话）。这些信条在一般老百姓的想法中，已经存在好几千年了。虽然这些观念一直存在，但不见得就代表它们必然正确，不过在进入出生前经历与出生印痕一章时，这倒是极好的开场白。

假若戴尼提根据的理论模糊不清，就像那些老妇人的理论，或那些神秘主义者一般，认为"孩子气的幻想"会使孩子偏差错乱，那么戴尼提就不是一门心灵科学了。然而，发现了出生前经历和出生，在偏差错乱以及身心性疾病中到底扮演什么角色的，并不是模糊不清的理论。

在提出戴尼提的基本哲学假设后，我们研究了从阿斯库勒比尔斯，一直到现代催眠的许多精神治疗学派。我们累积了许多资料，也进行了许多实验。印痕的基本理论已然成形，而当这个理论开始预测人类至今不曾观察到的新现象时，我们发现，所谓的"无意识"状态，实际上是确实留有记录的状态。

近几年，盛行一种"麻醉精神疗法（narcosynthesis）"。这实际上是"催眠分析（hypnoanalysis）"和"深层分析（deep analysis）"的一个分支。该疗法无法产生清新者，甚至也不能缓解大多数个案的问题。但我发现，它本身就是一个导致偏差错乱的因素。一个导致偏差错乱的因素，若以科学的方式加以研究，就极有可能衍生出解除偏差错乱的方法。因此我开始研究麻醉精神疗法。检视了几个曾经接受麻醉精神疗法的个案后，我发现有些个案在使用麻醉精神疗法后感到解脱，然而其他的个案反而变得更糟了。

使用催眠分析时，我发现我们可以不断地调整这个技术，直到它确实能够移除包含在锁中，导致偏差错乱的负荷。运用麻醉精神疗法治疗精神分裂症患者时，我发现锁（不包含肉体疼痛或"无意识"的精神痛苦时期）有时会弹走（清除），有时则不会。

麻醉精神疗法这个名称很复杂，但它其实是一种非常古老的疗法，在希腊和印度可说是家喻户晓。它其实就是药物催眠。这一般是那些不懂催眠术的治疗者在使用，或者用在那些普通催眠术无效的患者身上。将喷妥撒钠（sodium pentothal）注射到患者的静脉中，并要求他倒数数字。不久后，他会停止数数，注射也在此时中止。这时，患者会处于一种"深睡"状态。但麻醉精神治疗师和催眠师似乎都没有意识到，这其实不是睡眠。它其实是抑制患者觉察力的一种方式，使人可以直接触及那些位于反应库帷幕后方的注意力单位。这些注意力单位紧挨着标准库。位于标准库与"我"之间的那些跳接线路（恶魔线路）本身已被跳接过去了。换句话说，分析式心灵没有偏差错乱的一部分已经暴露出来了。这一部分的心灵并非多么强而有力，也不是特别聪明，但它有一个优点，那就是它紧挨着标准库。这就是基本人格。这几个注意力单位的意图、目的和韧性，与整个分析式心灵（如果是清新者的话）具有相同的特质和方向。这是一群相当友善又配合度高的注意力单位，而且非常有用，因为基本人格具有所有的回想：听觉、声音、触觉、嗅觉、痛觉等等。它可以从各种资料库中，取得一辈子里每分每秒所感知或想到的任何东西。催眠术很少提及基本人格的这些特质，令人不禁怀疑听觉回想是否真的是深层催眠，或名叫麻醉精神疗法的药物催眠，所发现的一种回想系统，尽管我们一般都这么认为。

对一位具多重人格、记忆相当差，回想能力欠佳，并且缺乏想象力的实验对象，进行基本人格的研究，结果发现：BP（即称做基本人格〔basic personality〕的注意力单位）比 AP（偏差错乱人格〔aberrated personality〕，如实验对象清醒时所表现出来的人格）更容易挑选出资料来。研究进一步发现，就时间上的距离来说，AP 通常比 BP 容易复返，但是，当 AP 回到最早位置时，却无法回想资料。然而，假若 AP 曾复返过，并与某一事件建立起模糊的联系，那么，当他处于目前时刻（没有复返）时，使用药物催眠术或标准的催眠术就可使 BP 复返了。药物催眠很少能迫使患者回到生命中非常早期的部分。但是以 AP 的力量复返，然后使用 BP 来回想，<u>就有可能触及到某些非常早期的事件</u>。发明这个技巧，是为了克服药物催眠的困难，使其结果变得较为稳定。

随后我又发现了另一个因素。每当使用麻醉精神疗法的治疗师碰到了患者的"无意识"时期，而没做任何处理（因为"每个人都知道"，一个"无意识"的人没有在记录），患者的情况就一定会恶化。当使用这个叫做麻醉精神疗法的药物催眠，如此探索这类"无意识"时期时，患者通常会恶化，不会好转。然而经过了比一般治疗更深入的探究，戴尼提的研究进入了晚期生活中某些"无意识"的期间。我花了一番工夫，把它们的真相一一揭露。

现在所有的药物催眠，不管是所谓的麻醉精神疗法也好，或者是医神降临也好，都仍是催眠术。对进入催眠状态的试验对象，无论说什么，都会变成一个正向暗示。这些正向暗示都是印痕，只不过影响比较轻微，持续的期间也比较短暂。当牵涉到药物时，催眠就变得复杂起来了，因为这些药物毕竟是毒。于是除了暗示之外，身体将一直具有某种慢性体觉不适（至少在发现戴尼提之前是如此）。药物催眠一定会造成印痕。医生对注射药物后的患者所说的任何话，都将具有某种程度的印痕性。在早期研究戴尼提的过程中，我曾假设，医生之间漫不经心的闲谈内容，是导致一些治疗失败的原因，因为我曾经从患者心灵中，找回他们处于药物催眠时听到的闲谈，发现其中含有许多偏差错乱。但是后来我发现，这个假设正确的成分很有限。我又发现，如果"无意识"时期是透过药物催眠接触到的，那么即便患者已重述（recount）多次，"无意识"也还是无法解除。我将这个现象归咎于催眠中使用的药物。

于是我改用直接催眠术来探究这些晚期生活的"无意识"期间，发现它们仍旧无法解除。因此，我判定继续让那些无法催眠的患者使用药物是安全的。于是我开始运用AP – BP的交替技巧。

我发现，在必要时使用药物催眠，以及在可能直接催眠的情况下使用直接催眠，都可以使"精神分裂症患者"（具有多重人格的偏差者）回想起非常久远以前的事情。此外我也发现，早期的"无意识"期间经常能获得解除。实验带来了一条科学公理：

"无意识"的期间愈早，就愈有可能解除。

这是戴尼提疗法中非常基本的公理。

148

我也曾研究过具有听觉回想的躁郁症患者，大部分是使用直接催眠，结果发现他们也遵从上述的定律。但这在多重人格的偏差者身上最为戏剧性，因为在偏差者醒来时，印痕假若尚未解除，就会冲击他的分析式心灵，使他的精神病产生变化，还会带来新的身心性疾病。

这使得我们理解到，为何多重人格的偏差者，在接受麻醉精神疗法时，若治疗者轻轻掠过一个晚期的"无意识"期间（当然，并没有进入），情况就会变得更严重。现在的问题在于，要如何应用那条公理。我们假定，最早的印痕必定在某种程度上抑制了后来的印痕。根据其它的资料和假定，这是一个完全合理的推测。对于一个多重人格的偏差者而言，进入愈早期的印痕，以人为方式再刺激他的可能性就愈小。通常，大约在两三岁时的印痕可以获得完全解除，而这会带给他极大的解脱感。

这项研究所遭遇的问题，和那些并不知道反应式心灵和"无意识"的人所研究的问题绝不相同，那些人只是试图在理智的层面上找寻计算的因素，或在患者日常生活的事件中找寻导致偏差错乱的因素。

刚接触到印痕时，印痕会顽强抵抗，特别是两岁以后的印痕。此外，整个反应式心灵深深地掩藏在一层层模糊的"无意识"之下，并且受到分析式心灵的一项机制的保护：分析式心灵会倾向于阻止自己触及疼痛或痛苦情绪。在这整个研究中，反应式心灵自始至终都在保护自己，但显然它就是答案所在。问题在于如何释放它，假如释放得掉的话。

在造成好几个多重人格患者的严重不适后，迫切需求度增加了：我决定非得想个办法来解决这个问题不可。幸好前述的那条公理为我带来了闪亮的希望。我必须在疯狂与理性之间搭起一座桥梁，而那条公理，至少让我心里有了个谱。一个人经历了愈早期的意识模糊与疼痛，这些印痕似乎就愈能轻易拿起。

于是有一天，一位多重人格的患者在药物作用下，回溯到他的出生事件。他吃了很多苦头——那种粗糙的技术使他痛得非常厉害，因为当时戴尼提还没有平顺到像上了油的机器一般。他挣扎着穿越那段期间的"无意识"，并与在他眼中滴药水的医师搏斗。他十分厌恶那整个处理过程。AP 已先被送回去，之后，在经过药物催眠后，BP 接触到了这个事件。

对戴尼提而言，这天似乎是个值得纪念的日子。在从头到尾经历出生二十遍之后，患者感觉到所有的体觉不适、"无意识"，以及导致偏差错乱的内容都消减了。他曾患有气喘，而这个气喘似乎是正当他奋力吸取来到世上的第一口空气时，却被医师粗暴地拉下产床所造成的。他也曾患有结膜炎。那来自于眼药水。他过去还有鼻窦炎。那是那位漂亮护士用棉花棒清鼻子引起的。

我们为此庆贺，因为他看起来像个全新的人了。他最主要的精神病状：那种"受人摆布"的感觉也消失了。这个事件的主观真实性是非常强烈的。客观上的真实性倒不重要，但这名患者的母亲就在附近，要确立客观上的真实性，只需让他母亲接受治疗，复返到他的出生时刻就可以了。他们母子俩过去并没有详细地谈过这件事，但两人对整个过程的记录完全一字不差；细节一致，名字也一致。即使他们进行过沟通，在戴尼提以外的情况下，这样完全一致的可能性，就数学而言是不可能存在的。更何况，在他出生的过程中，她也是"无意识"的，而她原先所认为的生产过程，与真实情况完全不同。复返所获得的资料，彻底推翻了她清醒时所捏造的生产故事。

为了确定这并非特例（只有很差劲的研究者，才会只凭一次试验就下结论），我让两位躁郁症患者复返到他们的出生时期，结果二人都完成了这项体验。但是，这二人中，有一位的出生印痕无法解除！

我再度将那个假设的公理拿出来使用。如果一个人能够发现最早的印痕，那么其它的印痕将依次解除。我如此希望着。

我使出生印痕没有解除的那位躁郁症患者复返到一个较出生更早的时期，试图找出一个更早的印痕。

自从实验穿透了"无意识"的浓雾和疼痛，发现印痕是导致偏差错乱的单位以来，人们长久以来爱用的结构理论就彻底瓦解了。多项测试都已证实，无论处于清醒、睡眠，还是"无意识"状态，从受精的那一刻起，所有资料就一直记录在心灵或身体的某处。既然髓鞘这个小东西的理论，经实验室研究（包括出生经历的接触）证明有误，我们便摒弃不用了。"在髓鞘包覆神经以前，心灵是不可能进行任何记录的"这种说法，只是基于理论上的假设，不曾接受科学研究的验证；它的存在仅仰仗权威——而一门仅仅依赖权威的"科学"，不过是真理劲风中的一声叹息，根本不能算是科学。婴儿只有在髓鞘形成以后才开始记录的这种说法，经调查发现，与主张阳具忌妒是女同性恋的肇因没有两样。这两种说法在应用时没有一个行得通。因为，胎儿毕竟是由细胞组成的，而现在有许多研究显示，记录印痕的是细胞，而不是某个器官。

因此我毫无保留地全力寻找比出生更早的事件，即戴尼提之所谓原点的原点（第一个印痕链中的第一个印痕）。结果我们找到更早的印痕了。

事后我发现，子宫中的孩子有大量的记录，这些记录是非印痕性的。我曾一度假设，子宫中的孩子是藉由"听力扩张"来进行记录的，即每当危险出现时，特别是在"无意识"期间，胎儿的听力就变得特别敏锐。但第一次的研究便发现，最容易触及到的出生前印痕，是包含大量疼痛的印痕。显然记录疼痛的，是细胞而不是个体本身。而反应式印痕库是仅仅由细胞组成的。

诉诸自然而非权威，是现代科学的基石。只要盖伦还是血液方面的权威，那就只有像达·芬奇、莎士比亚及威廉·哈维这样的"疯子"，才会想要做实验，找出血液运行的真相！只要亚里士多德仍是所有人的权威，欧洲中世的黑暗时代就历久不衰。进步来自于对自然的自由探讨，而非引经据典、思索过往陈旧的观念。依赖前例就等于断言，昨日的导师要比今日的导师知道得更多。这种说法在一个真理面前绝对站不住脚：知识是过去经验的组合；而我们肯定，我们具有比昨日最有学识的贤者更多的经验。

既然戴尼提所根据的思想体系是以细胞为基本的构成单位，那么，细胞记录印痕的这个事实，就不那么令人惊奇了。印痕并不是记忆；它是深深冲击至身体结构里的记录，留在细胞上的痕迹。

我们已经做过测试，证实细胞本身便能拥有经验。我们发现单细胞生物不仅分裂它的物质，而且能把它全部的经验传给它的后代子孙，就像母片制造复制品一样。单细胞生物的特点是：以等同的个体来求生。每个单细胞本身就是它自己的祖先。细胞A分裂出第一代；这一代也是细胞A；第二代，第二次分裂，产生的个体也仍然是细胞A。单细胞生物的繁衍不需经历建造、出生、成长这些费力的过程，它只需分裂而已。我们可以假设它所学到的所有东西，将可在新一代的细胞中找到。细胞A死了，然而许多世代之后，最新的一代细胞仍然是细胞A。人类认为他会活在子孙之中的信念，或许就是源自于这种细胞繁殖的等同性。另外一个有趣的可能性在于这个事实：甚至受精卵中也有神经细胞的雏形，但神经细胞本身并不分裂，反而像生物体一般（其基本构成单位或许是病毒）。

然而，戴尼提是对于功能的研究，是一门心灵的科学；它并不需要任何关于结构的假设。对资料唯一的测试就是看它是否有效。如果一个资料真的有效，并能被应用，它就是一个科学事实。出生前印痕就是一个科学事实。经过了客观真实性的检验和考查，它仍然站得住脚。就主观的真实性而言，唯有接受出生前印痕的正当性，才有可能制造出清新者。

在一系列共二百七十个个案分别获得清新或缓解之后，一个包含五个个案的小型系列终于使这个论点拍板定案了。我们不让这五个个案触及任何出生以前的事情。我们用戴尼提、催眠术，以及其他各种疗法中的一切手段来治疗他们，但就是得不到任何清新者。这就排除了戴尼提中含有"治疗者的人格特质"、"暗示"或"信念"因素的可能性。这五个个案一直都未被告知有出生前印痕这回事。他们每一位都尝试朝那个方向探索，但我们都加以制止，并且不告诉他们可以有那么早期的印痕。这五个个案的某些身心性疾病是有减轻，但只是减轻而已，并没有完全治愈。偏差错乱仍然存在，只有轻微的改变。这五位感到非常失望，因为他们每个人都曾听说"戴尼提可以创造奇迹"。在他们之前，二百七十个个案已经接受过治疗，并且都触及了出生前印痕。依戴尼提人的选择及时间允许的程度，这二百七十个个案都获得了清新或缓解。假若再对每一个症状缓解的人进行平均约一百个小时的治疗，就能使他们都成为清新者了。总之，对于随机取样的个案（也有些经过筛选，以使各类神经官能症或精神病至少都有两个个案加入清新的行列），每当我们将出生前印痕和出生印痕纳入考量，用于治疗中，就必然获得成果。当我们排斥这些因素时，所获得的成果只与过去学派的最佳成果相差无几——这对一门心灵科学来说，实在不尽理想。

出生前印痕及出生印痕是自然存在的东西，这是戴尼提也无可奈何的事情。过去各学派一直忽略了这些印痕，即便进入了出生前区域也没得到什么结果。但这并不意味着出生前印痕是无法找到的。同样地，过往学派即使有考虑过出生前经历，不代表他们就发现了出生前经历的重要性。问题还更复杂些：困难之处在于找出那个为"无意识"所闭锁的反应库——过去从未有人刻意地穿越"无意识"。这个反应库的发现，导致了出生前印痕的发现；出生前印痕与"出生前记忆"截然不同。

在检查几个个案其客观和主观的真实性后发现，假若戴尼提要得到清新者的话，就不得不接受这样一个事实：胎儿的细胞能够记录。另外几个个案的治疗经验发现，胚胎的细胞也能够记录。突然间我们发现，记录始于受精卵的两个细胞，也就是说，从受精时就已经开始了。身体能回想受精的过程（这是一个高层次的生存活动），这与印痕并无多大关系。至今大多数的患者都迟早会惊讶地发现自己在水道上游泳或等待结合。这个记录是存在的。和一个待清新者争论，说他不可能回想起身为精子的时候（不管是否具印痕性）是毫无意义的。我必须提到这一点，因为这是每位戴尼提人都将遇到的事。

预设人渴望"回归子宫"的人，都应该更仔细地检视一下子宫内的生活。即使是蹩脚的科学家，在断言子宫期间有记忆之前，也至少会试着发现人能否回想起这个时期。然而子宫内的生活，似乎并不是诗人，甚或科学家所描绘的快乐天堂。事实显示，一个未出生的宝宝在母体内的空间，比三个人加一匹马挤在一个公用电话亭里好不了多少。子宫内潮湿、不舒服，而且没什么保护作用。

妈妈打喷嚏，宝宝就被撞击成"无意识"。妈妈不小心轻轻撞到餐桌，宝宝的头就凹进去一块。妈妈便秘，一焦急使力，就可能把宝宝压扁。父亲激情起来，宝宝就觉得好像被丢进运转中的洗衣机。妈妈若歇斯底里起来，宝宝就得到一个印痕。爸爸打妈妈，宝宝就得到一个印痕。小孩子跳上妈妈的膝盖，宝宝也会得到一个印痕。情况就是这样。

一般正常人也会有许多出生前印痕。他们可以有二百个以上，每一个都会导致偏差错乱。每一个都含有痛苦和"无意识"。

受精卵状态时所得到的印痕，可能最令人偏差错乱。这些印痕是完全反应式的。在胚胎时期接受的印痕极端令人偏差错乱。光是胎儿期接受的印痕，就足以使人进入精神病院。

受精卵、胚胎、胎儿、婴儿、儿童、成人，都是同一个人。许多人认为时间是伟大的治疗者。这可以归入那种"谁都知道"的事情中。在意识层面上也许如此，但在反应式的层面上，时间什么也不是。印痕，不管是何时接收到的，其强度与它受到再刺激的程度成正比。

印痕机制有一个有趣的特点。印痕不是经过"思考"或经过分析的；而且除非键入了，否则也不具有任何意义。一个婴儿在学会说话前，可能已经有印痕受到再刺激，不过，那个印痕必定是由婴儿自己的分析式资料所键入的。

反应式心灵会从分析式心灵那里窃取含意。一个印痕在键入以前，只不过是能量波的记录而已。这些记录受到再刺激，就会对分析式心灵产生影响。也许印痕本身从不具有任何道理或意义，只会把它的能量波不经思考地推向身体和分析器而已，然后经由各种机制，身体和分析器才赋予它意义。换句话说，印痕并不是一个带有含意、在有知觉的情况下所作的记录。它仅仅是一系列的印记，就如一根针刻在蜡上的痕迹。这些印记对身体没有意义，直到印痕键入；这时偏差错乱和身心性疾病才会产生。

因此我们可以了解到，未出生的孩子对于接收到的话语内容是毫无概念的。基于生物体的本能，它的确会学到某些东西可能意味着某些危险。但记录能具有的意义顶多如此。在印痕能够冲击分析式层面以前，心灵必须或多或少完全成形。

155

当然，未出生的孩子能够体验惊恐。当父母或专业堕胎者开始对付他、刺得他满身是洞时，他便体会到了惧怕和疼痛。

但是，未出生的孩子在这样的处境中有一项优势。他有羊水包围，有母亲所提供的营养；他不断成长，身体也很容易再造，所以能够修复大量的损伤；他也确实会这么做。人体的复原力就属出生前最高。可能使一个婴儿终身残废，或能置一个成年人于死地的伤害，未出生的孩子却能够从容应付。当然，这并不代表这个伤害不会留下印痕——它当然会留下印痕，所有的资料、话语和情绪都在那里——但重点是那伤害并不会轻易地杀死孩子。

为什么有人要企图堕胎，答案只有在偏差错乱中才能找到，因为要流产是相当难的。可以说无论用什么方法，在企图堕胎时，母亲本身比孩子更容易有生命危险。

一个社会若把性视为邪恶而加以压抑，其成员若偏差错乱到居然试图堕胎，那这个社会的精神失常注定将日益严重。因为科学上已经证实，企图堕胎是造成偏差错乱最主要的因素。曾被企图打掉的小孩，注定要与他在反应层次知道是凶手的凶手住在一起，度过他整个虚弱而无助的成长阶段！他会形成对祖父母超乎常理的依恋，面对所有惩罚时，都像只惊弓之鸟，很容易生病并且病得很久。没有哪个堕胎方法能保证成功。应当采取的是避孕措施，而不是用毛衣针或阴道冲洗器来抑制人口。一旦怀孕了，不管当时情况有多么"可耻"、不管道德标准为何、不管收入多少，那些企图堕掉未出世孩子的男女，都是在蓄意谋杀；这项尝试极少成功，但却为一个人的童年播下了疾病和伤心的种子。任何企图堕胎的人，都是在做一件危害整个社会、整个未来的事；对于任何建议他人堕胎的法官或医生，我们应该立即免去他们的职位或开业权，无论他们的"理由"是什么。

如果一个人知道他曾对一个已出生的孩子犯下这样的罪行，

就应当尽快在这个孩子满八岁后，竭尽所能地让他成为清新者；在这段期间还应当尽可能地善待他、礼遇他，以使印痕不会再刺激。否则，他可能迟早得将这个孩子送进精神病院。

大部分所谓的智障儿，实际上是堕胎尝试下的幸存者。他们的印痕使他们处于恐惧麻痹或退化性瘫痪中，命令他们不要成长，永远待在原地。

美国每年光是为精神病患设立疗养院、为犯人盖监狱，就不知花掉几十亿美元，主要原因就是那些有性障碍的母亲企图堕胎。对她们来说，孩子是诅咒，不是上帝的恩赐。

厌恶小孩意味着第二动力的障碍。任何有此种障碍的人若接受身体检查，都将证实具有生殖器或腺体失调的问题。戴尼提疗法可以证实，这些人在出生前曾遭受堕胎或类似的可怕经历；戴尼提可以清新他们。

在阅读本书的同时，若有孩子尚未出生，但曾被企图拿掉，这种个案并非没有希望。假若他在出生以后得到非常妥善的照顾，假若他的印痕没有因为目睹争吵而再刺激，那么，他将逐渐成长苗壮；长到八岁大时，他就可以被清新了。当他知道真相时，他可能会大吃一惊。然而，真相带来的惊吓以及任何敌意，都将随着他成为清新者而消失，届时他对父母的爱将比过去更加强烈。

以上都是经过反复验证的科学事实。运用这些资料，我们可以制造清新者。人类的未来就全靠他们了。

偏差错乱的传染

疾病具有传染性。病菌会从一个人传染给另一个人，肆无忌惮地在整个社会中蔓延，直到磺胺或青霉素之类的药物来抑制它。

偏差错乱亦具有传染性。它们就像病菌一样肆无忌惮，从一个人传给另一个人，从父母传给孩子，直到戴尼提来阻止它。

过去人们推测，遗传性的精神失常铁定存在，因为我们可以观察到，偏差错乱的父母，所生的孩子通常也是偏差错乱的。遗传性的精神失常确实存在，但它仅限于有生理缺陷的病例。只有极小部分的精神失常属于此类，其表现的特征是心理迟钝，或是身体无法协调运作；除此之外，没有其它导致偏差错乱的特性（不过这些人也会得到印痕，使他们的个案复杂化）。

偏差错乱的传染原理很简单，在这里不需要太多详细的说明。在戴尼提中我们知道，印痕只包含在或长或短、或深或浅的"无意识"期间。当有人处于"无意识"状态时，周围的人多多少少会受到自己印痕的支配而有所反应。事实上，"无意识"通常是由某人的印痕复演所造成。因此，清新者也可能由于一个偏差者的印痕复演，而陷入"无意识"。偏差者在复演他的印痕时，会置入一个印痕到清新者的心灵中。

这个原理很简单。假若一个人是偏差错乱的，在有压力的情况下，他就会印痕复演。这样一个复演可能会对另一个人造成伤害，使之处于某种程度的"无意识"。于是这个复演就成了那个"无意识"者的印痕。

这不是偏差错乱唯一的传染方法。躺在手术台上的人，在麻醉的情形下，会接收在场其他人或多或少具有偏差错乱的谈话。这些谈话会进入那个"无意识"的人心中，成为一个印痕。同样地，在意外事故现场，事件的紧急性可能会刺激到一些人，导致印痕复演。若有人在事故中陷入"无意识"，他就会得到一个印痕。

偏差错乱的父母，必定会把印痕传染给孩子。当孩子生病或受伤时，父亲或母亲在孩子周围复演他们自己的印痕，将印痕传给孩子，就像细菌的传染一样必然。这并不意谓着孩子的反应库，完全由父母的印痕所构成。家庭有很多外来的影响，会在孩子处于"无意识"时进入孩子的心灵。这也不意味着对于同样的印痕，孩子会用父亲或母亲可能使用的方式来反应。因为孩子毕竟有其与生俱来的个性、选择力，以及不同的经验模式。但是它确实意谓着，偏差错乱的父母将无可避免地会在某种程度上，使他们的孩子也偏差错乱。

在一个社会文化中，许多错误的想法和资料都会成为印痕。毕竟环绕在"无意识"者周围的行为，并非全都是出自印痕复演。假若某个社会相信：吃鱼会导致麻疯病，那么可以相当肯定，这个错误资料将会以某种方式进入印痕，并且迟早会有人在吃鱼以后产生类似麻疯病的症状。

原始社会经常遭受自然力的侵袭，与文明社会相较，更容易受到伤害。这样的原始社会，更充斥着许多错误资料。此外，他们的医学及心灵治疗本身，就极易导致偏差错乱。一个原始人可能拥有数量惊人的印痕。但是，如果使他迁离那个充满再刺激的地区，然后教他英文，他将免于遭受许多自己反应式资料的伤害。不过这个原始人在他的原生环境中，并没有被关进疯人院，完全是因为他的部落里根本就没有疯人院。原始人的偏差错乱要比文明人严重得多。这么推测很安全。相较于那些研究原始种族，而对"现代人"下结论的学者，这个推测所依据的经验可靠多了。他们的野蛮、他们的落后、他们的疾病发生率，都来自于他们的反应模式，而非基于与生俱来的个性。一群偏差者衡量另一群偏差者，不可能获得太多资料。偏差错乱的传染在原始部落中，较文明社会更为剧烈；此外，原始部落的印痕中，包含着荒谬的迷信。两种因素共同指出了一个结论，而根据现场观察，这个结论已获得了验证。

有些偏差者的父母经常打架。清新这种偏差者的过程中，我们可以轻易研究到偏差错乱的传染。譬如说，母亲在刚结婚时，还算不太偏差错乱。但假若她遭到丈夫的殴打（这是丈夫的印痕复演），那么她将会把丈夫的偏差错乱，纳为自己反应模式的一部分。如果父母婚前或婚后不久就怀了这个人，在清新他时，这种现象就会特别明显。父亲可能开始复演一个打妻子的印痕；他在复演中所说的一切，迟早都会开始影响妻子。而且，除非妻子心理极为平衡，否则她自己也会开始印痕复演这些东西。最后，在小孩生下后，她将开始对孩子印痕复演，使得这个小孩持续地陷于再刺激状态。

出生是传染现象最明显的印痕之一。在此，母亲和婴儿两人都接收了一个相同的印痕，只是疼痛位置以及"无意识"的深度有所不同。医生、护士或其他与接生有关的人，在分娩的过程中以及产后小孩被抱开以前，对母亲所说的任何一句话，都记录在反应库中，并在母亲和婴儿身上留下了一个完全相同的印痕。

这个印痕在许多方面，都极具破坏性。母亲的声音会再刺激起孩子的出生印痕，而孩子的出现，也会再刺激起母亲的生产印痕。因此，他们对彼此都具有再刺激性。由于母子之间还共有其它的再刺激物，因此，往后生活中的状况，就可能会导致两个人同时遭受这个印痕的折磨。假若出生印痕中，有一个砰然关闭的窗子，那么，窗子砰然关闭时，就可能引发两人同时复演出生印痕，进而造成敌意或冷漠无助。

假若医生变得愤怒或绝望，出生印痕的情绪度就可能非常极端。而如果这个医生讲了任何话，对母亲和孩子而言，谈话内容就会具有完全反应式的、字面上的意义。

许多个案的清新，是在母子都参与的情况下达成的。在一个这样的个案中，母亲反复再三地悲叹："我真丢人，我真丢人。"（这是孩子接受戴尼提清新时所听见的。）于是，这个孩子患了羞愧的神经官能症。而清新这个母亲时，我们发现，她的母亲在分娩时也呻吟着："我真丢人，我真丢人。"我们可以假设，透过传染，这个印痕打从胡夫（Cheops）建坟墓起，就不断地在延续了。

在社会这个更广泛的层次上，偏差错乱的传染极其危险，而且必须被视为是削弱社会健全的一个极重要的因素。

社会整体的行为表现与一个生物体相似：社会中存在着社会性的偏差错乱。社会并不是由细胞组成的，而是以人为单位。它会像生物体一般成长，也会像生物体一般衰亡。当社会的首领使社会中任何成员遭受痛苦，偏差错乱的来源便产生了，并且将传染下去。反对实施肉体惩罚的理由，并不是"人道主义"，而是基于很实际的理由。一个社会无论以何种方法来惩罚所属成员，其实就是在传染偏差错乱。这个社会有一个社会性的印痕，规模遍及全社会，它说惩罚是必要的。所以我们施行惩罚。监狱和精神病院人满为患。于是有一天，社会中一部分的人，被政府随意散播的印痕压制到第一区时，就会愤然起义，推翻政府。但一系列新的偏差错乱，又在伴随破坏的暴力中再度成形。暴力革命永远也得不到胜利，因为这开启了偏差错乱的循环。

一个充满偏差者的社会，可能认为惩罚是必要的。除了惩罚以外，没有任何补救的办法。政府自身为了持续施行肉体惩罚，一向热衷于对其成员违反社会道德的行为提供制裁之道。这些状况，再加上过去一直存在的偏差错乱，将严重抑制政府的生存潜能，甚至导致政府垮台。许多政府这样垮台后，它的人民也从这个地球上消失了。

那个名为战争的社会性精神失常，就是偏差错乱的传染最为显著的例子。战争永远无法解决战争的需要。为了世界的民主而战也好，为了打倒儒家思想而战也好，所有人都是无可避免的输家。过去曾有人把战争和竞争扯在一起，因而产生一种诡诈的逻辑，相信战争是必要的。一个社会若将发动战争视为解决问题的方法，必然会抑制自己的生存潜能。政府发动战争，没有一次不是以牺牲人民的某些自由为代价。最后的结局，就是统治阶级的冷漠无助；在这种情况下，仅有神秘和迷信能将精神错乱的剩余民众结合在一起。这在过去的历史中显而易见，无庸赘述。一个参与战争的民主政府，总是会丧失某些民主权利。随着参与的战争逐渐增加，国家最终就会为独裁者所统治（依靠单一印痕的统治）。这个独裁者在强制实行其统治时，会因为打压少数族群而增加偏差错乱。叛乱于是接踵而至，权威信仰大行其道，冷漠无助在即。而冷漠无助之后，便是死亡。希腊就这样消逝了，罗马就这样灭亡了。英国也将如此、俄国也将如此。美国也将如此，而接下来，就是全人类了。

暴力统治违反了亲和力法则，因为暴力招致暴力。暴力统治削弱了社会中个体的自决力，因而也削弱了社会本身的自决力。偏差错乱的传染就像一场森林野火般迅速蔓延。印痕招致印痕。除非人们能逃离产生偏差错乱的环境，在新的土地上创造新的混血种族，以中断这个下降的螺旋，或者藉由清新个体，找出一个方法中止偏差错乱的传染，否则整个种族终将跌落至循环的终端——第零区。

一个种族的强大，取决于每个个体拥有自决力的程度。

缩小至家庭的范畴，情况也与国家无异：偏差错乱的传染将阻碍最佳生存状态。

电脑必须能够自我决定，方能提供理性的答案。若一直按着计算器的数字 7，就会得到错误的答案。把这些固定的、无法以理性分析的答案输入到任何人的心灵中，他都会计算出错误的答案。生存得依赖正确的答案。印痕从外部世界进入理性思考之下的隐蔽处，让人无法得到理性的答案。这就是外部决定力。自我决定力一旦受到任何干扰，必将导致计算错误。

清新者具有相互合作的特性，因此清新者所组成的社会，也将是一个相互合作的社会。这或许是个诗情画意、乌托邦式的梦想，也或许不是。在一个清新者的家庭中，和谐及合作随处可见。清新者一见到优越的计算，就能识出它的优越。你并不需要痛殴他、压制他、强迫他服从，他才会认真干活。假若他是被迫，而不是出于自己的想法，他的自决力就会受到一些干扰，以致无法得到正确答案。社会若抑制个人理性思考及行动的能力，就等于在自我惩罚。唯一能强迫清新者的方式，就是给予他印痕，或者放任神经外科医生摧残他的大脑。但清新者不需要别人强迫。因为如果就情势而言，某份工作非常重要，他一定会发挥他的聪明才智，并且尽可能做到最好。你永远找不到一个被迫干活，而能把一件工作做好的人。同样地，你也永远不可能看到一个被迫运转的社会，赢过一个同样繁荣的自由社会。

如果一个家庭以神格领导运作，成员必须毫无疑问地服从，这就永远不会是一个幸福的家庭。这个家庭可能会拥有某些物质上的繁荣，但作为一个社会单位，这种表面上的生存却是肤浅的。

受压迫的团体永远不会比那些为了共同利益而努力的自由团体有效率。但是，团体中若包含偏差错乱的成员，很可能会藉由传染，而使整个群体都变得偏差错乱。抑制群体中偏差错乱的成员，无可避免地也会抑制整个群体，并导致更进一步的抑制。

仅只清新偏差错乱家庭中的一个成员，往往不足以解决那个家庭的问题。假若丈夫已经偏差错乱，那么即使他不对妻子和孩子施行任何暴力，也将以某些方式使他们偏差错乱，或受到再刺激。父母把自身的偏差错乱植入孩子，而孩子身为一个具有潜在自决力的个体，会反叛父母，因而又激发父母的偏差错乱。透过传染，许多偏差错乱已为整个家庭所共有，这会严重损及家庭幸福。

对孩子施行体罚，只不过是受压迫团体问题的另一面。假若有谁想要主张惩罚孩子的必要性，就先让他检视一下，孩子的不当举止从何而来。

偏差错乱的孩子，也许印痕还没有完全键入。他也许必须等到结婚、生子，或者是他的妻子怀孕时，才有足够的再刺激物，让他突然对世间的美好视而不见，承担起世间的一切悲伤，成为人们所谓"成熟的人"。然而，这个孩子仍然偏差错乱，有各种印痕复演。他的处境十分不幸，因为他拥有两个最强而有力的再刺激物——父亲和母亲。父亲和母亲有体罚他的权力。对他来说，他们是巨人，他自己则是个侏儒。而且他在衣、食、住各方面都得仰赖父母。一个人大可高谈阔论"童年的幻觉"，但等到他知道大多数孩子的印痕背景之后，就会闭嘴了。

孩子是父母全部印痕复演的不幸接受者。观察一个清新后的孩子，会令你大为惊奇：他充满人性！光是亲和力就足以使他克服万难。一个孩子会被宠坏，是因为他的决定一直被打断，他的独立自主也受到了剥夺。慈爱不会宠坏一个孩子，正如一桶汽油无法浇灭太阳一样。

"儿童心理学"的主旨应为：儿童是一个人，理当拥有自己的尊严和自决力。偏差错乱的父母所生的孩子，由于偏差错乱的传染，加上无权印痕复演或反击，便会出问题。孩子当然会出问题——在这种情况下，如果他还能有任何理性的举止，那才令人惊讶。今日的孩子，在遭受传染、惩罚，以及自决力的剥夺之后，已经丧失了创造理性生活所必备的一切本钱。而这些孩子正是未来的家庭、未来的种族。

本文并非讨论儿童或政治的论文，而是论述偏差错乱传染的一章。戴尼提涵盖了人类的思想，而人类思想是一个广阔的领域。一个人凝视着印痕传染机制的各种潜在可能，会不由得对人类稳定的本质肃然起敬。天生具有"反社会倾向"的"野兽"是绝对无法造出尼尼微（Nineveh）或胡佛大坝的。尽管印痕传染的机制如同大海老人（Old Man of the Sea）般，紧捉着我们不放，我们也都走了这么远。如今明白了这个机制，或许我们真的就可以够得着星星了。✦

印痕的键入

非器官性的心理疾病和器官性的身心性疾病的唯一来源，就是反应式印痕库。每当这些印痕在键入之后被再刺激时，反应式心灵就用这些印痕冲击分析式心灵和生物体。

人的一生中有许多已知的事件，显然对于一个人的幸福与心理状态有着深远的影响。人会记得这些事件，并把他的麻烦归因于这些事件。他这么做多少是对的，因为至少他有在回顾那些被印痕所固定住的事件。他是看不到那些印痕的。事实上，除非他熟悉戴尼提，否则，他根本就不知道印痕的存在。即使他知道，除非他接受戴尼提治疗，否则也不会知道印痕的内容。

我们可以毫不费力地证明，任何"意识层面"的不愉快事件，即便它包含了巨大的压力或情绪，都不是偏差错乱和身心性疾病的起因。当然，这些瞬间的确扮演着一个角色：它们都是键入。

印痕键入的过程并不是很复杂。比如说，105 号印痕是胎儿在父亲殴打母亲时，被连带撞击到所造成的"无意识"时刻。不管父亲是否意识到这个孩子，总之他骂道："该死的东西，你这个肮脏的婊子；你真差劲！"于是，这个印痕便留存在反应库中受冲击的部位。它可以待在那儿七十年而不曾被键入。这个印痕包含了头痛、一个跌倒的身体、母亲牙齿的磨擦声，以及肠子的声音。在出生以后，这些声音都可能大量地出现，但并没有键入这个印痕。

然而某一天，父亲对孩子大发雷霆。孩子很疲倦并且在发烧，也就是说，他的分析式心灵可能并非处在最高活动层次。而父亲有他固定会复演的印痕，其中之一就是上述事件。于是父亲打了孩子一巴掌，说："该死的东西，你真差劲！"孩子哭了。那天晚上孩子感到头痛，病得更严重了。他对父亲感到极为憎恨，又极为恐惧。印痕被键入了。现在，身体摔倒的声音、牙齿磨擦的声音、他父亲声音中任何愤怒的迹象，都会使孩子开始紧张。从此他的健康状况会恶化，他会开始有头痛的毛病。

假如我们将这个已经长大成人的孩子找来，并发掘他的过去，我们将会发现一个如同上述键入事件的锁（虽然那事件也可能闭锁了）。不仅如此，在这个人身上，我们也许会发现五十个、五百个这样的锁。如果一个人不了解戴尼提，他可能会说，这个孩子在出生以后遭到父亲的殴打，所以就毁了。于是他可能会试图消除这些锁，好让患者的心灵回到较好的状态。

一般人的一生中真的会有成千上万个锁。要把所有这些锁消除，恐怕只有赫尔克里士（Hercules）才能做到。人的任何印痕一旦键入，就可能会有数以百计的锁。

假设疼痛和压力的制约机制真的存在，那人类就遭殃了。幸运的是，制约并不存在。它看起来好像存在，但是，表象有时并非事实。你可能会认为，如果一个孩子每天都遭到辱骂和粗鲁的对待，最后他就会接受制约，认为生活原本就是如此，所以他最好和生活和社会为敌。

但是，制约并不存在。也许，巴甫洛夫（Pavlov）已经能够通过反复的实验而使狗发疯，但这只不过是观察者本身缺乏观察力而已。或许狗可以被训练得去做这做那，然而这并不是制约。狗之所以发疯，是因为它们接收了印痕（假如果它们真的发疯的话）。一系列审慎的观察和实验结果证实了这个论点。

那个每天都被骂差劲的男孩，表面上因此而变得愈来愈糟，但他之所以变糟，完全是印痕所致。这是个令人愉快的事实。也许要花一些时间——几个小时——才能找出这个印痕，然而一旦印痕减弱，或将它重新归档于标准记忆库，每一个锁在上面的事件也就全都重新归档了。

那些试图去帮助偏差错乱者而又不了解印痕的人，就像是2.9次挥棒落空的人在碰运气，成功的机会非常渺茫。首先，锁本身可以隐藏于反应库中。因而我们有这样一位患者，他说："啊，我父亲没那么坏啦，他是个不错的人。"一个印痕清除后，我们发现，这位患者也发现，父亲长期都在印痕复演。在印痕清除之前，患者对他过去的所知并不值得记载。而在另一个个案中，我们可能会听到患者说："噢，我的童年太可怕了，太可怕了。我遭到毒打。"但当我们把这个印痕重新归档后，我们发现这位患者的父母在惩罚他或发脾气时，从来没对他动过手。

一个印痕可以飘浮数十年而不被键入。在这类个案中，有一个值得一提：这个人在整个成长阶段，都没有显示出任何偏差错乱的迹象。然而突然间，在他二十六岁时，我们发现他变得极度偏差错乱。事发如此突然，别人以为他一定是中了邪。或许他大多数的印痕都跟结婚和生孩子有关。他以前从未结过婚。当他第一次感到疲倦、不舒服，并且意识到自己身边有了个妻子时，第一个印痕就键入了。然后，逐渐下降的螺旋开始了。这个印痕将分析器关闭到一个程度，使其它的印痕得以键入。最后，我们也许会在某个精神病疗养院找到他。

有一个年轻女孩，在十三岁之前一直都很快乐、无忧无虑。可是突然间情况急转直下，而当时她并没有得到印痕。原来一个印痕键入，使得另一个印痕也键入了——就像核裂变一样。这个键入事件可能仅仅只是她发现自己的阴道在流血。由于她有一个相关的情绪性印痕，因此会慌乱起来。随着时间的流逝，其它印痕也可能会一一就位，对她形成冲击。于是她病了。

第一次性经验也可能会导致印痕键入。由于这种状况太普遍了，以致于在许多地方人们对性的评价颇差，认为性本身是造成偏差错乱的因素。性不会导致偏差错乱，从来都不会。肉体疼痛和情绪才是导致偏差错乱的因素，性只是碰巧包含在事件当中而已。

情况也许是这样的：患者坚称，九岁时，父亲强奸了她，而这就是她所有苦难的根源。这跟许多精神失常患者的说法如出一辙。没错！父亲的确强奸了她，而当时她刚好只有受精后九天大。对孩子来说，性交的压迫和搅动会让他感到极不舒服，通常会造成印痕。这个印痕中将包含性行为，以及当时的一切言词。

如前所述，采用药物催眠来治疗精神病患者，是相当危险的事情。危险的原因还有好几个。在麻醉下进行手术，或者让患者使用药物，都可能导致印痕键入。这里的分析器关上了，那里的反应库就门户洞开，让昏迷的患者受到周围所有言论的侵扰。在催眠状态中，过去从未受到再刺激的印痕可能会键入。"经常被催眠"的人，通常目光呆滞、缺乏意志力，而且对于催眠师十分依赖——这些都是来自于印痕的键入。无论何时，一旦身体陷入"无意识"状态，尽管没有肉体疼痛，即使"无意识"的程度仅止于轻微的疲倦，都可能会键入一个印痕。假若在"无意识"时刻又加入新的肉体疼痛，新印痕就形成了。新印痕可能会聚集一整串迄今尚未键入的旧印痕。这个晚期的印痕，会和几个印痕链交叉作用，形成一个交叉印痕（cross-engram）。假若交叉印痕导致神智失常，那就称之为崩溃印痕（break engram）。

过去使用各种药物所造成的"无意识"情况中，还有许多令人费解的地方。某些女精神病患者用药物昏睡（有时是被催眠）醒来后，经常会坚称被强奸过。男精神病患者在用药后，偶尔也会说操作者试图对他搞同性恋。虽然在用药后遭到强奸的事情偶有发生，但是，这种说法大部分是由于印痕键入机制所造成的。几乎所有胎儿都曾遭受过性交所造成的不适。性交时除了情欲之外，通常还有激烈的情绪。这类的印痕可能好多年都不会切入线路，直到由药物所导致的"无意识"或相仿的东西将它键入。患者在临睡前尚未有印痕键入；醒来后，印痕却键入了。他试图去解释这种奇怪的感觉（印痕除非在时间轨迹上正确地排列，否则是没有时间感的），并得出这样一个"结论"：他一定被强奸过。

孩提时期的强奸事件，很少是造成性方面偏差错乱的元凶。这些只是键入。

当你检视意识层面上的锁时，你会看到悲伤、心痛和不幸。有些经历似乎很可怕，好像一定会造成偏差错乱。但事实并非如此！人是一种坚韧、不屈不挠的生物。这些意识层面上的经历，至多只是指向实际症结所在的路标，但是，人对于症结的实际内容，则完全无法得知。

印痕永远都不会是"经过计算的"。我们可以在受到惩罚的小孩身上，看到一个印痕导致轻微偏差错乱的例子。如果你仔细观察一段经常受到体罚的童年时期，你就会了解到痛苦驱策论的彻底无用。惩罚确实、绝对、明显地没有任何好处。它只会适得其反地引发对惩罚来源的反应式叛逆。惩罚不仅会造成心灵的崩溃，还会令惩罚来源陷于永无止尽的折磨。人会与痛苦的来源对抗。他停止抗争的时刻，便是他精神崩溃的时刻。此时他对任何人都没有什么用处，更不用说对他自己了。

我们以一个男孩的个案为例：每当他"不乖"时，就有人用梳子打他。在探索这个病例时，即使打破砂锅问到底，也没有办法找出任何一点鲜明的记忆，说明他为什么受到惩罚。他只记得有受过惩罚。事发过程通常是这样的：还算理性的活动、对即将来临的惩罚感到恐惧、惩罚、惩罚后的悲哀、去做新的活动。这个案例的操作过程显示，此人做了某件事——无论其他人怎么想，对他来说，该活动确实是求生的活动，为他带来欢乐，或实际的益处，甚至为他带来生存的信心。当他面临惩罚的威胁时，过去的惩罚就会受到再刺激。过去的惩罚是较小的印痕，通常依附于主要印痕上。这个再刺激会相当程度地关闭分析能力，使记录改在反应式层次进行。然后惩罚发生，淹没了分析器的觉察力，致使惩罚只记录在印痕库中；惩罚之后的哀伤仍属分析器关闭时期；之后，分析器逐渐开启；觉察力完全恢复了，分析式层次上的活动也就重新开始。所有肉体的惩罚都会经历这样的历程。所有其它的惩罚，也顶多是锁，具有同样的模式，只是没有因为疼痛而造成分析器完全关闭。

即使分析器要用这个资料进行计算，它也找不到；倒是当情况接近时，反应式心灵会有所反应。但反应式心灵可以采取五种途径来处理这份资料！除了了解整个印痕库之外，天底下没有别的保证和方法，可以知道反应式心灵会采取何种途径来处理资料——如果能知晓，这个人只消几小时的功夫便能成为清新者，也不需要任何惩罚了。

这五种处理资料的方式，使得肉体惩罚既不稳定，也不可靠。你可以根据任何一个人的经验来测试并证明这个比率：一个人邪恶的程度，与他曾经遭受的破坏性行为成正比。个体（包括社会经常忘了也是个体的那些儿童）会反抗惩罚的来源，不论那个来源是父母还是政府。凡是与个体站在敌对立场的惩罚来源，在某种程度上（这与惩罚来源带来的利益成比例），都会成为个体反抗的对象。

孩子意外打翻牛奶杯、玩耍时在门廊不经意地发出鬼叫、不小心毁了爸爸的帽子或妈妈的毛毯，这些小小的事件通常就是反应式心灵对痛苦来源无情、蓄意的反抗。分析式心灵可能会识时务地顾虑到爱、亲情，以及对一日三餐的需求。但反应式心灵只顾着把学到的教训重新复演一遍，哪里管得了一日三餐！

如果你放任一个白痴去使用计算器，审查公司帐簿，还让他阻止查帐员接触那些本该由查帐员使用，答案才会对的的设备及资料，那么你是不太可能得到正确答案的。如果你继续喂养这个白痴，让他变得又肥又壮，那么这家公司迟早会完蛋。反应式心灵就是这个白痴，查帐员就是"我"，而公司就是生物体。"惩罚"只会养肥这个白痴。

警察对那些"惯犯"无助地惊愕就是来自于这个循环（警察相信有"天生的罪犯"和"具犯罪心灵的人"）。不知为何，警察就像政府一样，已经与社会等同了。假若我们任意挑出一位"罪犯"加以清新，社会就会重新获得一个有理性的人，享有此人所能贡献的一切。假若继续进行惩罚的循环，监狱只会愈来愈多、愈来愈拥挤。

孩子用"叛逆"来反抗父母，吉米老大持枪抢劫，让银行警卫脑袋开花，这些问题都源自于同一种机制。孩子在"意识层次"上受到查问时，并不会意识到叛逆的真正原因，而是为自己的行为提出各种各样的辩解。吉米老大则等着这个所谓高度理性的社会，用皮带把他束缚在电椅上，为他施行电击治疗，好让他永远歇手。然而，当他在接受讯问时，他同样也会为自己的行为提出种种辩解。人类的心灵是一部相当奇妙的电脑。这部电脑为不合理的行为找理由的功力惊人，会让每一个人，特别是社会工作者叹为观止。如果不了解原因和运作机制，就想通过对比所有可见的行为，推导出一个正确的结论，那么得到正确结论的可能性就像想在番摊中赌赢一个中国人那样低。惩罚对于一个一塌糊涂的社会而言，向来都是个一塌糊涂的解决方案。

在面对一个危险来源时，人会有五种反应。这五种反应也是他解决任何问题的五种途径。可以说，这是一种具有五种可能选择的行为。

以黑豹*的寓言来打比方，再恰当不过了。我们假设性情凶残的黑豹正坐在楼梯上，而一个名叫格斯的人正坐在客厅里。格斯想上楼睡觉，而黑豹在那里。问题是，他该如何上楼？对于这只黑豹，格斯有五种处理方法：

1. 他可以攻击这只黑豹。
2. 他可以离开房子，逃离这只黑豹。
3. 他可以使用后边的楼梯，避开这只黑豹。
4. 他可以忽视这只黑豹的存在。
5. 他也可以屈服于这只黑豹。

共有五种机制：攻击、逃离、避开、忽视或屈服。

我们可以看到，所有的行动都包括在这五种途径中。所有的行动也都可见于生活中。面对惩罚来源，反应式心灵可以用屈服、忽视、避开、逃离或攻击来响应。这个行动听命于一系列错综复杂的印痕，哪个印痕受到再刺激就听命于哪个印痕。这些混乱的反应到最后就变成了这五种处理方式之一。

如果小孩受到惩罚而变得顺从，就表示他已经屈服了。会屈

---

* 在戴尼提中，患者与戴尼提人已经发展出许多俚语。他们把对问题的忽视称做"黑豹机制"。这大概是源自咬黑豹的荒谬。

服于惩罚的小孩极没有价值，若是斯巴达人，早将他丢到水里淹死了。因为这代表小孩已经掉到冷漠无助，除非他绕开所有的反应，自己计算得出这个想法，认为他的确是做错了才受到惩罚的（即使你想帮他，把惩罚置入反应式心灵也是无法帮他达成这个计算的）。他可以逃离惩罚来源，这至少不是冷漠无助，尽管一般会认为这是懦弱的表现。他也可以完全忽视这个问题，对惩罚来源视而不见——古人可能会称这种人为认命的斯多葛派，不过他的朋友可能只会说他是个蠢货。他可以避开惩罚来源，如此可能为他招致狡猾、机灵或是投其所好的评价。或者，他可以采取直接的行动，或是通过扰乱惩罚来源或破坏其所有物的方式，来攻击惩罚来源——若是做直接攻击，考虑到他父母的体型，我们可以称他为一个勇敢的白痴；若他以较间接的方式，我们可以说他"笑里藏刀"，或者说他在"否定现状"。只要一个人还能对一个确实的威胁做出攻击反应，他的精神状态就算不错——他还"正常"；我们会说这个小孩"跟一般正常小孩一样"。

在计算的过程中加入惩罚，计算就无法进行了。这与"经验"截然不同。生活已经为每个人准备了充分的痛苦经验，不需其他人再让事态变得更加复杂。倘若一个人的动力仍未受阻，或者已经通过戴尼提清除了动力的障碍，他就可以承受那些生活带给他的数量惊人的打击。在这种情况下，即使部分经验造成反应式心灵接收了印痕，分析式心灵仍然能够应付状况，不会产生偏差错乱。人是一种坚韧、不屈不挠的厉害角色。然而当亲和力法则受到破坏，这种亲和力的破裂进入反应式心灵中时，人类便成了不利生存的敌意来源，成了惩罚的来源。假若在较早期（五岁以前）的印痕库中，没有任何涉及到人的反生存印痕，那么助生存印痕的存在可以算是理所当然，也不会造成严重的偏差错乱。换句话说，在印痕的层次上与同伴间发生亲和力破裂，才会对动力产生最严重的阻碍。与其说人与人之间的亲和力是一种诗情画意的浪漫想法，还不如说它是一个科学上的事实。

因此，一个"正常人"（目前的平均状况）或精神病患者的生命周期，是十分容易绘制的。首先在出生前，他会有大量的印痕；出生后，在无法独立又相当无助的状态下，他会收集更多印痕。随后，各种各样的惩罚以锁的形式进来，使印痕键入。新的印痕会牵扯到早期的印痕，新的锁也会累积。到了四、五十岁，疾病和偏差错乱的行为肯定就会出现。其后的某一天，死亡也就接踵而至。

在清除印痕这种最佳解答之外，对于偏差错乱以及身心性疾病仍有数种处理方法。尽管这些方法并不稳定，而且成效有限，但偶尔也会产生令人惊讶的成效。

这些方法可分为改变环境、教育和身体上的治疗。去除偏差者环境中的再刺激因素，或将他从不愉快或无能为力的环境中拽出来，偏差者就能以惊人的速度痊愈。这是一种有效的疗法，能将再刺激物从个体身边移除，或使个体远离再刺激物。但这种做法通常得碰运气，而碰不上的机会比较多。九成的情况中再刺激物无法全部去除，因为个体本身就带着大部分的再刺激物，或者不得不接触这些再刺激物。我回想起一个患有严重气喘的案例：一个非常严重的出生印痕使他患病，他张皇无措的父母，花费了数万美元，带他到每一座听说可以治疗气喘的高山上疗养。当这名患者得到清新，印痕重新归档后，我们发现，他气喘病的再刺激物竟是干净的冷空气！关于这种环境疗法，唯一可以确定的是，一个多病的孩子，若能离开具有再刺激性的父母，来到一个他能受到关爱、感觉安全的地方，便会好起来——因为，他的病是由于他的父亲或母亲，或父母两人使出生前印痕受到再刺激所致。有时，某个妻子或丈夫或许会在与假母亲或假父亲或假堕胎者结婚后，就长期降至图表最下面两个区域中了。

在教育方面，新的资料或热忱经常可以激发新的分析力，压过反应式心灵，因而将印痕键出。只要你可以让一个人相信，他过去只是在与幻影搏斗，或者说服他将恐惧归咎于某个特定的原因（不管那原因是真或假），他就会获得改善。有时，"教育"可以使他对某个神明或教派产生坚定的信仰，这会让他感觉自己刀枪不入，因而凌驾于印痕之上。用任何方法提高人的生存潜能，都能提高他整体的情绪度，使他的情绪等级不再与反应库为伍。让他接受工程或音乐的教育，得到社会更多的尊敬，通常会使他免于再刺激物的影响。把人提升到一个受尊敬的地位，其实属于改变环境的一种，但这也是教育的成果，因为现在他学到，自己是有价值的。此外，若藉由自身或外来的教育，一个人能明白某项嗜好或工作对他有益，并投身其中，那么就会产生另一种机制——分析式心灵会全神贯注，在这项活动上投入愈来愈多的能量，并全心朝向新的目标前进。

改善身体状况的身体治疗会带来希望；移动人在时间轨迹上的位置也会带来反应模式上的改变。它可能会把印痕键出。

这些方法都是有效的疗法，反过来，它们本身也可能是导致偏差错乱出现的原因。有些行动是错的，有些事情不该做，有些疗法不正确。既然我们现在有了这些知识，再犯这些错便是犯罪。

把一个人推进具一个会再刺激他的环境中，并且强迫他待在那儿，这种行为就具有谋杀的成分。让他与一个会给他带来再刺激的人相处是有害的；要一个人与会给他带来再刺激的婚姻伴侣待在一起，除非使用戴尼提疗法，否则这样的道德规范是行不通的；让孩子待在一个会再刺激他的家庭中，不仅会抑制他的幸福，还会抑制他的身心发展——一个孩子应该在这些方面享有更多的权利，有更多可去的地方。

　　在身体治疗方面，任何像外科手术或拔牙这样处理身心性疾病的激烈手段，在戴尼提来看，都是十足的野蛮行为。"牙痛"通常是身心性的。还有那些多得足以填满好几个目录的器官性病症，也都属于身心性疾病。除非确定不是身心性疾病，或是在反应式心灵的力量减弱后，病症仍未减轻，否则不应求助于外科手术。既然偏差错乱的根源如今已是一门科学，那么再以身体为对象进行精神治疗就太荒谬了，不值得认真对待。医师或精神科医生，在获得这些知识以后，就不会再想碰那些电击器材，也不会再想用解剖刀和冰锥进行人脑前额叶手术了。只有那些本人已偏差错乱到了极点的医师或精神科医生才会这么做，他们的这种行为并非来自治愈患者的渴望，而是源自于那个由印痕造成的、最怯懦可耻的虐待狂。　🔆

预防戴尼提

戴尼提有许多分支。实际上它是由一套定理所衍生出来的一系列科学。例如教育戴尼提的内容，就是一整套有组织的知识。这套知识能训练心灵达到最佳效率，并在人类各行各业中获致最佳技能。还有政治戴尼提，涵盖团体活动与组织的领域，目的是要建立领导能力与团体内部关系的最佳状态及程序。另外还有医疗戴尼提，以及社会戴尼提。这样的分支很多，它们本身都各为一套科学，各自遵循着自身的公理。

实际上，我们在本书中所谈的，是适用于个人的基础戴尼提和戴尼提疗法。这对个人来说，最具有直接的重要性，也最有价值。

但要是一本谈论戴尼提疗法的书，却没有提到戴尼提的某一个分支，这本书就不算完整。有人说，对人类而言，这个分支甚至比治疗还重要。它就是：预防戴尼提。

一个人若是知道了某件事情的成因，那么他通常就可以防范未然。因为罗斯（Ross）发现并证明，蚊子会传播疟疾病菌，所

179

以我们现在能够防止虐疾像过去一样，给人类带来重大的灾难。同样，一个人若知道偏差错乱和身心性疾病的原因，就可以采取很多防范行动。

预防戴尼提这门学科相当广泛，它牵涉到工业、农业以及人类其它各个专门领域的活动，而它的基本原则是一个科学上的事实：我们可以将印痕内容减至最少，甚至完全预防印痕的发生——这对身心健康以及社会适应，都有极大的帮助。

印痕其实很简单：它是分析式心灵因肉体疼痛、药物或其它因素而关闭的时刻。此时反应库会开启并接收记录。该记录具有话语内容时，会导致严重的偏差错乱。若它含有情绪上的敌对，会极具破坏性。而当它具有强烈助生存的内容时，肯定能让人的一生完全失序。

决定命运的因素之一，正是印痕。若印痕说：人要生存就得失败，那么他就会想尽办法来失败。印痕命令他唯有在另一个种族中才能体验欢乐，于是他就抛弃自己的种族，到另一个种族去。印痕命令他要生存就必须杀人，所以他就杀人。印痕也可以用更狡猾的方式，从一个事件串接到另一个事件，进而带来它所指示的灾难。

最近发现的一个案例是，有位仁兄竟然竭尽全力弄断自己的手臂，因为有了一只断手臂，他就可以得到同情，而印痕说他若没有同情就活不下去。整个故事历时三年，包含五十个表面上无关紧要的事件，但这些事件全部交织在一起时，真相就水落石出了。

容易出意外的人，是因为反应式心灵下令要有意外事件。这种人不管在哪个社会，都是严重的威胁，因为他所造成的意外事故，在反应层次上是故意的，而这会使其他无辜的人受害。

那些出过几次车祸的驾驶员，通常都是容易出意外的人。他们有一些印痕，命令他们要出意外。你若处理过一个个案，只要一个，你就会发现反应式心灵这个低能儿是如何彻底、蓄意地布置这些事故的。已经清新的驾驶，若遭逢意外事故，只有两个可能原因：（a）机械故障，以及更为重要的（b）那些容易出意外的人。我们机动车辆所造成的死亡人数会如此怵目惊心，大都可归因于反应式心灵的驾驶方式，而不是学习而来的驾驶方式。这个社会冷漠无助的程度，从它没有认真防范所有的交通事故上就可见一斑；就连一片挡风玻璃破碎，都已太多。既然答案已经到手，就可以采取行动了。

偏差者会用数以千计的方式，把别人的生活弄得很复杂。预防戴尼提能够筛选出那些容易出意外的偏差者，防止他们从事危害他人的活动。这是预防戴尼提的一大方向。至于这些隔离出来的偏差者其实也可以被清新，则是另一个问题了。

预防戴尼提的另一大方向，也是更重要的方向，就是在社会和个人这两个尺度上预防印痕产生，并减弱其内容的强度。在社会尺度上，我们可以从社会上消除社会偏差错乱的根源，道理就与从个人身上清除印痕一样。同样的，我们也可以在一开始就防止社会偏差错乱因素的发生。

以个人而言，预防印痕是一件非常容易的事情。一旦知晓了偏差错乱与疾病的根源，我们就可以防止这个根源进入一个生命。如果知道这个根源已经进入了，就该采取下一步的预防措施：不让键入发生。当然，对这一切的最终解答，就是通过治疗达到清新，然而目前还有一种情况无法这样解决。

要比较有把握地清新一个孩子，至少要等他满五岁，而目前的做法是把这个数字设在八岁左右。也许在处理技巧改良后，这个数字将能降低，然而要低于能讲话的年龄是不可能的，除非将来有人发明一种催化剂，可以完全清除反应式心灵，而无需进一步的治疗（这可能没有听起来那么天方夜谭）。但就目前而言，孩子仍然是戴尼提所须克服的一个问题，也许在往后很长的一段时间也将如此。

孩童时期的疾病主要来自于印痕。小孩在能说话前生的病往往非常严重，而且尽管医学的发展可以降低满周岁前的死亡率，这个数字也仍旧很高。

预防戴尼提分两个阶段来探讨此问题：第一，预防印痕；第二，预防键入。

首先谈到键入，键入有两种途径可以避免。我们可以给予孩子一个不具再刺激性，安宁、和谐的环境。假若尽管给予慈爱的照顾，孩子似乎仍受到再刺激，那么我们可以把他移到另一个环境，移除那两个最肯定的再刺激源：父亲和母亲，而且那个环境也要包含一个关爱的来源。无论是在会讲话之前或之后，要测试一个孩子是否受到再刺激，是非常简单的。他容易生病吗？他胃口好吗？他容易紧张吗？当然，这个孩子可能有实际的生理问题，但那可以由医生很快地诊断出来，而且状况会是属于生理失调的范围。

孩子生病或受伤时，在他听力所及的范围内争吵、大声喧哗、做出狂暴的举动，以及展现过分的同情，都可能会引发键入。这些行为会键入印痕，使孩子身体患病，心理偏差错乱。没有人可以肯定他有多少印痕！

说来奇怪，预防的主要源头，在于另一个人受到什么样的对待——他的母亲。

母亲之所以在一个人的生活中，扮演着如此重大的角色，其原因并不是"血亲之爱"，而是一个简单而机械性的道理：因为母亲是所有出生前印痕的共通点。出生前的印痕远比出生后印痕严重。人所有的出生前印痕都包含母亲，或母亲和另一人，但无论如何都会有母亲。因此，她的声音、她的一言一行，对于尚未出生的孩子都有着巨大而深远的影响。

情绪会透过脐带传到孩子的说法并不正确，虽然一谈到出生前，大家总会那么认为。情绪是另一种形式的波（与其说是物理波，不如说是电波），至于它到底是一种什么波，则属于结构问题。因此，孕妇身边带有情绪的人，都会把那个情绪直接传达给孩子。而母亲的情绪，也会以同样的方式传入孩子的反应式心灵。

未出生的孩子是否"无法分析"，与他是否容易接受印痕没有关系。出生前印痕也是印痕。只有当孩子因为母亲的高血压、性高潮，或其它原因而真正受到撞击或伤害时，他才会变得"无意识"。在他处于"无意识"状态时，他会以印痕的形式接收母亲身边的一切感知和话语。分析能力与印痕无关。就算孩子"无法分析"，他也不会因此而易于接收印痕。但假若这个孩子陷入"无意识"，或受了伤，他就会有印痕。具不具"分析能力"与是否接收到印痕无关。

晨吐、咳嗽、一切的自言自语（母亲对自己说话）、街道的嘈杂声、家庭中的各种声响等等，都会传达给因受伤而变得"无意识"的孩子。未出生的孩子非常容易受伤。他没有成形的骨骼保护，也不能移动。他就在那里——有东西撞击他或压到他了，他的细胞和器官就会受伤。一个简单的实验即可证明移动能力所造成的影响：在床上躺平，把头放在枕头上。然后，让另一个人把一只手置于你的前额上。由于无法移动，这只手的压力比你站着，他把手放在你前额上的压力要大得多。孩子周围的羊水以及组织形成的缓冲效果非常有限。羊水是一种不可压缩的介质，受到伤害时，由于它本身不能被压缩，只好挤压孩子。孩子没有什么防御力。怀孕后期，甚至连母亲系鞋带的动作，都可能对孩子造成严重伤害。母亲用力提重物，对孩子尤其有害。若母亲撞到物体，例如桌边，很可能宝宝的头就扁进去了。如前所述，未出生孩子的修复能力，远超越人们过去的发现。这个孩子的脑袋可能压扁了，但蓝图仍然存在，建筑材料也还有，所以能够进行修复。因此，重点并非孩子"平安无事"，只因为他几乎可以通过一切考验而存活下来。问题在于，这些伤害所造成的印痕，是否会导致高度的偏差错乱。

企图堕胎是非常普遍的情况，但极少成功。每当母亲以如此残忍的方式伤害孩子时，实际上是在惩罚她自己。孕妇晨吐就目前的发现看来，完全起因于印痕，因为清新者在怀孕期间没有这样的经历。怀孕所引起的呕吐，是偏差错乱的传染造成的。一般而言，只有当母亲用冲洗器或毛衣针这类的东西不断干扰孩子时，实际的病症才会产生。这样的干扰会导致母亲患病，而从实际生理上的观点来看，这对于母亲的伤害要比对孩子更大。显然晨吐是藉由堕胎企图，当然还有受伤等干扰进入社会中的。

细胞会知道怀孕何时发生。由于内分泌系统的改变，透过体内感觉，反应式心灵会比分析器先知道这个事实。因此，母亲发现到自己怀孕，与之前身体是否不适没有多大的关系。

预防戴尼提这整个领域，一直是戴尼提重要的研究主题。还有许多的研究必须进行，因此这些结论都是暂时性的。然而"人会得到印痕，其猛烈程度取决于印痕的内容，而不是实际的疼痛"，这项结论是一个科学的事实，绝不只是理论。它是与万有引力同样真实的发现。

我们的首要考量，是预防这些印痕发生。其次是防止它们具有任何内容。过着农耕生活的妇女，在从事粗重的劳动时，容易遭遇各式各样的事故。由于这些妇女在社会中扮演的角色，这样的事故或许无法避免。然而我们一旦知道，对母亲造成的任何伤害，都可能给未出生的孩子留下一个印痕，那么在伤害发生期间保持完全、绝对的安静，就是所有在场者，包括母亲在内，都应当注意的事。印痕中的任何话语都会导致偏差错乱。就算对孩子说 "你会在戴尼提疗法中，记得这件事"这类的话，都会安置一个印痕，使得这句话中的每个语词都意味着当时他所受到的肉体疼痛，而将来 "戴尼提疗法"一词对他来说将具有再刺激性。

医生敲打母亲的腹部，诊断她是否怀孕时，也许会说："嗯，这么早还很难说。"若干年后，接受戴尼提疗法的患者，在复返到这个事件前后时，会只找到一片空白，直到戴尼提人根据这名患者描述自身反应的方式，突然猜出印痕内容。假若这个医生非常严厉地说："琼斯夫人，你最好把自已照顾好。不然的话，你会病得很厉害！"而孩子由于那个检查，陷入了"无意识"，不管程度多轻微；那么有朝一日这个印痕键入时，他将会罹患轻微的疑病症，并且会非常担心自己的健康。

假若丈夫在性交过程中使用语言，则他所说的每一个字都会具有印痕性。假若母亲遭到父亲殴打，那么这顿殴打、父亲所说的及母亲所说的一切，都会成为印痕的一部分。

假若母亲不想要这个孩子，而父亲想要，那么以后这个孩子就会把父亲反应式地视为盟友，父亲死亡时，他可能会精神崩溃。假若母亲想要这个孩子而父亲不要，盟友计算就会反过来。有人威胁或企图堕胎时，若这种威胁包含在印痕中，上述的情况就会发生。

假若母亲受伤，而父亲非常忧心忡忡，印痕便具有这样的内容，孩子就会有一个同情印痕。于是，生存之道就是在受伤时要很凄惨，甚至要确保自己受伤。

只要社会对未来的后代怀有一丝感情，就应当在各方面为孕妇着想。她跌倒了，就应当帮助她 —— 不过要寂静无声。绝对不能要求她提重物，也不能强迫与她性交。因为怀孕期间的每一次性交经历，对孩子来说都是一个印痕。

　　怀了孕却从未发觉的状况，一定数量惊人。性交的粗暴、冲洗器和避孕膏的使用（因为妇女仍然在避孕，不知道自己已经怀孕了）、用力排便、摔倒以及意外事故，这些状况必定造成了大量的流产，并且在受精后第一个经期左右发生。因为受精卵和胚胎的结构，只有微弱的生存能力，而母亲眼中微不足道的小事，就足以造成他严重的伤害。第一次月经没来之后，流产的可能性就会迅速降低，唯有当孩子是个基因异常的怪胎，或刻意堕胎时，才会流产。但畸形的比例非常小，因此这种可能性可以加以忽略。

　　就算反复多次地刺穿羊膜，甚至在第一次停经后就将所有的羊水流光，孩子仍然能够活下来。偏差者企图堕胎二、三十次并不罕见，而且每一次企图堕胎时，都可能刺穿孩子的身体或脑部。

　　出生前的孩子并不依靠一般的感官获取感知。印痕并不是记忆，而是细胞层次的记录。因此，孩子不需有耳膜才能记录印痕。我们手边有一些个案显示，无论未出生的孩子有什么样的听觉机制，都铁定被堕胎行为暂时摧毁了，而印痕却仍然记录了下来。细胞重新建立起听觉装置，作为往后标准库中声音的来源，但细胞自己的资料，却储存在反应库中。

　　从这些印痕中解脱，意味着个体的理性，将回复到远远超越当前标准的境界；他也将具有人类从不认为可以达成的稳定及幸福。我们向孩子、孩子的母亲和父亲取得资料，发现所有资料完全吻合，证实这些印痕的确存在。因此我们在此探讨的是科学上的事实，这些事实再怎么教人震惊，也仍然千真万确。

　　因此，母亲在怀孕期间应该要非常温和地对待自己。她身边的人也应当完全清楚，若孕妇受到震动或伤害，须保持沉默。由于辨别一位妇女是否已经怀孕很难，加上受精卵和胚胎印痕极易导致偏差错乱，社会若还想保有孩童未来的健康，显然就必须改善对待妇女的方式。

比起其它社会和其它时代，我们这个社会已经变得较不重视女性的价值了。大家指望女性与男性同台竞争。这很荒谬。女性具有与男性同样高的活动层次。男性无法与女性竞争，就如同在生理结构以及消耗体力的活动上，女性无法与男性竞争一样。当今社会上许多混乱局面的关键，在于不能认清女性本身的重要角色，以及女性与男性领域的区别。

今后二十年内将会发生的变迁，毋须我在此催促。但是近年来光合作用上的发现，应能确保人类以更低的价格获得更充分的食物，因此控制出生率的重要性便减少了。无论卫道人士再怎么阻止，道德标准也已经改变了。因此，女性将可摆脱许多她不想要的束缚。

现今的世界、它的活动及结构是男性该负的责任。而照顾人类个体和孩子，则是女性的职责。女性几乎是未来世代的唯一监护人，她应当获得比过去被视做财产时更多的尊重。

因此，女性占据前所未有的崇高地位，并不是什么不切实际的观念。而且，若要下一代的童年能达到高一点的水准、若要家庭平静祥和、若要社会进步，就非提高女性的地位不可。

家庭中的预防戴尼提必须把重点放在女性身上，才能保护孩子。

至少第一步应当先清新母亲，因为任何试图堕胎的母亲都有第二动力上的障碍，而任何障碍都将危及她的健康和幸福。研究已经发现，对小孩的反感会伴随性方面的偏差错乱。

因此在个人层面上，预防戴尼提首先要求有清新的父母，其次是采取预防措施，不造成孩子偏差错乱，并进一步预防键入孩子可能已接收到的偏差错乱。

要做到这些非常容易。当伤害发生时，要保持沉默。做该为伤者或患者做的事情，但做这些事情时要保持沉默。在分娩现场须保持沉默，以保全母亲和婴儿的理智，也保护他们往后栖身的家庭。还有，保持沉默并不代表连连发出"嘘"声，因为那会导致口吃。

从更广泛的观点来说，在任何"无意识"或受伤的人身边保持沉默的重要性，仅次于预防"无意识"的产生。

在一个"无意识"或受伤的人身边，不要说任何话，也不要制造任何声音。说话，不管说的是什么，都会对他的理智造成威胁。在一个人接受手术治疗时，不要说话。路上有意外事故时，不要说话。千万不要说话！

在生病或受伤的孩子身旁，不要说话。要微笑，表现镇定，但不要说话。行动未必比言语有效，但是在患者或伤者身边，除非你极力想使他们得神经官能症或精神病，或者至少希望他们将来生病，否则你唯一能做的，就是行动。

更重要的是，在一个受到撞击或震动的女性身边，不要说任何话。帮助她。假若她说什么，不要回答，只要帮助她。因为你不知道她是否怀孕了。

最健康的婴儿来自最快乐的母亲，这是个醒目的事实，也是一个科学的事实。分娩对一个清新的母亲而言，只是小事一椿。分娩之所以难受，是因为母亲自己的出生印痕。一个清新的母亲不需要麻醉剂。这是一件好事，因为麻醉剂会使孩子神志不清，而且当印痕起作用时，会使这个孩子看起来很迟钝。快乐的女性分娩时几乎不会有任何困扰。只要母亲的整体情绪很快乐，即使在采取了一切预防措施后，还是有几个印痕产生，那些印痕也不会造成什么困扰。

女性，你有权利、有理由要求受到良好的对待。✦

治疗

第三篇

心灵的保护功能

心灵是个自我保护的装置。除非待清新者被施以药物（如麻醉精神疗法）、电击、催眠或手术，否则听析员*不会犯下任何自己或另一位听析员无法补救的错误。因此，本书所强调的是以最少的错误，迅速完成治疗的方法。因为错误很花时间。听析员难免会犯错。但如果他们重复地犯同样的错误，那他们最好还是先请别人来为他们做治疗。

让心理治疗出错的方法可能有上千种，但不外乎以下几类：

1. 对脑部施以电击或手术。
2. 使用强效药物。
3. 使用一般所谓的催眠术。
4. 试图把戴尼提与旧的治疗方式混合使用。

---

* 戴尼提以"听析员"一词称呼任何精通戴尼提治疗之人。"听析"含有倾听以及计算之意。

　　只要心灵能够维持一部分对自我的觉察力，它就不会让自己严重超载；唯有它的觉察力削减到完全做不出判断时，它才可能会负荷过重，而这时它就可能会完全混乱。戴尼提潜思可以让患者在治疗时，对于正在发生的事情一清二楚，而且对所发生的一切都有记忆。无法做到这点的治疗类型也可能有效，但接触它们时，你就要清楚地了解，它们并非万无一失。因此，戴尼提大多数的治疗都使用潜思。听析员如果运用潜思，便不会让自己和患者陷入他无法摆脱的困境。只要心灵还保有一点意识，听析员所使用的便是一个万无一失的机制：放入技工手中的收音机、钟表或汽车比人的心灵更容易受到伤害。心灵的结构天生强韧无比。你会发现，要使心灵感到不舒服很困难；要运用潜思让它陷入混乱，引发神经官能症或精神病，更是不可能的。

　　美国步兵手册里，有一句话是关于决定的："任何计划，不论多糟，只要大胆实行，就胜过毫无行动。"

　　在戴尼提里，任何个案，不论多严重、不论听析员技术多差，只要开启它，便胜过任它封闭在那儿。只要开始治疗，即使两个小时后就被打断，也胜过完全不开始。接触印痕，胜过不去接触，即使结果会给患者带来身体上的不适。因为这个印痕此后的威力便不如从前，患者不适的感觉也会逐渐消减。

　　这是科学事实。戴尼提所使用的机制，是我们大脑的一项能力，人类拥有这种能力却不自知。这是每个人与生俱来的一种思考流程，它原本是要用于所有的思维程序，但却莫名其妙地被疏忽了，从未让人发现。人一旦知道了自己有这项新的天赋，思考能力就会马上提升。他可以在十分钟内就学会这项本领。此外，当人用这项能力去探触印痕时（这项本领强化后就是潜思），印痕在意识之下的一些连结会断裂，于是在生理及心理上，那些造成偏差错乱的因素就不再那么强大。此外，光是知道心理疾病可以治愈，就会使人更稳定。

运用潜思探触印痕，与生活中外在因素所造成的印痕再刺激大不相同。如果没有人将印痕剥开，它强大邪恶的影响便会持续。形成且"已启动"的印痕，可以受到再刺激，导致无数的心理和生理疾病。但用潜思去探触它，则是通过一条新的线路——一条能解除印痕威力的线路。印痕的部分力量来自对未知的恐惧："知道"本身就会带来稳定性。

别以为这不会造成病患的不适。那不是真的。若是听析员的行动开启了无法移除的印痕，即使小心翼翼，也可能引起患者头痛等各种疼痛，甚至造成轻微的生理疾病。但是生活本身多年来就一直在以更大的规模影响着患者，所以无论患者受到多么糟糕的处置，无论出现了多少偏差错乱令他困扰个一两天，这都不会比环境刺激未剥开的印痕所引起的伤害严重。

听析员把步骤再怎么颠三倒四、错得再离谱，患者状况还是会变好，只要听析员不去尝试使用药物、催眠，或把戴尼提与一些旧式疗法混合使用。一旦他用了戴尼提，就不会再回头，去用秘教的方式治疗心灵了。简言之，这里的重点是，只要听析员先找较容易的个案（以了解心灵的运作方式），而且只使用潜思，就不会惹上麻烦。当然，还是会有一些人，认为自己打手鼓或摇葫芦的经验老到，所以不让戴尼提用戴尼提的方式治疗，反而气势逼人地盘问患者有关"阳具忌妒"的问题，或是要他认罪忏悔。如果遭受到这种待遇，聪明的患者会自己从躺椅上起来，转而坐到听析员的位子上，清除掉听析员的一些偏差错乱后，再继续他的治疗。

任何人只要将本书读过一次，然后找一位具有听觉回想的患者，试行治疗一回，就会比以前更了解心灵。他会比其它不久之前试图治疗心灵的人更有能力、更有技巧，无论那些人在这方面的名声有多高。这并不意味着那些治疗过心理疾病的人，在了解戴尼提（了解戴尼提）之后，不会占上风；毕竟他了解人类在偏差错乱时，能出现什么怪癖。另一方面，这也不意味着那些处理过几个戴尼提个案的工程师、律师或厨师，不能比其它背景出身的治疗师技术更好。这个领域的天空是无限宽广的。

如果一名能干的催眠师或心理学家很乐于抛弃昨日所学的错误，我们不能随口判定，他们在戴尼提的使用上就不具优势。在身心性疾病的医疗领域里，医生由于具有丰富的治疗经验，使用戴尼提时，其进展可能会远超过其他听析员。但这不是必然的。研究证实，有些专业背景毫不相干的人，突然成了优秀的听析员，技术还胜过那些你可能认为背景比较接近的人。工程师尤其是块好料；他们会成为很优秀的听析员。再者，戴尼提并非为某种职业而研发的，因为没有任何职业能够完全涵盖它。戴尼提并没有复杂到，需要花好几年的工夫在大学里学习。它是属于全人类的。恐怕没有人能够垄断戴尼提，因为没有任何地方、任何种类的法律可以把它列入管辖范围。而且如果戴尼提经立法成为一个须持有执照的专业，那么恐怕连听故事、听笑话或是聆听他人的个人经历，也都得立法成为专业了。这样的法律，会把那些出自善意与同情，倾听朋友诉说苦恼的人，全都关入监狱。戴尼提不是精神病学、不是精神分析、不是心理学、不是人际关系、不是催眠术。它是一门心灵的科学；就如同物理学的应用不需受限一般，戴尼提也不需法律限制、机关许可。受到立法管制的事物，之所以会牵涉到法律，是因为它们可能会对个人或社会造成某种伤害。美国有三个州制定了有关精神分析的法律。反对或有关精神病学的法律则随处可见。如果一位听析员想自命为精神科医生，拥有对人脑活体解剖的权力；如果他想自命为医生，施用药物；如果他想施行催眠术，给患者灌输大量的暗示；那么他就必须符合当地有关精神病学、医学和催眠术的法律，因为他已经进入了戴尼提以外的领域。戴尼提不使用催眠术、不做脑部手术、也不提供药物。戴尼提在任何地方都不受法律限制，因为没有任何法律能够阻止一个人坐下来，向另一个人诉说他的苦恼。假若有人想垄断戴尼提，其动机绝对与戴尼提无关，而与利益有关。这个国家的精神科医生，数量还不足以满足精神病院所需。尤其有那么多的医源性*疾病发生，这一代的人肯定还会需要那些疗养院及精神科医生。依定义，精神失常者属于精神科的领域，与你我无关。就心理学方面而言，戴尼提的加入并不会扰乱其人员、研究或教育岗位，因为心理学就是有关心灵的研究，既然现在有了一门心灵的科学，它应该能够蓬勃发展了。因此，戴尼提并非任何人的敌人，也完全不在现存法律的管制范围内，因为没有法令曾预见一门心灵科学的出现，或为它制定过任何条款。 ▨

---

* 医源性意指医生所造成的疾病。手术时，医生无意间手滑，让手术刀割伤病人，就可能会造成医源性疾病或伤害，因为这可归咎于外科医生。

解脱者或清新者

戴尼提治疗的目的，是产生解脱者或清新者。

解脱者，是一个藉由戴尼提治疗去除了主要压力和焦虑的人。

清新者，是一个经过戴尼提治疗后，完全没有活跃或潜在的身心性疾病或偏差错乱的人。

清新，是指释放一个人生命中所有的肉体疼痛与痛苦情绪；或就政治戴尼提而言，释放社会的所有伤痛与痛苦情绪。清新可以让四大动力得以延续，让一个人拥有极佳的分析能力，进而能够回想起一切。清新者一生中所有的经验都可以任他取用，他可以自由运用与生俱来的心灵能力和想象力。他身体的活力和健康状况会有显著的改善，所有的身心性疾病都已消失，并不再复发。对于真正的疾病，他的抵抗力也增强了。他可以适应环境，也可以改变环境。他并非"适应良好"，而是充满活力。他的品格和道德标准很高，寻求快乐和体验快乐的能力很强。他的人格提升了；他的创意十足，且具建设性。虽然通过清新的程序，人可以延长多少寿命还未知，但有鉴于他的内分泌系统自动恢复平衡、意外事故率降低以及整体生理情绪度获得改善，清新者的寿命肯定是增加了。

解脱者是一个从当下或长期的生理与心理方面的困扰和痛苦情绪中解脱的人。与清新者相比，解脱者的价值，乍看之下可能不大。但是，你若了解到解脱者在心理上的稳定性，通常超过当前的正常人*，就能明白其重大价值了。

我们可以这样的标准来比较：清新者之于当前的正常人，就如当前的正常人之于现代精神病院中的个案；其间差距之大，再夸张也不为过。例如，清新者对于他所遭遇、学习过的一切，具有完整的回想能力。一个平常人需要半小时才能在心里计算出来的东西，例如国际象棋的棋步，他能在十秒或十五秒内想好。他的思考并不会"出声"，就只是自自然然的思考。他的心灵中没有恶魔线路，除了那些他为自娱而设立的线路（也可以再拆除），用以处理各种生活上的事物。他具有完全的自决力，以及高度的创意想象。在智力所及范围内（这智力是与生俱来的），他能迅速学习任何东西，而这东西在他只有"正常"程度时，会花上他一、两年的训练时间。他对生活所抱持的活力、坚持与耐力，远超出任何人的想象。

有人反对在社会中创造太多的清新者，认为这会带来危险；这种说法有欠考虑。清新者是理性的。那些会损及社会的行为才是非理性的。认为只要少数几位清新者或许就能管理任意数量的"正常人"，这还合乎情理，但若说清新者会操纵他人，损害他人的权益，这就不合理了。社会拥有的清新者愈多，就愈有机会繁

---

*"正常人（norm）"是心理学名词，指的是一般人。一个"正常人"的智商与行为表现是当前人口的平均程度。当个"正常人"没什么可喜，因为他是严重偏差错乱的。

荣。"清新者缺乏雄心壮志"的说法并没有科学观察为证,因为只有在理性逐渐衰退之后,企图心才会随之消减。清新者的行动证明了这点:他们会重新恢复自己所有的技能,朝他们"正常"时向往过,却认为不可得的目标迈进。清新者之所以有别于"正常人",可归因于这两者之间心灵能力的悬殊差异。清新者在"正常人"刚开始对要做什么结论有一点概念之前,就已经做出结论,把问题解决了。这并不会使"正常人"受不了清新者,因为清新者没有优越感——优越感其实是印痕的产物。以上只是对清新者状态的匆匆一瞥。但这个状态无法以言语描述;唯有亲身体验,方能真正领会。

解脱者的变异性较大。往清新者方向有相当进展的人都是解脱者。过去人们觉得可能达成的状态,没有一个可以跟清新者相比;迄今的一切疗法,也没有一个可以跟清新相比。我们只能用解脱者来将戴尼提与过去如精神分析等其它各式疗法作比较。只要几个礼拜的时间,就可以产生出一个解脱者。其所达成的状况,至少等于连续两年精神分析的成果。不过解脱者拥有永久的成效保证,而精神分析则从未保证能够成功。解脱者不会再陷入任何已经解除的模式中。

戴尼提听析员有两个目标:清新者和解脱者。我们此刻还不能判定,疗养院中的精神病患者,平均需要多久的时间,才能提升到神经官能症的层次。实验结果显示,有的花了两个小时,有的十个小时,有些个案则花了二百个小时*。

对于任何个案,戴尼提听析员都应当预先决定,他想得到的是解脱者还是清新者。这两者听析员都有能力做到,只要对方不

---

* 本书处理的对象是正常人或是有神经官能症,但尚未严重到要进疗养院的人。然而,运用智慧与想象力,同样的技术也能成功地应用在任何心理状态与生理疾病上。疗养院戴尼提(Institutional Dianetics)的主要目的,是将精神失常减弱为神经官能症;这项技术与本书中所描述的类似,但倾向于较为英勇的做法。

是器官性精神失常（意指因脑有一部分欠缺或烧坏，所造成的精神失常，主要为遗传性或医源性，而且在疗养院以外之处并不常见）。但是他应该估计自己可以花在一个人身上的时间，以此调整他的意图，然后告知他的患者。这两个目标略为不同。就解脱者而言，听析员不会试图进入可能必须耗费许多时间的治疗阶段，而是将注意力放在寻找及释放情绪负荷。就清新者而言，听析员会将注意力放在寻找原点的原点印痕，并清空情绪负荷及整个印痕库。

还有第三个目标，可以说附属于制造解脱者的目标之下，那就是援助法。援助法适用于受伤后、因受伤而生病后，或刚开始生病时，其目的为加速复原。它能援助身体，使身体从伤病中回复。这种疗法有其特定用途，虽然也许会获得广泛使用，但它最主要的好处在于：医生可以利用它来挽救生命、加快痊愈的速度，因为援助法会释放造成伤病的印痕，进而移除印痕中的各种概念，使这些概念不会在创伤延续时受到再刺激。任何戴尼提听析员都可以使用这项技术。援助法的功用，相当于一种每次都能实现奇迹的信仰疗法。

对于个案所需时间的估计，准确性很难超过百分之五十。治疗所需的时间是不一定的，这点务必要让患者了解。听析员的技巧、有多少意料之外而从未活化的印痕、患者在治疗过程中所受再刺激的数量，都会左右治疗时间的长短。因此听析员在估计时间时，不应乐观，而应让患者理解，治疗所花费的时间可长可短。

任何有理解力、具备普通耐力的人，只要愿意详读这本书，就能够成为戴尼提听析员。清新了两三个个案后，他的所学所知就会大幅超越本书的内容。因为实际操作一台机器，是了解它最好的方法。这是一本说明书，有人的地方，就有这里所谈的机器。和心灵方面的迷信相反的是，要对这台机械装置造成永久性的伤害，几乎是不可能的。电击、解剖刀或冰锥会对它造成这种伤害，但戴尼提疗法几乎不可能对它造成损伤。

听析员的角色

治疗的目的是要消去反应式印痕库的内容，这也是它唯一的目标。如果是解脱者，就是将他大部分的情绪压力从反应库中删除。如果是清新者，就要把他整个反应库的内容都消除掉*。

科学的应用是一项技艺。这话适用于任何一门科学。科学应用的功效取决于应用者的理解、技巧和能力。化学家有化学这门科学，但是以化学家为业则是一门技艺。工程师的训练背景可能包含了很多精确的物质科学，但是工程实务则是一门技艺。

了解一门科学的基本公理后，我们可以订定一些程序上的规则。有了程序的规则后，接着要了解怎么应用，要有应用所需的技术及能力。

---

* 印痕库的内容事实上是移动了，而非消除了，因为它只是以经验的形态重新归档到标准库中。然而这些内容在治疗时似乎消失了，因为治疗是针对印痕库，而非针对标准库做处理。

戴尼提极为简单，但这并不代表个案不会极端复杂。如果本书针对每种个案各挑一个作说明，就得讲述二十亿个个案，而且这只包含了目前的世界人口。因为每个人之间都有极大的不同：天生的人格不同、经验的组成不同、动力强度也不同。唯一相同的是反应式印痕库的机制——只有这个不会因人而异。印痕库内容的多寡、强弱人人皆异，但印痕库的运作机制则是人人皆同。因此对不同的人来说，戴尼提的基本机制也都是相同的；过去各世代如此，往后各世代也将如此，直到人类演化成另一种生物体为止。

戴尼提的攻击目标是印痕。患者力图生存时，他分析式心灵和动力的攻击目标是印痕；听析员分析式心灵和动力的攻击目标也是印痕。所以在瞄准定位、炮火齐发之下，印痕库会放弃它储藏的印痕。

对任何听析员来说，这点都必须很清楚：他一旦从听析员的位置上松懈下来，忘记他的目标，就会惹上麻烦，白白耗费很多时间。一旦听析员误以为是患者本人、他的分析式心灵或动力在抗拒、在试图阻止治疗或放弃治疗，这位听析员就犯了使用戴尼提时最重大、最根本的错误。任何差错几乎都可以追溯到这点。患者的分析式心灵和动力绝对、绝对、永远不会抵抗听析员，这一点再怎么强调都不过分。听析员不是在那里让患者抵抗的。除了患者的（有时是听析员自己的）印痕之外，他不用担心会有东西抵抗他。

听析员不负责操控患者，也不是患者的顾问。他在那里不是为了要受患者印痕的恫吓，或对印痕的表现感到恐惧；他在那里是要听析，纯粹只是要听析。如果他觉得自己非得对患者表现出不可一世的态度，那他最好换位子换到患者的躺椅上，因为他已经表现出自己个案中权威主义的问题。我们用的词是听析员，不是"操作者"或"治疗师"，因为这个活动，是听析员与患者之间的一种合作，而且运用的是亲和力法则。

患者看不见自己的偏差错乱。这是需要听析员的原因之一。患者需要支持，才能面对他生活中未知的东西。这是需要听析员的另一个原因。除非患者有个守卫，否则，他不敢放心背对外面的世界，来处理那个进入了他内心的世界。这是要有听析员在那里的另一个原因。

在治疗时，听析员的任务是保护患者，理解患者的心灵为什么会无法进入印痕库，增强患者的勇气，以及找出那些印痕。

此时此刻，有三个方向的亲和力正在运作。我对听析员有亲和力：我正在告诉他所有已经发现的、戴尼提正在使用的资料；我希望他成功。听析员对患者有亲和力：他希望患者攻击印痕。患者对听析员有亲和力，因为只要下一点工夫，患者就能改善，而且通过听析员赐予他的坚持，加上他自己的坚持，患者将成为一个解脱者或清新者。还有更多的亲和力在运作，这些亲和力构成了一个巨大的网络。听析是一种需要同心协力的活动。

要攻击的目标是印痕库，不是患者。如果患者咒骂、呻吟、哭泣、乞求，其实都是印痕在出声。不久之后，使患者咒骂、呻吟、哭泣和乞求的印痕将失去力量，重新归档。不论患者处于何种状态，他很清楚听析员采取的行动是必要的。如果听析员如此缺乏理性，将这些咒骂、呻吟看作是针对他个人的反应，那么他最好与患者交换位置，接受治疗。

唯一会抵抗的东西是印痕！它受到再刺激时，会冲击到患者的分析器。这通常会减弱患者的分析能力，使他展现出一种修饰过的印痕复演。任何听析员，只要有一点脑筋，就不会遭到待解脱者*（prerelease）或待清新者丝毫的伤害。如果听析员选择使用催眠术，而且有早期印痕不用，却要处理包含身体疼痛的晚期印痕（例如手术），那么他就可能发现自己成为攻击目标。不过话说回来，他犯的可是大错。如果听析员突然变得超级卫道，开始训斥患者，那他可能不会全身而退。但同样的，他犯了一个大错。如果听析员向患者大声咆哮、叱喝，他可能会变成攻击目标。但这回他又犯了一个基本的错误。

要攻击的目标是印痕库。攻击待清新者的印痕库是听析员的任务。攻击那个印痕库也是待清新者的任务。若攻击待清新者，便是允许待清新者的印痕库攻击他。

我们知道处理印痕的方法有五种。其中四种是错误的。屈服于印痕是冷漠无助，忽视印痕是粗心大意，而避开或逃离印痕是怯懦。攻击，只有攻击才能解决问题。听析员的责任是要确定待清新者不断地攻击印痕，而不是攻击听析员及外在的世界。如果听析员攻击待清新者，这种射击的准确度太差，也太不合逻辑了。

攻击印痕库的最佳办法，首先是要释放你能接触到的一切情绪负荷。其次是通过潜思，找出待清新者的看法：如果他好起来、改善了、或发现了什么等，自己会有什么后果。接下来最重要的、永远最重要的步骤，就是尽一切可能去接触患者生命中，痛苦或无意识的第一个片刻。这就是原点的原点。一旦听析员找到原点的原点，个案就会迅速得到解决。如果待清新者的反应式心灵在压抑原点的原点，那么听析员就应当释放更多的反应式情绪，找出正在支配待清新者的计算，然后再试一次。他终究会找到原点的原点。这一点很重要。就待清新者而言，这是唯一的重点。

---

* 待解脱者与待清新者这两个词指的都是在进行戴尼提治疗的人。最常用的是待清新者。患者这个词比较不贴切，因为这有疾病的涵义，但在此是可以交替使用的。

就待解脱者（只想达到解脱者状态的患者）而言，听析员的任务是释放情绪负荷，并将会轻易浮现的早期印痕全部释放。对待解脱者的治疗可以包括消减锁，但就待清新者而言，只有当锁会引出原点的原点时，才应予以处理。

治疗有三种等级。首先是有效地把事情做好；次一级是使患者舒适；再次一级则是同情。简而言之，若你不能为一个断了背脊的人做些什么，你可以让他舒服一点。如果你甚至无法让他舒服一点，你可以同情他。

上述第二和第三级的疗法，在戴尼提中是完全没有必要的。我们可以有效地把事情做好；让患者舒服是浪费时间；给他同情可能会搅乱整个个案，因为个案最糟糕的印痕就是同情印痕，所以同情可能会把那些印痕再刺激起来。不论患者看起来多么需要抚慰，纵容自己去抚慰患者的听析员都只是在浪费时间、延误治疗。不当的粗暴态度也是不需要的。友善、愉快、乐观的态度将能解决一切。待清新者有时需要你给他一个笑容。但他过去得到的"抚慰"，已经多到他的分析器数都数不清了。造成他慢性身心性疾病的印痕中，包含的就是同情。

其次听析员应该了解并实践的，就是听析员守则*。这听起来或许像是《当骑士之花盛开》或《进入涅盘极乐世界的十三仪式》里头的东西，但是听析员若不把这个守则应用在患者身上，他就有得辛苦了。这个守则的目的不是为了让待清新者舒服，它是专门为了保护听析员而写的。

听析员守则绝不容违反。使用戴尼提的经验证明，只有违背听析员守则的时候，听析员才会扰乱个案。

---

* 很有意思的是，除了最后一条之外，听析员守则描绘的就是人类的求生行为模式。清新者多少会自动依这个守则行事。戴尼提类似于思想，因为它遵循思想的自然法则。在戴尼提中有效的做法，在生活中也会有效。

听析员在治疗任何待清新者时，都应该有礼貌。

听析员要仁慈，不可屈服于对待清新者残酷的念头，也不妥协于任何惩罚的欲望。

听析员在治疗期间要保持安静，在实际的听析期间，除了戴尼提中绝对必要的事物之外，不做任何对谈。

听析员要值得信赖，说话算话，按时赴约，遵守工作诺言，而且只要是他稍微觉得无法做到的事情，绝不轻易承诺。

听析员要勇敢，绝不因待清新者的看法而让步，或违背治疗的基本原则。

听析员在工作时要有耐心，不论待清新者做什么或说什么，都不可因此而感到烦躁或恼怒。

听析员要彻底，绝不允许他的工作计划动摇，也不允许待清新者逃避任何负荷。

听析员要坚持，直到获得成果，否则绝不放弃。

听析员不可多话，绝不给患者有关其个案的任何讯息，包括对患者资料的评估，和对治疗时间的进一步估计。

当违反上述任何一条时，各种不同的状况就会随之而来。所有违反守则的行为都会延缓治疗，增加听析员的工作。所有违反守则的行为到头来都会害了听析员自己。

例如，就最后一条守则而言，告诉待清新者些什么，绝不是听析员的职责。一旦他这么做，待清新者马上就会把听析员接到线路上，把他当作资料来源，因而避开印痕。

听析员在治疗中会看到最剧烈、最扰人的情绪表现。他可能会被打动，开始同情对方。若是如此，他便忽略了一件事，并妨碍了治疗：每当有情绪出现时，这股情绪很快就会成为过去。不论待清新者转了几圈、不管他怎么挣扎、扭动，听析员都必须牢牢记住，所有的呻吟、打转都表示他们离目标又更近了一步。何须害怕或浪费同情心，在那些待清新者重述几遍后，就会让他变得更快乐的事情上呢？

如果听析员因为待清新者开始发抖就感到害怕，并犯下错误中的错误："回到目前时刻！"那么待清新者接下来的几天，肯定不会有好日子过，而下一次听析员想进入那个印痕时，会发现进不去了。

如果听析员能够采用这样的心态：眼看着罗马城陷入火海，还能坐在那里吹口哨，还能一笑置之，这样他就能做出理想的听析。他所凝视的事物，不论看起来、听起来如何惨烈，都是实实在在的收获。反而是那些平静、表现良好的患者，他们很少有收获。这并不表示听析员该一味地寻找激烈的反应，但这的确意味着当他得到这种反应时，他可以感到愉快和满足，因为又有一个印痕失去负荷了。

听析好比牧羊人的工作，把小羊（印痕）赶进圈内屠宰。待清新者并不处于听析员的指挥之下，但如果进行顺利，待清新者会依照听析员的要求来对付那些印痕，因为待清新者的分析式心灵和动力会想要把这件事情做好。心灵知道自己该怎么运作。❀

诊断

戴尼提最重要的贡献之一，在于它为偏差错乱的诊断提出了解决之道。偏差错乱迄今有无限多种分类，却没有最佳的标准。你若研究精神病学的教科书，会发现其中的分类方式很不一致，而且不断有学者抱怨分类太复杂又缺乏实用性。由于没有关于行为或精神状态的理想目标，也不了解偏差错乱的原因，过去只可能做出描述性质的目录，而这些分类如此复杂、互相矛盾，要明确地指称一名精神病患或神经官能症患者属于某个类别，藉此了解他个案的状况，简直不可能。这种分类系统的主要缺陷在于，分类无法使病人痊愈，因为过去既无标准的治疗，也无理想状态以作为治疗结束的指标。此外，既然偏差错乱和身心性疾病无法医治，也就不可能会有分类系统能够指示治疗方向，或准确地预测个案状况了。

这么说当然不是要批评前人所做的努力，但是能够知道我们不需用这么复杂的方式才能将偏差错乱分类，无异是一种解脱。这也告诉我们，身心性疾病的目录，虽然对医生是必要的，对听析员却不重要。戴尼提这门科学在发展的过程中，曾出现过几种分类阶段，直到最后我们很清楚，若要为病理状况贴标签，标示的应该是听析员必须克服什么才能治愈患者。通过实际操作而发展出来的这套系统，让听析员得以仅凭本章内容以及他未来的经验，不需其它知识，便可进行 "诊断"。

一个语言的字词在印痕中可能出现多少排列组合，就可能有多少偏差错乱。换句话说，如果一个精神病患者认为他是上帝，那他就有一个说他是上帝的印痕。如果他担忧他的菜里有毒，那就有一个印痕告诉他，他的菜里有毒。如果他很确定自己随时都可能被解雇，即使他很能干也很受欢迎，那他就有一个印痕，说他将被解雇。如果他认为自己长得丑，那他就有一个关于长得丑的印痕。如果他怕蛇怕猫，他就有叫他去怕蛇怕猫的印痕。如果他看到什么都非买不可，也不管自己的收入为何，那么他就有一个叫他看到什么都非买不可的印痕。鉴于任何未解脱或未清新的人，都有两、三百个以上的印痕，而且这些印痕可以包含语言中最奇特的组合，加上人在处理任何印痕时都可以有五种选择，因此，除非会延误治疗，否则偏差错乱这个问题对听析员并不重要。

大部分偏差错乱的人，其言谈大都出自印痕。不论这个人常说什么话，像是他发怒的模式、冷漠无助的模式、他的整个人生观等等，只要这些话稍微偏离完全的理性，就表示它们出自印痕。会 "没办法确定"、"不知道" 而且对事情总是抱持怀疑态度的人，是在从印痕说话。如果一个人很肯定 "这不可能是真的"、"这是不可能的"、"我们得请教权威"，他也是在从印痕说话。如果一个女人很笃定自己需要离婚，否则她丈夫有一天晚上会杀了她，那么她是在从她自己或丈夫的印痕说话。如果一个人来找你，说他胃疼得厉害，觉得 "就好像一根十二号规格的铜线刺过去一样"，很可能在一次堕胎尝试中，有人用一根十二号规格的铜线刺过他的身体，或者是在他疼痛时，说出了这样的话。嘴里说着这个"一定得切掉"的人，是在从印痕说话，那个印痕可能来自他自己或母亲的某个手术，或是来自一次堕胎尝试。那个"必须把它处理掉"的人，他的话可能也是出自堕胎尝试印痕。那个"不能把它处理掉"的人，可能在从同一个来源讲话，只不过个性扮演不同。简言之，大家口中会源源流出印痕性的话语，尤其是在讨论戴尼提和印痕的时候。他们往往没有意识到自己说这些话时，是在轻微地印痕复演，反而认为这是他们自己归纳出来的结论，或是自己的想法。他们的推断和解释只是辩解式思考；那是分析器在履行义务，证明生物体总是对的，不论生物体的行动有多愚蠢。

特别是当听析员在谈论戴尼提时，他肯定会听到很多印痕的内容。因为讨论反应式心灵，通常都是以反应式心灵本身储存的语言在进行。

前文曾提过，反应式心灵的思考方式只有一个，那就是 A=A=A，这三个 A 可能分别是一匹马、一句亵渎上帝的话，以及"吐"这个动词。吐等于马等于上帝。反应式心灵是超级热心的"傻瓜西蒙"，它小心翼翼地踩到每个馅饼上头。因此当你告诉某人，他必须消除反应库的内容时，他也许会说假如他这么做，就会失去所有的抱负。你要很确定（而且这在治疗中太容易证明了，有些待清新者脸会红到耳根子去呢！）此人有个印痕，其内容大致如下：

（出生前，打击或撞击声）

父亲：可恶，安格尼丝，你必须把那个该死的宝宝处理掉，不然我们会饿死。我养不起！

母亲：喔，不行、不行，我不能把他处理掉，不能、不能、我不能！真的，我会照顾他。我会做牛做马来抚养他。求求你，

213

不要叫我把他处理掉。如果这样，我会死。我会疯掉！我就没有希望了。我就再没有兴趣活了。我会失去我所有的抱负。求求你，让我留下他吧！

这个印痕很普遍，而偏差者又是那么信誓旦旦、那么"理性"地坚持说，这个"计算"是他刚刚"想出来"的，如果他"把它处理掉"，他会疯掉、会失去抱负、甚至会死！

写这本书时的时候，在成年人身上发现的印痕，大部分都来自于二十世纪的前二十五年。那段时期流行"哈哈，杰克·达顿（Jack Dalton），我终于逮到你了！"。那是《血与沙》和萨姐·芭拉（Theda Bara）的年代。那是走私威士忌，以及妇女投票权的年代。那个时期涵盖了"火焰青年"和"美国佬来了"，所以印痕库里的东西指使待清新者时，会带点这样的色彩。戴尼提听析员曾在出生前的印痕中，找到名剧《醉汉》里的整段对白，不是有人在装肉麻搞笑，而是妈妈为了让爸爸戒酒真诚而热烈的演出。超级大剧、煽情大戏。不但如此，还有悲剧。延续"快乐的九〇年代"，刚开始迈向"自由"的"上班女郎（business girl）"、牺牲酒保来拯救世界的凯莉·纳辛（Carrie Nation），这些都是当今成人印痕中常见的故事。昨日的陈腔滥调及荒诞言行，很不幸地成了今日的印痕指令。例如，有一名年轻人极为阴郁，我们发现他反应式心灵的中心思想，正是哈姆雷特那不朽的矛盾："存在亦或不存在，才是问题所在。"妈妈（那些爱插科打诨的听析员称她为"狂人"）从当演员的爸爸那里传染到这句话。爸爸因为当不成巴里摩尔（Barrymore），就开始酗酒打老婆；而我们这位年轻人，会这样坐上好几个小时，在阴沉的冷漠无助中思索人生。要把他的精神病分类，称之为"冷漠无助的年轻人"就够了。

印痕大部分的内容，不外乎是爸爸妈妈常挂在嘴边的句子，和突发的情绪低落。不过听析员会等到那一刻的。当他突然发现印痕语句的那一刻，待清新者将能开怀大笑。

换句话说，偏差错乱可以是印痕中的任何词汇组合。因此，要分类偏差错乱不仅绝无可能，也完全没有必要。听析员处理完一个个案后，将十分能够体会这点。

至于之前章节中曾分类的身心性疾病，也是取决于偶然或刻意的词汇组合，以及可能发生的种种创伤、体液与生长失衡等状况。我们当然可以把某种隐约的疼痛称作"肌腱炎"，但更准确地说，这很可能是出生前的摔倒或受伤事件。气喘几乎都来自于出生印痕，结膜炎与鼻窦炎也是如此。但这些毛病若能在生产时出现，一般来说便有出生前的背景经历。因此我们可以说，除了利用患者的慢性病找出同情印痕链之外，一个人无论哪里痛，对听析员而言都不是那么重要。关于那个疾病，听析员只需知道患者的某个身体部位感到疼痛就可以了。对于听析员而言，如此就足以诊断身心性疾病了。

偏差错乱的程度和身心性疾病的强弱，并非个案所需时间的控制因素。患者可以是个不折不扣的疯子，但只消一百个小时就能清新。另一名患者可能"心理平衡"、小有成就，却得花上五百个小时才能清新。因此，鉴于偏差错乱和疾病的严重程度，对听析员所感兴趣的目标（治疗）的影响十分轻微，所以根据它们来分类只不过是浪费时间而已。

没错，有的人心脏病严重到不能接受太强烈的听析；也有的患者在日常生活中过于焦虑，给听析带来困难。这些情况的确存在，但都极为罕见，而且与个案的分类也没有什么关系。

诊断的规则是：不论患者告诉听析员治疗带来了什么有害的后果，都是印痕所致，而且治疗的过程将会证明这点。任何阻碍听析员工作的事物，同时也是阻碍患者思考及生活的事物。这样想吧：听析员是分析式心灵（他自己的），他所面对的是反应式心灵（待清新者的）。治疗是一种思考过程。任何使患者困扰的事物，都会困扰听析员；任何会造成听析员困扰的事物，也都曾使患者的分析式心灵感到困扰。患者不完全是分析式心灵。听析员偶尔会碰上一个只会咒骂他的患者，然而每当约定的时间一到，患者人就在那儿，急切地想继续治疗。听析员也可能会碰上一种患者，这种患者会告诉他这整个治疗过程有多无用，她有多讨厌治疗，然而若听析员对她说："好吧，我们停止治疗"，她的状况会马上恶化。患者的分析式心灵想做的事，与听析员想做的事一样：进入反应库，把它打倒。因此，当听析员遭到反对、听到诋毁戴尼提的言论、受到人身攻击等等，他收到的不是分析式的资料，而是反应式的印痕。他应该心平气和地继续，以这份知识为他的定心丸。因为只要听析员是打击待清新者反应式心灵的伙伴，而不是在攻击或批判待清新者的分析式心灵，患者将会使出动力中的全部能量来协助听析员。

以下有一个例子：

（潜思中，出生前的原点区〔basic area〕）

待清新者：（认为自己在讲的是戴尼提）不知道，不知道耶。我就是想不起来。没有用的。这肯定没有用的。

听析员：（重复技术，后文有解释）重复这句话。说："没有用的。"

待清新者："没有用的。没有用的。没有用的……"噢，胃好痛喔！"没有用的。没有用的。没有用的……"（解脱的笑声）。那是我妈。她在自言自语。

听析员：好，我们来把整个印痕找出来。从头开始。

待清新者：（复述着回想到的内容，有体觉不适〔疼痛〕）"我不知道这要怎么弄。蓓蒂是怎么跟我讲的，我真的想不起来。我就是想不起来。哎，好泄气哟。这样不会有用的。肯定没有用的。真希望我还记得蓓蒂跟我怎么讲的，可是我就是想不起来。喔，我真想……"咦，她放了什么东西进来？哇，要死了！开始烫起来了！是个冲洗器。喂！让我离开这里！把我带回目前时刻！真的好烫！

听析员：回到事件的开始，再经历一次。把所有你能碰到的资料都找出来。

待清新者：将印痕重讲一遍，找到了所有先前的语句，还有一些新的语句和声音。再以"重新经历"一切的方式重述了四遍。开始打呵欠，几乎睡着（"无意识"跑出来了），又清醒过来，再把印痕重讲两遍，然后开始咯咯地笑起来。体觉不适消失了。突然间，印痕"不见"了（重新归档，所以他找不到了。现在他很愉快。）

听析员：到下一个最早的疼痛或不舒服的时刻去。

待清新者：嗯，怪了……我进不去耶。欸，我进不去啦！真的耶。奇怪了，是哪里……

听析员：重复这句话："进不去。"

待清新者："进不去。进不……"我的腿感觉怪怪的。有股刺痛。嘿，她在搞什么鬼啊？这该死的东西！她要是给我逮到一次，要是给我逮到一次的话，等着瞧吧！

听析员：请从事件的一开始重述。

待清新者：（重述印痕数次，"无意识"随着打呵欠而消减。他发现自己再也找不到印痕时，轻轻地笑了出来。感觉好些了。）算了，她大概也有她的烦恼吧。

听析员：（小心地不去同意妈妈也有她的烦恼，因为那会使他成为妈妈的盟友。）到下一个疼痛或不舒服的时刻去。

待清新者：（不适）我做不到。我没有在时间轨迹上移动。我卡住了。噢，好吧。"我卡住了，我卡住了。"不对。"它卡住了。它这一次卡住了。"不对。"这次我把它卡住了。"喝！她真是该死！这就是我的心脏病！没错！这就是我感到的刺痛！

听析员：请从印痕的一开始重述……

从上例可见，每当患者在潜思中以分析式的状态，来到印痕附近时，印痕的指令便会对患者产生冲击，使患者将印痕指令当成分析式的意见告诉听析员。在潜思中，待清新者与造成他偏差错乱的来源资料极为接近。意识清醒的偏差者可能会提供极其复杂的意见，并且誓死坚持这是他自身的想法，但实际上，那只是偏差错乱正对他的分析式心灵造成冲击。患者会不断地宣称他知道听析员很危险、他根本不应该给听析员治疗等等，同时却仍认真、有效地继续配合。这是听析员守则为何如此重要的原因之一：患者其实极度渴望能从印痕中得到解脱，然而印痕却使他看起来一点也不像是急着获得解脱。

从上面的例子你也会发现，听析员没有给予任何正向暗示。如果某句话并非印痕语句，患者会非常迅速肯定地告诉听析员。

尽管那仍然可能是印痕语句，当待清新者处于潜思状态时，听析员除了帮助他攻打印痕外，其实对他不会有很大的影响。如果待清新者否认上述的任何话语，那表示含有这些字词的印痕还未到释放的时机，这时候就该用另一句意义相近的话语。

由此可见，对于偏差错乱和身心性疾病方面，我们是不用去管诊断的。在上述例子中，听析员在进入那个区域前，可能已经猜到接下来会出现一连串的堕胎尝试，不过他没有说出来。他大概已经猜到患者犹豫不决的特质来自母亲。但是听析员不会讲出他的猜测，因为那就会变成暗示，可能被待清新者紧抓着不放。待清新者得自己去发现。比方说，听析员不可能知道待清新者在时间轨迹上的哪里有"心脏痛"，也不知道创伤的性质为何。在轨迹上来回搜寻某种特定的疼痛只是在浪费时间。治疗的过程中，这些东西都会弃械投降。对于这些偏差错乱与疾病，我们唯一想知道的是，它们是否就此一去不复返。治疗完成后，它们将会消失；刚开始时，它们只会让事情复杂化而已。

因此，对偏差错乱和身心性疾病的诊断，不属于戴尼提诊断的重要部分。

我们感兴趣的是心灵的运作机制。那才属于诊断的领域。分析式心灵具有哪些运作机制呢？

1. 感知：视觉、听觉、触觉、痛觉等。
2. 回想：视觉回想之颜色、听觉回想*之音质、触觉等。
3. 想象：视觉回想之颜色、听觉回想之音质、触觉等。

这些均是机械化的程序。诊断主要与这些因素有关。运用这

---

* 在戴尼提中，"视觉回想"是指对景象的回想。"听觉回想"是指对声音的回想。"体觉不适"是指对疼痛的回想。一个可以看见景象、听见声音并感觉疼痛的患者会储存这些讯息。具有记忆的"我"会以视觉回想、听觉回想和体觉不适的方式取得这些讯息的回忆。

些因素我们便能判断个案可能需要的时间、个案的难度等等。而我们只需要几个因素即可。

简化出来的规则如下：

　　1. 感知：过度或不足。
　　　　a. 视觉。
　　　　b. 听觉。
　　2. 回想：不足。
　　　　a. 听觉回想。
　　　　b. 视觉回想。
　　3. 想象：过度。
　　　　a. 听觉回想。
　　　　b. 视觉回想。

换句话说，在我们让患者成为待清新者（开始对他进行治疗）之前，会先做个检查。此时我们只对三件事情感兴趣：感知过多或过少、回想过少、想象过多。

在"感知"方面，我们指的是患者听力、视力及感觉能力的好坏。

就"回想"而言，我们要知道患者是否具有听觉回想（听）、视觉回想（看）和体觉不适（感觉）。

就"想象"而言，我们要知道患者视觉、听觉和体觉不适的"回想"有没有太强。

有一点必须讲得非常清楚：这个动作非常简单；它并不复杂，也不需要深入的检查。但是它很重要，而且能够确立治疗时间的长短。

富有想象力并不是坏事，只要患者知道自己在想象。我们只关心那种不知不觉中被患者用来做"剪辑（dub-in）"的想象，没有别的了。只要患者知道自己在想象，丰富的想象力其实是他极为宝贵的资产。会取代回想的想象则会使治疗困难重重。

"歇斯底里型"的眼盲和耳聋、视力或听力扩张，都对诊断很有帮助。第一项："歇斯底里型"眼盲，意味着患者不敢看；"歇斯底里型"耳聋，意味着患者不敢听。这些会需要相当时间的治疗。同样地，视力扩张和听力扩张虽然并不像眼盲耳聋那样糟糕，却也都显示出患者其实有多么恐慌，而且往往也是他出生前遭受暴力的一项直接指标。

如果患者在目前时刻不敢用耳朵去听、不敢用眼睛去看，那么在他的过去肯定有许多东西使他害怕，因为这些实际的感知是不会轻易就"关掉"的。

如果患者听到什么会跳起来、看到什么会吓到，或者很容易为这些东西所干扰，我们就可以说他的感知能力扩张，这代表他的反应库中有许多标示着"死亡"的东西。

进行诊断时，我们所关心的回想只有那些低于理想状况的回想。如果回想"过度"了，它们其实是剪辑成回想的想象。因此，回想（不足）和想象（过度）实际上是同类，但为求简单明了，我们还是把它们区分开来。

如果患者"听"不见过去事件中的声音或话语，他就没有听觉回想。如果过去经验的景象，在他"看"来不是彩色动画，他就没有视觉回想。

如果患者听到不存在的说话声、看到不存在的景象，却认为真的有人说了那些话，那些景象也真的存在过，这个人就是"想象过度"。戴尼提把想象的声音回想称为听觉回想过盛；想象的视觉回想则是视觉回想过盛（过盛＝过度）。

我们从这三个类别中各找一个例子，来说明它们如何对治疗产生根本的影响，以及为什么有或没有这些情形，会使个案难以处理。

221

患有轻微"歇斯底里型"耳聋的患者在听力上有困难。耳聋有可能是器官方面的问题，但若是如此，他的听力不会时好时坏。这名患者害怕听见某样东西。他把收音机开得很大声，让别人的话得重讲好几次，却还是会听漏掉。你不用到精神病院去找这种"歇斯底里型"的耳聋。有些人有"歇斯底里型"耳聋却浑然不觉。他们的"听力只是没那么好而已"。戴尼提称这样的情形为听力不彰（不彰＝不足）。

有的患者，东西明明在他眼前，他还是看不见；他会错过路标、戏院招牌，也看不见近在眼前的人，这在某种程度上，就是"歇斯底里型"的眼盲。他害怕会看见些什么。戴尼提称这种情形为视力不彰，因为"歇斯底里"一词很不恰当，而且过于戏剧化。

还有感知过度的情况。这不一定是想象，但患者甚至可能有办法看到或听到全然不存在的东西。这刚好是一种常见的精神失常。在标准运作模式中，我们比较感兴趣的是不那么戏剧化的状况。

例如，一个女孩看到了某个东西，或认为她看到了某个东西，却又知道自己没看到，因而感到惊慌失措；如果有人悄悄地走进屋里，她就会吓得跳起来，而且经常如此。这样的人就患有视力扩张的毛病。她害怕会遇到些什么，但对于那样东西她并非视而不见，而是过分敏感。这就是视力过盛。

有些人很容易被噪音、一般声响，或某些人的声音惊动。当周围有人"很吵"、门砰地一声关上，或是碗盘碰撞时，他就会头痛或发脾气。这种人是听力扩张的受害者。他听到的声音远比实际来得响亮。这就是听力过盛。

这种人视觉和听觉的实际品质不一定好。实际上，他视觉及听觉器官本身的状况可能很差，重点只是他对于接收讯息的"神经质"。

我们谈完了在戴尼提中，我们感兴趣的两种感知。假若听析员与身边的人交谈，取得他们对于景象和声音的反应，他会发现这些反应因人而有极大的差异。

"回想"与治疗的关系最为密切，因为它不是一种症状，而是协助治疗的工具。使用回想的方法有很多。清新者对于每一种感觉都有生动而准确的回想，具有这种能力的偏差者却很少。除了视觉和听觉之外，听析员对其它感觉没有兴趣，因为一般治疗的过程自然就会处理到其它感觉。但如果患者没有听觉回想，听析员就该注意。如果患者既无听觉回想也无视觉回想，小心了！这是精神病学中的多重人格、精神分裂症、妄想症患者，因为症状尚不严重，所以在日常生活中不会将他如此分类。这并不表示、绝对不表示没有视觉回想和听觉回想的人是疯子，但这确实意味着他们比平均个案严重些，需要花上一些时间治疗。这不表示这样的个案无可救药，因为事实绝非如此，不过他们有时得花上五百个小时。我的意思只是，处理这种个案，并不像在公园散步那般轻松：他们的反应式心灵中有个复演大师（drammer）喊着："不要看！不要听！"这种个案的某些印痕会要求回想减弱或消失。他的视觉和听觉器官的接收能力可能受到高度扩张。这并不表示他感知声波、光波以及记录讯息的方式一定有问题；但这确实表示，记录了讯息之后，他就不能轻易地从标准记忆库中取回讯息，因为反应式印痕库已经设置了线路（闭锁恶魔线路），使他无法发现过去。当然，回想能力有程度上的差异。

测试很简单。要求完全清醒的患者回到他走进屋内的那个时刻，问他当时话语的内容。如果他能完全清醒地"听到"那些话，那么他就具有听觉回想。听析员非常清楚自己说了些什么，因为如果他有意做这个测试，就会说出特定的话语，并注意当时出现的声音。因此，如果患者属于剪辑类型，听析员就会知道了。

视觉回想的测试同样简单。让患者看一本有图画的书，过了一会儿，在他完全清醒时，请他"回去"看"他心中的"那本书，观察他能否看见。如果不能，那就是视觉回想不彰。

进一步的类似测试将能清楚告诉我们，患者是否无视觉回想或无听觉回想，或他是否属于下个类型。

过度活跃的想象力会在患者不知情的状况下，拼命地将景象和声音剪辑进去。这种情况对治疗的速度无疑是一种阻碍。扰乱思考的恶魔线路很多，但如果出现的是这种"剪辑"恶魔，那就表示操作者将收到一大堆听析员称为"垃圾"*的东西；他的脑袋中有个"谎言工厂"**在运转。（作者已用尽一切方法，却仍无法阻止听析员为这个领域增添这等无疑鄙俗的术语。）

你若请患者重新去"听"，然后重述他进门时的对话，他可能会自信满满地说出各种话来，内容尽是换句话说，甚至纯属虚构。你若请他说出他所看到的图画和文字，他将生动地"看见"许多实际上不存在的东西，甚至全然不同的景象。如果他对此感到不确定，那是健康的征兆。如果他很肯定，要注意了，这表示有个恶魔线路，在患者分析式心灵的意识之下进行剪辑，而且听析员将得听一堆虚构的事件，多到列不下来。他得持续地在这堆"垃圾"中理出头绪，慎选前进的路径，直到他的待清新者能提供可靠的资料为止。（"垃圾"并不是按照发生的可能性多高来判定的；真相总是比故事更为怪异。"垃圾"会让你试图减弱不存在的印痕，或跳过眼前的印痕，使你陷入纠缠不清的混乱。）

理想的待清新者，对声音和景象有一般的反应，听觉回想和视觉回想也都很准确。他能够想象，也知道自己在运用有颜色的视觉回想、有音质的听觉回想来想象。要清楚地了解到，此人的

---

* 在戴尼提的理论研究中，垃圾的技术性名称为幻觉，但这词太严苛、太挑剔了，因为对于过去的事件，谁没有一点错误的印象呢？
** 技术上来说，谎言工厂是印痕内的一个语句，它会要求患者扯谎、模糊焦点。它原先的名称为编谎者。

偏差错乱可能足以使他去爬城里的每一根烟囱、每天晚上把所有酒吧的酒喝到一滴不剩（或者至少如此尝试）、打老婆、溺死孩子，而且认为自己是一只喳喳鸟。在身心性疾病方面，他可能有关节炎、胆囊问题、皮肤炎、偏头痛和扁平足。或者他有那个更为可怕的偏差错乱——因平庸、"适应良好"而感到自豪。但比较起来，他仍是个容易清新的个案。

处理听觉、视觉回想关闭，而没有剪辑的个案时，我们的对手，是关闭了心灵一些主要运作机制的印痕。当患者听不见也看不见印痕时，听析员只好历经一小时、一小时又一小时的煎熬，拼命设法接触印痕。如果个案只是听觉回想关闭，听析员还是得比处理一般个案多花许多工夫。这种个案绝非无可救药。在此我的目的不是要吓人，让人不敢碰这种个案。然而这样的个案只有在大量持续不懈的努力后，才能解决。这种人表面上可能非常成功。他可能极为聪明。他可能只有少量的身心性疾病，甚至完全没有。然而事实将会证明，他的印痕库挤成一团，其中的任何部分都随时可能受到再刺激，将他吞噬。再者，这种个案通常都会为了很多事情而焦急、忧虑，这些情绪也可能会使工作单上的时间再加长些。

至于在剪辑却不自觉的个案，他的线路会把回想修改过后，再交给他。你将发现这种个案可能十分耗时，并且需要很巧妙的处理，因为那个印痕库中，藏有一个谎言工厂。这个个案在日常生活中可能是诚实正直的化身。但是当他开始对付印痕时，印痕内容会使他说出根本不存在的事物。

于是，我可以毫无保留、无条件、而且清楚明确地说，这就是戴尼提的诊断方式：偏差错乱就是印痕的内容；身心性疾病就是过去的创伤。视觉和听觉感知能力、回想不足、想象过度会决定个案时间的长短。

如果听析员想要弄得花俏一点，他可以列出这个人心理和生理上的一般情绪等级。迟钝而冷漠的女人,情绪度自然是0.5左右,属于本书前述动力等级表中的第零区。如果一个人带有愤怒或敌意,听析员可以把他标示为1.5,或是本书前述生存等级表中第一区的某处。这样的判定可以显示,反应式心灵中所有的印痕平均起来,情绪度大约为何。我们对情绪度的判定很感兴趣,因为这意味着第零区的人远比第一区的人更容易生病,其个案也较困难一点。此外,由于治疗是要把情绪度提高到第四区,1.5的人比较接近目标。

要估计治疗时间很困难。如前所述,有好几个变量存在,如听析员的技巧、患者环境中再刺激性的因素,以及印痕本身的数量。

听析员最好是找家庭成员或朋友中,最接近理想待清新者的人,也就是一个具有视觉回想、听觉回想和一般感知的人,作为他的第一个个案。在清新这个个案的过程中,他将直接学习到每个心灵的印痕库所共有的许多东西;他也将清楚看到印痕是怎么运作的。如果听析员本人属于不太困难的类别,而且他打算找同类的人互相进行治疗,便不会有太大的困难。他们两个人都可以成为解脱者,所需时间是过去任何心理治疗技术的百分之一,而且只要有一点技巧,他们两人各花五百个小时就能成为清新者。但是如果两人的个案都特别困难,在他们互相治疗之前,最好各自去找一个理想的待清新者,并使他成为清新者。这样一来,遇到较难的个案时,他们就都能驾轻就熟了。

因此,要会诊断。其它各种感知、回想和想象确实很有意思,但它们并非评量个案所需时间的要素。智商这个因素,除非到了智障的等级,否则也不重要。即使是智障,随着清新的达成,任何患者的智商都会一飞冲天,而且在治疗过程中也将不断提升。

器官性精神失常是存在的。戴尼提对于其能否治疗医源性精神病(医生引起的精神病)抱持保留态度,因为机器的一部分可能已经毁损。尽管如此，许多器官性精神病的个案，即使不能达到最佳状态，也可经由戴尼提得到改善。因此，听析员只能姑且一试。目前听析员尚未充分研究因神经系统部分残缺所造成的精神病。起死回生并不是戴尼提的目的；让一般人，或者仅患有神经官能症的人获得最佳状态的心灵，才是戴尼提的重点所在。戴尼提可以有其它用途；它目前便有各种用途，将来也会如此。然而许多人具有潜在的价值；他们有机会成为对自己和社会都极有价值的人。因此，戴尼提将重点放在非器官性的偏差错乱和器官性的身心性疾病上。有些个案接受过前额叶切开术（锯除分析式心灵的一部分）、额叶皮质局部切除术（去除部分大脑，有点像用去核器在去除苹果的果核）、经眼眶前额叶脑白质切开术（在患者遭电击时，向其双眼内各插一支普通的廉价冰锥，将冰锥往上推，以撕裂分析器）、电击"治疗"（用110伏特的电压把脑烤焦）、胰岛素休克，以及其它处理。对于这些个案，戴尼提并无把握。还有一般的器官性精神失常，例如轻瘫（paresis）；但这些状况即便为器官性，也大都能从戴尼提中受益。

复返、档案员与
时间轨迹

人类拥有一种"思考"方法，是他本身所不知道的。

如果你想要一个例子，可以去问一个小女孩她是否可以回忆一下乘雪橇的情景。她会试着忆起最后一次乘雪橇的景象。她或许会皱起眉头来努力地想。现在你要她回到最后一次乘雪橇的时刻。哄劝之后，她会突然说出全部的经历，而且，除非她非常偏差错乱，否则她就能告诉你，雪花如何飘进她的衣领等等。她真的就在那里坐雪橇、游泳，不论你选择的是什么活动。

一般人想到这种事的时候（如果他真这么想过），总是把它误解为想象。但这并不是想象。除非确实有非常严重的偏差错乱，否则，任何人都能非常清醒地被 "送回"至过去的经历。一开始的几次测试，最好选不久前才发生，而且是愉快的经历。

这并不是我们所谓 "记得某件事"的记忆。这是复返。记忆的程序比复返复杂多了。当人在想遗失的东西、读过的文章、与别人的对话内容等等时，他们明明可以复返，却偏偏要试图记起某个特定或复杂的资料，实在很令人费解。当然，记忆具有非常明确的功用；它是一个自动的程序，源源不断地为"我"提供结论和资料。但是，如果你期望得到非常精确、特定的讯息，或者想要回味过去的欢乐时光，复返会比较适切。

催眠师有一个他们称之为"退化"的东西，这是用许多无意义的话语和手的动作等等来进行的。这个程序相当复杂，需要先经过催眠。退化的确具有研究价值，因为通过催眠，退化跳过了用其它方法都不容易绕过的闭锁区。退化对戴尼提很有助益，作者在检视记忆库中的资料时曾用过它。然而，显然没有人想到，退化只是以人为方式使用一种自然的程序。

无疑地，有些人把复返作为他们心灵运作的一部分。这些人大概认为"每个人"都是这么做的，事实绝非如此。但即使是自然复返的那些人，也很少理解到这是一种独特的程序，非常不同于回忆。

人在没有催眠或药物的作用下，也会重活；这是较罕见的做法。如果一个人坐下来回味一下他过去的光荣事迹，他将开始重活，而不只是复返而已。

在戴尼提中，我们与"波谱"的关系十分密切。就哲学而言，渐进波谱的模式比亚里士多德从一个极端摆向另一个极端的钟摆论要好得多了。我们有个动力的波谱，这我们称为四大动力。"**生存！**"的指令，就是通过这四大动力表现出来的；这四大动力实际上有很多等级，从"我"的细胞经由"我"，经由家庭和孩子，经由社团、城市和国家，经由民族、种族到半个地球，最终到全人类。这就是波谱：某种事物的渐进等级；各个等级其实是同一件东西，只是其范围或领域愈来愈宽广。

"**生存！**"的波谱也完全是如此。我们有一个运作中的记忆波谱。首先，是一种最精确的目前时刻记忆；其次，是过去的记忆；

再者，是更多过去的记忆。就这样，我们进入了波谱中一直为人所忽略的部分：一部分的"我"回到过去，然后有更多的"我"回到过去（此刻复返便发生了），最后达到极点的状况是，全部的"我"都回到过去了。首先是回忆，这是最不精确的资料（除非是清新者）。其次是复返，此时部分的"我"实际上处在过去，记录也似乎是此人身历其境的感知。再来就是重活，这时一个人完完全全地处在过去，因此假若他是在回想婴儿时的经历，此时如果受到惊吓，他就会做出还是婴儿时会有的反应。

现代社会对于活在过去，有着许多偏差错乱的概念；大家认为那是不好的。这些概念的产生，部分是由于偏差错乱的人不愿意去面对和了解过去。

"记忆力不好"的主要根源之一在于母亲。"要是孩子回想起我曾对他做过些什么……"常常母亲一有这个念头，便惊恐万分。一种遍及全人类的偏差错乱，似乎就这样产生了。一般堕胎未遂的个案，在婴儿时代和孩提时代，几乎都充满了妈妈的告诫，要他相信他绝对想不起婴儿期间的任何事。妈妈不希望孩子回忆起她的双手曾多么灵巧地操作各种器具，尽管结果并不成功。你瞧，如果不是妈妈的负罪感在作祟，延续了千秋万世，那么出生前记忆本身可能只是一般的记忆，是全人类都可以完整拥有的记忆。听析员在一般作业过程中，一定会遇到许多这种情况：妈妈因为担心成年的儿子或女儿可能会发现，而激烈反对孩子接受治疗。听析员都知道，有的妈妈一想到孩子将回想起出生前的事件，就紧张到完全崩溃。附带一提，这并不完全只是由于企图堕胎。妈妈经常除了爸爸以外，还有几个男人，而爸爸并不知情；尽管妈妈宣称不记得孩子曾经遭遇过任何不幸，她常常宁可迫使孩子生病、精神失常，或仅仅不快乐，也不愿让孩子走向清新之路。在她本人接受治疗时，她通常会自动说出真相。这就是为什么社会并不鼓励记忆力好，也是婴儿期和出生前记忆受到忽视的根源，更不用说复返和重活的能力了。

标准库的索引系统实在教人叹为观止。一切资料都在那儿，按照主题、按照时间、也按照结论归档。所有的感知都找得到。

就时间档案系统而言，我们有戴尼提中所谓的时间轨迹。复返是部分的"我"沿着这个轨迹回到过去。无论是有意识还是"无意识"的资料，都必然记录在时间轨迹上。对听析员而言，时间轨迹极为重要也十分有趣。

心灵是一台功能优良的电脑，它提供各种服务。听析员避开了拉丁文或复杂的表达方式，而把其中一项服务来源叫做档案员*（file clerk）。这个名称不是很高尚，而且当然是拟人化的。心灵里并没有一个戴着绿色遮阳帽的小人儿。但是，心灵中所发生的活动，就好像真有个小人儿住在里头一般。

档案员是资料库的监控器，"他"同时监控反应式印痕库和标准库。当听析员或"我"向他要资料时，他会通过"我"把资料提供给听析员。但是当他在处理反应式印痕库时，由于受到反应式心灵的传染，他会变得有点低能。本来应该输出正经资料的时候，他却经常给出双关语和疯狂的梦境。

如果听析员问待清新者他最后一次看电影的情况，档案员将交出那部电影、观看的日期、他当时的年龄和生理状况、所有的感官讯息、电影的情节、天气……总之，他会交出当时与那部电影有关的一切。

在日常生活中，档案员以极快的速度将记忆提供给"我"。记忆力若良好，资料瞬间即可获得。但如果档案员必须推着记忆资料绕过各种反应式的阻碍，那就可能需要几分钟或几天，资料才能到达。

---

* 档案员技术性的名称可以是"资料库监控单元"，但这个词太不方便使用了。

如果我们有一台最先进的大型运算机器，这机器就会具备一个由打孔卡或之类的东西所形成的"记忆库"，而且它还得有个选择及输送装置，以交出机器所需的资料。人脑就有一个这样的装置——少了它，人脑就不能运转了。这装置就是资料库监控器，即档案员。

请记住心灵的这两个部分——时间轨迹和档案员，并请记住复返的机制。这就是在戴尼提潜思中，我们处理反应库和标准库所使用的三样工具。

档案员是一个非常热心助人的伙伴。如果平时他要与"我"接触，都会受到反应式闭锁和线路的阻碍，此时他就会更加热心。他和听析员通力合作。

我们可以用注意力单位来思考这个监控系统。假设一个人有一千个注意力单位，那么清新者的"我"便可以拥有一千个注意力单位。偏差者可能只有五十个注意力单位供"我"使用，有五、六百个注意力单位都被反应式印痕吸取了，剩余的部分供作各种不同的用途，包括构成我们所谓资料库监控器的机制，也就是档案员。

档案员似乎宁可与听析员合作，也不愿与偏差者合作。这听起来似乎十分令人震惊，但却是科学上的事实。也因此，当档案员从待清新者的印痕库中选出资料提供给听析员时，他的工作表现最好。这是亲和力法则的一个表征。"我"的档案员与听析员是一伙，他们的合作经常密切而和谐，几乎毋须经过待清新者分析器的同意。

当听析员针对档案员，而不是患者下指令时，最容易达成偏差者的复返。这实际上可以在患者完全清醒的状况下做到。听析员跟他索取信息，要他回到当时，"我"就突然间拥有了整个档案。因此，心灵里面有某种东西，会与听析员密切无间地合作，而且为听析员做事比为自己主人（心灵的拥有者）做事还要起劲。那就是档案员。

听析员的目标是接受档案员交出的资料，并使档案员不致陷入反应式资料的泥沼中。一旦档案员给出资料，听析员就必须使待清新者重复经历那些资料许多次，以解除其中的负荷。做法极其简单。为了使治疗进行顺利，并使待清新者的注意力不致分散，听析员在每一次听析期间，都会有一套例行程序，以使患者愿意让档案员工作。

在一个安静的房间中，让患者坐在一把舒适的扶手椅上，或者躺在一张躺椅上，环境中尽量不要有东西分散他的注意力。听析员要患者看着天花板，然后说："当我从一数到七时，你就闭上眼睛。"听析员就轻声且愉快地从一数到七，一直继续数到患者阖上眼睛为止。处在最佳的潜思状态时，你会看到患者的睫毛在颤动。

以上即为整个例行程序。你该把这看作是听析即将开始的讯号，以及让患者把注意力集中在他自己和听析员身上的方式；没有别的功能了。这不是催眠，两者完全不同。首先，患者知道他周遭发生的一切。他不是"睡着了"，他随时都能按照自己的意愿，把自己撤出来。他可以自由移动（然而听析员通常不允许他吸烟，因为吸烟会分散他的注意力）。

在听析员开始数数字之前，要告诉患者下列的事情，以确定他不会被催眠："你会完全知道发生了什么事。你也将能记得所发生的每一件事。你可以运用你的控制能力。如果发生了什么你不喜欢的事情，你可以马上从中脱离出来。好了，一、二、三、四……"等等。

我们不要催眠，即使无意间产生的催眠也不要。为了彻底保险起见，听析员要安置一个取消用语（canceller）。这是极其重要的一步，即使你非常肯定患者绝没有受到你言语的影响，也不能忽略这一步。听析员可能会在无意间用了具再刺激性的言语，而造成印痕的键入。尤其当他对戴尼提还不熟悉时，他可能会讲出诸如滞留指令（holder）或否定指令（denyer）的语句，比如当待清新者复返到轨迹上时，告诉他"待在那里"；最糟糕的状况是告诉他"忘了吧"——这是遗忘指令机制的语句之一，这一类语句会造成最严重的偏差错乱，使分析器完全无法获得资料。为了避免这种情况发生，取消用语非常重要。这是与患者的一项约定，不论听析员说了什么，患者都不会依字面解释，或以任何方式拿来使用。取消用语要在进入潜思状态之后立即安置，其说法大致如下："未来当我说'取消'这两个字时，在听析期间我对你说过的每一句话都会被取消，也都会对你没有效力。一旦我说了'取消'，任何我对你做过的暗示，都将不具效力。你了解吗？"

在治疗结束时，要立刻对患者说"取消"这两个字，然后才允许他睁开眼睛。不用进一步说明，只要说这两个字就行了。

取消用语非常重要，它能防止无意间的正向暗示。患者可能很容易接受暗示，或甚至长期处于轻度催眠恍惚状态（许多人就在这种恍惚状态中度过一生）。印痕实际上就是一种催眠暗示。可以说，治疗的目的就是要使他从每一个被迫进入"无意识"状态的生命时期中醒过来。戴尼提使人清醒。它不是催眠，催眠是使人入睡的。戴尼提治疗让人醒过来，催眠让人昏睡。你还能找到更强烈的对比吗？戴尼提治疗去除印痕。催眠置入印痕。进一步而言，戴尼提是一门科学，一门有系统的知识。而催眠只是一种工具和技艺，而且如此变幻莫测，以至于千百年来，人们一直怀疑它是种危险的东西，只不过他们仍照用不误*。

听析员难免会碰到不管怎样都会沉入催眠状态的个案，尽管他已竭力预防这种情况发生。这些个案有印痕促使他们这么做，

---

* 另一项不同处在于，患者不需数数字或做任何事，就能复返。

正如其他个案有印痕使他们保持清醒。因此，听析员既不提"睡"也不提"醒"。患者从哪儿落入他们反转的层次，听析员就从那儿开始着手。患者也许会恳求听析员让他们使用药物，或把他们置入恍惚状态。随他们恳求吧！潜思最后的成果是一位清新者；而药物和催眠则会使患者依赖听析员，并产生其它许多不良后果。一个个案采用失忆恍惚治疗，比用潜思治疗需要的时间更长。潜思的收获是确实的，患者会变得愈来愈好。如果用失忆恍惚或催眠术代替潜思，不论资料似乎多么容易出现，经过这种治疗的一般个案，在过程中症状几乎不会减轻，直到治疗接近尾声，在这么长的不舒适后，患者才会突然好转。催眠术带来移情作用（transference），操作者沉重的责任，以及其它种种阻碍，而戴尼提施行了好一段时间，却从没有这些问题。我曾将催眠术用于研究，然后就把它摒弃了。

因此每次治疗都要建立取消用语。每场听析都千万不可对此掉以轻心。患者可能处于恍惚状态，而这是我们不想要，但并非永远能避免，也并非随时能察觉到的状况。你就在每场听析的开头安置取消用语，然后当你把患者带回目前时刻之后，就使用取消用语。

以下是整个例行程序的预演：

听析员：看着天花板。当我从一数到七时，你就闭上眼睛。你仍然会完全清楚发生了什么事。你也将能记得在这里发生的每一件事。如果你进入了什么你不喜欢的状况，你可以马上从中脱离出来。好（慢慢地、舒缓地）：一、二、三、四、五、六、七*。一、二、三、四、五、六、七。一、二、三（患者

---

* 如果患者不喜欢数字，就使用字母。也许在过去的一些外科手术中有人使用过数数字，所以数字会使他紧张。

闭上眼睛，眼睑颤动。）、四、五、六、七。（听析员停止数数字；安置取消用语。）好的，让我们回到你五岁生日的时候……（继续进行，直到听析员让患者在那段期间中做得够多了。）……回到目前时刻。你处在目前时刻了吗？（对。）（使用取消用语。）当我从五数到一，然后弹手指头，你就会觉得清醒了。五、四、三、二、一。（啪！）

从上述例子可以看到，在当天的听析结束时，待清新者可能已有两个小时都复返到了他的过去，你必须将他带回目前时刻，用弹手指头的声音吓他一下，以恢复他对于自己年龄和现状的意识。有时患者无法轻易回到目前时刻——对此我们有一种快速的补救方法，在后面会谈到——所以听析员必须每次都很确定，患者的确感到有处在目前时刻。

这就是潜思。关于它实际的运作过程，你所需要知道的就是这些了。经验会让你学到更多，但是基本程序如下：

1. 向患者保证他会完全知道发生了什么事。
2. 数数字，直到患者闭上眼睛。
3. 安置取消用语。
4. 使患者复返到过去的某段期间。
5. 与档案员合作以获得资料。
6. 减弱所有接触到的印痕，使得负荷不再留存。
7. 将患者带回目前时刻。
8. 确定患者处在目前时刻。
9. 给患者取消用语。
10. 恢复患者对环境完全的觉察力。

当注意力单位处在最低的觉察层次时，患者的时间轨迹总是处于极佳的状态。我们可以依靠它找到患者生命中的任何一天及任何时刻，获得该时刻中所有的资料。在较高的觉察层次中，时间轨迹似乎处于十分混乱的状态。反应式心灵的印痕线路位于这些较低层次（紧临着资料库）与包含"我"的较高层次之间。较低层次仅包含"我"的一点点力量，而且对多重人格的个案而言，看起来会是另一个"我"。

你可以把这些东西画在一张草稿纸上，这么做会有助于你的理解。在纸的左侧画一个直立的长方形（标准库）。紧挨着这个长方形的右边，画六个圆圈代表档案员，即资料库监控单元。在纸的中间画一个大长方形。把它涂黑。这就是反应式印痕线路的区域。但这不是反应库。这是来自反应式印痕库的线路图样；印痕库向分析器借来线路，以制造恶魔、有声思考等等。现在，在纸的右边画一个白色的长方形。这是分析器的部分，也就是"意识"和"我"。

治疗的整个任务，就是清除那个黑色的长方形（反应式印痕库的线路），使得从纸左方的标准库到右方分析器的部分，全部都是分析器。有些人以他们自己的印痕来评估状况，以为一把刀就可解决问题，但这是办不到的。因为你已经涂黑的区域也全都是分析器，只不过因印痕而变得毫无用处而已。当治疗完成时，这部分将再度能用于思考。这会带来智商极大幅度的提升。

现在假设这张图的底部是受精时刻，顶端为目前时刻，因此，上下方向的垂直路程，就是时间轨迹。我们可以假设，在这张图上，目前时刻不断地堆高，如盖大楼一般（比喻），距离受精时刻愈来愈远。"我"若要从左边的标准库得到资料时，就得穿越这个黑色的长方形，即反应式心灵线路。就某种程度而言，"我"设法绕过了这个黑色区域，得到了资料，但更常有的情况是，它拿不到资料。

假设我们在图的右侧画一条垂直线。这条线是"觉察力"。设想这条线能够保持垂直地移动到左边。当这条线向左移动时，我们就进入了愈来愈深沉的"恍惚"状态。当该线移入反应式心灵的区域时，就变成催眠恍惚。当它到了更左边，进入我们称之为"档案员"的那些圆圈时，就变成催眠中的失忆恍惚状态。因此，不论我们把这条线放在哪里，都能得到某种"恍惚的深度"。我们要在反应库的右边，最接近清醒的层次操作，如此才仍能使"我"接触他的周遭环境，并阻止不需要的资料出现，以避免使患者感到长期不适。若是患者立刻就从右边一路滑向左边，到达档案员的注意力单位（即你所画的圆圈）那里，而且你刚从一数到七，他就立刻变成这样，那他就是个容易催眠的人。当他清醒后，他可能根本不知道发生了什么事，因为"我"在当时失去联系了。你可以在那里进行听析，因为他会有完全的听觉回想和其它回想，但你要留意，一定、一定要进入非常早期的出生前区域来做。他可能无法回想起所发生的事情；假若碰触到的是晚期印痕，就不会减弱，在患者恢复自我意识后，该印痕的全副力量也许都会向"我"袭来。此外，你还可能无意中给了患者一个正向暗示。还是尽量在反应库右边的恍惚深度进行来得好。

我们称作"档案员"的那些单元，在意图上具有与一个清新后的基本个体类似的特征。因此，在任何患者身上，都可以接触到基本人格，因为档案员就是一个样本。知道基本人格在那儿，听析员就应该满足了。随着清新工作的进展，他会看到愈来愈多的基本人格。这个个体就是他本身，他的人格并没有改变，只不过会成为他过去一直想要的、当他处于最佳状态时的模样。

我们可以将紧挨着标准库的单元当成是档案员。但档案员能利用的不仅是标准库，他还能从整个印痕库中提取资料。

对待清新者而言，时间轨迹可以有好几种面貌。除了时间之外，并没有真的轨迹存在，而时间又是看不见的：但觉察力，即"我"可以沿着它复返。轨迹始终在那儿，一直延伸出去。但是关于这条轨迹偏差错乱的想法，在同一患者身上会一而再、再而三地出现。这条轨迹可能纠结成一团，也可能变得很长。也有可能患者根本就进不了这个轨迹（指精神分裂症患者——他已脱离了他自己的时间轨迹）。但轨迹还是在那儿。这是一种依时间归档的系统，只要你要求"我"沿着时间复返，他就会这么做。如果他办不到，那他就是卡在目前，或卡在一个印痕中，而这是很容易解决的。诸如此类。

现在我们来看一下印痕库。在上述的草图中我们把它画成一个涂黑的长方形。让我们稍微改变一下，再重画一次，把图上所有的长方形都换成三角形，尖端都朝下，而且集中在同一点上，其余则都不变：标准库、分析器（意识）和"我"。这就是一个操作模型，一个类比，可以表示听析员试图接触的东西。印痕库本身仿佛存在于那个涂黑的三角形中，实则不然，只有反应式线路在那里，但我们只要想象印痕库在那儿即可。因此，只有在底部的一个小点上，"我"和档案员可以会合。这是时间轨迹的底部，即刚受精完的时刻。再高一些，假设是受精后的两个半月，"我"和档案员想接触就有点困难了，因为二者之间已有较多的反应式线路。受精后七个月时，就更困难了。到了二十岁时，大多数的个案若不使用戴尼提技术，"我"是根本无法接触到档案员的。

因此听析员会发现，在出生前区域进行听析很有利，而且愈早愈好。如果听析员能够清除从受精到出生（包括出生）这段期间内的印痕，他的工作便算是完成九成了。他的目标是清除整个反应库。

反应库就像一个金字塔，除了顶点以下的一丁点区域，处处都是铜墙铁壁。当触及顶点时，铜墙铁壁就瓦解了。这是从反应库脆弱的要害来进攻。我们的目标是进入原点区，接触早期印痕，透过重述擦除原点的原点印痕，然后再一路向上擦除印痕。这些印痕表面上消失了。实际上，如果真的清干净了，你需要很费劲地寻找才能再找到它们。它们现在已成为标准库中的记忆，但这些记忆已经融入其它记忆，成为经验的一部分，变得根本不重要了，因此不再能产生偏差错乱。标准库中的任何东西都不会使人偏差错乱。只有反应库的内容（"无意识"时期与记录在其中的东西）以及锁，才会使人偏差错乱。在听析中，当印痕消失，待清新者再也无法接触到印痕的任何部分时，听析员就可以认定印痕已擦除了，但这必须是在待清新者已经彻底地重新经历了印痕和体觉不适之后*。

在这个倒金字塔较上面的区域是后果，而它较下面的区域，是偏差错乱的主要原因。把这个倒置的金字塔巩固起来的水泥，是肉体疼痛和痛苦情绪。生物体曾记录下的所有肉体疼痛和痛苦情绪，都是这个倒金字塔的一部分。

听析员首先要释放较后期生活中的痛苦情绪负荷，这些负荷呈现在"有意识的时刻"。他把这些期间当作真的印痕来运行（run），直到待清新者不再受其影响为止。然后他试着接触原点的原点：那第一个印痕。在朝向那个主要目标的路途中，他要减弱所接触到的所有印痕。每场听析他都力图触及原点的原点，直到他肯定找到了为止。

原点的原点是最底端的那个点。一旦得到它，擦除的工作便

---

* 你可以藉由药物或催眠的方式来接触档案员，找出印痕并加以减弱。但这是过度简单化的解决方案。在戴尼提治疗中我们所做的不仅如此——我们要让"我"接触到档案员，而不是只单独操作档案员。催眠分析与麻醉精神疗法之所以会失败，是因为他们对印痕库一无所知，而且只试图操作档案员，却又不知道它是什么。患者会渴望在失忆恍惚状态或是药物麻醉下接受治疗，其意图是要免去"我"的工作，而将重担丢给档案员。

展开了。这时，患者"重新经历"一个又一个的印痕，包括所有的体觉不适，直到印痕消失。在触及原点的原点之前，听析员可能得让待清新者将印痕运行上二十次，印痕才能减弱。接着，他或许会发现印痕只要运行五次就能减弱了。然后他接触到原点的原点，把它擦除。此时若患者已有听觉回想（或者他一向都有），只要重述一两次，印痕就开始擦除了。

档案员可是很聪明的。如果听析员不相信这些注意力单位的能力，将使个案陷入不必要的困境，并使治疗时间拖长。档案员可能会依语句、依体觉不适、依时间来提供资料。不论它提供什么，透过重述，一般都可以减弱。若能与档案员合作而非试图命令档案员，听析员将发现个案会稳定改善，直到达成解脱或彻底的清新。听析员仅在使用重复技术（后文会描述）时，才可以忽略这一点。

我们让"我"处在潜思状态；我们使他沿着时间轨迹，复返到他生命中的某个时期；档案员交出事件来给待清新者重新经历；听析员让待清新者重述印痕，直到它减轻或"消失"*了（在原点的原点擦除后，所有的印痕最终都会"消失"）；若档案员给出任何新资料，即使是在重述期间，听析员都应让待清新者重新经历。这就是戴尼提的所有动作。还有一些辅助工具，如重复技术及一些快捷方式。这便是戴尼提疗法。当然，更详尽的解说是必需的，在以后的章节中，我们将深入探讨，以提供听析员所需的全部资料。但以上便是戴尼提疗法的完整概要。 ✳

---

* "消失"或"擦除"这些词，当用于处理印痕时，意指印痕已经不在印痕库中了。此后唯有在标准记忆中搜寻才找得到。

复返的定律

印痕虽然不是生命体，但它会像生物一样用各种方式保护自己。印痕里的任何语句都可看作是命令。这些命令会对分析式心灵产生作用，导致分析式心灵做出怪异的行为。

戴尼提治疗与思维的方式和思考本身颇为类似。凡是与戴尼提和听析员作对的东西，都会以同样的方式与患者的分析式心灵作对，毫无例外。反之，患者在日常活动中的思考障碍，也正是听析员在治疗中的问题所在。

绝大部分的印痕所包含的"指令"是无法以理性计算的，因为它们互相矛盾，也会要求非理性的行动。正由于印痕指令无法计算，无法符合思考与存在状况，才使得患者偏差错乱。让我们以来自母亲排便的印痕为例。母亲正在使劲，造成压迫，导致未出生的孩子陷入"无意识"。如果她像大多数偏差错乱的妇女一样，习惯自言自语（独白者），她可能会说："唉，这真是地狱！里头都挤成一团了。好像都塞住了，我没办法思考。真是恐怖，这真教人痛不欲生。"

这个事件有可能位于原点区。探触这个印痕时，心灵的做梦机制（和符号学家所见相反的是，这个机制大都以双关语来思考）可能会做出地狱之火的梦。如果待清新者继续在时间轨迹上朝此印痕前进，他可能觉得自己一定正往火海坠落。此外，他也可能认为他的时间轨迹全挤成一团了。这或许意味着事件都发生在轨迹上的同一处。"这真是地狱"和"里头都挤成一团了"就会产生这些现象。现在让我们来看看 "好像都塞住了，我没办法思考"会带来些什么。待清新者或许会鼻塞，因为他认为这句话的意思是他的鼻子感冒了。至于"真是恐怖，这真教人痛不欲生"，则可能使他一想到要碰那个印痕，就充满恐慌的情绪，因为这个指令说那太痛苦了，难以忍受。此外，由于印痕总是按字面意思采取行动，他也可能会认为他太恐怖了，不该被生出来。

对于地狱的情绪反应，可能来自时间轨迹上另一处的另一个印痕；也许那个印痕说"下地狱"就等于大声啜泣。因此他不会"想要"重述这个印痕。此外，他很惧怕这个印痕，因为它"真是恐怖，教人痛不欲生"。母亲只是在跟她矛盾的自我讨论是否需要使用通便剂，但这点从没纳入他的计算。因为反应式心灵并不推理，它只以等同来思考，企图控制分析式心灵。

印痕中的资料就那些而已，而分析式心灵对于这个没有思考能力的东西，只能做纯粹字面上的解释。

让我们看看另一个例子。这是一个性交经历。它的体觉不适具有强度不等的压力。它并不致于教人痛苦；附带一提，不管这些印痕在目前时刻受到再刺激后有多令人痛苦、威力有多强，不管最初得到时的情况如何，一旦你实际触及它们，重新经历到的疼痛是非常轻微的。所以这对未出生的孩子来说，不过是一场震动而已。但印痕说："噢，老公，我好怕你进来。如果你进来，我会死的。噢，别进来啦！"

分析式心灵会怎么做呢？它会想到性交吗？它会担心怀孕吗？不，肯定不会。会让人想到性交的印痕会说："想想性交！"而会教人担心怀孕的印痕则会说："我担心怀孕。"在这个性交经历中的疼痛并不严重，但它特别表明了该印痕不能进入。"别进来啦！"如果他进入那个印痕他就会死，不是吗？印痕里正是这么说的。患者发现自己一直在轨迹上徘徊，直到听析员使用了重复技术（这在后面会谈到）。

再来看看另一类的印痕吧。假设我们可怜的患者很不幸，名字后有一个二世。我们假设他和他的父亲同名，都叫拉尔夫。（小心这些"二世"个案，他们有时极为复杂。）母亲正与吉姆暗中偷情（如果你怀疑的话，请参阅金赛〔Kinsey〕报告）。这个性交的体觉不适，只不过就像有人轻轻坐在身上一般，但患者却因此而吃足了苦头。

母亲："噢，宝贝，你好棒哟。我好希望拉尔夫也跟你一样，可惜他不行。他好像就是没办法让女生兴奋起来。"

情夫："喔，拉尔夫还没那么糟啦。我挺喜欢他的。"

母亲："你不知道他自尊心有多强。如果拉尔夫知道了这件事，那会要了他的命。他一定会死的。"

情夫："别担心，拉尔夫绝对听不见的。"

在从胚胎的眼睛得到对母亲的看法之前，我们不会想得到，这么经典的小印痕如此常见。分析器无法把它当作资料来计算，因此它是一种焦虑。（焦虑是无法以理性计算、互相矛盾的印痕指令。）拉尔夫二世发现自己对性十分害羞。这就是他偏差错乱的模式。我们在治疗中接近印痕时，发现患者对情夫有一种同情计算。

毕竟，情夫说拉尔夫没那么糟，还说他挺喜欢他的。就反应式心灵而言，这拉尔夫指的当然是小拉尔夫。这使得我们的患者不愿接近这个印痕，因为他认为如果接触到这个印痕，就会失去一个朋友。此外，在偏差错乱方面，小拉尔夫总是很担心别人的自尊心。我们在治疗中接触这个印痕时，他猛烈闪避。毕竟，如果他发现了这件事，那会"当场要了他的命"。还有一个状况，是听觉回想的关闭。里头说得很清楚，拉尔夫绝对听不见。这玩意儿有利生存——细胞如此相信。因此拉尔夫在回想中永远听不见。患者还会有更多的听觉回想关闭印痕。母亲性生活杂乱，一般表示有第二动力的障碍。第二动力障碍通常意味着她不喜欢孩子。简言之，这会是个堕胎未遂的个案，胎儿可能浑身是洞，像块千疮百孔的奶酪。孩子现在长大成人了；他也许会有听力扩张，因为一般而言，他对"生命"心怀恐惧。但他的听觉回想是零。因此，患者只能通过恶魔线路在心中出现的"印象"来理清这个印痕。听析员根据患者给予的资料，也许能很快猜出印痕内容，并通过重复技术来破解它。

现在我们来举某位母亲的例子。她是循规蹈矩中的典范，即便有点爱发牢骚。她发现自己怀孕了，于是去看医生。

母亲："我想我怀孕了。恐怕真的有了。"

（医生进行了一会儿的叩诊，使这个未出生的孩子——三十年后我们的待清新者——进入"无意识"状态。）

医生："我看不是。"

母亲："我真的很担心我是耶。我今后不能再乱动了。唉，我就知道。"

医生（更多的叩诊）："嗯，这么早很难说啊。"

印痕说我们这位男性患者怀孕了。如果观察一下,我们会看到他有一个大肚子。好棒的生存之道啊,真的是。在治疗中,我们发现他担心他的存在:我担心我是。而且他突然在时间轨迹上停止移动了。为什么呢?他今后不能再乱动了。这并不是意味他真的怀孕了,而是意味着他不能再乱动了。此外,他无法重述这个早期印痕。为什么?因为这么早很难说。结果,他没办法说出那个印痕。我们用重复技术,使他在轨迹上重获自由。

唉,我们的语言满是弦外之音、言外之意!放到低能的反应式心灵手中,会产生多大的灾难啊!一切都按照字面解释!拥有上述印痕的人,他偏差错乱的部分模式,是提出任何意见时都会非常小心谨慎。毕竟,这么早还很难说。

现在我们来看某位女性患者的印痕。她父亲的偏差错乱十分严重;父亲殴打母亲,因为他害怕母亲怀孕。父亲在第一、第二、第三和第四动力上都有障碍。

父亲:"出去!出去!我知道你一直对我不老实!我娶你的时候你就不是处女。我早该宰了你!现在你怀孕了。给我出去!"

那个女孩处于受精后的第五周,因母亲腹部受到打击而处于"无意识"状态。这个印痕非常严重,因为其中包含极度痛苦的情绪,她再怎么复演也不够。每当有男人责备她不老实,这个偏差错乱模式便会以歇斯底里的方式呈现。接收这个印痕二十一年后,她结婚了,那时她还是处女,但她却肯定自己不是。她有一种"童年幻觉",觉得父亲可能会杀了她。她总是担心怀孕,因为印痕说现在她怀孕了,这个"现在"意味着永远,因为时间是一连串的"现在"。在治疗中,我们试图接近这个印痕。我们使患者复返到原点区,突然发现她谈论的是她五岁时发生的事情。

我们再次使她复返，然后又发现她在讲十岁的事情。听析员观察到这类的反应，就知道自己碰到的是一个反弹指令（bouncer）。该指令说："出去！"患者就出去了。听析员了解症结所在后，便运用重复技术来减弱或擦除印痕。

毫无例外，分析式心灵仿佛收到命令一样，一定会对这些印痕作出反应。它依照这些印痕的指示在轨迹上行动，也遵从这些印痕的命令，来计算个案或生活。印痕真是健康良伴！好个优秀的生存模式！优秀到让每个人都躺进坟墓里。

听析员不用太担心有助于治疗的语句。来自父亲揍母亲的一个印痕说："你欠我的！我告诉你，这你欠我的！绝对是你欠我的！"这表示我们的患者可能是偷窃狂。（这是偷窃冲动的唯一来源。检验的方法是：听析员使患者擦除所有这样的印痕后，他就不再偷窃了。）听析员会发现患者热切地重述这个印痕，因为印痕内容会将它本身提供给分析式心灵。

有一整类的印痕说："回来这里！待在这里别动！"这些父亲们爱说的话，解释了为什么开始治疗后，待清新者一下子就弹回某个印痕当中。那个印痕一现身，患者就会立刻回到那里。经过重述，指令就不再对他有影响了。然而当那个印痕还在、未经碰触时，它的力量足以将患者送进疗养院，跟胎儿躺成一个姿势。任何在疗养院中患有这类精神疾病的人，只要没受过电击治疗或前额叶切开术，光用重复技术，便能从这种印痕中解脱，回到目前时刻。有时只需要半小时即可做到。

在轨迹上来去，在分析器受印痕驱使而做出的种种计算间游移，有点像在玩一种小孩玩的游戏。这种游戏有许多方格，玩的人沿着这些方格来移动"棋子"。时间轨迹和印痕指令其实真的可以构成一种类似掷骰子大富翁的游戏。走了几格，落在标示着"出去！"的格子上，表示你应该回到目前时刻，或走向目前时刻。又走了几格，丧失一次前进的机会，因为这一格说"待在这里！"于是"棋子"就得停下来，直到听析员用技术解救他（但因为是在治疗中碰到的，所以这个指令的力量不会维持多久）。再移动几步到一个标着"去睡觉"的格子，"棋子"就不得不去睡觉。再移动几格，碰到有一格上头说"绝对不能有人发现"，结果那里就没有格子了。再移动几步到达一个标示着"我担心"的格子，于是这个"棋子"就会担心。再移动到一个写着"我必须离开"的格子，于是"棋子"就离开了。再移动到标着"我不在这儿"的格子，那格子就会不见。诸如此类。

能够对听析员形成干扰的指令没有几种。即使个体本身没有复返，心灵的部分思考实际上是以复返来进行的，尤其是回忆的时候。因此，所有这些指令，也都会阻碍心灵的思考过程。这些指令在治疗中特别烦人；它们是听析员持续注意的目标。

第一类指令是患者驱逐指令。口语称之为反弹指令。这包括"出去！"、"不要回来"、"我得保持距离"等等、等等，即字面意思为驱逐的各种词汇组合。

第二类指令是患者滞留指令。这包括"留在这儿"、"给我坐在那里想一想"、"回来坐下"、"我不能走"、"我绝不能离开"等等。

第三类指令是印痕否定指令，这些指令若从字面上翻译，意思就是印痕不存在。"我不在这里"、"这不会有结果的"、"我绝对不能说"、"我记不起来"等等。

第四类指令是印痕聚集指令（grouper），这些指令若从字面上翻译，意思就是所有事件都发生在轨迹上的某一点。"全挤成一团了"、"所有的事情都凑在一起"、"每件事一下子全冲着我来了"、"我和你一样了"等等。

第五类指令是患者误导指令（misdirector）。这类指令使待清新者走向错误的方向，该到晚期他却回到早期，该到早期而他却来到晚期等等。"你现在回不去啊"、"你转过来"等等。

反弹指令把待清新者飞快地送回目前时刻。滞留指令使他留在原处。否定指令让他感觉没有事件在那里。第四种，聚集指令会缩短他的时间轨迹，使时间轨迹不复存在。误导指令则会颠倒必要的行进方向。

触及任何印痕都会引起待清新者的"分析式"反应。印痕指令会冲击患者的分析器，就如同印痕受到再刺激时一样。尽管分析器可能坚信，这个反应是它自己计算出来的，实际上它所说的却直接出自一个或多个印痕的内容。

以下就是重复技术的做法。

当待清新者沿着轨迹回溯，接触印痕时，他会进入"无意识"区域。这些区域被"无意识"或情绪闭锁住了。在大部分的早期印痕中，待清新者通常会呵欠连连。这并不是"去睡觉"的指令所造成的，而是"无意识"正在释放（听析员称之为昏睡蒸发〔boil-off〕）。待清新者可能有两小时的期间都会胡言乱语、陷入"无意识"、仿佛用了药物，甚至睡起觉来；然而，并没有这类的命令存在。

印痕资料套组的其中一部分，就是分析器关闭。当待清新者复返并触及印痕时，他就会经历分析器减弱的现象，这意味着他在那个区域里思考能力大减。"无意识"的蒸发是治疗中一个非常必要的过程，因为这种"无意识"可能在这个人的日常生活中受到再刺激。一旦受到再刺激，他的聪明才智或多或少就会打折，从而减缓他的思维过程。

因此，"无意识"的这种特性使它一被触及，就会减弱待清新者的觉察力。待清新者会做梦、咕哝着说些傻话、胡乱摆动。他的分析器正在穿越那个阻止他接近印痕的帷幕。而在这种状态下，分析器也极容易接受印痕指令。

听析员鼓励待清新者经历并重述印痕时（虽然听析员知道可能需要几分钟，才能让"无意识"蒸发到一个地步，使患者得以通过），待清新者可能会抱怨："我现在回不去啊。"听析员要迅速地记录下来。一个印痕指令出来了。不过他并不这么告诉患者；患者通常也不知道自己在说什么。如果患者持续有困难，听析员就告诉他："说'我现在回不去啊'。"患者重复这个语句；听析员让他一遍又一遍地重复。突然间，体觉不适就会出现——触及到印痕了。

听析员跟患者面谈时，要认真注意患者在谈论他的病或戴尼提时，选用了什么字眼、重复了什么语句，但不能让患者看出来。听析员把患者置入潜思后，如果发现患者坚称些什么，例如"哪里都没办法去"，听析员就让他重复这个语句。

一遍又一遍重复语句，患者就会被吸回轨迹上，与包含这个语句的印痕接触。也许该印痕无法松脱——因为之前还有许多印痕——但只有在之前的印痕中也有同样语句的情况下，该印痕才会无法松脱。所以听析员就要一直用重复技术，使患者复返到愈来愈早的印痕中。如果都按程序进行，患者常常会发出咯咯轻笑，或舒坦地大笑。那表示这个语句已经弹走了。尽管该印痕尚未擦除，但那部分的内容之后将不会再影响治疗了。

患者对于印痕所做的一切，及他描述行动所用的任何语句，通常就包含在那些印痕中。重复技术可将语句中的负荷去除，使印痕得以被接触。

当然，这项技术偶尔也会使患者陷入困境，不过在戴尼提里，患者会陷入的困境并不十分严重。在日常生活中受到再刺激的印痕，则可能十分狂暴。凶杀、强奸、纵火、企图堕胎、在学校里表现落后——生活中任何偏差错乱的行为，都源自这些印痕。但在戴尼提治疗中触探印痕，用的是另一条管道；这条管道更靠近印痕的根源。印痕在日常生活中，作用于浑然不知的个体时，对于个体的行动和言语具有巨大的力量，占用心灵中大量本应用于理性思考的线路。总之，印痕会制造浩劫。由于印痕与这些线路是"焊接"起来的，所以分析器无法把它抛弃。在治疗中，患者在引导下朝印痕前进；光是这个动作就可以切断印痕的一些"永久接线"。患者可能会进入某个印痕，若不是以治疗的管道接触，这个印痕很可能会使他像胎儿般蜷缩起来，被人送往最近的疗养院。但若以治疗的途径处理，让患者沿时间轨迹复返，再强大的滞留指令，威力也十分有限。患者可能会陷进某个在日常生活中，可能使他精神错乱的滞留指令。然而在听析中，他所表现的唯一症状，或许只是最后听到"回到目前时刻"时，只睁开了眼睛，而没有真正穿越时间轨迹，回到目前时刻来。他并没有察觉到自己处在滞留指令里，直到听析员注意到这个现象，并对他使用重复技术。

听析员：你有处在目前时刻吗？

待清新者：有啊。

听析员：你感觉怎么样？

待清新者：嗯，我有点头痛。

听析员：闭上眼睛。说"留在这儿"。

待清新者：好。留在这儿。留在这儿。留在这儿。（好几遍）

听析员：你有在移动吗？

待清新者：没有。

听析员：说"我动不了、我动不了"。

待清新者：我动不了。（好几遍）

听析员：你有在轨迹上移动吗？

待清新者：没有。

听析员：说"我逃不了了。"

待清新者：我逃不了了。我——唉哟，我的头！

听析员：继续说。

待清新者：我逃不了了。我逃不了了。我逃不了了。唉哟！更严重了！

（当他接近"无意识"帷幕后的印痕时，他的体觉不适会逐渐增强。）

听析员：继续说。

待清新者：我逃不了了——"噢，天啊，我逃不了了。我再也出不了这地方了。我再也出不去了。我逃不了了！"

听析员：仔细地接触印痕。确定一下里面还有没有别的东西。

（这是一种技巧，使待清新者不回放他刚刚说过的东西，而是继续处理那个印痕。）

待清新者：我头好痛！让我回到目前时刻啦！

听析员：再经历一次。

（如果待清新者带着这么大的负荷出来，他会很不高兴，而且下次这个事件就很难进去了。）

待清新者: "噢，天啊，我逃不了了。我恐怕是逃不了了。（新词出现了。）我这辈子就再也出不了这个地方了。我逃不了了。我再也出不去了。我逃不了了。"（旁白）她正在哭。"噢，我怎么会跟这种人结婚啊！"

听析员: 头痛怎么样了？

待清新者: 比较不疼了。吓，太低级了。她在捶自己的肚子。太恶劣了！可恶，去死啦！

听析员: 重新经历一次。我们来确定一下里面还有没有更多东西。

（同样的作用，目的在于避免待清新者只回放前面说过的话，而不再从印痕中取得资料。如果他只是回放，而不重新经历，印痕就无法解除。）

待清新者: （照着听析员的话做，得到一些新的词句和几种声响，包括母亲腹部沉重的撞击声，和外头街上的汽车喇叭〔球型喇叭〕声。）不会又要我再来一次吧？

听析员: 请把它重述一遍。

待清新者: 好吧，这个女的想要打扁我的头，把我除掉。所以我跳出来，狠狠揍了她一顿。

听析员: 请重新经历这个印痕。

待清新者: （照做了；突然间发现，就像打了结的绳子一样，印痕现在已经拉直了。原来打结的地方，出现了更多资料。）

"我得想个借口才能告诉哈利。他会气得跳起来的。"

（这是他玩笑的由来："跳出来……"）

听析员：请再经历一次。也许里面还有更多东西。

待清新者：（照做了；印痕中旧的部分减弱，两种新的声响出现：母亲的脚步声和流水声。然后他很高兴地笑了起来。我们说这个印痕松脱了，因为它也许并未完全消失。在接触到原点的原点之前，这个印痕只能达到这种程度。）

以上是使用重复技术，及以对话使印痕消退（recession）的例子。在触及原点的原点之后，这个印痕可能会带着非常微弱的额外负荷再度出现，但它现在已失去所有导致偏差错乱、身心性头痛或其它疾病的力量。然而在治疗接触这个印痕之前，它的威力足以使患者在小时候，每当发现自己出不了某个封闭的空间，就恐慌地尖声大叫（幽闭恐惧症）。

重复技术是戴尼提中很特别的一面，它需要听析员的机敏。在戴尼提这门科学的其它方面，只要坚持、有耐心，任何听析员只需最低限度的聪明才智，就能获得成功。可是在应用重复技术时，纯粹为了治疗，听析员必须学会用印痕的方式思考。他必须观察治疗对象在时间轨迹上移动的状况。当待清新者不合作或不知道时，听析员必须观察他的反应，方能断定是哪一种指令在困扰他。

这并不表示重复技术很难：它并不难。不过听析员应用这项技术的能力好坏，大致说明了为什么一个个案在某位听析员手中，比在另一位听析员手中要花更长时间。这绝对是一种能力，是动脑筋来玩前述的大富翁。待清新者困在哪里？被什么样的指令困住？为什么待清新者突然停止合作？卡住个案的情绪负荷在哪里？运用重复技术，这些问题听析员都可以解决，而机灵的听析员会比不机灵的听析员动作快得多。

人如何像印痕般思考呢？发现昆虫会携带病菌的罗斯，认为自己必须以蚊子的方式思考。而这里有个类似的害虫：印痕。为了治疗，人必须学会像印痕般思考。

听析员不可能也不必注视患者的眼睛，猜想他为什么星期三除了花椰菜之外，什么也不吃。这是一种偏差错乱，他不必对偏差错乱和身心性疾病的根源作猜测；随着治疗的进展，原因迟早会出现的；他的为什么都会得到解答。但听析员必须能把患者的时间轨迹整理好，进入早期的原点区，再从原点区回来减弱印痕。目前的解决方法是重复技术。要了解，可能还有人会衍生出一整套或好几套的新技术，来运用戴尼提。如果不如此发展改进，我们会对人类很失望。但目前现有的最佳方法（所谓"最佳"的判断标准，就是对任何个案都有效），就是重复技术。就现阶段而言，如果听析员期望个案有成果，就必须懂得使用重复技术。听析员（或某位听析员）在听析过几个个案，并了解印痕这畜牲的性质后，也许会自己发展出改良技术（最好是如此）。重复技术唯一真正的缺点，就是使用它的听析员一定要够聪明。

聪明并不表示你要说很多话。帮别人作戴尼提听析时，那是相当不智的。确实，听析员刚开始处理个案时，几乎总是会过分喜爱自己的声音，想要感受一下自己的技巧，使得可怜的待清新者几乎找不到机会讲出反应式的话语——但是，要被清新的人是待清新者。他是唯一拥有正确信息的人，只有他自己才能做评估。

所谓聪明地使用重复技术，就是能够从待清新者的谈话或动作中，挑出印痕里包含了哪些东西，会阻碍待清新者接近印痕、通过印痕等等。重复技术处理的只是在时间轨迹上的动作，而不是偏差错乱。

例如，有一个个案，他"封闭"得十分严重，需要连续三十个小时的重复技术，才能打破分析式心灵与印痕之间的隔阂。有一点很重要：如果待清新者能够轻而易举地接触一个印痕，那个印痕就不会是印痕了。任何能轻易触及、不带有情绪负荷的印痕，就如一杯汽水一样，不会导致偏差错乱。

某位年轻女孩虽有听觉回想，但她有听力扩张，而且内分泌系统极不平衡。这使得她在二十二岁时，就变得像个老太婆一样。她听析了七十五个小时之后，才接触到原点区的东西。这简直令人难以置信，但确实发生了。如果患者听觉回想关闭，且不在自己的时间轨迹上，七十五个小时只是刚准备好上路而已。然而这位有听觉回想的女孩，早该接近清新者的目标了，却尚未触及原点的原点。

重复技术，也只有重复技术，最后终于解决了这个个案。这个案里几乎不含滞留指令和反弹指令。只不过它的整个出生前区域看起来一片空白。

印痕不是一种含有理智的记忆，它只是一组波，或其它形式的记录；这是事实。它会冲击分析式心灵和体觉式心灵，并会操纵声音、肌肉及生物体的其它部位。而分析式心灵由于需要为它所发现的事态辩解，又因处于复演状态而为印痕所削弱，所以会掺杂资料进去，使这个行动看似合理——也就是辩解。但这不会使印痕变得有知觉。在治疗中，首次探触到一个印痕时，它似乎完全不存在。可能需要三场听析才能让这个印痕"显影"。这并不表示三场听析都毫无成果，因为其实完成了很多事情；而是意味着"我"在复返时，必须走过这个印痕几次才能让它显影。知道这一点很重要。正如你在这个星期向心灵要一份资料要不到（在一个偏差者身上），下个星期再问一次就找到了，印痕也是这种情况。治疗的一个首要原则是：如果你持续要一个印痕，最终一定能得到它。光是一次又一次地复返到出生前区域，就终能使其中的印痕显影，使分析式心灵得以攻击印痕、减弱印痕。但这跟老牛拉车一样慢。重复技术会大大地加快这个过程——尽管印痕仍然需要几场听析才能显影。

这位女孩的个案，若没有使用重复技术，可能还需要多花五、六十个小时的工夫，才能触及印痕。重复技术把它解决了，因为听析员注意到女孩总是说："我有充分的理由可以说明为什么我的童年很糟糕。还不是因为我哥在我五岁那年强暴了我。一定是在我的童年，是再晚一点的时候。我母亲很嫉妒我。那一定是再晚一点的时候。"

你大概可以想见，这位小姐在学校里学过某种心理治疗，而该学派认为性或吃维他命会导致心灵的偏差错乱。她还滔滔不绝地说，虽然她不反对所谓的"分析"，但她确实认为期望一个胎儿能听见些什么，实在愚蠢至极。她能进入出生前区域，并声称自己十分舒适，但却找不到出生印痕。这点很重要。没有经过治疗，原点区（大约在胚胎期）的原点印痕不可能消失，也不会消失。而且若连出生印痕中的一种体觉不适都接触不到，那肯定有某个东西阻挡在出生之前。如果出生是第一个印痕，那么任何人都能在五小时内就成为清新者。即使能够找到出生印痕，也可能仍有五十个严重的出生前经历存在。她的状况，则是什么都没出现。她所受的教育延缓了个案：她一直努力处在目前时刻，用她严重闭锁的记忆来"回忆"，但她连母亲正确的名字都想不起来。（经过心理医生长达十年的治疗，她就养成这个习惯了，因为他们没做别的，就只让她"回忆"。）之前说过，她在出生前过得十分舒适，感受得到羊水，而且肯定子宫里的生活对谁来说，都快活无比。她完全没有注意到一个矛盾，那就是她能够体验到羊水的感觉、漂浮的舒适和温暖，却一直不相信有出生前记忆。听析员没花半点力气去说服这位小姐。他了解自己的职责，因此只让待清新者在轨迹上反复移动，并不断尝试各种方法。

最后这位小姐终于想知道，是否一定得有出生前经历。听析员告诉她如果有就有；如果没有出生前记忆，她就不会回想起什么，但如果有，她就有可能回想起来。这种不置可否的态度是很适合听析员的。毕竟，戴尼提就像一位听析员所言："只是把布料放着展示而已"，根本不做任何销售上的努力。

听析员一直尝试以各种语句使用重复技术。待清新者持续在轨迹上移动，所以一定有个否定指令存在。他已用尽了各种点子，但突然间，他发现女孩讲"再晚一点"十分顺口。

听析员：说"再晚一点"，并且复返到出生前区域。

女孩：再晚一点。再晚一点……（显得很无聊，不愿配合。）

听析员：请继续。

（不可以说"往下"，因为他会只照那两个字做。如果你要患者沿着印痕继续前进，或重复同一句话，要说"继续"；如果要再运行已经运行过一次的印痕，说："再来一次"。）

女孩：再晚一点。再……我脸上有一种体觉不适！像是被推的感觉。

（这是个好消息，因为听析员知道她在出生前有痛觉关闭，阻碍了之后体觉不适的出现。）

听析员：更仔细地接触印痕，继续重复。

女孩：再晚一点。再晚一点。感觉更强了。

（这很自然。使用重复技术，体觉不适会变得愈来愈强，直到那句话出现，一字不差为止。对于没有听觉回想的个案，语句会以间接的方式冲击"我"；对于有听觉回想的个案，声音就会以声音的形式出现。）

听析员：继续。

女孩：再晚……我听见说话的声音！那个。没错。啊，是我爸的声音！

听析员：请仔细听，然后把听到的话复述出来。

女孩：他正在跟我妈讲话。哎呀，脸上的压力很不舒服。它一直上上下下的。很痛耶！

听析员：请复述他的话。

女孩：他正在说："噢，老婆，我现在还不想射。我们最好等到再晚一点再有。"然后是我妈的声音。呃，压得我好痛啊。咦，现在好多了。真好玩，我一听见他的声音，就好多了。

听析员：你妈在说什么，你能听见吗？

女孩：她说："那你就根本别进来！"她火大了！咦，体觉不适停了。

（此刻性交结束。）

听析员：请回到事件的开始，重述一遍。

女孩：（重新开始，体觉不适又出现了。）奇怪，他们在干什么？（停顿一下）我听到嘎吱一声！（停顿一下，显得很难为情）噢！

听析员：请重述这个印痕。

女孩：一开始有一种轻微的节奏，然后变快了。我听见呼吸的声音。现在它更用力地压下来，但是比第一次轻多了。然后缓和下来了，我听见我爸的声音："噢，老婆，我现在还不想射。我们最好等到再晚一点再有。我不太肯定我会喜欢小孩子。再加上我的工作……"然后我妈一定推了他一把，因为有一下很强的体觉不适。"那你就根本别进来！你这个冷血动物！"

听析员：请回到事件的开始，再重述一遍。

女孩：（重述了几次，最后体觉不适消失了。她对此感到很愉快，完全没提自己怀疑过出生前印痕的存在。）

这就是重复技术的功用。在这个个案中，听析员用重复技术丢了大约两百句话给她，没有一句适合的。因为首先，档案员只愿意交出几个较底层的印痕，而听析员猜的是一箩筐的否定指令。较晚期的事件可能包含了不少他试过的语句——也确实如此，但体觉不适并没有出现。不过档案员同意交出这个印痕，因为它是个早期印痕，而且能够擦除。

严重闭锁个案的档案员，极少会给出无法减弱到消退程度的资料。听析员绝不放过档案员交出的任何印痕，除非他已用尽各种方法，已让患者重述多次，试图减弱。顺便一提，假若真是如此，档案员就交出了无法解除的印痕，例如出生。这会导致听析员做许多无用功，还让患者头痛几天，听析员会对档案员感到失望。但如果听析员没让这女孩重述好几遍，直到体觉不适消失，说话声隐没，以此减弱档案员所提供的印痕，那他也会使档案员感到失望。

　　这个印痕之所以隐匿不为人知，是因为它的内容就是这么说的。这实际上是一次性交。印痕似乎在说，这个事件要在生命中再晚一点才能找得到。此外，印痕也说它不让人进来。

　　重复技术有时会把患者"吸入"一些无法解除的事件，而为患者带来一些轻微的困扰。这并不常见，但档案员偶尔会交出一个晚期，而非早期的事件。这并不是档案员的错。记得，档案员是根据主题、体觉不适和时间，来归档印痕的。听析员可以运用任何这些线索。听析员根据自己的猜测，或是从待清新者的谈话中寻获一句话，而让待清新者重复语句。此时档案员做出反应，交出一个体觉不适。如果这个体觉不适无法解除，或没有语音跟着出现（指对有听觉回想的个案而言；没有听觉回想的个案则只是体觉不适无法解除），就表示档案员得把一堆压在上面的东西先清掉。了解了这一点，听析员若发现语音没有出现，或体觉不适无法解除，就要让待清新者重复同一句话，并告诉他到更早、更早的时刻。如此一来，另一个体觉不适可能会在身体的另一部位出现。既然档案员一开始找到的事件已经卸除了一小部分的困扰，他便会松开一个更早的事件。此时，听析员再用类似的方式处理这个较早事件。该事件的体觉不适可能达到中等强度，但尽管待清新者不断重复语句，语音仍可能不出现。于是听析员再把待清新者送到更早的时刻。既然在第二个事件中已拿掉一些东西了，现在档案员会再次设法找出一个更早的事件。同样地，这次一个更早的体觉不适出现了；如果患者迄今尚未触及过原点区，这次就很有可能是在原点区了。此时语音将会出现，印痕也会减弱。简而言之，为了卸除许多体觉不适，并使听析员得到原点事件，档案员不惜麻烦。

　　处理这方面的问题，办法不只一种。因为档案系统是根据主题、体觉不适和时间建立的，所以听析员可以使用语句之外的东西。听析员若将待清新者送回到 "体觉不适最强烈的时刻"，通常也可以获得成果，不过不如利用主题来得安全可靠、万无一失。顺带一提，待清新者并不介意回到体觉不适 "最强烈"的时刻，因为那体觉不适只有当初痛楚的千分之一强度，尽管也还是相当强。在目前时刻，若待清新者不是在治疗中，这些体觉不适可能极为剧烈；偏头痛便可为证。以偏头痛为例，待清新者可以复返到接受冲击的那一刻。他会认为那是疼痛的至高点，却只感到轻微的隐隐作痛，如同宿醉的不适。这也是 "进入个案总比完全不进入要好"这个原则的一部分。因为通过标准潜思来复返，就会探触到根源；只要有接触到根源，不论听析员犯了多少错误，印痕偏差错乱的力量都会减弱。

因此，复返到体觉不适的 "最大强度"绝不是非常痛苦的。真正的最大强度是在待清新者接触事件以前的清醒时刻。在复返到"最大强度"的过程中，事件经常会因被接触而减弱。然而，假若印痕中的"最大强度"包含了这些话语："我受不了了！"、"这会要了我的命"或"我好害怕"，那么，可以想见我们的待清新者也会如此反应。如果他没有反应，他就有情绪关闭指令，不过这是另一个问题，之后会谈到。

同样，听析员可以用时间来处理待清新者。心灵里有一座非常准确的钟。档案员对这座钟非常熟悉，也总会尽量遵循。如果听析员要患者"回到说出这句话之前的六分钟"，通常他会发现，待清新者马上就到了那句话的六分钟前，即使是出生前的事件也一样。所以听析员能够随意一分钟一分钟地使待清新者往前移动。他可以宣布"过了一分钟。过了两分钟。三分钟已经过去了"等等，来使患者穿越一个事件。他不必真的等这么多分钟过去；只要宣布出来就好。他也可以使待清新者每次移动五分钟、一小时或一天的时间，除非有印痕资料困住待清新者，或以其它方式影响操作，否则听析员可以随心所欲地在时间轨迹上移动待清新者。假若听析员能够把待清新者送到受精的时刻，然后对他说过了一小时、两小时等等，藉此找出第一个印痕，那就太美了。然而这涉及许多因素，不是只有时间而已，因此这个想法虽美，却不可行。使用时间移动法的场合，通常是听析员想让待清新者回到事件之前，以确保自己有找到事件的起点。使待清新者以五分钟或十分钟的间距复返时，听析员有时会发现，他所回溯的事件其实漫长而复杂。比方说他一直在试图寻找和减轻待清新者头痛的根源，而待清新者接收到冲击的时间点，其实比他原先认定的事件期间还要早好几个小时。在这种情况下，有一个印痕附着在另一个较早的印痕上；听析员若不找出较早的印痕，就无法解除第二个印痕。

实际上，时间移动法的应用相当有限。如果听析员想要沿着时间回溯来找印痕，他会发现手上的个案将受到人为再刺激，严重阻碍治疗工作。重复技术的效果最好，也最容易为档案员所处理。听析员用时间移动法让待清新者尽可能地接近原点区（出生前早期）之后，一般来说，如果档案员无法轻易交出一个又一个可以清干净的印痕，听析员就该使用重复技术。时间移动法和"体觉不适探源法"的应用都有其限制。做些实验你就会明白它们有多少用处了。

以下是复返的定律：

1. 理论上，复返的患者较容易受到时间轨迹上所在位置之前的指令影响，而较不易受到所在位置之后的指令影响。

2. 待清新者会受下列这些印痕指令的影响：
   a. 一直处于长期再刺激的印痕指令，及
   b. 在时间轨迹上离他最近的印痕指令。

因此，如果印痕说："我好担心"，他就会担心。如果印痕说："我宁愿死也不要面对这件事"，他就会照做。如果他附近的指令说："我想睡觉"，他就会想睡觉。如果指令说："忘了吧"，他就会忘了。长期再刺激的指令会使人格染上不实的色彩："我对事情从来就不能肯定"，"我不知道"，"我什么都听不到"，这些全都可能处于长期再刺激。要是档案员不肯交出来，无论如何都要设法越过这些障碍，继续听析。过一会儿这些东西就会投降了。

3. 待清新者在时间轨迹上的移动以及轨迹的状况，完全受制于以下这几类的印痕指令：反弹指令、滞留指令、否定指令、聚集指令与误导指令。（再提醒一次，这些情况的变异性，就如语言本身般变化无常。例如，印痕中若有"我真是晕头转向了"，会教人非常混乱。"我现在回不去啊"会使待清新者一直向晚期前进。）

4. 印痕指令会以两种方式显现：一是待清新者接受治疗后清醒时的言谈，二是在待清新者接近该指令时，不经意说出的、他自认是"分析式"的想法。

5. 印痕不是一种有意识、合理化的记忆，而是一堆未经分析的感知。光是透过复返的程序，穿越、接近、经过或索取，就能使它显影，我们就能接触它。

6. 档案员会把印痕库中抽得出来的东西都交给听析员。无论档案员提供什么，听析员都必须减弱其中的负荷及威力，以帮助档案员。这是靠患者重述事件来达成的。（否则，档案员那里会累积一大堆再刺激起来的资料，使他无法再取得任何档案。会妨碍档案员的听析员不少，但除了不交出无法减弱的资料外，会妨碍听析员的档案员则前所未闻。）

目前可供听析员使用的技术有以下几种：

1. 复返：开始治疗之前，尽可能将待清新者送到时间轨
   迹上最早的时期。

2. 重复技术：用于向档案员索取某些主题的资料，特别
   是那些会影响复返，以及在时间轨迹上的移动方式的
   资料。此技术可以增进待清新者接触印痕的能力。

3. 时间移动法：藉由宣告前进及后退的特定时间量，让
   待清新者在时间轨迹上移动或长或短的距离，或以时
   间间隔来后退或前进。（也可用此法来发现待清新者
   是否在时间轨迹上移动，或在轨迹上往哪个方向移
   动，以发现当下印痕可能对他产生的作用。）

4. 体觉不适定位法：用以找出收到体觉不适的时刻，了
   解该体觉不适是否是在这个印痕中收到的，或找出包
   含该体觉不适的印痕。

情绪与生命力

情绪在治疗中扮演着极为重要的角色。我们已在第二篇谈过这个主题，并在理论上暂时将情绪分为三个部分：

1. 包含在印痕指令中的情绪；在此肉体疼痛常与情绪混为一谈。

2. 以内分泌反应呈现的情绪；此内分泌反应受制于清新者的分析式心灵，及偏差者的分析式与反应式心灵。

3. 包含于印痕中的情绪；此种情绪会束缚住自由的生命力单位。

对情绪作更进一步的研究，无疑会使我们对它有更深入的了解。不过，我们现在已经拥有一些关于情绪的有用知识了。运用我们所知道的知识，能够产生成效。我们知道得愈多，就愈能制造出好结果，但目前，我们就已能创造解脱者和清新者。若我们将情绪视为受到束缚的生命力，并且遵循这些一般性原则来释放情绪，便能在所有待清新者身上获得极大的收获；事实上，如此释放情绪，是能产生最大收获的一项行动。

在像戴尼提这样的工程科学中，我们可依按按钮的原理来运作。我们知道，扳动开关马达就会停止，再扳动一次马达又会启动，无论我们开关多少次，马达都会停止或启动。我们所利用的力量，对我们而言仍是神秘的，正如同电对詹姆斯·克拉克·麦克斯韦一样。更早之前，本杰明·富兰克林（Benjamin Franklin）已观察到电的存在，并用电做过一些有趣的实验，但他并没有好好利用电，更不能控制电。哲学家柏格森（Bergson）挑出一种他称为生命力（élan vital）的东西。人活着，必然有某种力量或某种流动的能量使他活着；人死后，力量或流动的能量便不存在了。这就是在本杰明·富兰克林时期，人们所认识到的生命力。本杰明·富兰克林对电的看法，就如同柏格森对生命力的看法一样。现在通过戴尼提，我们已经进入了麦克斯韦时期，或者说非常接近那个时期了。我们已经可以列出生命力的一些方程式，并能利用这些方程式。我们也可以推论，"生命力"与一向被称为某种"情绪"的东西若非相似，即为相同。我们的理论可能有错，但麦克斯韦的理论也可能有错。其实，麦克斯韦的理论也许仍然是错的：但至少我们现在已经有了电灯。我们相当确信，戴尼提中大多数的原则与自然法则相似：这些是影响深远的推论。我们不敢肯定是否已将情绪精确地瞄准定位，但也只有在我们给一具死尸注入生命力，使他再度复活之后才能肯定。除了无法做到这种极端，我们有充分的理由确信，情绪就是生命力。

比如，我们可以找来一位小姐，用某种东西，比方说是脑波仪*（一种测量神经冲动与反应的仪器），来考察她的背景经历，

---

* 脑波仪、催眠测试器、智商表、各种动力的测验等等，都是戴尼提的辅助工具。这些主要是用在研究上。若是听析员可以取得，并有能力使用，也可以在实际听析中运用这些东西；但一般听析尚未如此使用，而且目前的疗法也不需要这些东西。我希望有一天，某位化学家会发明一种完美的"恍惚气体"，以加速清新精神分裂症患者；我也相信某位工程师会制造出可以测量神经冲动的东西，而且价格便宜，可以普遍应用在治疗中。但是无论将来这些东西有多好，目前我们没有也照样可以前进。

再以如此获得的信息为基础，在以下两件事中选择一件来做。第一件事不人道，我们当然不会做，那就是用这些资料来使她患病或发疯。（若资料是在治疗中获得的，那便是与印痕实际接触所得的资料。于潜思中接触印痕，该印痕便已失去使人偏差错乱的力量：因此在戴尼提治疗中，这种事毫无发生的可能。）第二件事对于我们来说重要多了，那就是用这同样的资料，使她康复，恢复她对生活的力量、兴趣、坚持与耐力，达成最理想的身心健康状况。如果不能两件事都做到，我们有的就不可能是答案了，至少不是有效的解答。（顺便一提，若有科幻小说家想用第一件事来吓唬人，请务必记住，那些资料是用特殊仪器取得的，而那个仪器的精巧与使用它所需的技术，连法兰肯斯坦博士都会大为惊愕。另外要记住，戴尼提疗法所接触的是根源资料：这种仪器是用来使人接触不到根源资料的，因为一旦在治疗中触及根源，它的力量就会像昨日的头条新闻般消失。所以，请不要用戴尼提来演出《煤气灯下》这个剧本：这在技术上不正确。）

这事不像电那么简单，因为这个开关不能随意开开关关。就戴尼提而言，它只能开而已。因此，我们有一个变阻器，这个变阻器不会退后；但是一把它往前推，就会释放愈来愈多的动力到个人身上，并使他愈来愈能够控制动力的使用。

人类本应是自我决定的生物体。也就是说，人只要能对自己的资料作评价，而没有人为的强迫性冲动或心理压抑（即计算器按住的 7 键），他就能以最佳效率运作。当人的决定来自外部，即未经本人理性同意，而非做某事不可，或绝不能做某事，此时他便成为一个按按钮的动物。这个按按钮的作用非常精确，在治疗中，若听析员发现印痕中一句关键词句（而没有加以解除），有一小段时间，他可以用那句话来随意使患者咳嗽或大笑，或是停止咳嗽及大笑。但由于听析员是由根源取得资料——他接触了印

269

痕本身，因此会消除掉印痕一部分的力量——按按钮的效果将不持久，肯定不超过两、三百次。以痛苦驱策来控制人类的所有尝试，以及过去各类学派所累积的大部分资料，其实都是这种按按钮的资料，但他们却不自知。若不从根源上接触印痕，印痕就可以无限使用，其力量永不衰竭。然而，从根源接触，触及到原始记录，印痕就失去威力了。"人的操纵"以及大家一直笼统称为"心理学"的东西，实际上就是针对使人偏差错乱的语句和声音，做按按钮的操纵。孩子在父母身上发现这些按钮，就拼命使用。职员发现他的上司无法忍受塞满的字纸篓，所以总是把字纸篓塞满。船上的水手长发现，他底下有个水手每次听到"娘娘腔"这个词就畏缩，所以就用这个词来吓唬他。这些都是偏差者之间的按按钮大战。妻子可能发现有些字眼会使丈夫揪起脸来发脾气，或使他忍住不做某事，就按这些按钮。丈夫发现妻子的按钮，也用它来阻止妻子买衣服或用车。偏差者之间的这种攻防战，都是反应式地互按按钮所引起的。整国的人口都会受按按钮反应所操纵。广告商学会了按按钮，就用在"体臭"或便秘这类事情上。演艺界和歌曲创作的领域也铺天盖地地按按钮，制造偏差错乱的反应。色情文学能吸引有色情按钮的人。提供"粮食与消遣（corn-and-game）"的政府，会受到有"照顾我"等按钮的人民欢迎。你或许会说，既然按按钮充斥到这种地步，何必再诉诸理性？

由于这些按钮是被疼痛和情绪所按住的7（印痕强行输入电脑的错误资料，而每个社会都有其特殊形式的印痕），所以也刚好能教人疯狂、让人生病；总而言之，这些按钮能引发浩劫。清新者唯一的按钮，就是他的电脑经过对经验的评估（那些经验本身也都曾经过这个电脑的评估），判定合乎他四大动力的任何求生行为。由于他不是粗心大意或心怀不轨者手中的傀儡，他仍能保持身心健全。

然而，清新者的理性并非冷酷；他不是无情之人，也绝非充满自我意识、受制于自己计算的傀儡。他电脑的工作速度极快，工作层面极多，能同时进行的运算量也极大，但却都在"我"见不到的地方进行（不过"我"可以选择任何东西来检查），因此他的反转或强烈的自我意识都很轻微。反转是偏差者的症状，他那可怜的电脑，一直在与印痕里无法估量的东西，以及按住的7搏斗；例如："我必须做这个。我非做不可。啊，不，还是改变主意比较好。"

清新者与偏差者在计算上的差别很大，但更大的差别在于生命力。动力显然具有很大的潜力。这种力量所展现出来的，是对生命的执着、对理想的坚持、思考与行动的活力，以及体验欢乐的能力。一个人细胞中的动力，可能不比一只猫细胞中的动力强。但整个人的动力，就比其它任何动物的动力大得多。不论你怎么称呼这个东西，人类基本上比较有活力，他的反应较为鲜活灵敏。比较有活力意味着，他在知觉与情绪上想活的渴望，大于他种生命形式。若非如此，他现在就不会支配着自然界。不论鲨鱼或海狸在濒临最终绝灭的威胁时会做什么，当遭遇人类的动力时，它们都显得微不足道了：鲨鱼成了供穿戴的皮革或供食用的维他命，而海狸则轻裹着女士的肩背。

这个基本面可在一种反应中看到。一般动物安于它们的生存环境，并且尽力适应环境。至于那非常危险的动物——或者说是神——也就是人类，想法却稍有不同。古老的学派喜欢对可怜而精神错乱的偏差者说，他必须面对现实。面对现实：这曾是人们认定的最佳行动。只不过这并不是人类的最佳行动。那些学说犯了一个根本的错误，认为偏差者不愿意面对自己的环境。其实偏差者是因为印痕而不能面对环境。另一个根本的错误在于，他们认为只要面对现实，就能精神健全。或许如此，但致使人类战胜环境及其它生命形式的，却不是面对现实。人类还具有别的东西。有人把它称为创意想象，有人把它叫做这个、叫做那个。不过，无论叫它什么，结论都是一个有趣的事实：人类不像大多数其它的生物形式，仅仅满足于"面对现实"。人类使现实面对他们。宣传"面对现实的必要性"，就像宣传人会被"童年幻觉"（不管那是什么）给逼疯一样，都是没有面对以下的这个现实：海狸在漫长的进化过程中筑了许多泥坝，并且还在继续筑泥坝，人类在半个世纪的时间里，可以从建池塘、推水车的木坝、石坝，进展到像大古力坝那样的结构，将大自然一整块可观地产的面貌彻底改变，把整片沙漠变成沃壤，把水流变为强大的电力。这可能不像卢梭期望的那般诗情画意，也不像"自然爱好者"期待的那么美，但它是一个新的事实。两千年前，中国人建造了一座从月球上都能看到的城墙（如果有人登上月球去看看的话）；三千年前他使北非大地富饶青葱；一万年前，他从事着其它项目；但是，人类始终是在改造事物，使其适应自己。

有一个额外的东西在起作用，也或许只是量较多而已，多得太多，使得它看来如同全新的东西了。

以上所述并没有离开治疗这个主题太远；这里说明的是生命力的一面。当人发现自己"生命力愈来愈少"时，他正在某处失去一些自由单位。而在社会或个人之中，生命力的这种自由单位，正是驯服北非、分裂原子或前进太空所需的额外冲力。

在此提出的机械式理论——记住，这只是一个理论，没有它戴尼提仍然站得住脚——是每个人都有特定单位的生命力。这些单位可能为一群人所共有，也可能随着"热情"的提高，数量逐渐增大。但就我们的目的而言，我们可以假设人类作为个人或群体（这两者都是生物体）在任何时刻或任一天，都具有特定数量的生命力单位可供他使用。也许他可视需要制造生命力单位，也可能他只具有一定的供应量，但这不是重点。重点是他在任何时刻或任一天，就只会有那么多活力。我们把这个量视为他的动力潜能，如同之前描述图中所见。

那么，在偏差者身上，这个动力潜能会怎么样呢？他的印痕库里有大量的印痕。我们知道，这些印痕可以在他一生中都处于休眠状态而不键入；我们也知道，任何印痕都有可能键入，此后便等着环境中的再刺激物使它活跃起来。我们知道，他的迫切需求度可以突然提高，克服所有这些键入的印痕；我们也知道，一项高度有利生存的活动可以使他常保喜悦，使印痕虽已键入，却持续不受再刺激。我们亦可推论，从人生一个阶段迈向另一阶段时，由于环境或生存机率的某种重大改变，这些印痕实际上可以再度键出，并持续处于键出状态。

然而，一般的情况是，有几个印痕一直处于键入的状态，并受到个人环境长期的再刺激。如果他改变环境，旧印痕可能会键出，但最终新的印痕又会键入。

大多数的偏差者处于长期再刺激的状态，这通常会使下降的螺旋迅速展开。

此点亦与生命力有关：印痕键入时的机械动作，就是攫取大量的生命力单位。突然而全面地再刺激印痕，会让印痕攫取更多更多的生命力单位。一般情况下，每一次的再刺激都会攫取更多的剩余生命力，并抓住不放。当热情或冲劲与个体的目的一致，是朝向真正有利生存的目标时（相对于印痕中的假目标），他又夺回一些生命力单位。但是，这个螺旋持续在下降：除了极少数特殊情况之外，他无法夺回流失在印痕库里全部的生命力。

所以，为了建构一个生命力行为的理论，我们可以说印痕从个体既有的存量中，攫取了愈来愈多的生命力单位，并将这些单位扣留在印痕库内。这些生命力单位受到误用而伪装成动力（如躁狂和严重欣快的个案），并强行控制体觉式心灵和分析式心灵的行动。印痕库里的生命力单位，无法在自由的情感或行动上发挥，却被用来从内部与个体对抗。

有一个观察可能可以证明生命力的这种行为：偏差者受到的再刺激愈多，就愈无法拥有自由的情感。如果陷入了躁狂印痕（一种充满赞美的助生存印痕），他的生命力就直接透过印痕展现；他的行为不管多么热情欢欣，实际上都极为偏差错乱。如果他有这么多的生命力输向印痕，我们可以显示，他成为清新者后会拥有更多的生命力，并且能自觉地引导这些生命力。（这一点已做到了。）

我们已说明过恶魔线路的寄生性了——这种线路会利用部分的分析式心灵，以及分析式的运作程序。在其它方面，印痕也都具有寄生性。如果随意假设一个人有一千个生命力单位，当他成为清新者时，他就有能力导引这些生命力，享有活力四射的存在。在躁狂状态中，助生存印痕受到完全的再刺激，生命力便会流经偏差错乱的指令，给予他比方说五百单位的假驱动力。

换句话说，这些能量都是出自同一个电池：再强的印痕也不会比清新后的整个生物体强大。（躁狂症患者或超人格神经官能症患者在这方面的表现，曾误导一些旧的心灵治疗学派，使他们产生一种彻底偏差错乱且未经观察的错误信念：唯有精神失常，才是人类生存能力的根源。这个观点的谬误，只消在实验室中清新一位躁狂症患者，或任何其他的偏差者，就能得证。）

印痕用的是一样的电流，却用在偏差的地方，正如它利用分析式心灵，却篡夺其控制权一样。印痕不仅没有自己的生命，还像许多寄生虫一样，损耗宿主的生命。它只会造成浪费。如果把一个类似的装置装入电路，只会把电流导向别处，使设备中原本应该维持可变的功能变得"无法改变"。除此之外，由于延长导线、添入劣质的电容器和真空管，它还会消耗机器运转所不可或缺的电能供应。

在躁狂症患者身上，可以看见印痕对人类心灵最强有力的"辅助"作用，引导及命令生物体从事某种狂暴而极度偏执的活动。"超级推销员"、过度热情的"交际家"、看似刀枪不入的宗教狂热分子，都可以归类为躁狂症患者。这些人身上充沛的"能量"，即使像托尔克马达（Torquemada）一样残忍、像成吉思汗一样暴力，却仍然广受崇拜。后文将会谈到，躁狂是印痕中一个"助生存"、"协助"的指令，使人执着于某一特定途径。但是，印痕所能束缚的分析器，不过是它宿主的分析器；印痕能取得的"能量"，也顶多不过是它宿主所拥有的能量。

以一个强大的躁狂症患者为例：他展现五百个生命力单位，并靠着这些单位运作。我们随意假定他总共拥有一千个生命力单位。假设他是亚历山大。大多数情况下，一般人的动力并没有躁狂印痕帮助，就好比一束电子流碰到障碍物一样，会向各方散开。于是活动散乱、思想散乱、无法计算问题、缺乏协调性。这种人尽管有一千个生命力单位，其中九百五十个单位都被印痕库扣留了，而且这九百五十个单位彼此彻底对立，以致于这个人仅仅显示出五十单位的能力。至于亚历山大的躁狂印痕，大概一定与他自己基本目的的大方向一致。他的基本目的是成为强大的统治者；躁狂印痕碰巧与此吻合。于是透过躁狂印痕，一个才能卓越、本领高超的人拥有了五百个生命力单位。他相信自己是神，于是出发征讨已知的世界。他受的教育使他相信自己是神，他的躁狂印痕也说他是神，其中还有一个滞留指令。亚历山大征服世界后，三十三岁便死了。只要他遵从躁狂印痕，就还能克制那个印痕：当他再也不能遵从躁狂印痕时，印痕就改变了他的个性扮演，使他不再躁狂，并用疼痛驱使他从事散乱的活动。他从母亲奥林匹亚那儿得到的印痕，就算在今天，也不难想见其内容。这个印痕必定说他是位快乐的神，将征服全世界；他必须持续征服，必须永远朝向更高的权位奋斗。这印痕很可能是来自他母亲所吟唱的一首宗教圣歌。母亲是莱斯博斯岛的女祭司长；她一定刚好在宗教仪式开始前受了伤。她仇恨自己的丈夫菲利浦，有个能征服天下的儿子便是答案。亚历山大很可能有五十个或一百个这种"协助"印痕，都来自一个女人暴戾的祈祷，一个偏差错乱到会杀人的女人。因此可以假定，亚历山大会一直征服，直到他再也无法延长补给线为止。这时候，他当然再也不能服从印痕，于是印痕便对他开启疼痛的力量。印痕命令他为征服而攻击，用疼痛迫使他从命：一旦征服再也无法达成，痛苦便袭击亚历山大。有一天他意识到自己快要死了，便于一星期内死去，当时他正值权力的高峰。这就是一个印痕中的躁狂语句产生大规模影响的例子。

现在，让我们假设亚历山大只因所受的教育而反对父亲，只收到要求他征服世界的祈祷，而非印痕，而且他还成了清新者。答案是：若有充分而合理的理由，他一定也能够征服世界，而且到了八十岁，可能仍精力充沛地享受着征服的成果。何以能如此推论呢？

一个躁狂症患者，原有五百个目的受到支配的单位。成为清新者后，他现在有一千个单位，并能自觉地引导这些单位的目的。他的力量是具有强大躁狂印痕时的整整两倍。他的基本目的可能类似，但现在可以达成了，也不会在他达到目标或失败时倒过来攻击他。

这个生命力背后的理论是临床理论。建立这个理论，是想要解释观察到的现象。理论可能错误，但观察到的资料不会错。不过，理论必然接近正确，因为用这个理论可以预测许多过去不为人知的现象。换言之，这是一个有益的理论。它在戴尼提建立完善之后才产生，因为一个对听析员至关重要的新资料出现了：

待清新者在治疗中的进展，与他反应库释放出的情绪负荷量完全成正比。

偏差者的目的与耐力所受的阻碍，与他印痕库内的情绪负荷量成正比。他生存潜能的恢复，与印痕库释放出的能量成正比。他健康状况的提升，与印痕库释放出的能量成正比。

释放最多负荷的印痕，就是那些失去了想象中的生存要素的印痕。

因此，这个生命力的理论便产生了。任何躁狂症患者，清新后显示出的力量和能量，似乎都比清新前强大得多。任何"正常人"清新后，可利用的生命力单位，也会增加到与清新后的躁狂症患者不相上下的地步。

进一步的研究和观察无疑将改善这个理论。然而就目前来看，这个理论是合用的。它就是那种可以用来随手解释某个现象或一系列长期观察的"科学理论"。而这个理论正好与戴尼提的基本原则一致，因为它能预测后来发现的资料，又不推翻之前根据戴尼提的基本运算和理论架构所预测出来的资料。

我们相信这里所谈的，其实并不是情绪这个模糊的用语，而是生命力。这种生命力会因成功及整体上的愉悦而大大增加。根据这个理论，生命力会因欢乐而增多，其数量可用任意决定的单位表达。换言之，欢乐是将电池充电，或使电池得以充电的东西。清新者不但不会变得软弱，反而会重新活跃起来，因为怠惰是印痕性的。

欢乐是极其重要的因素：创造性与建设性的活动、克服已知的障碍以达成某项目标、回味过去已成就的目标，这些综合起来，都会补充生命力。比如说，若一个人成就很高，后来又失去成就，并因此患病，他遵从的就不是理性的周期，而是印痕指令的周期。

他在某方面违背了印痕指令，违背之后就遭受痛苦。那些早早就"油尽灯枯"的"神童"，经治疗后发现，其实就像是闷烧的炉火一样，离烧尽还差得远。任何"神童"都是强制出来的现象：妈妈透过孩子的印痕，注入了多少梦想。妈妈受伤了："噢，我不会原谅自己的！如果我把孩子毁了的话，我绝不会原谅我自己的。我的孩子会成为全世界最伟大的小提琴家！"或者她说："你这个畜生！你打我！你伤害了我们的孩子。我一定要你好看。我要把他培养成全布鲁克林最棒的少年钢琴家！他一定是个漂亮的孩子，一个神童！你居然打了他，你这个畜生。我要坐在这里坐到你滚开为止！"（真实印痕。）在第二个例子中，孩子的推论是，要报复爸爸，就要成为全布鲁克林最棒的钢琴家。这孩子非常有出息：音感好，外加练习和伟大的"目标"。他的这个印痕随时受到母亲再刺激。但有一天，他比赛输了。突然间他发现自己不再是孩子了；他失败了。目标动摇了。他有了头痛（爸爸那一拳），最终变得"神经质"，天赋也"烧尽"了。清新之后，他再次成为钢琴家，不是一个"适应良好"的人，而是全好莱坞酬劳最高的钢琴演奏家之一。音乐与基本目的吻合了。

再举一个躁狂症患者的例子，这个患者已经治疗一段时间了。他盛赞戴尼提把他给"点燃"了（他绝不是第一个有这种情形的人）。他走路时离地表有一呎，胸膛挺得老高。眼镜突然变得不适合了，视力变得超级好。他是个浑身散发热情的欣快个案。人为再刺激触及一个躁狂印痕，使这个印痕这辈子第一次键入。他感觉棒极了。但听析员知道三十六小时到三天内（通常状况），他就会从这种欣快状态彻底跌下来，因为这只是治疗中的人为再刺激，触碰到了印痕。事情只不过是，他外婆告诉他母亲绝不能堕胎，因为有一天这孩子可能会成为一个"优秀挺拔的男子汉，或一位美女。"他是很挺拔：背部肌肉都快拉伤了。治疗中他对这个印痕再多看了一眼，躁狂语句就消失了。

所以，就如那位神童的个案，这个躁狂印痕可以说聚集了可用的生命力，并突然把生命力导向基本目的的方向，使生命力高度集中。那位钢琴家清新后的力量远远大于躁狂印痕的力量。另一个个案仍在进行中，目前已接近先前躁狂时的水平，也将会远远超过那个水平。

对一项方案的热诚，同样会引导生命力沿着某个目标前进。即使一个人并没有任何活跃的躁狂印痕，需求也会突然从印痕中夺回足够的能量，使他得以成功。

现在我们谈到了问题的核心：助生存印痕。如同所有印痕的"协助"一般，它是假的生存，是海市蜃楼，消失后只留下炙热的沙土。

前面谈的主要都是反生存印痕。这些印痕横梗在个体的动力和他的基本目的上*。

对于动力来说，反生存印痕就像阻塞必经河道的圆木堆。动力受到了某种程度的阻碍。这四大动力中任何一个（或该波谱中任何一部分）受到阻塞，都会造成能量分散。这种印痕并不会使动力减弱，但确实会改变动力的方向，就如河流的自然流路受到阻碍时，可能会分支成五条水流，朝不同方向流去，或淹没了原本只需灌溉的肥沃牧场。

助生存印痕宣称要从旁协助动力（但实际并没有协助）。它

---

* 每个人都会有自己特别专注的动力，这是一种个人天生的动力。临床上的一项事实是，一个人在两岁以前就已知道自己的基本目的了。天分、固有人格与基本目的是一体的；它似乎是基因型态的一部分。任何人都可以经由戴尼提而重回他两岁的时光。这时询问他的人生目标为何，他会说出一个非常特定的愿望——这就是他人生想成就的事（回顾他两岁时的活动可以证实这点）。你会发现，他后来的生活中，只要是大致按照这个方向前进的部分，就会成功。我们检验了十五个人，发现基本目的在两岁时就都形成了。成为清新者之后，这些人又再度使用并追求他们的基本目的。

假装自己是动力。以河流作比喻，助生存印痕就像一条渠道，取得河流的力量，将水流送往计划之外的方向。助生存印痕不是躁狂印痕；但有时候它确实可能含有躁狂语句。

反生存印痕说："他一文不值，这该死的东西，我们杀了他吧。"

助生存印痕说："我要拯救他。"如果还加上："他是个万人迷，女孩子都对他崇拜得不得了。"那就是带有躁狂语句的助生存印痕。

用描述图中生存动力和压抑力的定义来看，反生存印痕属于压抑力的一部分（偏差错乱的那部分），助生存印痕则属于动力的一部分（偏差错乱的那部分）。

但实际上，这两者都不是生存动力或压抑力中有知觉、可以计算的部分。

或许生病的谵妄造成的印痕说："宝贝，只要你还病着，我就会待在你身边。"这话表面上是生存动力，其实完全是虚幻的。但反应式心灵受到再刺激时，并没有时间概念。这个印痕键入了，而且一直受到印痕中某个概念的再刺激，比如一种气味或某人的声音（此人可能是，也可能不是原来那个人），于是印痕就会令它主人生病，就像当初有这句话时他生的病一样。按照我们这个低能儿（反应式心灵）的想法，这就是生存："我生病时有人照顾过我。我需要照顾。我得生病。"这就是所有同情印痕的基本模式。所有慢性身心性疾病的来源印痕，其基本模式就是如此。当然还有许多变化，但所有的同情印痕都坚持它们的主人要生病才能生存。

压抑类型的印痕永远是反生存的，它受再刺激的方式，和助生存印痕完全一样。印痕就是印痕，所有的机制都相同。由于分析式心灵无法得知印痕发生的时间，任何印痕似乎都可以无所不在。时间也许可以"治疗"分析式心灵的经历，但对反应式心灵却无效。反应式心灵没有时间 —— 这使得时间不是良药，而是庸医。压抑类型的资料中可能根本没有事实，只有错误资料。举例来说，一个人看到蝴蝶，这种印痕会告诉他蝴蝶很危险：于是这个人开始憎恶春天，因为那时他就会看见蝴蝶。这个印痕可能说："你们就会跟我作对。我做什么你们都反对。"实际上这是妈妈在对抗丈夫和婆婆的话。这个印痕含有一个概念，以及缝纫机声音的记录。有这个印痕的人在一个疲乏、思考迟钝的时刻听到了缝纫机的声音（如果这个印痕已经在过去某刻键入了），朝缝纫机望去（他绝对辨识不出实际的声音：这些印痕会自我保护），便望见了他的妻子。妻子是一个关联性再刺激物，是他的分析式心灵受命嗅出危险时，拿来当成危险源的东西。于是，他四处张望，找到一件让他生气的事（几乎"合情合理"），就开始说太太专门和他作对。这个印痕的情绪度也可能低到冷漠无助，这时他就会坐下来，流着眼泪抱怨太太与他作对。如果在出生"无意识"的过程中，医生说得打他的屁股，那么有这个印痕的人挨打时会嚎叫、头痛，而他成年后会打自己孩子，因为孩子是他能想到的最强的压抑力。

所以，助印痕与反印痕，特别是真正的同情型助印痕与反印痕之间，是有差异的。虽然本章已谈了许多，这个差异对听析员而言仍然极为重要。

治疗期间，待清新者真正展现出来的不情愿，都来自这些同情型助生存印痕。这些印痕会导致一些非常奇怪的计算。它告诉患者最好不要"把它拿掉"，于是患者拼命要保住印痕。这类印痕很普遍。爸爸坚持他养不起孩子，妈妈把爸爸推开，便是个典型的例子。孩子在挣扎中受了伤，当然就于"无意识"下接收了一个印痕：妈妈拒绝拿掉孩子，妈妈站在宝宝这边，因此，宝宝最好完全照妈妈的话去做，"不要把它拿掉"。这与"生存"的目的（最深层的目的）一致。如果拿掉印痕他就会死，因为拿掉印痕意味着死亡；妈妈说如果拿掉，她就会死。此外，妈妈可能在孩子的整个成长过程中，都有一种很糟糕的习惯，就是在孩子生病时，说她会"照顾好她的宝宝，不让他受到父亲的伤害"，这又给旧计算增加了新力量。

于是我们谈到盟友计算。这就是听析员的头号大敌；这玩意儿最会暗中抵抗听析员，也最贴近一个人的存在核心。

盟友计算会带来非常严重的后果。有位听析员说过，人并非死于敌人之手，而是为朋友所杀。就印痕来说，这句话相当正确。

患者唯一会抱着不放的偏差错乱及身心性疾病，就是会构成盟友计算的助生存印痕。这一点即使在此写上五十遍，也还嫌强调得不够。它太重要了。这是听析员开始治疗后首先要对抗的东西；若要治疗进展迅速，他首先得除掉的也是这东西。他可能必须先接触和减弱许多反生存印痕，因为反生存印痕受召唤时会迅速出现，然后方能对盟友计算有点概念。一旦他找到盟友计算，就最好把它听析掉，并释放其中所有的情绪，否则会延宕治疗。

盟友计算是一种反应式心灵层次的低能运算，这种运算说他的生存依赖祖母或苏阿姨，或某个已经死了三十年的女佣。他生病时的看护、向怀他的母亲要求别把他堕掉的人、喂养过他或曾试着不让他受伤的人：这些人都是盟友。

反应式心灵完全以二值逻辑来运作。凡事不是活就是死，不是对就是错，就像印痕中的字眼一样。而印痕中的人物不是朋友就是敌人。朋友，也就是盟友，意指生存！敌人意指死亡！没有中间地带。任何助生存印痕的再刺激物或关联性再刺激物，都意指生存！任何反生存印痕的再刺激物或关联性再刺激物，都意指死亡！

当然，听析员可能极具再刺激性（是假父亲，或是出生前母亲情夫的替代品等等），但他必然是关联性再刺激物，因为听析员会夺走这些关乎他生死存亡的东西：助生存印痕。反生存印痕会压过这个因素。至于待清新者的分析式心灵，当然永远会赞同听析员，赞同治疗。

如果分析式心灵受到再刺激而关闭，听析员又在寻找盟友计算，麻烦就来了。这时，待清新者的反应式心灵就会闪躲、回避。

然而，要找出盟友计算很容易，也非常必要，因为这种计算可能包含了个案大部分待释放的情绪负荷。在没有触及到原点的原点之前，完全解除盟友计算是绝对不可能的。但听析员必须尽可能回复待清新者的生命力，以使个案顺利前进。

因为，盟友计算比什么都容易包藏一个人的生命力。这其中所捕捉拘留的，是自由的情感，亦即生命鲜活跳动的关键所在。待清新者只会因为盟友计算而变得冷漠无助。肉体在遭遇敌对力量时，尽管在死亡边缘，却仍能振作抵抗。但它却不能对抗朋友。亲和力法则已变得偏差错乱，成为反应式印痕库的入口。但即使在反应式心灵非理智阴影的扭曲下，亲和力法则仍然有效。这条法则很牢靠。当听析员想找出印痕、减弱印痕，使待清新者不再因关节炎而痛苦，或因胃溃疡而内出血时，这法则却牢靠得过头了。为什么他不能"去除"关节炎呢？妈妈以优雅的姿态跌在猪身上时喊道："唉呀，我起不来啦！噢，我可怜的宝宝，好可怜。噢，我的宝宝！不知道是不是伤到我的宝宝了。上帝啊，求求你，让我的孩子活下来！拜托你上帝，让我保有我的宝宝。求求你！"只不过受她祈祷的上帝是反应式心灵，这心灵正以每件事等于每件事来进行它愚蠢的计算。滞留指令、祈求活命的祷告、宝宝严重挫伤的脊椎、妈妈的同情、一声猪叫、向上帝的祈祷——所有这些东西对反应式心灵都相等，所以我们就得到一个漂亮的关节炎个案，尤其我们这位患者为了"生存"，与一位女子结婚，这女子

283

的声音酷似他尚在娘胎时的母亲。要他去除关节炎？反应式心灵说："不！"关节炎就是宝宝、就是猪叫、就是向上帝的祈祷、就是妻子的同情、就是可怜、就是妈妈的声音，所有这些东西他都需要。他使自己常保悲惨可怜、持续患有关节炎，还娶了一个会让妓女都脸红的妻子，而这些都有助生存：反应式心灵来计算生存的时候，生存真是美妙透了！至于在溃疡的个案中，宝宝被戳得全身是洞（妈妈打算把宝宝堕掉来假装流产，她尝尽了苦头，用各种家用器具戳入子宫颈来尝试堕胎），有些洞贯穿了宝宝的腹腔和胃部：可他还是活了下来，因为他的四周都是蛋白质，又有养料供应，也因为胎囊像个有防刺性能的轮胎内胎，会弥合每一个洞。（长久、长久以来，大自然对于堕胎企图都很机警。）虽然这个个案中的母亲，大部分的堕胎行为都是印痕复演，而且其中也有对话，但碰巧她并不是个自言自语的人。而外婆刚好就住在隔壁，在妈妈最后一次尝试使宝宝归西后不久意外来访。外婆年轻时可能也曾企图堕胎，但她现在老了，非常讲道德，除此之外，这宝宝可没有带给她晨吐的痛苦。因此，当外婆在浴室发现带血的橙木棒时，就觉得大可义正词严。宝宝仍处于"无意识"状态。外婆训斥妈妈："我的女儿中，要是有谁敢做这种伤天害理的事情，就该遭到天打雷劈（这就是'照我的话做，别学我的样子'那种原则。试问一开始的时候，又是谁给妈妈这种印痕复演的呢？），而且应该游街示众。你的宝宝完全有权利活下来。如果你认为你不能照顾他，我会照顾他的。艾洛西亚，你给我好好怀下去，等宝宝生出来之后，如果你不要他，就把他带来给我好了！竟然想要伤害这可怜的小东西，亏你想得出来！"于是，当我们这个出血性溃疡的个案出生后，有外婆在，就有安全、有保障。在这里，外婆就是盟友（她可以用一千种不同的方式成为盟友，任何一种都是基于同样的原理：当宝宝完全昏死过去，外婆满怀同情地与他说话；当他 "无意识" 时，外婆站在他那一边来对抗妈妈）。成长到少年阶段时，我们会发现他极度依赖外婆，依赖到令父母感到惊讶（因为他们从没有伤害过小罗杰，不是他们）。外婆去世后，罗杰就会罹患出血性溃疡，为的是让她复活。

反应式心灵这个伟大的天才说：不论谁是朋友，都要用钢条把他紧扣在怀中，即使这样做会杀了生物体。

有个愚蠢的计算认为，只有模拟当初友情建立时的情况，朋友才能继续是朋友。但盟友计算还不只如此。盟友计算是基于这个原则：一个人只有在某些人身边才会安全，而他只有生病、发疯、变可怜，总之就是要很无能，才有可能待在这些人身边。

如果听析员看到一个孩子容易被惩罚吓到、在家感到不自在、认为盟友（祖父母、外祖父母、阿姨、姑姑、房客、医生、护士等等）比父母更重要，而且体弱多病，听析员通常都可以立刻使堕胎未遂的经历赫然出现，因为事情多半就是如此。如果听析员发现一个孩子非常喜欢父母亲其中之一，但对另一位却极为厌恶，他就可以找到这样的状况：父母其中一位想要拿掉孩子或伤害孩子，而另一位则不愿意。

盟友计算于是很重要，而且深藏不露。要在个案中找到真正的盟友，常常需要花费很大的力气。在某些案例中，患者可能有八个或十个这样的盟友，而且拼命想要留住他们；当他留不住时，就会寻找一些与盟友相似的伴侣或朋友。如果甲先生在妻子身边一直生病，但他无论如何都坚决不离开妻子，那么妻子通常就是他的假盟友。也就是说，妻子的某些举止习性与真盟友接近，或声音相似，甚或名字相似。如果乙先生坚持不辞去工作，但他在生活中的能力远超过那份工作，原因可能就是他的老板是个假盟友；此外，他做这份工作也可能是因为盟友曾在生活中有过类似的职位，而他自己正在当这个盟友。

任何东西，若能把一个人的生活破坏到这步田地，在治疗里自然就会有一定的难度。因为要求他去除盟友计算时，他若提供任何线索，就好像在往盟友脸上吐口水一样。

我们可以说，这些含有盟友计算的助生存印痕中，曾有人在患者认为生存受威胁的时刻登场，保卫患者的生存。这不一定是真的、理性的保卫：只要印痕的内容似乎表明这一点就可以了；但我们可以很放心地假定，最糟糕的盟友计算，是当患者的生命受到盟友保卫，以对抗攻击者时发生的。大多数的盟友计算都起源于出生前。

对于任何个案，寻找盟友计算都是治疗的第一步。在治疗个案的整个过程中，也都要试图找出新的盟友计算。

构成盟友计算的这些同情型助生存印痕，与普通的助生存印痕只有强度上的差别而已。普通的助生存印痕之所以有害，只是因为当患者"无意识"时，有人对他或对另一个人表示友善。这类印痕难以发现也难以清除，即使患者完全误解了它——也就是说，助生存的内容其实是针对另一个人，而不是患者，但却被患者曲解了。如果患者"无意识"时，有人说"他是个好人"，虽然实际上完全是在说另一个人，但自我中心的反应式心灵，会认为这句话是指他自己。在同情型助生存印痕中（盟友计算仅由这类印痕所构成），某个盟友在此人面临危险时，有实际保卫此人。情况可能是个很戏剧化的场景，例如有人一心想要杀死患者，在千钧一发之际，盟友像骑兵般降临，救了他一命。也可能只是患者获救（或他自认为获救），而免于溺水或被车辗过的事件。同情型助生存印痕的作用完全取决于话语内容，因为它不会理性思考这个行动。我们曾经发现有一些印痕中，患者实际上正遭到杀害，但印痕的内容却使他相信自己正在被解救。这样的例子包括听析员所谓的"共同堕胎未遂"——父亲和母亲一起企图堕胎——此时，母亲明明完全同意堕胎，安排自己接受手术，结果却吓坏了，因而开始大声尖叫"我的心肝宝贝"，并努力想让自己不受伤害。有这类同情型助生存印痕的患者，可能会对母亲感到相当困惑。

同情型助生存印痕的阴险，可由以下几个层面解释：

1. 它字面上的意义完全与生存的基本动力一致，也因此与个体的目的相吻合。

2. 它如同囊肿，而反生存印痕则像外壳般围绕在它周围。

3. 它对个体健康的影响最为严重，而且永远都是个体所展现出的身心性疾病背后的根本成因。

4. 它导致反应式心灵（而不是分析式心灵）抵抗治疗。

5. 它是使生命力单位枯竭的最大原因。

在上述第三点中，同情型助生存印痕的作用，绝不仅仅是让损伤持续下去，发展成身心性疾病而已。任何印痕都带有一整套的资料，不仅包括当时所有的感官讯息和话语，也记录了情绪和身体的状况。光是后者，即身体状况，就够严重了。记录显示，接收到这个同情型助生存印痕时，生理结构是如此这般。所以，如果印痕发生在胚胎期，当反应式心灵迫使印痕作用时，可能也会迫使身体回到过去的生理结构形态：这有时会导致发育迟缓、皮肤像胚胎一样、背脊如胚胎般弯曲等等。腺体本身也是身体的器官，所以反应式心灵有时也会这样压抑腺体，设法模拟印痕中的所有状况。生殖腺发育不良、甲状腺未长好、肢体枯瘦，这些经常都是同情型助生存印痕所造成的。这个事实非常明显——一个人在成为清新者的途中，身体会逐渐发育，甚至在完成治疗之前，就能恢复到基因蓝图的正常结构。患者在身体状态上所发生的变化，有时非常惊人、非常显著，甚至比光是心脏病、溃疡、关节炎、过敏等一大串身心性疾病的消失，更加令人惊叹。

有人可能以为，若有什么东西威力强大到足以扭曲生理正常发展，阻碍身体发育，或促使应停止发育的部位继续生长，它就不会向任何治疗低头。这种说法的正确性十分有限。人一旦知道了是什么在压抑个案，就能设法克服压抑力。因为助生存印痕与反生存印痕不同；助生存印痕有一个致命的弱点。

戴尼提目前所知最有效的解答，在于生命力单位的原理，以及使生命力重新流动的技术。根据这个理论，助生存印痕吸取这些单位，把它们抓着不放。当扣留这些单位的力量遭到破坏，助生存印痕也就瓦解了。

因此，进入一个患有慢性身心性疾病的个案时（又有哪个个案没有慢性身心性疾病呢？即使只是偶尔连打喷嚏或不停打嗝那样轻微的病），听析员首先要作一番侦查，以一套复返的固定步骤，找出这个人能得到多久以前的资料、听觉回想的状态如何、幼年时期的闭锁程度如何等等。做完这个调查之后，听析员开始对个案做计算：首先，孩子与父母在一起快乐吗？如果不快乐，孩子在哪里最快乐？（那就是盟友所在之处。）父亲或母亲在塑造孩子的思考能力上，有过分强大的影响吗？（这里可能也有一个盟友，即使可能是个很糟的盟友。）患者有过祖父母、外祖父母或其他亲戚吗？他当时对他们感觉如何？这些资料多多少少都会经恶魔线路闭锁或扭曲，其可靠程度，就如同患者从"短路"的父母或亲戚那里打听到的消息一样。患者必然会想打听，但那些人不但不知道患者发生过什么事，而且还可能急于遮掩一切。

究竟发生过什么事呢？如果你有办法，不要让患者向父母或亲戚作任何探询，因为这些人是极端的再刺激物，而且也绝对不会提供你能用的资料；患者只是企图把他们当作跳接线路，以避免自己回想往事的痛苦。当治疗完成后，他就再也不会想去骚扰那些人了。如果你基于研究的理由想要查证，就找他的一位亲戚来作治疗。

盟友可能是谁，听析员现在已找到一点蛛丝马迹了。接下来，就是盟友计算致命的弱点了。

任何盟友计算，都可能包含丧失盟友的经历，而丧失盟友可能是引起连锁分裂的引爆点。我们的目的，就是要尽可能从反应式印痕库里，爆破或释放出最多的生命力单位，削弱印痕库。我们从印痕库里释放出的每一份负荷，都会增强患者活下去的能力，并有助于他的分析式心灵进入印痕库。因此，释放这些冻结的生命力单位，是治疗中极重要的一部分，而个案状况的改善，与释放出来的生命力单位刚好成正比。

姑且把这些生命力单位看作是自由的生命能量：印痕攫取了生命力单位之后，就会把自己伪装成一种生命力。此时，也唯有此时，它才会变成一个实体。根据理论以及实务上的观察结果，恶魔线路、个性扮演屏障（即分隔分析器、导致多重个性扮演之物），以及印痕本身的威力，都是靠抢来的生命力单位。

使这些生命力单位重获自由，是治疗的首要任务；把疼痛从印痕中解除，则是次要任务；使患者在治疗中感到舒适甚至算不上是任务，不过也不需要刻意让他很难过。因此，治疗的双重性，实际上是解除印痕这同一件事的两个层面。然而，印痕本身也具有双重性：它带有痛苦情绪（那表示夺去的生命力）及肉体疼痛（意为受伤、生病等的疼痛）。

尽快找出尽可能早期的印痕，并找到原点的原点，是治疗中第一阶段的方向和目标。要达成这点（你或许可以直接复返，就这样找到原点的原点，而且永远都该如此尝试，但是无法立即做到时），就要从盟友计算中释放生命力单位（为痛苦情绪所捕捉），以此方式缓解个案，洗劫印痕库。

简而言之，治疗的全部意图和行动，就是找到最早的印痕，把它擦除，然后再继续擦除其它所有印痕，使它们再也无法以印痕的形态出现。（这些印痕会重新归档在标准库中，但要在那里找到它们，需要一位天才，而且还要经过许多小时的费心搜寻：因此，它们对听析员而言，可以说已经 "擦除" 了，因为它们不再是印痕，而变成经验了。）听析员从头到尾最重要的工作，就是要找到所有找得到的最早印痕，然后擦除。这一点不管说几次，再怎么强调都不为过。

达成这项目标的种种方法，都是治疗的技术和技巧。只要能够擦除印痕、使印痕重新归档为经验，任何方法，不管内容为何，都是正当而有用的。工程师打算移除堵塞河流的一座山：他的意图和他所有的努力，都朝向移除那座山；至于他采取什么方法手段移山，用蒸汽挖土机、液压式破碎机或炸药，都是为了完成这项工作而采用的技巧和技术。

我们的任务有三种知识层次：

1. 我们知道戴尼提的目标，也知道目标达成后所产生的结果。

2. 我们知道阻挡我们达成目标的障碍物，具有什么特性；但是对于障碍物的确切特性，我们永远可以知道更多。

3. 移除障碍的技巧和技术，唯有经过测试，看它是否真能清除障碍，才知道它是否为正当的方法。

一个人可以学着更了解问题中各种因素的性质、学会解决问题的新技术与新技巧，以及研究改进现有的技术与技巧：通过这些途径，解决问题的方法永远可以改进。我们不能只因为现有的技术与技巧有效，就认为它是最理想的。发展新技术，或增进旧技术的技巧，都应当能缩短工作时间，使工作更轻松。

把这些内容插进来，是为了使大家体认到，戴尼提与亚里士多德逻辑或博物学不同，它是一门发展、变化中的科学。我在此特别提到这些，因为任何听析员都不应只满足于这一套例行程序，从不试图改进。

好了，以下就是例行程序。它有效，但绝对还有改进的空间，使它更快、更好：

1. 让患者进入潜思，然后搜索出生前区域，看是否有不必再费事就可解除的印痕。如果那里有印痕，而且找得到，就除去印痕里的负荷，可能的话，就把它擦除。除非档案员坚持提供出生事件，否则不要试图擦除出生之类离原点的原点很远的印痕。换句话说，让患者回到出生前，寻找最早的印痕。不要询问特定事件，尤其不要索取出生这种事件，只要接受档案员提供的事件就行了。如果你不能回到早期，就做第二步骤。

2. 在患者处于潜思状态时，搜查他的生活经历（只要患者进度缓慢下来，无论迟早，都要做这个步骤。但只有在进度缓慢到早期印痕无法减弱，或不带有任何情绪时，才做这一步）。在搜查中，要查明患者可能依赖的对象，并时时怀疑他并没有告诉你真正重要的盟友，但不要让他知道你在怀疑。

3. 找出因死亡或离别而使患者丧失盟友的时刻。设法接触这个时刻。找出这个事件和更早的资料，或只找出这个事件，藉此把失落的悲伤从事件中释放。把任何盟友离开的事件，或患者与盟友分开的事件，都当作印痕来处理，将事件擦除，或把它运行到不再有悲伤的"负荷"为止。如果"负荷"无法消去，就要怀疑有一个更早的悲伤时刻与这个盟友有关；将它找出来，当作印痕来处理。

4. 任务的目标，始终、永远都是找出原点的原点，其后，永远要找出现存的疼痛或悲伤的最早时刻；擦除由档案员交出的，或以重复技术找到的任何事件。

5. 进展迟滞的事件，永远都有一个更早类似的事件。当印痕无法透过重述而 "减弱"时，就应该把患者带回更早的事件。

6. 任何时候，只要印痕变得没有情绪，即使还是会减弱，就要怀疑在患者生命的早期或晚期，有另一个盟友计算。找出来，然后至少把它减弱到所有的情绪都释放出来。不要从一个尚未减弱的事件，跳到另一个似乎更有收获的事件，那会把个案整个再刺激起来。一定要在寻找新的悲伤负荷之前，先减弱每一个已经出现的事件。

7. 如果经过有技巧的搜寻，仍无法使盟友现身，与其不断骚扰个案，迫使他找出盟友计算，不如去减弱早期的无情绪印痕。早期无情绪印痕的擦除，最后终究会使新的盟友计算显现；你偶尔去找一找，就会找到。

8. 只要个案有任何停滞不动、没有意愿配合的状况，就该认定是盟友计算造成的。

9. 要把所有的恶魔线路，看作是由印痕库吸去的生命力单位所维系的东西，并应以释放悲伤负荷，来处理恶魔线路的问题。

10. 要把盟友死亡或离别所造成的失落，与患者某个部分的死去等同视之。因此，减弱盟友死亡或离别的事件，就会使患者重获那么多数量的生命力。还要记住，严重的悲伤负荷并非只有死亡或离别，也可能只是盟友立场突然转变。

始终要牢记，对于那个最支持患者、与患者关系最为密切的人，例如充满同情的母亲或父亲、祖父母、外祖父母、亲戚或朋友，反应式心灵会把他视为这个人本身的一部分。而只要这位展露同情的角色发生了什么事，反应式心灵就可能觉得，事情是发生在患者身上。如果患者发现盟友死于癌症，有时你会发现患者的某个部位疼痛发炎，或有皮屑——那便是他猜想盟友患有癌症的部位。

反应式心灵只以等同性来思考。同情型助生存印痕把患者与另一个人等同。因此，当另一个人死去，或因分离、反目而造成患者失落时，反应式心灵便坚定相信，患者已死去了一部分。

任何印痕都可能含有情绪负荷："无意识"者周围的人所展现的情绪，会以相同的情绪等级传达到无意识者的反应式心灵里。愤怒进入印痕就是愤怒，冷漠无助便是冷漠无助，羞愧便是羞愧。不论他人在"无意识"的人周围有什么情绪感觉，听析员都应该从事件所造成的印痕里找出来。如果印痕中人物的情绪度，从话语内容听起来很明显是愤怒或冷漠无助，但患者在重述时却没有感觉到那种情绪，那么在患者与该情绪度之间，一定在某处有什么东西带有一道个性扮演屏障。几乎每次都是发现了某个印痕，才击破这道个性扮演屏障，而这个印痕，带有患者生命中较早或较晚时刻的悲伤负荷。

假若要在出生前区域尚未完全清空之前，就去探索他晚期生活的部分，这么做唯一正当的理由，就是去搜寻因盟友死亡、离去或反目所产生的悲伤负荷。我们用"反目"一词，来表示盟友转变为积极攻击患者的敌人（无论是真的或假想的）。在生活中，反应式心灵会把相当于盟友的人（即假盟友）与真盟友混淆。假盟友的死亡、离去或反目，也可能包含悲伤负荷。

根据理论，唯一能锁住生命力单位的东西，就是这种失落的情绪。如果有某种方法，能使所有生命力单位恢复自由，我们就可以忽视肉体疼痛了。

解脱者的产生，就是以某种方式，尽可能从失落的时期释放出最多的生命力单位，又尽量不触及实际的印痕。

盟友或假盟友的丧失，并不需要包含其它的肉体疼痛或"无意识"，只要有这个事件本身所引起的失落即可。这就够严重了；它会产生印痕。

如果突然发现患者的生命中有谁是闭锁的，我们就可以有些把握地说，那个人是盟友或假盟友。如果在回忆或复返的过程中，患者与另一个人相处的大部分内容都不见了，我们就可以称那个人为闭锁人物。如果闭锁环绕着那个人的死亡、离开，或与患者反目的事件，那就更有把握说那个人是盟友了。闭锁现象也可能源自于惩罚，也就是说，闭锁人物可能是患者的头号大敌。然而在这种情况下，会出现的回忆，都会与那个闭锁人物的死亡、挫败或生病有关。若患者的回忆中，某个人的葬礼是闭锁的，理论上就可以把那个人标记为盟友或假盟友。如果患者能回忆起某个人的葬礼，却闭锁了与此人愉快的交往经验，那么那个人往往就是敌人。这些规则都是试验性质的。但可以肯定的是，任何闭锁，都表示那个人在患者的生命中，具有巨大而未彰显的意义——这意义应该被解释清楚。

至此我们可以说，患者的复原，相当程度要依赖从反应库里释放出来的生命力单位。释放出来的是悲伤负荷，因此可能会相当剧烈。一般的做法都是"忘记"这些事情，而且"忘得愈快，痊愈得愈快"。不幸的是这并不奏效：如果真有效就好了。人忘却的任何事物，若其中带有绝望，就是一个化脓的疮。听析员会发现，每当他找到"忘了吧"这个头号的否定指令，就会得到该指令所压抑的印痕；如果找不到印痕，但发现有体觉不适，原因就是印痕的背景里，有"忘了吧"、"不要去想它"、"想不起来"、"不记得了"或某个别的否定指令。忘记是非常不健康的；当人把一件事"抛在脑后"，就直接把它放入反应式印痕库里了。在那里，它就可以吸收生命力单位。忘记会使事情变得可以承受——这个"短路"的计算是不可信的。因为，比方说催眠师好了，他把一个否定指令放在正向暗示之后，那个正向暗示就会生效。远古以来，人类一直知道这个事实：作者学习亚洲的修行法时，首先学到的事情之一，就是催眠术。催眠术在很久以前从印度流传到希腊和罗马，再经由安东·梅斯梅尔（Anton Mesmer）传给我们。催眠是一些秘术的基本原则，甚至连印第安苏族（Sioux）的巫医都知道它的机制。但是迄今为止，一般人都对它不甚了解。也或许因为他们缺乏真正的疗法，便相信对付悲伤的办法就是"忘了吧"。甚至连希波克拉底（Hippocrates）都说过，要到患者依次向他的每个朋友重述事件后，整个手术才算结束。虽然这种疗法并不完备，但就像告解一样——它多少世纪以来，一直属于常识的一部分：而大家却仍坚持要压抑悲伤。

听析员在治疗中会多次听到患者作这样的请求："不要跟我谈某某人的死。"如果听析员愚蠢到去理会潜思中的患者这种眼泪汪汪的请求，那他就是积极地在阻止解脱者的产生。因为那正是他第一个该解决的事件！

也许在没有戴尼提技术的情况下，去接触这类事情会不太好，但是，采用我们的技巧，不仅容易进入事件实际发生的时刻，更可以重述事件，直到眼泪和哭号，仅成为个案资料上的涟漪。把这种失落当作印痕来处理，一再重述，直到它不再带来情绪上的痛苦：这会使患者重获事件发生以来，他一直未曾拥有的活力。如果在重述十二次之后，事件仍未缓解，就与处理其它任何印痕一样，沿着悲伤的轨迹滑回去，找出愈来愈早的时刻。若患者从五十岁那年的悲伤负荷开始释放，两小时后，可能会发现自己回到原点区，重述最早的悲伤片刻：那是他已失去的盟友最初成为盟友的时刻。如果听析员能找到一位盟友的整条印痕链，从晚期到早期清空链上的悲伤，把每个事件中他能找到的所有悲伤都拿掉，剥除整个系列的印痕负荷，他就有可能在几个小时之内，从个案身上除去大量的情绪负荷，以便开始按部就班地擦除印痕。

请注意这个差别：盟友计算的致命弱点，可以说是在与该盟友相关事件所组成的链的后期。也就是说，这里有一个漏斗，直立于时间轴上：我们可以从晚期进入，然后追踪到早期。反生存印痕链的致命弱点，是在最早的事件，而痛苦情绪印痕则恰恰相反。

要从印痕库中重获生命力单位，以得到足够的自由情绪，使个案成为解脱者或清新者，就要从晚期丧失盟友或假盟友的事件开始，然后追溯到早期。

要从印痕库中解除一个人的肉体疼痛，就要从早期开始（尽可能地接近受精时刻），然后一直探求到晚期。

反生存印痕链上的肉体疼痛，可以压抑助生存印痕链上的痛苦情绪。

助生存印痕链上的痛苦情绪，可以压抑反生存印痕中的肉体疼痛。

如果你要画一张图，表现反应式印痕库中的出生前区域，看起来会像这样：画一条水平的长线来代表时间，在线有代表印痕的一些黑点。线的一端表示受精，另一端表示出生。这条线的上方有一团浓雾状的黑色区域，从线的一端延伸到另一端，而且几乎要压到线上：黑雾的上方是另一条横线，代表时间轨迹的表象；患者就是沿着这条时间轨迹来复返。第一条线是实际的时间轨迹，浓雾是痛苦情绪，最上方的黑线则是患者误以为的时间轨迹。

当然，你有时会在出生前区域发掘到痛苦情绪。听析员不该错过这种在出生前发现情绪负荷，并使它消散的机会。的确，一旦释放了够多晚期生活的痛苦情绪，就可以在早期的印痕中发现大量的痛苦情绪。这层浓雾的大部分，以及听析员通常最先接触到的部分，都是晚期生活：虽然负荷是从晚期生活开始发生的，但可以说它是奠基于这个出生前的区域。

失落的时刻——患者任一位盟友离别或死亡所造成的失落，以及与患者反目而造成的失落，都会捕捉情绪负荷，并把这些负荷置于患者与现实之间。虽然失落的时刻是在出生以后，是在幼儿期、童年、青春期或成年期，但它会往回追溯，压抑早期印痕。

痛苦情绪在这方面的作用是：失落的时刻会键入早期事件。换言之，重大的失落会把人的情绪等级往下压，压到接近早期印痕的情绪等级，而这些印痕一旦键入，从此就会紧抓着负荷单位不放。

攫获的生命力单位，就拘留在印痕里，成为印痕的生命。在电学中，正电荷会从另一个正电荷旁滑开：同电荷会互相排斥。因此我们可以打个比方说，由于分析器赖以运作的电荷，与包含在印痕中的负荷是同一种电荷，所以它会从印痕旁滑开。于是印痕就持续不为人知，原封不动。

当一个人复返到早期印痕区时——从晚期事件攫获的负荷，一直把这些早期印痕维持在键入状态——他可能相当舒适地掠过大量偏差错乱的资料，甚至一点都感觉不到那些资料的存在。然而，当晚期痛苦情绪的时刻松脱后，听析员可以立即进入早期区域，找到他目前为止无法发现的肉体疼痛印痕。

实际上，晚期时刻与早期时刻都是印痕：听到失落的消息或目睹失落的发生，都会关闭分析器；在那之后进入心灵的每件事物，都具有印痕性，也都储存在反应式心灵。由于人有视觉，也能记得与现在有关联的活动（这些都能帮助一个人定位），所以经常可以回想起失落的时刻。可是人无法回想起出生前的资料，因为在那个区域，他找不到任何会使分析器留下印象的相关定位因素。尽管出生前（特别是怀孕后期）的胎儿肯定有分析器，但经历和记忆尚未协调，所以分析式心灵无法察觉印痕的存在。但稍长之后，特别是学会使用语言之后，一切就不同了。事实上，人在晚期生活中，有能力回想事件发生时周遭的状况，而不会觉得极端痛苦。但这种能力也会隐藏真实存在的印痕：人会觉得，他能够分析式地知道失落时刻所发生的一切；但实际上他并没有接触到印痕本身。失落印痕中包含片刻的"无意识"，只是其程度比麻醉之类的无意识浅而已。然而，童年时期丧失盟友的事件，有可能完全闭锁起来，以致于患者连盟友本身都记不得了。

听析员会发现，非常晚期的印痕很容易接触。他还会发现另一件事。当患者复返到失落的片刻时，他可能不是待在自己的身体内。几千年来，人们早已知道这种"现象"的存在，甚至在最近一次提到它时，也只是以"有趣"带过，但却未进一步探讨个中原因。为什么人在催眠退化中，回到某个区域时，有时会发现他在自己体内（也就是说，他以自己的身份来看事物），有时却看到自己也是景象中的一部分（仿佛他跳脱出来，冷眼旁观）。我们发现心灵有一个自然的功能，就是能在清醒的状态下，复返到过去的事件。但这并不能改变一个事实：我们的确会碰到过去人们认为属于药物梦境和催眠术的神秘"现象"。我们用的绝不是催眠术：这表示催眠术和戴尼提使用类似的心灵能力；但这不表示该能力属于催眠术的领域。复返的各种现象之一，就是患者偶尔在复返到某些区域时，会处于"体外" —— 某些患者则持续如此。这些体外观点有两种解释：其一是个性扮演，也就是患者把另一个人的身份套用在自己身上，用另外这个人的眼光来看事物；另一个解释是离体（exteriorization），也就是有太多的痛苦情绪存在，致使患者无法待在自己的身体内。听析员用戴尼提使患者复返到某个时刻，而这些痛苦情绪，可能来自患者目击到的情景之前或之后。对这个情景重述几次后，患者就会离自己的身体愈来愈近，直到最后，他终于能够从自己体内来观看这个情景。有时候，患者得从头到尾重述这个事件好几次，直到进入自己体内，情绪负荷的释放（如流泪等等）才会发生。这就仿佛复返时，他必须先侦察一下那个地方，看看待在自己体内是否安全。如果重述几次后，并没有发生流泪之类的情绪释放，那么，情绪就是被抑制在别的地方了：可能较早或较晚，但通常是在很晚的地方。情绪所造成的离体，与肉体疼痛所造成的离体，对听析员而言几乎是一样的。如果听析员遇到一个个案，沿着轨迹上上下下始终都待在身体之外，他就必须运用技术，来释放痛苦情绪发生的时刻。

所有的患者似乎都认为，时间可以治愈一切。十年或二十年前发生的某件事，似乎对他们已不再有任何影响。正如前文所说，时间是个庸医，不是良药。在成长和衰老的过程中，时间在变，环境里出现了新的面孔和活动，因而改变了再刺激物。和其它印痕一样，过去情绪痛苦的时刻也有再刺激物，而且还一直使和它有关的早期印痕保持在键入状态，所以早期印痕的再刺激物也会起作用。每一个再刺激物，透过分析式心灵的连结，都有一整套相关联的再刺激物，因为分析式心灵无法看到真正的再刺激物。这一切所构成的模式很复杂。但是，只有在不了解偏差错乱根源的情况下，治疗才会变得复杂。如果听析员把患者复返到过去任何痛苦情绪的时刻，然后把这个时刻当作印痕来处理，他就会发现，原有的负荷都在那儿，而且可以释放出来。

听析员通常会发现，患者只要一想到得进入实际的印痕，就会开始退缩：待清新者可能会试图详细描述各种无关紧要的琐事、自己的想法、为何那事件对他而言不再痛苦等等。然而用事前或事后的想法和资料来运行印痕，就像用"童年幻觉"的长篇大论来移除人类心灵的偏差错乱一样，一点用都没有。听析员如果不处理印痕，反而听取这些"理由"和"我记得"之类的话，就无法让患者好起来，也会浪费治疗的宝贵时间。一个会这样做的听析员，属于拍肩安慰的思想学派——那些人相信同情有价值。他不适合坐听析员的椅子。当患者该进入印痕、好好地处理印痕时，却听患者讲述任何他想过、说过、做过或以为过的事情，就是在浪费时间，浪费宝贵的时间。当然，从患者的言谈中找出印痕的位置是必须的，但是一旦找到了，其它的一切言谈都是渣滓。

举一个孩子听到父母双亡时刻的例子。听析员得知父母在孩子两岁时去世。他不必进一步花工夫或询问，便能推断，某个人一定告诉过他的患者父母死亡的消息；患者（当时还是幼儿）得知父母的死亡，一定有一个精确的时刻。若在目前时刻重述这件事，而没有进入复返状态，患者会把之间相隔的年代，作为痛苦情绪的缓冲物。听析员该直截了当，按照例行程序让患者进入潜思，复返到获悉父母死亡的那一刻。患者可能要稍事摸索，才能把自己定位在过去，但很快就会接触到某人通知他的那一瞬间。只要这个孩子对父母存有一点爱，那里就铁定有一个印痕。这个印痕始于孩子收到消息的那一瞬间，我们可以想见，分析器就在那一刻关闭了。印痕的结束是在一瞬间、一小时、一天、甚至一周后，分析器再次恢复运作的时候。从分析式减弱的第一瞬间，到分析能力恢复的这段期间就是印痕。最初的几分钟最为剧烈。运行一个小时的印痕（事件的一个小时，而不是治疗时间的一个小时），应该就相当充分了。大多数听析员只把最初的几分钟运行个几回，以测验是否会有负荷的释放。你会怎么听析肉体疼痛和另一种状况的"无意识"时刻，就完全以一样的方法，来听析这种必定含有痛苦情绪的失落时刻。因为有痛苦情绪的时刻，就是一个"无意识"的时刻，这就如同患者遭棍棒猛击一样，无庸置疑。如果四、五次重述之后，可以接触到这段时期的情绪，就让患者重述此印痕，直到包含在内的情绪消失，直到患者对它感到无聊，甚至感到愉悦为止。每次重述都要从头开始，要确保患者有复返，并且有触及事件的所有感官讯息，然后用运行印痕的方法来运行，因为它就是印痕。如果重述了四、五次以后，患者仍然处在离体的状态，而且仍没有触及任何情绪，那么负荷就是系在某处，不是之前就是之后；那就该试试其它的失落事件，无论与那个顽强抵抗的事件相隔多少年，都可以尝试，以释放负荷。当别处的负荷释出后，先前处理的事件，比如那个两岁失去父母的个案，可能就可以释出负荷了。这类事件肯定迟早都会释放负荷。我们也可以肯定，在这类严重事件的负荷彻底释除之前，个案在得到肉体疼痛印痕方面，是不会有什么进展的。

负荷的释放经常发生在令人意想不到的地方。有时这些负荷极其接近表层，复返的患者一碰，生命力单位就重获自由，印痕键出，并显现在时间轨迹上的适当位置。

印痕库因痛苦情绪而变得极度扭曲，而痛苦情绪的区域，则会因其它地方的肉体疼痛而变得严重扭曲。反应式心灵的归档系统很差。档案员一次只能找到这么多的痛苦情绪印痕，或肉体疼痛印痕给听析员。这些印痕在轨迹上的位置可能不对，也就是说，听析员可能先接触一个早期的肉体疼痛印痕（这永远是他最重要的工作），接着接触到一个出生前中期的，再接触到一个出生后的，但从此之后，其它的肉体疼痛印痕（因意外事故、疾病、手术、受伤而昏厥的各种身体方面的印痕）似乎就找不到了。这并不表示个案陷入了进退两难的僵局，也不表示个案已成为清新者。比较可能的状况是，另一种类型的印痕事件（盟友死亡、离开或立场转变所导致的痛苦情绪印痕），现在可以接触到了。于是听析员开始寻找失落印痕（通常是在晚期生活），并将其中的负荷释放出来。于是生命力单位重新流动起来，使更早的肉体疼痛印痕得以显现，听析员便再去减弱他能接触到的每一个印痕。一旦他再也找不到肉体疼痛印痕，就再回头去寻找痛苦情绪印痕，就这么视需要交替进行。心灵是一种自我保护的构造，当痛苦情绪印痕准备好时，心灵迟早会阻止患者接近肉体疼痛印痕；一旦肉体疼痛印痕准备好，心灵也会阻止患者接近痛苦情绪印痕。

从晚期着手取得痛苦情绪，然后向早期回溯；从早期着手取得肉体疼痛印痕，然后往晚期推进。任何印痕，无论在何时触及，都要处理到再也不困扰患者，或完全消失为止（其实是重新归档，但就此时的听析员与患者看来，它是消失了）。如果事件在多次重述之后，仍没有减轻的迹象（体觉不适没有消减、情绪没有显现或不会消减），唯有此时，听析员才该去寻找另一个事件。若为痛苦情绪印痕，则负荷经常在更晚时刻。若为肉体疼痛印痕，悬住它的，必然是较早的肉体疼痛印痕中，某个相同的语句，而该印痕是可以接触到的。在这种情况下，听析员应回到使患者出现体觉不适的语句，直到他能接触并解除那个印痕为止。

把行动、行为和状况合理化*，对治疗并没有帮助，除了偶尔有助于找到印痕之外，毫无用处：至此，这一点应该十分清楚了。还有一件事，也该同样清楚：听析员再怎么解释、拍肩安慰或评估，都无助于印痕的擦除。一个人在事件发生时的想法并不会令人偏差错乱，这应该是很明白的。痛苦情绪会分隔心灵，并把恶

---

* 合理化意为辩解式思考，即人为了解释自己非理性的行为所找的借口。

魔线路置入心灵中，而肉体印痕则会把偏差错乱和肉体疼痛固定在体内，这些也该很清楚了。

这整个操作都是机械性的，与辩解式思考、羞耻心、推理都无关，只和清空印痕库有关。大部分的痛苦情绪消失后，人就解脱了；当印痕库里的东西清除完毕，人就成为清新者了。

心灵就像一部精巧的设备：无论就心灵本身，或其机制来看，除了取走一部分零件之外，几乎无法毁坏。印痕并没有拿走心灵的组件，只给心灵添加了一些不必要的东西。请想象一台造型优美、效能极高的机器，运作流畅完美：那就是没有添加肉体疼痛和痛苦情绪的心灵。现在再想象这台漂亮的机器，落入一组低能的技工手中：他们对机器敲敲打打，一点也没发现自己的行为会影响机器。现在他们看到机器出了问题，却完全不知自己已把各式各样的扳钳、帽针、雪茄烟头和昨天的垃圾，都放在机器的内部及周围了。他们的第一个念头，就是在机器内外装点什么来修正它的运转，而为了修好机器，他们加了一些小装置。其中一些装置看似对机器有益（同情印痕），而且由于已经有一堆七七八八的玩意儿在，机器可以利用这些装置来保持稳定。这群低能技工干扰燃料供应（痛苦情绪印痕），或者，像那个车开不动时，鞭打车子的人一样，想要强逼机器运作（以惩罚驱策），结果搞出了更多毛病。最后，这台机器似乎成了没救的破铜烂铁，那堆强加于它外部、塞入它内部的东西，把它掩藏得几乎看不见了。而低能技工仍旧摇摇头说："我们再放点别的东西，否则它就不会动了！"他们真这样做，结果机器看起来就停了（发疯了）。

戴尼提所做的，就是像个技巧纯熟的师傅，好好清除机器内部及周围的垃圾。这靠的不是加进更多垃圾。低能技工（反应式心灵的内容）似乎对这项行动感到惊慌。但机器自身突然意识到，有人在为它做些什么，而这项行动真会使它回复良好的运转状态，于是开始帮忙。清除的垃圾愈多，机器运转得愈好，低能技工的力量也就愈小。改善的速度应该很快，也的确很快。当这台机器至少和"正常"机器（解脱者）运转得一样好时，我们就可以停手，也可以在所有的垃圾都从机器中除掉后（清新者）才住手。制造出一个清新者时，展现在我们面前的，是前所未见之物，因为这台机器从不曾没有垃圾：它成了一台完美的机器，运作流畅、强而有力、闪闪发光，不必再藉助任何治疗，就能自我调节，维护自己的一切功能。 ✺

印痕的种类

以下就每一种印痕举两个例子，以便使听析员能清楚理解它们有何不同。

反生存印痕

任何一种会阻碍动力、与目的不一致的印痕，皆为反生存印痕。

母亲怀孕初期与父亲争吵。父亲殴打母亲的腹部。母亲尖叫（最初的感知是疼痛、压迫感、打击的声音与尖叫），接着父亲说："你这个天杀的，我恨你！你真差劲。我要杀了你！"母亲说："拜托不要再打了。求求你。好痛。好痛啊。我痛得要发疯了！"父亲说："躺在那儿，烂掉算了！王八蛋！再见！"

这个印痕会导致非常严重的偏差错乱：首先，它发生在早期；其次，印痕说此人感到疼痛，要发疯了；第三，它有一个滞留指令，因此容易变成慢性（"躺在那儿"）；第四，它可能产生疾病（"烂掉"）；第五，它带有宗教内涵与上天的诅咒；第六，它给此

305

人一种其他人都很差劲的感觉（"你"，一般指其他人）；第七，它的内容为有敌意的情绪（"我恨你"）；第八，这个人出生后还得和有再刺激性的人——他的父母生活在一起。这个印痕还造成了其它的影响。像所有印痕一样，它还给人增添了其它两种不必要的个性扮演，一种是母亲胆怯的个性扮演，另一种是父亲粗暴的个性扮演。此人可以用几种方式复演这个印痕：如果不复演，每当受到再刺激，他就会感到疼痛（因为这样他会在他自己的个性扮演中）；如果他复演母亲的个性，就会感到母亲腹部那一击的疼痛（而他自己的是头部和心脏）；如果他复演父亲的个性，社会就容不下他，更别提他自己的妻子孩子了。任何种类的印痕都不可能带来好处，但只要一个人有印痕，某些种类（特别是同情印痕）就会抑制敌对印痕。

第二个反生存型的例子是晨吐印痕。母亲剧烈呕吐，对胎儿产生极强的压力，造成他"无意识"。母亲边吐，边气喘吁吁地在阵阵呕吐间自言自语道："唉，我何苦来这人世间啊！我知道不该让他进来的。我就知道，我就知道。这是错的，可是他无论如何都要干那件事。呃，真是肮脏。性真是肮脏。真可怕。我讨厌性。我恨男人。我真恨男人。噢，呃，它出不来，它出不来。胃好难受哦，就是吐不出来。"

妇女在怀孕时，可以复演这个印痕的内容，但男性却永远不能以怀孕来复演，只能感到胃部不适。晨吐似乎大多来自于印痕的偏差错乱：在过去某时，某位母亲可能因食物中毒引起呕吐，而开始了这整个晨吐的现象，那时人类也许还待在树上。现在请注意，母亲的确呕吐了，她胃中的食物的确出来了；然而，印痕说它出不来；当这个人以自己的个性扮演进行复演时，他会感到身上的压力及"无意识"，所以，他不可能这么复演；复演这个印痕时，他必须扮演母亲的角色，但复演动作的成分不如复演指令多，于是便产生了一种状况：有这种印痕的人在恶心时不能呕吐。印痕中的人做了什么动作不是重点，印痕中的指令比较重要。在反应式的层次上，理性根本不存在。如果这是位于有意识的、不令人偏差错乱的层次，当然，人就会模仿行为，会真的呕吐，因为在意识层次上，动作比言语内容更重要。

要是治疗中遇到了这种印痕，我们可能很难进去，因为它说："我不该让他进来的"——这就是一个否定指令。同时我们也发现一个滞留指令："出不来"。这些话语和体觉不适一解除，印痕肯定也会解除，然后这些话语就不再能阻碍印痕听析了。如果印痕没有解除，那是因为之前存在着内容相近的印痕。（偏差者会有一种印痕复演模式，他会不断重复那个模式，一遍又一遍，给身边的人制造出许多除了时间点不同之外，差不多类似的事件。）在现实环境中（不是治疗中），这个印痕可能会被再刺激到教人疯狂的程度，因为"它"也有可能是指这个孩子；他认为这个"它"字就是指自己，因而无法回到目前时刻。在治疗中，复返到过去的分析式心灵只要碰印痕那么一下，印痕便会流失些许的力量；此外，听析员若察觉患者没在轨迹上移动，稍加侦查，就很快会发现有滞留指令。因为，即使听析员尚未猜到，患者也迟早都会说他"出不来"。

在偏差错乱方面，这个印痕也许会严重阻碍第二动力。我们发现，这个反应式心灵的持有人有性冷淡、十分拘谨、对小孩子很严厉（这些特性都分不开，且有众多组合方式）。此外，我们发现他还有一种忧虑，就是明知不对，"他"还是要去做某件事。在身心性疾病方面，这个印痕可能会在性交过程中造成头痛，或者因性交而产生头痛，或者是每当性交时就容易感到恶心。只要个体的分析能力处于较低状态，如疲劳或稍微生病时，和其它任何印痕的任何语句一样，这个印痕里的一切语句，往往会带给他体觉不适与偏差错乱。所以，这个印痕就等着给未来的"无意识"期间键入，最好是有个声音说："呃，真是肮脏！"或什么其它语句，而且听起来跟透过肚皮和子宫壁听到的母亲声音极为相似。对了，"脏死了"不会键入印痕；"恶棍"尽管与"呃"有一个音节相似，也不会键入印痕。但呕吐的声音大概会键入印痕。

助生存印痕

助生存印痕可以是任何一种只有内容假装帮助人生存的印痕。实质上这种印痕对人并没有真正的助益。

我们来看一个性交印痕：父母正在作爱，压力使未出生的孩子感到疼痛，造成他"无意识"（如同晨吐，这是常发生的事，通常任何印痕库里都有）。母亲说："噢，没有这我活不下去。好棒。好棒。噢，真好。啊，再来一次！"接着，父亲说："来啊！来啊！噢，你真好。你好棒哦！啊～！"母亲的性高潮为孩子的"无意识"带来最后的冲击。母亲说："太美了。"父亲完事了，说了一句"去吧"，意指她该去用一下冲洗器（他们不知道她已经怀孕了），然后开始打鼾。

显然，这事件十分有价值，因为一个人"没有这活不下去"。此外，它"太美了"。而且"好棒"。但它也令人极度痛苦。这个印痕让人摸不着头绪，因为它先说"来啊！"召唤心灵的一部分回去，后来又说"去吧"。"美"或"好棒"的事物，只要被这么归类了，便会使我们患者（非治疗中）在观看美好、神奇的事物时产生性高潮。

复演这个印痕可以用父亲的个性扮演，不然就是母亲的个性扮演：当他用自己的个性扮演复演时，就表示肉体疼痛。因此，你会发现有此印痕的人会像父亲一样，性交完后心生厌恶，叫性伴侣"去吧"，除非其它的性交印痕改变这个状况。情绪则是包含在

"去吧"这句话的表达方式里：这是从声音的音调中流露出来的情绪，而不是话语的内容：印痕永远包含话语和情绪。

在治疗中，我们发现反应式心灵一点也不愿意让这印痕浮现，因为毕竟此人"没有这活不下去"。印痕中有一大堆这种正面评估语句，每当听析员碰到一个，就会发现待清新者的反应式心灵顽强抵抗。"我不想失去你"、"抓紧"、"我不能放手，否则我会摔下去"，诸如此类。但是，那毕竟还是印痕，不论"愉快"与否，它都令人偏差错乱。

受虐狂和虐待狂的冲动，经常来自包含虐待的性交印痕。所以听析员不应推论，仅因为性交印痕让孩子痛苦，就会使孩子成为受虐狂或虐待狂。患者若有受虐狂或虐待狂，是包含这类内容的印痕造成的：由强奸、殴打得到性快感、享受痛苦等等，或是字面上似乎表示性与疼痛类似，比如一次"正常"的性交说："痛得好爽喔！再让我痛一次。比尔，再让我痛一次！噢，推进来呀，越高越好！让我痛我才会爽。"当一个男孩子复演这个印痕时，可能会导致鸡奸的发生，因为印痕不是目睹到的行为，而是一连串照字面解释的指令。

所以，助生存性交印痕（如刚才第一个例子）造成的偏差错乱模式比较无害。但由于词句的偶然，它导致偏差错乱的效果恐怕就截然不同。

第二个助生存印痕的例子也是出生前印痕。（有位听析员在成为清新者的过程中，说过这么一段话："我在接受戴尼提治疗前，把一生看作是一条时间线。在这条线上，从受精到出生的时间，占了受精到目前时刻这整段期间的五十分之一。但现在我认为从开始到现在之间，出生前占了三分之二。"清除完出生前区域后，这段期间终于又回到占五十分之一的状态。）

患有高血压的母亲，会不断给未出生的胎儿带来剧烈疼痛，特别是在她激动时。（这是偏头痛的主要来源。）胎儿接收到印痕的那一刻，是什么使母亲激动而造成高血压的，我们不得而知——出生前生活的许多"情节"可能不为人知，因为解释原由的资料可能存在于疼痛和印痕之前，而完整的记录唯有在疼痛的瞬间后，某种程度的"无意识"来到时才会发生。印痕初始，血压开始升高，把未出生的孩子绷得昏了过去。此时母亲正独自啜泣。"唉，我要怎样才能挣脱出去啊？所有的一切看起来都那么单调，没有色彩。啊，当初我干么要开始呢；我不可能完成得了。但是我一定得，一定得把它做完。不坚持下去，我会生病的。噢，天啊，怎么每件事一下子全冲着我来了。我逃不了了。但是，我一定要把它做完，我会好些的。我一定要勇敢地去做。我必须勇敢。我很勇敢。我是世界上最勇敢的人。我必须这样，我是很勇敢的。"血压这时降低了。

对于减弱这印痕的听析员、对于有过这印痕的患者、对于作者和读者，究竟发生了什么事，永远都是一个谜。印痕常常这样。它在误解中形成，除了作用机制外，它不是供人理解的。我们把它从印痕库中删除即可。

这印痕格外危险，因为它包含了躁狂语句："世界上最勇敢的人"。当然，未出生的孩子通常会认为"我"就是他自己，不过那是在分析器懂得语言、终于能受印痕影响的时候。在那一刻之前，有的自然只是不含语言意义的记录。但是，即使话语尚未被赋予意义，印痕也可能导致偏差错乱。这个印痕之所以危险，还因为它说"我逃不了了"，以及"每件事一下子全冲着我来了"。"逃不了"是我们的敌人，是滞留指令。而"每件事一下子全冲着我来了"是聚集指令。另外，分析器也无法计算印痕内容的其余部分。它说"我一定得把它做完"，又说"我不可能完成得了"，还有"不坚持下去，我会生病的"，可是它又说"那是不可能的"。

一切等于一切：我们低能的敌人——反应式心灵——就是这么计算的。于是这个印痕既排斥治疗，又想要治疗。它造成分析式心灵的犹豫不决，一种令人无法忍受的状况。

当这个印痕展现偏差错乱时，在躁狂这部分，此人首先可能发现自己是世界上最勇敢的人；接着由于再刺激物的轻微改变，例如偏头痛加剧等等，他状况稍微恶化，认为自己一点也没办法对任何行动做出决定，并且受到母亲泪水中的情绪感染，变得非常沮丧。但这是个助生存印痕，因为它似乎在指使人摆脱困境。还有另一个影响："一切看起来都那么单调，没有色彩"这句话，造成了色盲，至少在回想时是如此。所以，他回忆过去的影像时，在心灵中所"看到"的事物没有色彩。如果他后来再复演够多次，就很可能造成实际感官上的色盲。与其它因素结合起来，这整个印痕极可能会把此人送进精神病院。他的体觉不适会完全显现（偏头痛）；同时，由于聚集指令的作用，他一生中感受过的所有其它痛苦也都会显现。这个聚集指令把印痕库的轨迹整个挤在一起，然后再把这个人不偏不倚地放在那一点上。

治疗接触到这种印痕之后，一个原本被归类为"精神失常"的个案，就回到解脱者的"正常"状态了。这位患者进过精神病院，她姿势曾像胎儿一样，也曾有过生理上的退化。她会不停地哭泣，以尖叫一字不差地重复那几句话；她的病历把这些现象记载为童年幻觉的表征。听析员先以大声、单调的声响把患者的注意力固定在听析员身上，然后再使用患者不断尖叫的语句，以重复技术打开了这个个案。在减轻她所印痕复演的事件之前，必须先触及一些更早的、也包含这些话语的事件。不过类似这样的印痕，在多少还"正常"的人身上也经常可以发现，而且一般都会松脱。这名患者经历过十分高度的再刺激。她有好几个严重的失落印痕，使得较早的印痕内容持续处于键入状态。

关于"逃不了"、"动弹不得"、"出不去"的个案，（亦即带有好几个滞留指令以及大量痛苦情绪的个案），我们可以说，就算患者是"正常人"，也会有某些明显可见的胎儿特征。皮肤有光泽、脊柱弯曲、性腺发育不全——这些都很常见；患者可能具有一种或多种这类特征。

同情印痕

第一个例子是一名患者幼年生的一场病。他两岁半时得了肺炎。他经历过为数可观的堕胎尝试，而且偏差错乱的父母常传给孩子的一箩筐印痕他也都有。他为家里发生的争吵和不愉快感到非常担心，许多印痕都键入了，肺炎便是其中之一。祖母来了，把他带到自己家，因为每当他生病，母亲便离家，丢下他不管。这个事件闭锁得很厉害，只有解除了好几个晚期生活的痛苦情绪印痕、松脱了将近一百个出生前的肉体疼痛印痕后，才能触及这个事件。他在谵妄中大声哭叫时，祖母误以为这些动作表示他"有意识"（其实没有），于是想给他一些劝告。祖母说："乖孙啊，那些人不是真的要对你那么不好啦。我知道他们其实心肠很好的。你就照他们的话去做，就相信他们跟你说的话，你就不会有事啦。乖孙，答应我你会这样做，好不好？"孩子以最底层的反应机制回答，答应祖母说会相信他们，会按照他们的话去做。祖母继续说道："我非常爱你喔！我会照顾你的。乖孙，别担心。现在把它忘掉吧。休息一下。"

由于这个印痕里所包含的语句位于恍惚的层次，而且由于高烧和疼痛可以把话语固定住，所以对孩子产生了很深刻的影响。他必须相信别人所说的一切。这表示从字面上相信，所以其中一个后果是：他丧失了不少幽默感。因为不想要有事，所以他得相信父母的话；但在出生前，父母的谈话包含了各式各样你想得到的糟糕资料，关于谁才是老大、殴打母亲多有乐趣等等。所以这一切就都成了他必须相信的"正确资料"，因为他的同情印痕这么说。没有什么咒语，比同情印痕中的诅咒更可怕："要相信别人的话"、"要相信书里写的"、"要相信大家"，因为该印痕真的表示，分析器这可怜的老朋友再也无法判断自己的资料了，除非个体彻底反叛，干脆否认整个世界（这种情况偶尔会发生）。要是让这样的人跟一位特质与他祖母相似的女子（假祖母）结婚，一如这名患者的做法，他就会惨遭：（a）慢性疼痛与疾病的折磨 —— 在祖母同情印痕中的经历（如此才能得到并保有她的同情）；（b）所有出生前印痕的苦难 —— 因为假祖母把他扔回自己的个性扮演了。于是他闹，妻子也闹回去。突然间，这个女人不再是假祖母，而变成了假母亲。精神健全于是出走。

我们终于在治疗中遇见这个同情印痕，并发觉它受到双重掩护：

1. 它与目的一致。
2. 它具有一个遗忘指令机制。

由于第一点的缘故，只有在个案释放了足够的张力（tension）后，心灵的自我保护性才允许心灵放弃印痕，在没有该印痕的情况下继续运作。

第二点是常见的印痕装置。每当印痕中的体觉不适足以让待清新者痛到在躺椅上打滚，但却没有语言内容时，我们就要怀疑有遗忘指令机制。这个世界上显然有些人认为，遗忘是治疗心中一切不快的万灵丹："我没放在心上"、"如果想起来那档事，我会疯掉"、"孩子啊，我跟你讲的话你永远都不记得"、"没有人记得住的啦"、"记不得"，或者就只是"我不知道"，还有这语句大家族中的元老："忘了吧！"这些都会使分析器无法得到资料。一个刚开始听析的个案，可能老用这些否定指令来回答每个问题

（你应该还记得，否定指令也有很多其它类型）。重复技术最终会从各印痕中释放语句，事件便会显露出来。如果每当孩子受伤，祖母就不断地说"忘了吧"，这孩子所受的诅咒就远比麦克白（Macbeth）还惨。如果一个遗忘指令出自盟友，就算当时几乎没有疼痛或情绪存在，这个指令本身仍会掩盖资料；即便在回想中这些资料并不令人偏差错乱，一旦被遗忘指令埋藏，该指令之前的话语就会导致偏差错乱，并且只具字面意义。

因此，这个印痕一直完全没被察觉，直到个案即将完成治疗，而就在接触到它的那一刻，已经减感（de-intensify）的反应库就垮了，患者也就清新了。

同情印痕的第二个例子，是一名患者童年的经历。治疗初期，患者是个相当混乱的人。这个同情印痕的例子还算常见。（在盟友计算中，这并不是主要的印痕，但由于它在同一个案中经常重复，因此变得令人偏差错乱。）事件当时，孩子遭遇一次意外事故，受了重伤。他颅骨碎裂、脑震荡，持续昏迷数日。他不知道自己发生了这样的事，虽然日后调查显示出颅骨碎裂的证据，也显示尽管他一向知道颅骨有一道隆起，却对此从未存疑。他父母在事故当时已在离婚边缘。那些日子，他们在仅有部分意识的孩子面前大吵大闹了好几回，显然被他的事故扰得心烦意乱，而且为了谁有错而互相指责。这个大的印痕里有一系列的印痕，第一部分的印痕并不重要，除了母亲扮起孩子的捍卫者之外（实际上父亲并没有伤害孩子）。母亲的话偏差错乱地暗示父亲在伤害孩子（就偏差错乱的起因而言，重要的是印痕里的话语，不是动作）。最后，父亲离开了屋子，离开了这个家。母亲在孩子的小床旁边坐下，边哭边对孩子说她要让孩子活下去；为了让孩子活下去，她要"工作，日夜操劳地拼命工作"。她说："你能活下来都是因为我。我保护你不受那个畜生、那个魔鬼的伤害。如果不是我，你早就死了。我会照顾你、保护你的。所以，别听其他人的话。我是个好母亲。我一直都是个好母亲。别听他们的。求求你，小宝贝，留在这儿，好起来吧！求求你！"

当然，这一串惊人的胡说八道都直接来自她的反应式心灵。自从怀孕后，她一直周而复始地虐待孩子。虽然如此，她并不为自己照料孩子的方式感到罪恶。（所有罪恶感或是罪恶情结这样的东西，都是直接出自印痕中"我有罪"之类的语句。）

矛盾人格在此运作。矛盾是指两边都具有力量。其实称之为多重个性扮演较好，因为我们可以证明，人具有多种个性扮演，二、三十种对"正常人"而言并非少见。这个母亲虽然满是夸张的哀求与肉麻的感伤，其实她像旋转苦行僧（whirling dervish）一样，不停地转换个性扮演。她能够邪恶残忍地，用海军所谓"多变又异常的惩罚手段"折磨孩子：然而，对患者来说不幸的是，其中只在生病时才出现的个性扮演，会猛烈保护孩子，并向孩子保证她爱孩子、绝不会让他挨饿等等。由于这位母亲自己的反应模式和无能，她在孩子十岁前，就给孩子制造了近一千个印痕。此处所列举的例子颇为典型。

这个印痕导致偏差错乱的因素在于一种"信念"：假若母亲不在身边，假若与母亲关系不好，他就会挨饿、死去、受苦受难。此外，印痕的时机意味着孩子若要活下去，就要有剧烈的头痛。尽管患者陈述自己的身体状况时总是很坦率，也完全没有疑病症，这整个系列的印痕造成了高度复杂的身心性疾病组合，包括鼻窦炎、慢性皮肤疹、过敏及许多其它实际的生理疾病。

在治疗中，该区域整条争吵的印痕链、大部分的出生前印痕及大多数晚期生活中的痛苦情绪印痕都解除之后，这个同情印痕才浮现出来。

关于同情印痕，在此有一点要注意。这些印痕绝非只限于童年时期；出生前、婴儿期，有时连晚期生活中都会有同情印痕。任何保护孩子，阻止进一步堕胎尝试的人，都会成为同情印痕链的一部分。当然他们都是盟友，失去他们是很可怕的。我们发现，有的晚期同情印痕发生在五十岁的时候。一个三十岁时的同情印痕是这样的：某个女色情狂护士，在患者尚处于乙醚麻醉状态，仍感疼痛的时候，对他说猥亵的话，玩弄他的生殖器，甚至还有办法用话语内容，安置了一个会产生严重精神错乱的同情印痕。（这并不表示患者处于麻醉状态时或使用药物后，有许多性侵犯的情况存在，但也没有理由只因为这是典型的精神病妄想反应，就判定这种事一点偶然发生的可能性都没有。）

同情印痕只需要听起来像同情印痕，就可以成为同情印痕：反应式心灵并不会去评估它真正的意图。

痛苦情绪印痕

以下举三个例子，来说明三种类型的痛苦情绪印痕。痛苦情绪印痕可能发生在任何时期，包括出生前，但最容易在近期生活中找到；这时它会引向早期的肉体疼痛事件、同情印痕等事物。

第一个例子是盟友死亡造成的失落。有一位女子十八岁时，因父母告知她阿姨去世的消息，而得到一个痛苦情绪印痕。阿姨是重要的盟友。患者三十一岁接受治疗时，回忆起阿姨的去世，却把自己的悲伤归因于其它事物，比如，她所谓自己"死亡本能"的再刺激（实际上，这是母亲"想死，好一了百了"的印痕性话语）。实际上，阿姨当初是劝阻母亲不要"拿掉"孩子的重要因素，她要母亲保证不拿掉孩子。阿姨也曾在出生后的孩子生病时照顾过她。事实上，当暴躁的母亲和对信仰顽固偏激的父亲一起折磨女孩时，阿姨是女孩唯一的庇护。因为父母两人都不想要她，并曾多次企图在预产期前打掉她。

父亲很合时宜地阴着脸，声音洪亮地告诉女孩这个消息。"阿嘉莎，葬礼上你要恭恭敬敬的。"（"什么葬礼啊？"）"你阿姨到非常遥远的地方去了。"（"她死了？"）"是的，死亡必然会降临在我们所有人的身上。我们必须准备好，迎接那一天的来到。命运就在路的尽头等待我们。人生是一条漫长的路，路的那一端，不是上帝就是地狱的烈火。有一天我们都会死。葬礼上你一定要恭恭敬敬的。"她一听到"葬礼"两字脸色就变得苍白；听到"死亡"的瞬间，其实已经"无意识"了，接下来的两天，她虽然还能活动，实际上都处于"无意识"状态。在发现并听析这个印痕之前，个案一直进展缓慢。她释放了过去从未显露的大量悲伤负荷。重述八次之后，印痕减弱到无聊的程度，此时阿姨劝阻堕胎的第一刻就自动显现，并松脱了。此后，个案就在出生前区域有了进展，因为禁止"拿掉"的指令已经移除了，而且根据理论，有了自由的生命力单位，表示负荷已从出生前区域释放出来了。这个个案中还有五个盟友。女孩（由于父母待她如此恶劣）对任何会向她表示关心或愿意保护她的人，都产生依赖。随着早期肉体疼痛事件的出现，更多盟友现身了，更多痛苦情绪印痕的负荷也获得释放，使得新的肉体疼痛印痕得以显现。

下一个例子的印痕，属于某位一辈子都受"有钱父母"养育照料的患者。他出生前的区域非常凄惨，但一直没暴露出来。最后发现，保姆一直是他爱和关心的唯一来源。他母亲喜欢动不动就把家里搅得天翻地覆，所以一发现孩子喜欢上一个保姆，就把那个保姆解雇，即使母亲自己讲明了她认为孩子很"恶心"。

印痕：男孩在院子里玩耍，看到保姆提着行李箱从屋里出来。他停下来，跑去"吓唬她"。保姆是一个爱尔兰女孩，被他这么一吓很生气，但接着她脸色缓和下来，在男孩旁边蹲下。"巴迪，我要走了。我不能再待在这儿了。现在我不能再做你保姆啰。不过没关系，没关系，你会有一个新保姆的。别哭啦。小男生不该哭的喔。巴迪，再见了。我爱你。"然后保姆走了。

保姆一说要离开，男孩便愣住了。不许哭的话发自一位盟友；无论盟友说什么都一定是对的，都必须相信，因为盟友是有利生存的，而他必须生存：因此，必须相信盟友。往后的那些年中，除了少数极度悲伤的时刻，他从未哭过。先前接触到八次这样的离别都没有成果，但这一次它们全都松动了，并且一个接着一个释放了负荷。

盟友离去或离开盟友都含有情绪负荷；如果这情绪没有显露出来，那就是被压抑在别处了。

痛苦情绪印痕的第三个例子，是第三种类型：由于盟友转变立场而丧失盟友。有个妻子非常爱她的丈夫。这对夫妻一直相处得很好，直到丈夫的父母搬来附近，并开始诽谤妻子。丈夫为此对父母很不满，常与他们争吵。妻子是他的假盟友，而不幸的是，真盟友在丈夫小时候告诉过他，要相信父母。（盟友经常说这种话。如果孩子情绪混乱或生病时，他们提供的是正确资料，就不会惹出那么大的麻烦了。例如"有一天你会长大，能够照顾自己"之类的话，比一堆爱默生式〔Emersonian〕的陈腔滥调要好多了。）这促成了悲剧性的立场转变。反应式心灵受了妻子影像的再刺激（那时丈夫因受父母严重再刺激，情绪已大受干扰），丢出"必须相信父母"这个资料。他父母恼人地喋喋不休，把他妻子讲得一无是处。他进入了父亲的个性扮演，以逃避这种令他头大的情况，而父亲的个性扮演会打女人。于是他多次殴打妻子，复演父亲的某个印痕："我恨你。你真差劲。我早该听他们的。你真差劲。"

妻子接受了治疗。这个负荷受到抑制，并非由于对丈夫的行为感到羞愧，而是基于机械式的原理：可以释放该印痕前，一定要先减轻早期的区域（档案员是很聪明的）。她的个案进展已经缓慢到一个地步，使得印痕库看来已空无一物，个案却仍有体觉不适（她将此归因于自然现象）和偏差错乱（她说那是合理的反应）。突然间这个事件出现了。听析员使用重复技术，随意猜了一句"我恨你"，因为他知道患者不时会对丈夫说这句话。尽管痛苦情绪十分强烈（她哭到几乎透不过气来），三次重述便把它释放了。十二个出生前印痕立刻出现，都是父母的争吵（父亲是盟友，丈夫是与她父亲相似的假盟友）。争吵时母亲捶打自己的腹部，咒骂孩子。擦除了这些印痕，个案就进展顺利，成为清新者了。

狗、玩具、金钱和地位的丧失，甚至只是即将丧失的威胁，只要是失落，任何事物都有可能带来痛苦情绪印痕。它可以是死亡、离别或立场转变所造成的失落。任何与患者生命相关，以及他认为与自己生存有关联的东西，丧失时似乎都能锁住生命力单位。这类痛苦情绪存在的一个条件，在于有早期的肉体疼痛印痕供它附着。肉体疼痛印痕仍然是罪魁祸首，而痛苦情绪印痕则是它的帮凶。🔆

治疗的各层面
及其机制

进入个案

每一个个案，在进入时都会出现不同的问题。没有两个人是完全相同的，因此也没有两个个案会遵循完全相同的模式。然而对戴尼提来说，这并不是个难题，因为治疗机制永远是相同的。

个案可以分成三类：有听觉回想、无听觉回想、想象式回想（听析员称之为剪辑回想）。

有听觉回想的个案，要进入是很容易的。但所有个案的基本程序都一样。让患者进入潜思（如果患者未进入深度潜思中，不用担心，因为潜思只不过是让他将注意力集中在自己和听析员身上而已，你至少能做到这一点）。安置一个取消用语。让患者复返到童年时代，选一个愉快的事件。接着再找一个带有轻微疼痛的事件，像是挨一记耳光。让他将这个事件经历几遍，好让他对听析有个概念。如果他的反应不佳，就让他回到昨天他开车去上班的时刻，问他听到些什么，看到些什么，然后再让他回到童年时期。

找出诸如一记耳光之类的轻微事件，目的是要查明患者是否有痛觉关闭指令。在戴尼提里，痛觉关闭指令并不难处理。你可以回到痛觉关闭指令安置之前的时刻，但是知道这点会很有意思，因为若患者有痛觉关闭指令，你会想在治疗中尽早找到它。接着要弄清楚患者是否有情绪关闭指令。这也并不特别棘手，而且也是你终究得找到的资料。

现在要测试一下患者是处在自身之内，还是在自身之外观看自己。如果他在体外，那么你所治疗的个案就有相当多的情绪被闭锁住了，这些情绪必须释放出来。

现在，试着探索原点的原点。你有可能一下子就得到了，让自己大吃一惊。你也可能花五十个小时才找到，并在寻找的同时使患者得到解脱。抓住任何档案员提供的出生前区域的印痕，并将它减弱。

无论是否触及了原点的原点，你都要尽可能地找出那些不需费力诱导，就能自行显现的出生前印痕，并将每个印痕减弱。

如果找不到出生前印痕，就把患者带回目前时刻，不过要提醒他继续闭着眼睛。现在询问他几个关于他家人的问题，包括祖父母、外祖父母、妻子或丈夫。也要询问关于前夫或前妻以及孩子的事。而且要特别询问有关死亡的事件。你是在寻找一个痛苦情绪印痕，一个会释放负荷的失落片刻。

找出一个事件，即使是一条爱犬的死亡也好，让待清新者复返到当时的场景，让他从听到消息的那一瞬间开始，把接下来的几分钟经历一遍。接着再重头开始。把那一刻当作印痕来减弱。你要的是情绪的释放。让他重复经历几遍。如果没有得到释放，就找出另一个失落的时刻、一次失败，什么都可以，只要是能释放负荷的事件就行。但在整个过程中你要保持平静，仿佛带着同情一般。如果没有任何成效，就开始用重复技术，但除了流露出你正以平静的态度在关心他的身心健康外，绝不要给予任何信息

（即使他某些转圈圈的行为令你担忧）。用他童年时的小名，试试看"可怜的小_____"这样的语句。

当待清新者重复这个语句几次之后（同时听析员说体觉记录带〔somatic strip〕将复返到任何包含这句话的事件中，以协助"吸入"），他可能会发现自己处于一个高度紧张的事件当中。这个事件会释放负荷。如果还没有东西释放出来，你要保持冷静（这些努力在下次或下下次的听析中，必定会得到回报），继续寻找、继续观察。会释放的情绪负荷必然存在于某处。再尝试其它的话语组合，比如说一般人常对生病、担忧的孩子说的话，让待清新者重复这些话语。

若仍然没有任何成果，再做另一种测试，但别说这是个测试，看看待清新者是否真有脱离目前时刻。不要让他"试着回忆"——你要他复返，这是另一种程序，虽然对人脑来说同样自然。如果他卡在目前时刻，你要再次运用重复技术，建议使用一些反弹指令："出去，永远不要回来！"、"你再也别想回来！"等等。这些语句能解释为何他仍处在目前时刻。如果试了一些反弹指令，他仍未复返，就尝试滞留指令："我卡住了！"、"别动！"等等。

要保持冷静，绝不要显出焦虑。如果在第一场听析中，你用重复技术既没有释放到负荷，也找不到印痕；如果待清新者不能在轨迹上移动，就再读一遍本手册，然后在第一场听析后的三天内和你的患者再试一次。那时，你索求过的一些资料可能就出现了。

然而一般来说，你会找到一个出生前印痕，或情绪的释放，如果你释放了情绪，就要求体觉记录带回去找出该情绪负荷所抑制的出生前印痕。要减弱你所找到的每一个印痕。如果出生事件出现，而且回想似乎很完整，就试着将它减弱。然而这么做时，你要知道这个印痕可能不会消除多少，所以你最好要一次又一次反复地处理这个印痕，尽你所能地将它减感。

　　有时候，待清新者进入的潜思层次，会比你希望的还要深。不要试图唤醒他到较高的意识层次；就从他所在的位置进行。但如果他似乎接近催眠的恍惚状态，你的用语就要非常谨慎。例如，绝不能叫他回到那个地方，待在那里直到找出某物为止，因为那是滞留指令。在戴尼提中，不要对任何人使用滞留指令、反弹指令、聚集指令等等。"请你复返到出生前好吗？"、"我们来看看，体觉记录带是不是可以找出一个早期的疼痛或不舒服的片刻"、"请找出事件一开始的体觉不适，然后开始经历这个印痕"、"请问，你听到了什么？"、"继续"（当你想要他讲下去，从他所在的印痕时间点进行到印痕结尾时使用）。"请重述一遍"。

　　这没什么好紧张的。如果你一紧张，患者就会跟着紧张。

　　有时，你会遇到痛觉关闭指令。这种指令经常会把疼痛置入肌肉，于是肌肉会跳动、颤抖；患者或许可以感觉到这些，但仍感觉不到疼痛。偶尔有的患者痛觉关闭地非常彻底，使得他在不自觉的情况下来回蹦跳，几乎从躺椅跌到地板上。遇到这种情况时，不要惊慌：这表示疼痛以某种方式闭锁起来了。若你回到够早期，就能找到他可以感觉到的体觉不适，或往晚期搜寻，找出一个情绪负荷。

　　如果他告诉你，情绪方面的问题他已通过精神分析或其它方法解决了，不要被他误导。他可能把他的妻子、亲爱的人或孩子的死亡事件封起来了，但是，整个印痕仍在那里，挤满了被囚禁的生命力单位，你随时可以就像处理印痕一样地来处理这些事件。

　　如果遇到沉重的情绪负荷，你就让患者哭泣，以温和同情的声音，鼓励他继续经历这个印痕，让他不断重述，直到印痕不再带有负荷为止。接着，让他往前回到出生前或幼年期，找出那个必定隐藏在情绪负荷之下、把负荷固定住的肉体疼痛印痕。

　　你一点也不必因情绪释放时的激动而感到惊慌。把患者从释放中突然拉回目前时刻，反而会使他不快。这个社会认为除非加以压抑，否则悲伤是不可能克服或解除的；然而在处理痛苦情绪印痕时，只消重述几次，就能释放悲伤。听析员要找出患者刚听到坏消息，或刚看到令他难受的事物的那一瞬间。让他从痛苦情绪开始前够早的地方讲起，以确保他的重述包含了最初受到的震惊——几分钟的印痕时间就够了——然后让他再次重述这个事件。一开始时，他可能会注意到自己在体外很远的地方。这一刻也许要反复经历好几遍后，负荷才会释放。记住，他必须复返到这个事件，而非以记忆的方式来进行，记忆对处理印痕一点好处也没有。

千万不要让他机械性地回放事件。回放是一些待清新者的坏习惯，他们往往只是播放上次说过的话中，自己记得的部分，而不是在每次重述时，重新经历一遍印痕，并接触印痕中所包含的内容。你要告诉待清新者里面可能有更多内容，他复返到房间里时，询问他床的颜色，用各种平静的方式，让他的注意力集中在情景上。不论何时，都绝不要让他回放印痕：他可以一直回放，每次都重复他记忆中自己上次说过的话，但这样做没有任何治疗价值。回放和旨在收集更多资料、消除负荷的反复再经历印痕是不一样的。

在出生前的愈早期释放情绪、减弱肉体疼痛事件愈好。如果你一开始不能进入出生前区域，就表示那里有许多反弹指令。重复技术将会把你带到那里。

如果患者一直说"我不记得"这一类的话，你要有耐心——一定要遵守听析员守则。用重复技术使他不断地说那句话。如果他得到了一个体觉不适，但并未触及任何其它事物，就把他送往更早的时期。如果他又找到一个，但"我不记得"这句话仍无法接触其它内容，就把他送往更早的时期。可怜的家伙：他的整个印痕库里一定充满了这样的语句。有人实在不想让他知道发生过什么。但你最终会回溯到一个能释放该语句的印痕。当他把这句话再多重复几次，他可能会微笑，或轻轻笑出声来，或只是感觉轻松起来。此时，你可以处理最早出现这个语句的印痕，这是最好的做法。或者你可以朝目前时刻前进，解除较晚出现的同一语句。或者你可以开始对付可能会阻碍个案的其它事物。

戴尼提的目的，是把标准库置于个人意识完全可及的范围内，它通过以下方式来达到这个目的：

1. 消除早期与之后所有的肉体疼痛印痕。
2. 消除所有的恶魔线路（这些线路只包含在印痕内，且或多或少会自动出现）。
3. 消除所有的痛苦情绪印痕。

操作方法是尽量回到最早的时期，最好是出生前，而且是出生前的最初阶段。试图找出一个包含完整体觉不适（疼痛）与感知（话语及其它感觉）印痕，并减弱它。如果做不到这点，就往后，在出生到目前时刻之间寻找，寻找一个失落的片刻，或受失落威胁的片刻，你会从中得到情绪负荷。然后，你再回到更早、更早、更早的时期，找出此事件所依附的印痕。你要一直不断地尝试寻找原点的原点，即最早的印痕，直到确信找到为止。运用档案员和重复技术，尽你所能找出最多的早期印痕，并将它们减弱。当你似乎用完了早期的材料时，就到生命较晚期，设法找出另一个情绪负荷。

肉体疼痛印痕会将较晚期的情绪负荷掩盖起来。情绪负荷也会将肉体疼痛印痕掩盖起来。就这样来来回回。尽你所能地接触最早的时期。当早期的资料看上去就要用光了的时候，或是患者对早期变得没有什么情绪时，就去找一些比较晚期的资料。

这就是个案治疗的方法。无论是哪一类的个案，无论回想的状态如何，无论患者是正常人、精神病、神经官能症患者还是什么人，做法就是如此。

以下是所用的工具：

1. 潜思；如不能潜思，也要使患者集中注意力。
2. 复返。
3. 重复技术。
4. 对反弹指令、滞留指令、聚集指令、误导指令与否定指令的了解。
5. 对痛苦情绪印痕的了解。
6. 减弱或擦除。
7. 快闪答案（flash answer）。
8. 个性扮演变换（valence shift）。

你只需要做到下列几点：

1. 要使患者保持可动状态，即能在轨迹上移动。
2. 减弱或擦除你碰过的任何东西。
3. 在治疗中或治疗期间外，从患者的言语推断出他的反弹指令、滞留指令、聚集指令、误导指令和否定指令。
4. 请牢记，首要目标是原点的原点 —— 疼痛和"无意识"的最早时刻。
5. 请记住，患者可能会有这样的"计算"：认为他的病或偏差错乱的状态对他"有价值"。你要通过他对你问题的快闪答案，来找出那些 "计算"的根源。
6. 要让个案不断地有进展、有收获，而且只追求进展和收获，不求突发、惊人的成果。只有在个案停滞不前时才忧虑，而此刻，你要赶紧找出阻碍这一切的那个印痕。这个印痕的内容会与患者表达印痕感觉的方式很接近，并会包含同样的或相似的话语。

7. 每次治疗结束时，都要把患者带回目前时刻，并给他取消用语。用闪出的年龄来作测试，看他首先回答他现在几岁。如果他不在目前时刻，就要找出在那个年龄时的滞留指令。

8. 无论患者说什么，都不要发脾气。

9. 绝不要告诉待清新者他的资料意味着什么：他自己知道，而且也只有他自己知道那些资料意味着什么。

10. 鼓起勇气来做戴尼提；如法拉格特（Farragut）所言："去他的鱼雷！前进！"

11. 无论你是待清新者的妻子、儿子或什么人，当你在听析时，你就是听析员。待清新者无法计算自己的印痕来找出印痕；如果他找得到，那就不是印痕了。但你能够进行计算。你认为优秀的听析员该怎么做，就那么做；绝不要听从患者的话，除非他的意见刚好和你一致，认为优秀的听析员就该那么做。要当听析员，而不只是当个记录装置。是你和患者心灵中的档案员在控制个案：患者的印痕与分析式心灵所认为的东西，不该对你的计算有任何影响。你和他的档案员知道该怎么做。他，那个 "我"，并不知道。

12. 发生什么事都不要吃惊。去听析就对了。

下列几点是你绝对要避免的：

1. 把过去的某些疗法或信仰掺入戴尼提中。这样你只会延缓治疗，或使个案走偏。不去寻找更多印痕，却分析从其它来源获得的资料，只会耽误待清新者，造成他的混乱。一个人若接受过非戴尼提领域的训练，他会禁不住地想利用戴尼提技术做别的事，而不去找出印痕。在了解戴尼提怎么运作之前就屈从于这种诱惑，这对戴尼提是个很不公平的测试，更别说它会把个案搅得一塌糊涂了。这种诱惑很强，因为使用戴尼提，你会得到大量的资料。

2. 不要欺负患者。如果个案未见好转，责任在于听析员。不要只因为患者没有好转，就屈从于以往的做法，迁怒患者。你也许很肯定你刚从反应库中减弱的印痕，就是他不愿洗澡的原因，但是，如果他还是拒绝洗澡，你就该确定还有更早的原因。

3. 不要因为个案没有很快解决，就自负地认定你有一个"与众不同"的个案。所有个案都是"不同"的。

4. 要是你慌了手脚，不要向不懂戴尼提的人求援。个案没有好转或变复杂的原因就在这里：你慌了手脚。只有戴尼提能解决戴尼提里的问题。

5. 不要把患者的抱怨当成抱怨；把它们当作资料以便找出印痕。

6. 不要只因为触及不到个案的出生前印痕，就推论那些印痕不存在。每个个案都有许许多多的出生前印痕。记住，印痕不是记忆；你必须培养它，才能使它在回想中显影。当今世上没有一个人不具有大量的出生前印痕。

7. 不要让患者用他母亲或记忆中别人提供的资料来回避出生前印痕。每当你发现患者在用过去时态，而非现在时态说话，他就还没有复返到过去的事件中。如果他没有复返，就无法解除印痕。

8. 不要以为患者现在并没有为过去的伤痛而难过，就表示过去轨迹上没有他感到绝望时的绝望负荷。时间或

329

许能包藏伤痛，却无法治愈伤痛。

9. 不要顾虑 "罪恶感" 或 "羞耻心"，把这些想成是印痕内容，因为这些都可以在印痕中找到。不要向患者暗示在某个印痕中他可能有错。

10. 患者若有任何偏离最佳举止、行为或理性的状态，都是印痕所造成。不要找借口，认为这是 "人之常情"，一位数学家是不该为提供错误答案的计算器找借口的。性恐惧、心理压抑或防卫，并不如过去大家所想的那般 "自然"。

11. 不要担心患者的偏差错乱。要努力地接触、减弱并擦除印痕。在任何患者身上，你都会发现足以填满一本词典的偏差错乱。

12. 如果你的患者未能在一夕之间，或一个月内成为清新者，不要焦急。继续治疗就好。不知不觉，你很快就会使他超越正常标准了。在那之后，你就在朝一个极高的目标迈进。

"卡在目前时刻"

进入个案后，你常会发现个案处在时间轨迹上各种不同的位置或情景中；有时个案完全不在时间轨迹上，有时时间轨迹乱成一团。你偶尔会发现个案的时间轨迹情况良好，可以找到印痕，但这种情况并不常见。

除了在回想上有剪辑和关闭的情况之外，我们不能说一个个案比另一个个案难应付。但是，那种似乎 "卡在目前时刻"，而且对什么重复语句都毫无反应的患者，往往令听析员感到相当困惑。待清新者不会复返回印痕中。通常这样的个案可能有痛觉及情绪关闭指令，所以痛苦情绪不能很快地释放。有时体觉不适可能出现，但你无法从其中得到任何资料。有时没有体觉不适而只有资料。多种不同的情况都可能发生。

此时听析员可以做几件事。首先是运用自己的智慧；其次是教导患者进入复返状态。教导的过程很简单：听析员让患者回到几个小时以前，让患者讲述他看到的事物。听觉回想和视觉回想可能闭锁了，但患者对那时发生的事情也许有些概念。听析员接着让他回到几天前，再回到几个月以前，最后回到几年之前，每次都要求患者尽力描述他"周围的状况"。如此患者就会对复返有概念。他至少可以沿着生命中未被印痕闭锁的部分行进。

一旦患者复返到自己生命中某个较早的时刻，听析员就要开始针对明显的现象，对他运用重复技术；例如感觉关闭（重复"感觉"一词）或遗忘指令机制（比如"忘记"一词）。如此便有可能触及印痕，并使之减弱。

如果重复技术还不能奏效，仍然得不到资料，那么你要通过他在治疗中的言谈举止，来判断是什么在困扰他或闭锁他的回想，然后再一次用这些猜测作为重复语。比方说，他可能不记得家庭中某个成员的事情。让他重复这个家人的名字，或让他重复自己童年时的小名，直到他与某个事件接触为止。

如果这样还不成功，你就要寻找一些轻微的锁，即痛苦最轻微的事件，然后处理那些事件。像是从三轮车上摔下来、被勒令离开饭桌、挨打挨骂、放学后被罚留下，诸如此类的事情都可以。减弱了几个锁后，你再试图寻找印痕。

处理锁并不会让患者显著好转，任何个案中都有成千上万个锁，一旦找到了严重的印痕，大多数的锁就会自动消失，无需听析员协助。但是，你可以用锁来教导患者进入复返状态，使他对整个治疗较有概念。你甚至可能因为向患者证明了他能够正视过去，而使情况好转。

在治疗一开始，首先要对任何个案做的几件事情是：

1. 尝试找出并擦除原点的原点。
2. 释放痛苦情绪负荷。情绪愈早释放愈好，而且个案必然有情绪负荷，就像他也必然有大量的出生前事件一样。

不管是一开始还是治疗过程中，只要个案"卡在目前时刻"，都是因为有大量闭锁的情绪负荷；个案也正在遵从一个受到再刺激的印痕，这个印痕令他必须从过去回到现在，并持续待在现在。这个印痕的话语内容，一般会在患者抱怨自己的问题时表达出来。根据这个线索，你可以使用重复技术。如果不成，就把患者带回他能接触到的事件，以此教导他复返；如上述方式教导后，再次使用重复技术。

有一句格言适用于所有的治疗："有志者，事竟成。"只要你在一场接一场的听析里，都反复引导患者复返到那个期间，任何印痕、所有的印痕都会屈服。印痕库可能顽固，但如果坚持索求，你迟早会得到里面的资料。只要继续索求，继续执行治疗的固定动作就好。即使是"卡在目前时刻"的个案，仅仅根据重复技术这一项原则，也终究会开始复返。

听析员可能会犯某些错误。他可能想根据出自患者父母或亲戚的资料，来治疗个案，这种做法一般而言是无效的，因为这会削弱待清新者对自己资料的信心。（所有资料都会与亲友的资料相符；但个案处理完之前，你不用担心核对资料的事。）听析员也可能在别人面前试图治疗患者，或可能违反听析员守则。本书其它部分也有列出这些妨碍治疗的因素。

原点的原点

听析员首要的目标是原点的原点，其次永远都是他所能触及到的疼痛或不适的最早时刻。他可能必须到晚期去寻找情绪负荷，而这些事件本身也可能有肉体疼痛。情绪负荷可能会阻碍患者找到原点的原点。但是，分析器关闭的第一瞬间永远是最重要的，一旦找到它，之后产生的印痕就很容易减弱。

基于两个理由，原点的原点是最重要的目标：

1. 原点的原点内容含有分析器的关闭，所以每次收到一个新的印痕，它自身就受到一次再刺激。所有印痕的共同点就是分析器关闭。找出分析器第一次关闭的时刻，个案就会大为好转，因为此后的分析器关闭就不再那么深了。

2. 擦除原点的原点（擦除意为从印痕库的档案里移除印痕，把它以记忆的形式重新归档到标准库中）会使轨迹明显拓展，使许多新印痕显现出来。

有时原点的原点会出现在母亲初次停经前的几个星期内，远早于任何怀孕检查或堕胎未遂事件。在无听觉回想的个案中，我们有时可以在原点的原点找到听觉回想，但情况绝非总是如此。

在原点的原点出现之前，可能得先擦除相当多的材料。

有时，听析员或待清新者已把原点的原点擦除，却还不知已经触及它了，因为原点的原点只不过是原点区的印痕之一。有时，在原点的原点自行显现之前，必须先释放出晚期生活的许多痛苦情绪。

然而，原点的原点永远都是攻击目标。除非听析员确知他已找到原点的原点，否则每一场听析他都要努力尝试。达成此目标后，每一场听析都要试图找出能触及到的疼痛或不适的最早时刻。如果听析员在早期一无所获，就该去释放一个晚期的情绪印痕。当这个印痕完全释放了负荷——减弱或擦除了——这时他就要往下，进入档案员提供给他最早的材料中。

无论出现什么事件，听析员都要尽力清除里面所有的负荷，不论那负荷是疼痛还是情绪，然后才能继续找新资料。做法就只是让患者复返到过去的事件，多次经历，直到它不再对患者产生肉体或情绪上的影响，或直到它似乎消声匿迹为止。

印痕的减弱与擦除

这两个术语是非常口语化的。我花了很多工夫想阻止这两个词的通用，改以更铿锵有力、更漂亮的拉丁术语来取代，但迄今仍未有任何进展。听析员坚持使用口语化的术语，例如 "AA（attempted abortion）"表示堕胎未遂，"老鼠屎"表示造成严重偏差错乱的印痕，"偏差者"表示待解脱者或待清新者，"行尸走肉"表示接受电击或神经手术的患者等等。这种做法恐怕对过去崇高神圣的学术巨作有不敬的倾向，甚或有辱重标签而轻实务之前辈权威的尊严。但无论如何，"减弱"和"擦除"已广为通用，实在没什么必要改变它。

减弱表示把所有的负荷或疼痛从事件中排除。这意谓着让待清新者从头到尾重述事件（在潜思中复返到那个事件），多次反复，找出当时所有的体觉不适和感知，就好像事件正在发生一样。就技术而言，减弱意指尽可能排除导致偏差错乱的资料，使个案能够进展。

擦除印痕的意思是重述印痕，直到它完全消失为止。减弱与擦除之间存在着明显的差别。这差别主要在于印痕会怎么做，而不在于听析员想要它做什么。如果是早期印痕，而且没有更早会系住这个印痕的资料，印痕就会擦除。患者在第二次或第六次的重述中，试图找这个印痕时，会突然发现他对印痕内容毫无概念了。他可能会向听析员询问，当然，听析员不会提供任何资料。（听析员若是给予提示，就等于让自己成为待清新者的记忆，如此会延缓治疗。）患者在经历印痕，试图找出印痕却找不到时，可能会感到好笑，也可能感到迷惑，因为这个印痕在刚开始接触时，含有痛苦的体觉不适和严重导致偏差错乱的内容，现在却似乎不见了。这就是擦除。严格说来，印痕并未擦除。如果听析员愿意花时间，纯粹以研究为目的，他将在标准库内发现那个印痕，上头标示着"曾导致偏差错乱：相当可笑：资料或许具分析式用途"。这样的寻找与治疗无关。如果这个事件有体觉不适，已重述过几次，而且当它最后的新资料出现时，事件就消失了，那么就印痕库而言，事件就擦除了。它将不再"焊接"在运动线路上，不再被复演，不再阻塞动力，也不再是印痕，而成为记忆了。

减弱有些有趣的特点。让我们以一个童年（比如说四岁）的烫伤事件为例。我们接触到了这事件，但许多资料仍埋藏在原点区里。此烫伤事件的底下有许多事件将它固定住。然而，它有情绪负荷，而那负荷会延缓治疗。档案员交出了烫伤事件。此时事件不会擦除，但会减弱。这项工作会比擦除所需的时间还要长，并可能包含几种状况。

待清新者接触到了体觉不适，听析员尽可能地找到距离事件开端最近的点，让待清新者从那一点开始重述事件。我们假设，烫伤事件的情绪等级是冷漠无助（情绪度 0.5）。待清新者以冷漠无助的态度勉强穿过事件。他完全处在体外，看着自己被烫伤。接着也许突然会出现一次情绪的释放，但这不一定会发生。待清新者再复返到事件的开端，并且开始重述（重新经历）整个事件。

如此一再重复。很快地，他开始对牵涉此事件的人感到愤怒，怪他们太粗心或太无情。他已进入了愤怒区（情绪度1.5）。虽然患者想讲他的父母亲有多恶毒，或者他认为应如何立法严禁烫伤儿童，听析员要耐心地让待清新者再次体验那个事件。待清新者现在怒气平息，而且对资料感到无趣了。他已上升到无聊（情绪度2.5）。他可能向听析员抗议，说再做下去很浪费时间。此时听析员要再次让他经历事件。新的资料可能会出现。在此期间体觉不适或许仍会出现，也或许不会，但情绪度仍然不高。听析员再让待清新者经历事件一次。这时待清新者可能开始挖苦或打趣，但不一定。听析员让他再重述那个事件。突然间，待清新者可能对事件感到好笑，但也并非总会如此。当情绪度显然已相当高时，就可以离开那个事件了。几天以后，事件可能会下沉（sag）。但这并不要紧，因为你从原点的原点往回做时，就能把它完全擦除了。无论如何，它导致偏差错乱的力量，绝不会像减弱之前那么强大。

减弱有时会让整个印痕看似消失。然而这种情况发生的时候会很明显。事件经过重复叙述，在情绪度没有提升多少的情况下，就这样消失不见了。这便是减弱至消退的情况。几天后，这个事件将会再次重现，威力几乎和以往一样强大。这个事件因为之前有材料，之后又有情绪负荷，所以十分棘手。

因此，在处理印痕的过程中，可能会发生几种状况。印痕可以减弱，也就是说情绪和体觉不适的负荷都已释放，此后导致偏差错乱的力量就不大。印痕可以减弱至消退，即重述多次后，就看不见了。印痕也可以擦除，也就是说，就印痕库而言它消失了，从此不复存在。

听析员只需少许的经验就会明白，触及印痕后印痕会起什么反应。一般来说，擦除只有在达到原点的原点以后才会展开；或者该说，是经历到原点区时才会发生。减弱会与情绪释放一起出现。当印痕库中有过多的印痕压抑此事件时，减弱到消退的情况才会发生。

偶尔，连最好的听析员也会因为触及了一个印痕，就紧抓着它，决定跟它耗到底。但这并不值得。也许耗到底总比只引发再刺激、使患者好几天都心烦意乱要好。但也许不是。无论如何，最好一开始就不要碰仅能减弱到消退程度的印痕。

没有经验的听析员总是把出生作为一个明显的目标。每个人都有出生印痕：在大多数患者身上都能轻易找到它。但这是个痛苦的事件。在彻底清理原点区之前，在晚期生活中的痛苦情绪完全释放之前，在档案员准备好交出出生印痕之前，最好别碰它。出生印痕通常会减弱至消退，之后就一直冒出来烦听析员。碰了出生印痕后，患者会有隐约的头痛、鼻塞、不舒服，除非出生印痕是在从原点区回来的路上经历的。听析员若试图除去出生印痕带来的头痛和鼻塞，当然就是在浪费时间。有一整个出生前的经历在，所以出生印痕不会顺利擦除或减弱，只会消退而已。如果过早触及出生印痕，往往会引起患者头痛或感冒。这些不适的症状很轻微，无关紧要。但对于只能减弱到消退的事件，听析员所投入的一切心力都是白工。的确，有时档案员会把出生事件交出来：若是如此，在其中的情绪负荷就会释放，这个事件就会确实减弱。听析员务必要听析这个事件。的确，个案有时会停滞下来，所以听析员就试试处理出生印痕，看是否能使患者的进展加速。然而，若只因为听析员知道有出生，就回去碰这个印痕，那只会导致不适和浪费时间。你要到出生前去，愈早愈好，看档案员会交出什么来。在原点区试试重复技术。你可能会找到可擦除的事件。如果那里没有任何东西，就要找出晚期生活中的痛苦情绪印痕，比如朋友去世、失去盟友、事业失败或其它事件。释放此事件的负荷，把它当作印痕来减弱，接着再尽可能回到出生前的最早时刻，看有什么东西出现了。如果档案员认为你需要出生印痕，它就会交出来。但不要只为了有个印痕可以处理，就要求出生事件，因为这样的努力很可能会让患者非常不舒服，又白费力气。出生印痕在该出现的时刻就会出现；档案员知道自己在做什么。

　　向任何晚期的"无意识"时期进攻，比如说含有大量肉体疼痛的手术麻醉时期，就可能造成这种不必要的再刺激。当然，你在潜思中对付此类事件的效果，胜于催眠或麻醉精神疗法；在那些疗法中，治疗的再刺激可能会导致严重的后果。而在潜思状态中，影响则十分轻微。

操纵体觉记录带

　　大脑左右两边的脑叶，各有"两个以脚跟倒挂的小人"。外头那个称为运动带（motor strip），里面那个是感觉带*（sensory strip）。如果你想知道更多关于这两对小人结构方面的知识，几年之后，戴尼提的研究将提供解答。目前我们知道了一件事，那就是对它的描述。对于了解戴尼提的工程师来说，图书馆内现有的描述并不完全合理。这些小人很可能是某种配电板。如果你有灵敏度很高、比当今市场上的任何型号都灵敏的电流计，那么在这些小人的周围——太阳穴后方不远处——将可测到读数。这些读数会显示有某种场（field）散发出来。如果我们能确定这个场的确切能量形式，就能对它进行比较精确的测量。当我们彻底明了思想究竟是在人体的哪一部位完成，就能对于这两条控制带有更多了解。到目前为止，戴尼提的研究只证明了一点：在一团混乱的标签之下，我们除了知道这些结构与身体各部位间的协调有关之外，实在一无所知，这方面也没有什么值得重述的资料。然而，由于没有更

---

* 感觉带可说是配电板的"心理"部分，运动带则是生理部分。

合适的东西，在治疗中我们还是会谈到它。既然我们已对功能有了一些知识，进一步的研究必然会产生结构方面精确的答案。

听析员可以像工程师操纵开关那般开启或关闭患者的体觉不适。更合适的说法是，听析员开关身体的体觉不适，就像驾驶操纵轨道上的电车一样。这就是我们之前谈时间轨迹时提过的游戏。

对一个进行得很顺利的患者，你可以命令他的体觉记录带回到时间轨迹上的任何部分。在平常生活中，随着印痕受到再刺激，体觉记录带会每天、每小时地沿着这个轨迹时上时下。听析员在治疗患者时，可能会发现他自己的体觉记录带也会遵照自己的指令，开启或关闭自己的体觉不适，不过这顶多会引起轻微的不适而已。我们不知到底是整个身体、细胞还是什么在移动。但我们能控制它；我们可以假定它至少有经过那个倒挂小人的配电板。

听析员："体觉记录带现在要到出生的时刻。"

潜思中的患者感觉到收缩的压力，将他往产道出口猛推起来。

听析员："体觉记录带现在要到你最近一次受伤的时刻。"

待清新者感觉到某种疼痛稍微浮现，例如撞到膝盖时的感觉。如果他有听觉回想及视觉回想，就会看到自己在哪里，比方说突然了解到自己在办公室：他将听到同事、打字机及外面车子的声音。

听析员："体觉记录带现在要进入出生前。"

患者发现自己进入了该区域，可能漂浮着，并不舒适。

听析员："体觉记录带现在要到目前能触及到的疼痛或不适的第一个片刻。"

患者飘浮了一会儿，突然感到胸部一阵疼痛。他开始咳嗽，全身感受到压力。妈妈正在咳嗽（这常是慢性咳嗽的来源）。

听析员："开始经历这个咳嗽事件。"

患者发现自己处于印痕的开端，开始经历印痕。"咳、咳、咳。"接着他打呵欠，讲出母亲说的话："好痛，我停不下来。"

听析员："回到事件的起点，重新经历它。"

患者开始咳："咳、咳、咳。"但他这次咳得不那么严重了。他打了深深的呵欠。待清新者复述母亲的话："哎哟，好痛，好痛喔，好像停不下来。"若是他有听觉回想，就会直接聆听；如果没有听觉回想，就会得到话语内容的印象。现在他找到了以前被"无意识"压抑的话语。"无意识"开始随着呵欠跑出来了。

听析员："再来一次。"

待清新者："我停不下来。"这次他复述了所有找到的话语。体觉不适不见了。他再次打呵欠。印痕擦除了。

听析员："体觉记录带现在要到下一个疼痛或不适的时刻。"

体觉不适并没有出现，患者进入奇怪的睡眠状态。他喃喃地说着一个梦。突然体觉不适变得强烈起来。患者开始颤抖。

听析员："怎么回事？"

待清新者："我听到水在流。"

听析员："体觉记录带现在要到事件的起点。开始经历它。"

待清新者："我不断地听到水流的声音。"（他一定是卡住了，体觉记录带没有移动。这是个滞留指令。）

听析员："体觉记录带现在要到有滞留指令的地方。"

待清新者复述印痕话语："我要抓着它不动一阵子，看看有没有帮助。"

听析员："现在找出事件的起点，开始经历它。"

待清新者："我觉得自己被推了一下。哎呀，有东西撞到我了。"

听析员："找出事件的起点，开始经历它。"

"我敢说我一定是怀孕了，"待清新者复述着："我要抓着它不动一阵子，看看有没有帮助。"

听析员："还有更早的内容吗？"

待清新者的记录带移至较早的时刻。当母亲试图把某个东西塞入子宫颈时，他感觉到压力。然后他经历了这个印痕。印痕擦除了。

体觉记录带就是这样操纵的。你可以差遣它去任何地方。通常它会先找出体觉不适，接着找出内容。使用重复技术，体觉记录带会被 "吸入" 那个事件，然后体觉不适就出现了。你就处理那个事件。如果无法解除，就令体觉记录带到更早的事件去，如此便可找出更早的事件。

如果体觉记录带不移动，也就是说，如果体觉不适（身体感觉）无法开关，那患者就是卡在轨迹上的某处。他可以 "卡在目前时刻"，这意谓着有一个反弹指令，沿着轨迹一路将他推回目前时刻。你就使用重复技术，或试试看把体觉记录带送回去。如果它不移动，就运用诸如"不能回去"、"跑得远远的"等各种反弹指令的语句，把体觉记录带吸入事件中，再运行那个事件。

体觉记录带也可能在穿越事件时具有全部的身体感觉，但多次复返到同一区域，却不能显示出其它资料。它可以一次又一次地穿越某些印痕，却没有结果：体觉不适似乎保持原样，每次经过事件时都有高低起伏，却没有其它内容出现。这时，听析员便碰到了一个否定指令，像是"这是秘密"、"别让他知道"、"忘了吧"等等。此时，听析员要把体觉记录带送到否定资料的话语处：

听析员："到否定这个资料的话语出现的时刻。"

过了一会儿，待清新者通过听觉回想或印象复述："如果他发现了，他会死的。"

于是听析员把体觉记录带送回事件开始处，让它穿越这个事件。这次就有其它的感知内容出现了。除非这个事件发生在出生前晚期，而且在此之前的原点区都充满资料，否则随着患者继续重述，体觉不适会起伏（随印痕行为而波动），并逐渐降低到减弱或擦除的程度。

听析员命令体觉记录带回到早期事件，有时它却跑到晚期的事件里。这就表示有误导指令。"搞不清楚方向了"、"回头"、"倒过来做"，这些都是误导指令的语句。听析员察觉待清新者有一个误导指令；他可能猜中，或从待清新者对动作的抱怨中得知。他应透过重复技术或直接命令记录带的方式，找出那个语句及印痕，将其减弱或擦除后，再继续治疗。

如果体觉记录带没有按照命令行事，就有某个反弹指令、滞留指令、误导指令，或聚集指令受到了再刺激，你得把当中的负荷释放。体觉记录带会停在禁止它发挥理想功能的指令所在处。

体觉记录带的指挥者有好有坏。一个好的指挥者总是与档案员密切配合；他使用概括性的命令，比如"体觉记录带现在要找出所能接触到最早的疼痛或不适的时刻"，或者是"体觉记录带现在要到你现有的这个体觉不适最剧烈的时刻"（当体觉不适正在困扰患者时）。糟糕的指挥者只挑那些他认为可能会导致偏差错乱的特定事件，硬逼体觉记录带进入其中，勉强把事件摆平。有时的确有必要努力说服记录带，或有必要挑肉体疼痛的事件来运行，但究竟该怎么办，听析员才能做最好的判断。只要记录带进行顺利，能找到并经历新事件，听析员就不该干预它，只要确实减弱任何记录带接触到的事物即可。

彻底搞垮个案的一个好办法，就是让体觉记录带进入一个事件，然后又断定别的事件比这更重要，于是匆忙跳去做别的，把那个事件解除一半时又跑去碰别的东西。这样一连接触了三、四个事件都不去减弱，记录带就停下来了，轨迹逐渐挤成一团，听析员手上就有了个烂摊子。他要花费许多小时的治疗时间，或等一、两周让个案再平衡（使个案沉淀下来），才能恢复至可以有进展的状态。

患者有时会想关掉某种体觉不适。那体觉不适一直困扰他。这表示治疗或患者的环境再刺激了某事件，使记录带不知怎的卡在事件里。一般这样的情况不值得你花时间精力去找出那个事件。因为事情一两天后就会自行沉淀，而且也许该事件无法减弱，因为有较早的印痕存在。

在晚期事件中，体觉记录带的操纵方式与送回早期时一样。绝望负荷也可以用同样的方式接触。

如果你想测试记录带是否在移动，或想测试回想，你就把记录带送回到几个小时之前，看看能得到什么。虽然在许多个案中，接触出生前区域比接触昨天还容易，但你会对患者的情况比较有概念。

目前时刻

轨迹的起点是受精。你的患者在时间轨迹起点处有时感觉自己是精子或卵子：在戴尼提中，这称为精子梦。就我们现在所知，它不具有任何重要价值。但它非常有趣。你不必向待清新者暗示这一点。只要把他送回到轨迹的起点处，听听他会说些什么就好。有时，他会把一个早期印痕与受精混在一起。

轨迹的末端当然就是现在。这就是目前时刻。有时会发生患者回不到目前时刻的情况，因为他在途中遇上滞留指令了。对滞留指令运用重复技术，通常就会使记录带脱困，回到目前时刻。

治疗过程中所发生的一切，可能会使患者有一点昏昏沉沉的。当他沿着时间轨迹回到目前时刻时，可能对印痕的抵抗力变得较弱，并因此触发滞留指令。听析员要非常确定患者已经回到了目前时刻。偶尔，患者可能完全卡住了，而时间又已经很晚了，此时想要把他带回目前时刻是不可行的。但患者睡了一觉后，通常就会回来。

有一种测验，能让听析员分辨待清新者是否回到了目前时刻。听析员突然问待清新者："你几岁？"待清新者给他一个"快闪答案"。如果答复是待清新者的正确年龄，他就处在目前时刻。如果答复比实际年龄小，那就表示有滞留指令，患者并不在目前时刻。还有一些其它的判断方法，但一般说来，如果患者无法回到目前时刻，也不是太要紧。

突然询问别人的年龄，能引出一些令人惊奇的答复。卡在时间轨迹上的现象，在"正常人"之间非常普遍，所以待清新者若一两天或一两周内没有回到目前时刻，实在不用紧张。

任何患有慢性身心性疾病的人，一定卡在时间轨迹的某个地方。即便此人认为自己很健康，若突然问他问题，你经常会得到"三岁"、"十岁"之类的答复。潜思会向他们揭示他们在轨迹上的位置。有时，在第一场听析中，待清新者闭上眼睛进入潜思，就发现自己坐在牙科医生的椅子上，年龄为三岁。他三十年来都一直在那里，因为在他因疼痛及麻醉而休克时，牙医和母亲都告诉他"别动"——于是他就待在那儿了，他一辈子的慢性牙疼就是那个体觉不适。

这种情况并不非常频繁，但你肯定可以找到一个你认识的人，闪出来的答案是"十岁"；你让他进入潜思，印痕一出现，他就发现自己躺在球场上，或之类的状况，而有人正告诉他救护车来之前别动：那就是他的关节炎了！

找个人试一试。

快闪答案

治疗过程中经常运用的一个技巧是快闪答案。可用的方式有两种。先提比较少用的方法。

听析员："当我数到五时，一个语句会突然闪入你的脑海，描述你在轨迹上的位置。一、二、三、四、五！"

待清新者："出生前晚期"，或"昨天"，或任何他所想到的时间。

快闪答案是指人被问到某个问题时，脑海中出现的第一个东西。这通常来自于印痕库，因此很有用。它可能是"恶魔在回答"，但通常是对的。听析员只管向患者提问，例如什么把他滞留住了，什么使他无从得知等等。听析员把这句话放在每一个问题前："我要一个快闪答案。"

听析员："我要一个快闪答案：如果你变正常了，会发生什么事？"

患者："死掉。"

听析员："你死了会怎么样？"

患者："我会好起来。"

使用这些资料，他们便能评估目前患者对盟友的计算为何等等。在这个例子里，盟友在待清新者生病时对他说："如果你不好起来，我会死，我会死的！如果你再这样病下去，我会发疯的！"而之前有另一个印痕说待清新者必须生病。这毕竟只是一个印痕。于是听析员针对"死"这个字运用重复技术，找出一个待清新者从来不知其存在的盟友，负荷便消失了。

聪明地运用快闪答案，就能找出许多有价值的资料。如果完全得不到回答，那就表示答案受到了闭锁。这与得到确实资料的回答几乎一样有利，因为这代表有某种遮蔽机制存在。

梦

精神疗法中有许多学派都大量使用梦。他们的 "符号学"是一种神秘主义的风潮，用来解释神秘主义者一无所知的东西。梦是分析器藉以查看印痕库的哈哈镜。

梦是印痕库中话语和情景的双关语。

因为是双关语，梦没有什么帮助。

戴尼提很少使用梦。

你会听到患者谈梦。患者一旦开始讲梦，就很难停住。如果你想浪费时间，就听他们讲下去。

个性扮演变换

戴尼提运用的机制中，有一项是个性扮演变换。

我们知道患者在生活中复演印痕时，进入个性扮演的方式：他会变成胜利的个性扮演；他的言行会与那个印痕里的胜利个性扮演十分相像。

背后的理论是这样的：如果患者复返到一个他认为极痛苦，无法进入的时期，你可使他换到一个感觉不到痛苦的个性扮演。一种愚蠢的做法，是告诉他不用去感觉痛苦或情绪，让他就这么经历事件。这是非常差劲的戴尼提，因为这是一种正向暗示。听析员应采取各种防范措施，避免给予患者暗示，因为他也许非常容易接受暗示，即使他假装不是如此。但是个性扮演变换允许患者避开痛苦，却仍让他处在印痕中，直到他能重述事件为止。

例：父亲打母亲，未出生的孩子遭到打击，变成"无意识"。你可以从父亲的个性扮演获得资料，不具疼痛；可以从母亲的个性扮演，有母亲的疼痛；也可以从孩子的个性扮演，有孩子的疼痛。

若患者出现体觉不适，却断然拒绝进入印痕时，处理方法是让患者变换个性扮演。

听析员："进入父亲的个性扮演，暂时当你父亲。"

一阵劝说之后，患者照做了。

听析员："痛骂你母亲。好好训斥她一顿。"

患者现在处于不具有"无意识"的线路上，情绪和言语近似他父亲对待他母亲的态度。听析员让他这样重复两三次，直到负荷得到某种程度的释放。接着听析员让患者扮演他的母亲：

347

"现在当一下你母亲，对你父亲吵回去。"听析员说道。

患者变换个性扮演，成为母亲，重复着母亲所说的话。

听析员："现在当你自己，请重述这整个事件，包括所有的体觉不适和情绪。"

患者现在能够以自己的角色重新经历这个事件了。

当你试着找出盟友时，这种办法很有效。

听析员对已复返的患者说："现在变换个性扮演，恳求你的母亲不要杀胎儿。"

患者已复返到一个似乎让他不敢进入的事件。听析员："现在当一个护士，恳求小男孩好起来。"

患者会纠正听析员对剧情的概念，而且通常将会继续进行。

患者常会拒绝进入某种个性扮演，因为他恨那个人。若他拒绝当某个人，这意味着他对此人必定有相当多的负荷。

这种方法很少用到，但治疗停滞下来时很方便。父亲不用服从印痕的滞留指令或命令，因为那是父亲说的。护士也不会服从自己的指令。诸如此类。所以，许多滞留指令和否定指令就会暴露出来。在个案一开始时，这个方法很有效*。

---

* 我们很少用个性扮演变换，除非某个印痕应该存在，但用尽其它方法都无法使患者接触到它时，才会使用。当患者以自己的身份无法触及印痕时，通常变换个性扮演之后就可以触及到了。但是若遇到一个易受暗示的患者，个性扮演变换就不甚理想，因为它违反了戴尼提不做正向暗示的原则。戴尼提只有在复返、重述和挖掘资料的绝对必要情况下，才会用到正向暗示。因此，我们很少使用个性扮演变换，在易受暗示的人身上则几乎不用。只有在听析员确定印痕存在，而待清新者完全无法面对与攻击这个印痕时，才把这种方法当作最后一招来用：这种情形十分罕见。

印痕链的种类

印痕，特别是出生前的印痕，都位于印痕链上。也就是说，会有一系列类似的事件。这种分类是有用的，因为可以导出解决之道。在待清新者身上最容易接触到的印痕链，其负荷是最少的。最令人偏差错乱的印痕链通常最难触及，因为它含有最活跃的资料。记住这条规则：听析员难以接触的东西，也正是患者的分析器难以接触的东西。

以下列出在某个案中所发现的印痕链，但可能出现的印痕链绝不止这些。这位患者过去三十六年来，一直都还算"正常"。

父亲性交印痕链。首次事件在受精卵期。其后有五十六次事件。两个分支：父亲酒醉与父亲清醒。

情夫性交印痕链。首次事件在胚胎期。其后有十八次事件。由于情夫热情，这些事件都很痛苦。

便秘印痕链。首次事件在受精卵期。其后有五十一次事件。每次都对胎儿造成很大的压力。

冲洗器印痕链。首次事件在胚胎期。其后有二十一次事件。停经前每天一次，全都冲洗到子宫颈。

疾病印痕链。首次事件在胚胎期。其后有五次事件。三次感冒。一次流行性感冒。一次因宿醉而呕吐。

晨吐印痕链。首次事件在胚胎期。其后有三十二次事件。

避孕印痕链。首次事件在受精卵期。单一事件。某种涂膏进入子宫颈。

争吵印痕链。首次事件在胚胎期。其后有三十八次事件。跌倒三次，大叫的声音，没有搥打。

手术堕胎未遂。首次事件在胚胎期。其后有二十一次事件。

冲洗器堕胎未遂。首次事件在胎儿期。共两次事件。一次使用涂膏，一次使用非常强烈的来舒消毒液。

压力堕胎未遂。首次事件在胎儿期。三次事件。一次是父亲坐在母亲身上。两次是母亲从箱子上跳下来。

打嗝印痕链。首次事件在胎儿期。五次事件。

意外事故印痕链。首次事件在胚胎期。十八次事件。各种摔倒和碰撞。

自慰印痕链。首次事件在胚胎期。其后有八十次事件。母亲以手指自慰，震动到孩子，并因高潮而伤到孩子。

医生印痕链。首次事件为第一次停经时。就诊十八次。医生的检查很痛苦，但医生是个盟友，他发现母亲试图堕胎后，狠狠地责骂母亲。

产前阵痛。实际出生前三天。

出生。器具。二十九小时的分娩。

由于母亲喜欢喃喃自语，个案有大量的资料需要擦除，而以上所列还不包括患者生命的其余部分。这是一个耗时五百小时的个案，无听觉回想，还需找出谎言工厂以去除想象式回想后，才能得到上述资料。

其它的印痕链也可能存在；选择此个案只是因为它包含了一

般常见的印痕链。母亲有情夫并非少见。这很不幸，因为情夫会使个案变得神秘兮兮的。因此，当个案表现得非常、非常神秘时，你就可以推测里头有一、两个情夫。但不要向待清新者如此暗示。他可能会用以逃避印痕。

体觉不适的种类

体觉不适有两种：属于患者的，以及属于他母亲或其他人的。第一类是实际发生过的，第二类也是。但患者不应当有他母亲的体觉不适。如果他有，如果当他母亲头疼时，你发现他也在抱怨头疼，就表示有一个很早的印痕存在，说母亲有什么他就要有什么："宝宝是我的一部分"、"我要他跟我受同样的苦"等等。那句话也可能因为从字面解释而彻底被误解。然而所有这一切最后都会圆满解决，所以听析员不用太过担心。

"无意识"

虽然本书已在其它地方用各种方式谈过 "无意识" 了，但是在治疗中，它有两种特殊的表现：打呵欠与昏睡蒸发。

肉体疼痛印痕含有深沉的 "无意识"。如果这种印痕即将解除，它就会以打呵欠的形式跑出来，特别是在原点区。在重述了一两次之后，患者会开始打呵欠。这些呵欠在启动他的分析器。

有位患者于治疗期间进入了一个非常极端的印痕 —— 出生前，母亲接受电击 —— 结果他有五个小时都在蒸发 "无意识"。这电击持续不到一分钟，但几乎致人于死地，并使得患者在治疗一开始接触到此事件时，摇来晃去，四肢胡乱摆动，作奇怪的梦，并喃喃自语长达五个小时。那是最高记录。这种昏睡蒸发持续四十五分钟者属罕见，持续五分钟或十分钟者则不少。

听析员把患者送回到某个区域。体觉不适没有出现。但是患者逐渐沉入一种奇怪的昏睡状态。他不时醒来，咕哝几声，通常是胡言乱语，然后再醒来时说他做了一个梦——表面上看来一点也没有进展。但是，他确实有在进展。他几乎死去的那个期间浮现到表层了。此时体觉不适很快就会出现，患者会根据指令重新将这个印痕经历几遍，打几个呵欠，接着就会明亮起来。当然，这么大量的"无意识"足以使他在清醒时，分析器的十分之九左右都保持关闭，因为如果它在原点附近，这"无意识"就是其它每个印痕的一部分。带有如此严重"无意识"的印痕松脱时，个案会有显著的改善，有时甚至会有松脱痛苦情绪印痕的效果。

无论昏睡蒸发要花多久，让它蒸发完是听析员的责任。观看昏睡蒸发可能使尚未清新的听析员也昏昏欲睡，但他还是该看完。长达一小时之久的昏睡蒸发极为罕见，不过每个个案都会有十分钟到半小时之类的昏睡蒸发期。

听析员应当每隔一会儿就把患者弄醒，设法让他继续经历印痕。有一种使患者醒来的特殊方法：不要触动他的身体，因为身体可能极易再刺激，使他很不舒服。你只可以碰触他的脚底，用你的手或你自己的脚都可以，而且碰触时只要能暂时唤起他的注意力就够了。这样做可以维持昏睡蒸发的进行，不让患者陷入一般的睡眠状态。

没有经验的听析员可能会把昏睡蒸发混淆为睡觉的印痕指令。但是如果听析员仔细观察患者，就会发现当患者处在昏睡蒸发状态时，看起来就像是吸了毒或打了药一般；而在睡觉指令下，他就只是睡着了，而且睡得很平稳。昏睡蒸发带有一点浮躁不安，满是喃喃自语、晃动和梦境。睡觉则很平静。

把体觉记录带送往发出睡觉指令的时刻，就可以打破睡觉的印痕指令对已复返待清新者的作用。若待清新者触及并且经历这个事件，他很快就会在轨迹上醒来，可以继续接受治疗。

昏睡蒸发可能充满呵欠、喃喃自语或咕哝。睡觉则通常安静温和。

为什么这叫作"昏睡蒸发"，为什么听析员喜欢使用这个术语，我并不清楚。最初它有个庄重的名称，叫"昏迷度消减"，但这么有学术气息的雅称显然不受欢迎，因为从来没有人用过。

如果你喜欢听人说梦，你会发现梦在昏睡蒸发中应有尽有。正如袅袅上升的热气会歪曲沙漠中的景象一样，印痕指令也是透过"无意识"的面纱，以扭曲的状态呈现给分析器。

锁

锁只需要你一点点的注意力就够了，这真是上天的恩惠。锁是一个事件，可能带有负荷也可能没有。它在意识的回想范围内。它似乎是偏差者偏差错乱的原因。也许，这是印痕库自我保护的一种形式。锁是心理不舒服的时刻，但并不含有肉体疼痛或重大失落。受到责备或当众出丑：这类的事件都是锁。任何个案都有成千上万的锁。如果听析员愿意浪费时间去找，他可以发现大量的锁。处理这些锁，是"催眠分析"这项古老技艺的主要目标。大多数的锁都能减弱。

印痕的键入，是在实际收到印痕之后的岁月里发生的。键入的那一刻，含有因疲倦或轻微疾病所造成的分析式减弱。一个情况若与印痕的情况类似，而且包含了"无意识"，就会键入印痕。这是初锁。如果能找到这个锁，把它切断，就能产生键出印痕的效果。但是，即使它有一些治疗价值，而且在过去曾被一些学派不明究理地使用过，这也还是浪费时间。

如果听析员想了解个案如何对生活作出反应，他可以从成千上万的锁中找一些来检视。但是，他对锁的兴趣仅限于此，因为锁的负荷会解除。维系锁的印痕一旦擦除，锁也就自动释出负荷了。印痕一消失，生命就会自动再平衡，因此锁不需处理。清新者也无需学习如何思考：就如锁的消失，这也是个自动的过程。

有时这些锁存在于印痕之间。待清新者可能处于出生前早期，却突然想到二十岁的时刻，或想到从别人那里听来的印痕（这在治疗中很常见）。这是好征兆。此时不必多管那个锁：你要找到系住它的印痕，因为有一个印痕紧连着这个锁。做梦时，锁会从印痕库中游出，以扭曲的形态呈现，使梦变得很复杂。

二世个案

如果能避免的话，你的第一个个案不要找一位二世。如果父亲名叫乔治，患者也叫乔治，小心会有麻烦。印痕库认为乔治表示乔治，那真是顶级豪华的等同性思考。

母亲说："我恨乔治！"虽然母亲指的是父亲，但印痕说："那是指小乔治"。"乔治不用脑筋。""乔治绝不能知道。""唉，乔治，我真希望你有一点男性的魅力，可是你都没有。"印痕就这么继续下去。二世个案通常很难治疗。

戴尼提的听析员，通常一想到要处理二世个案就会吓得打哆嗦。听析员如果有个无听觉回想、偏离时间轨迹的二世个案，可以预见他将有一段极艰苦的路要走。当然，这种个案会解决的，但父母若是知道他们给孩子取了一个可能出现在印痕库里的名字（比如父母亲的名字、祖父母或外祖父母的名字，或朋友的名字），会对孩子造成什么样的影响，这种习俗肯定会立即消失。

印痕的再刺激

对付印痕库时，"不断询问，就会有收获"这句话永远正确。只要复返到某一时期的次数够多，印痕就一定会出现。如果它今天不出现，明天就会出现。如果明天还不出现，那后天就会出现，以此类推。让患者一次又一次地复返到情绪负荷在轨迹上可能的位置，就绝对能释放负荷。重复技术若无效，可以让患者一连好几场听析都复返到生命中的某个部分。印痕迟早会现身的。

闭锁的生命期间和人物

你会发现，时间轨迹上常会有整块区域闭锁的现象。这些区域中包含了由印痕指令、盟友计算和痛苦情绪所造成的压抑。基于这些原因，人物可能会完全消失无踪。在几个原点区的印痕解除，或是以上述方法开发该区域后，他们才会出现。

对父母的憎恶

在儿童或成人成为清新者的过程中，有一件事必然会发生。待清新者会经过各种改善阶段，他的情绪等级也会随之上升，而这当然就会经过第二区——愤怒。待清新者可能会对父母和印痕库中其他伤害他的人感到愤怒。这是意料中事。它是治疗自然的副产品，无可避免。

随着个案的进展，情绪等级当然会再上升，使待清新者对那些曾伤害他的坏人感到无聊。最终他达到情绪度4，也就是清新者的情绪度。此时，他充满喜悦，愿意与人为友，无论这些人是否伤害过他；当然，他有资料了，可以预期这些人会如何，但他并不会心怀憎恶。

如果家长认为孩子知道一切之后会与他作对，那这位家长就误会了。无论孩子的分析器是否知道，偏差错乱的孩子早就在与自己父母作对了。继续隐瞒证据，可能导致难以预料、令人不快的行为。

持续的观察显示，真正的解脱者与清新者，对于父母或其他造成他偏差错乱的人不会存憎恶之心，而且确实会停止非理智的否定、防卫和反抗。清新者肯定会为正当的事物抗争，而且会成为最危险的敌人。但他不会像动物那样无理性地争斗；他对人的理解已大幅扩展，也终于可以具有出自内心深处的关爱了。无论一位家长曾对孩子做过什么，如果他渴望从孩子身上获得爱与合作，就应让孩子接受治疗。孩子将自动自发地给予家长爱与合作，而不再暗地感到冷漠无助或愤怒。毕竟，清新者已得知父母和自己偏差错乱的根源；他明白父母的印痕库存在于他自己的印痕库之前。

奉承讨好

在冷漠无助之上，治疗将经过奉承讨好的阶段。这种示好企图把自己当作一种献物或祭品，供奉给强大的毁灭力量。在这种情形下，患者由于对另一个人有深度的恐惧，会赠送昂贵的礼品，并且软语温存、逆来顺受、自甘作他人的脚踏垫；总之，就是使自己像个傻子。

比方说，许许多多的婚姻都不是来自爱情，而是来自那蹩脚的替代品：奉承讨好。人们习惯与具有类似反应式心灵的人结婚。这真是不幸，因为这种婚姻对双方都有害。女方有一套特定的偏差错乱，这与男方的偏差错乱吻合。女方是假母亲；男方是假父亲。女方不得不与男方结婚，是因为父亲在她出生以前企图弄死她。男方必须与女方结婚，是因为小时候母亲常揍他。这似乎令人难以置信，但这种婚姻非常普遍。结果一方精神上出了问题，或双方都恶化了。男方感到不幸，热情已灰飞烟灭；女方也十分悲惨。这两人和其他人在一起也许都会很快乐，然而因为恐惧，他们无法分手。他们必须互相奉承讨好。

遇到这种婚姻，听析员若想治疗其中一人，最好同时治疗两个人。或者这样的伴侣最好互相治疗，而且要快。互相帮助几乎必然能培养出宽容与理解。

在此谈到奉承讨好，是因为它有诊断价值。向听析员馈赠昂贵礼品的患者，是在奉承讨好。这大概表示有个印痕计算在告诉他，如果他正常起来，就会死去或疯掉。听析员可以享受礼物，但他最好开始寻找那个他尚未留意或尚未进入的同情印痕。

爱情

世上也许没有一个主题，比爱情更受人关注。

"凡争议最多之处，正是最欠缺理解之处"这句话是正确的。你会发现愈缺乏精确事实的地方，争论也就愈多。爱情就是如此。

毫无疑问，爱情毁灭的生命比战争还多；爱情制造的幸福比天堂所有的梦幻还美。

在每年一千首新歌的缠绕中、在无数低劣文学作品的覆盖下，总该有个适当时机给爱情下个定义吧。

男女之爱有三种类型：第一种可用亲和力法则解释，是人类同胞彼此关怀的感情；第二种是性伴侣的选择，也是配偶间真正磁铁般的吸引力；第三种是强迫性的、只受偏差错乱支配的"爱情"。

也许，在男女英雄的传奇故事中有第二种爱情；你若环顾周围的社会，一定也会发现许多幸福的配偶是以自然且充满深情的欣赏为基础。我们也会找到众多第三类型的例子：小报文学版专登这种爱情以及它的种种煎熬；这种爱情使法庭充斥着焦急的离婚申请、犯罪行为和民事诉讼；这种爱情让孩子哭泣着躲到角落避开争吵，也让破碎的家庭输出破碎的青年男女。

戴尼提把第三种爱情称为"反应式心灵的契合"。两个心灵在此相会，但这些心灵仅有人类最低等的计算程度。男人与女人因强迫性冲动而结合，在这样的结合中他们只能找到悲哀及幻灭。

男方是经常殴打她的假哥哥，或是她非服从不可的假父亲。这个男人甚至可能是那个对她尖叫不断，而她却不得不安抚的假母亲，也或许是那个严重伤害过她的医生。女方也许是男方的假母亲、假祖母；尽管这女人总是暗中破坏他的决定，他却必须爱她。这个女人可能是多年以前某次手术中的假护士，或是放学后把他留下来，以满足自己虐待狂的假老师。

结婚前，他们只知道有一种无法抗拒的冲动，使他们必须在一起，也都感觉必须极度善待另一方。于是他们结婚了。此后，愈来愈多过往的疼痛受到再刺激，直到最后两人都病了；也许现在还有不快乐的孩子，使得事情更趋复杂，生活因此成为荒凉的废墟。

奉承讨好的机制带有隐藏的敌意。毫无理由地馈赠奢华的礼品、当时看似崇高的自我牺牲，这些都是奉承讨好。奉承讨好是一种冷漠无助的尝试，希望危险的疼痛 "来源" 不要靠近。认错人是反应式心灵会犯的小毛病。奉承讨好的企图是贿赂、是消解某人可能会有的愤怒；这个人也许已过世许久，现在却又在伴侣的身形中复活了。但是，一个不会偶尔起来反抗的人就是死人。人可能会掩饰敌意，也可能完全 "不知道" 自己怀有敌意。人的心灵肯定会把敌意正当化，认为那是某个再明显不过的侵犯所导致的自然后果。

妻子在客人面前说漏嘴，不经意戳穿了丈夫最爱吹的牛皮、妻子忘了丈夫请她帮忙的小事、妻子突然讲起"逻辑"，一针刺破丈夫的希望与理想：这样的妻子必须巴结丈夫；她与丈夫生活在一起，是因为在与丈夫恋爱的多年以前，曾有另一个男人伤害了她。在奉承讨好之间，这样的妻子会冷却配偶的希望，误解配偶的悲哀。

丈夫与其他女人睡觉后，"意外"地在领带上留下口红印、丈夫对妻子精湛的手艺挑剔，还嫌妻子白天偷懒、丈夫忘了自己必须帮妻子寄信、丈夫觉得妻子的看法很愚蠢：这样的丈夫都与他们必须奉承讨好的配偶住在一起。

家里的战争与和平如陡峭的过山车般起起伏伏；夫妻互不谅解、彼此限制自由与自主性；不幸的生活、不幸的孩子、离婚——这些全都是反应式婚姻所造成的。受莫名的威胁所驱使而结婚，又因害怕痛苦而无法信任：这种"心灵的契合"是所有婚姻灾难的根本原因。

由于法律缺乏定义，使得陷入这种婚姻的人走得困难重重。这条悲惨的婚姻之路是逐渐下降的螺旋，一路都是慢性再刺激，只通往失败与死亡。也许有一天，更为理智的法律会出现，只允许没有偏差错乱的人结婚、生育后代。目前的法律顶多以种种规定，让婚姻极度不易中止而已。这样的法律仿佛在对丈夫、妻子、孩子——所有人判处监禁一样。

清除夫妻双方的偏差错乱可以挽救婚姻。任何个案的最佳解答都要包括这一点，否则即使离婚了，妻子或丈夫未来要得到幸福都困难重重。而在有小孩的情况下，父母若不清除偏差错乱，就是极大的不道义。

我们通常发现，当反应式婚姻的双方清除了偏差错乱，生活会变得好过多了；因为即使不考虑性伴侣的选择，人类通常还是有喜爱彼此的天性。清新配偶、重建婚姻可能不会带来诗人吟诵的伟大爱情，但它至少会带来高度的尊重与合作，使夫妻致力于共同的目标，创造有价值的生活。从许多如此清新过的婚姻中我们发现，在偏差错乱这块脏布底下，配偶原来仍是彼此相爱的。

清新婚姻一项主要的收获，就是对孩子有利。几乎所有不美满的婚姻都是来自第二动力，即性的偏差错乱。任何性方面的偏差者，都有一种对孩子神经紧张的特质。

只要有了孩子，离婚就不可能解决问题，清新可以。随着清新而来的，是人生崭新的一页，供你创作幸福。

反应式婚姻的伴侣若互相轮流清新对方，常会由于隐藏在奉承讨好之下的敌意而变得十分复杂。明智的做法是双方各在家庭之外，寻找一个对治疗有兴趣的朋友互相听析。若配偶双方已开始互相听析，他们绝不能发脾气，一定要有耐心，而且必须恪遵听析员守则。当配偶复返到争吵事件，在重述里加油添醋地诬蔑对方时，听析员要如圣人般超然大度，容忍配偶的情绪度1。如果非互相治疗不可，也还是做得到的。但若两人已经历多次争吵、受尽折磨，各自在家庭之外找治疗伙伴会容易些。

此外，听析员和待清新者之间会建立起一种"情谊"。每一场听析结束后，亲和力就会自然增强，结果一点小动作或一句话，就可能被对方视为严重的攻击，导致争吵发生，治疗中断。

最好的情形是男性与男性、女性与女性之间互相听析。但若女性患者对女人有严重偏差错乱，害怕与女人接触，或男性患者对男人有很深的恐惧感，这种方法就须改变。

男性和女性的动力不太相同，特别是在比较严重的争执后，有时妻子会感到难以坚持下去，为丈夫听析。一般丈夫可能可以继续听析对方而无太大困难，但当他自己接受治疗时，就会觉得自己必须提升到情况之上。这种想法使他企图自行控制（auto-control），但自行控制是不可能的。

擦除

只要不断尝试，你迟早会找到原点的原点——"无意识"和肉体疼痛的第一刻。可能找到时，你就知道自己找到了，因为事件会开始擦除，而非减弱。此时若患者仍有听觉回想关闭，你还是可以擦除：听觉回想迟早会打开，甚至会到治疗快结束时才打开。你迟早会触及原点的原点。

之后，擦除的程序大体上与进入个案相同。你要擦除所有的早期印痕，每次都擦除你能找到的最早的印痕，并不断释放痛苦情绪印痕中的负荷，不论是在原点区、出生后，亦或晚期生活。你能在个案里找到多少早期印痕，就擦除多少，接着释放个案较晚期的所有痛苦情绪（你碰过的每个印痕中的所有资料，都要擦除），然后再回过来找早期的资料。

反应式印痕库里总是一团乱，这一定让档案员很头大。因为键入的东西一下早一下晚；有时候他找到的资料只限于某些主题；有时只限于某些体觉不适（譬如都与牙齿有关）；也有时候，他能在时间中井然有序地前进，提供连续发生的事件：最后这个行动最为重要。

除非你消除了每一刻的肉体疼痛，释放了每一刻的痛苦情绪，否则个案不会清新。有时你几乎确定就要达成目标时，进入出生前区域一看，却发现你所释放的晚期痛苦情绪，又揭露出一系列的新资料。

有一天，你会发现个案在轨迹上没有任何闭锁，他对印痕不再感兴趣（冷漠无助的个案在一开始不感兴趣；处于最高层次的清新者也不感兴趣，这形成一个循环；不过清新者与冷漠无助可差远了），他能拥有所有的回想，计算精确，毫无差错（只要他得到的资料没错）。简言之，他的印痕库完全清空了。但你绝不要过度乐观；要一直寻找，直到你确信不疑。注意观察患者，确定他在各方面都没有展现偏差错乱，看他是否动力高昂，生活愉快。如果此人觉得他现在能解决生活中所有的问题，一手捆在背后也能征服全世界，而且觉得自己是所有人的朋友，你就得到清新者了。

唯一会犯错的方式就是认为人人都充满错误与罪恶，若能稍微减轻一个人的痛苦，使他达到正常标准之上，他就可以算是清新者了。不，那只是解脱者。

　　每个淘金的新手都会把黄铁矿（愚人金）误认为金子。新手总是会兴奋地炫耀淘盘里亮闪闪的小东西，其实那东西一吨才值几块钱。之后，他见到了真正的金子！见到淘盘里真金的那一瞬间，他便知道金子是什么模样。那是错不了的。

　　除了可用心理测验显示清新者聪明异常、性向与才华十分广泛之外，清新者还具有另一种特性：自由之人才有的人性。如果让一位解脱者接受心理测验，他也会在正常标准之上。但清新者就是清新者；你看到他时就会知道，绝不会弄错。

　　清新者对于自己已经完全消除的印痕毫无兴趣，但这并不代表他对别人的问题也没有兴趣。一个对自己的印痕没有兴趣的人，未必就是清新者；这很可能是另一种机制：因冷漠无助而轻忽。有印痕却忽视它，是常见的偏差错乱，这时的反应式心灵处在冷漠无助的情绪等级。没有印痕而忽视它则是另一回事。每个冷漠无助的个案，都以忽视印痕为个人苦难的解答；他坚持自己很快乐，一面自我折磨，一面坚持他没有任何问题。这种个案在治疗中，特别是在原点的原点解除后，会对自己的印痕感兴趣，也对生活感兴趣起来。要分辨冷漠无助的个案与清新者很容易，因为他们对生活的态度完全相反：清新者冲往成功与胜利；冷漠无助者知道成功与胜利不属于他，便说那不值得追求。

　　清新者的寿命有多长？这个问题现在没有答案，一百年后再问吧。

　　如何才能分辨清新者呢？此人有多接近人类的最佳状况？他能顺利地适应环境吗？而且更重要的是，他能使环境来适应他吗？

　　清新者的目标似乎达成之后，在六十天及六个月时，听析员必须分别再检查一次，寻找是否有遗漏任何资料。他必须仔细询问这位准清新者，这段时间内发生了什么事。如此他能得知准清新者是否有过任何忧虑、担心或疾病，并试图沿着这些线索寻找印痕。如果都找不到印痕，他就是个货真价实，如假包换的清新者了。他将继续维持这种状态。

然而，如果个案只是停顿下来，而且虽然偏差错乱似乎还在，却找不到印痕，原因大概就是彻底掩饰起来的绝望负荷：痛苦情绪印痕。这些印痕不一定在出生后，也可能在出生前，而且情况可能非常神秘——或只是印痕如此宣称而已。也有的个案出现停顿，再怎么尝试都"无法穿越"，结果只是因为患者没有透露某个当下或不久前发生的事件。

个案延滞的原因有以下两种：

1. 患者可能因偏差错乱，而为自己的过去感到羞愧，或十分肯定他若讲出来会遭到报复，所以一直回避。
2. 患者可能因现存的某种情况或威胁而感到害怕。

听析员对患者做什么不感兴趣。或者该说，对患者做过什么没有兴趣。戴尼提治疗只处理患者遭遇的事情。患者做了什么并不重要。会关心患者做过什么的听析员，用的不是戴尼提，而是其它东西。然而，患者可能由于印痕作用而产生偏执的想法，认为他必须向听析员隐瞒生活中的某件事。以上二类已把一般的情况都包含在内了。

这些可能原因里的第一类也许包含像是坐牢、从未揭发的谋杀案（不过有许多人认为自己杀过人，其实他们甚至连威胁都没威胁过）、不正常的性行为或其它这类情况。听析员的例行处理方式，就是保证不泄露任何秘密，并解释"他遭遇的事，不是他做的事"这个原则。没有听析员会因为患者受印痕困扰而嘲笑他或辱骂他。至于第二类的情况，可能是有某人曾威吓患者要保守秘密，而此人甚至就是妻子或丈夫。手边就有一个个案，虽然已接触到许多事件，但就是没有进展：不管这些事件在哪里，都不会减弱或擦除。后来我们发现，这个个案（一位女子）一直经常遭受丈夫毒打；丈夫还威胁她，如果把这些毒打对听析员透露一个字，就会杀了她。然而这些行为包含了个案所有的绝望负荷，必须释放出来。听析员察觉状况不妙，终于开始怀疑。他取得了患者的信任，找到了绝望负荷。即使不能取得她的信任，透过对晚期生活的连续再刺激，听析员也会诱发她的眼泪。在另一个个案中（一个小孩），"剪辑"回想太明显了，谎言工厂也太忙碌了，于是听析员终于意识到，他不仅要穿越印痕的保密指令，还要对抗小孩身边的人强迫孩子保密的指示。这个个案的母亲因为想到自己会被拘捕，凶狠地威胁孩子不许说出他在家里遭受的虐待。该个案的背景还不止如此；母亲曾经企图堕胎八十一次。这个数字令人难以置信。

任何事件只要成为印痕，就是听析员该过问的事。社会把人关进监狱、家庭不和睦，这些都属于一个人遭遇的事情。至于这个人做了什么而"罪有应得"，则不用在意。

外语个案

听析员在治疗中有时会遇到一种奇怪的阻碍。他无法在出生前获得任何可以清除或可以理解的东西；有时不仅在出生前，在童年时期也是如此。他遇到的可能是一个"外语个案"。有时，孩子并不知道自己不是由他所熟知的父母所生，而是别的父母生的（他们可能说的是外语）。这种混乱很独特，但也相当容易解决，只要处理印痕就好了。还有一种可能的情况是，患者忘了父母在家里说的某种外国话。父母的语言与患者使用的语言不同，或不是患者所在国家所使用的语言，这在某方面来说是有利的：虽然对患者的心灵仍可能有影响，但出生前区域会很难受到再刺激。不过这对听析员来说，却一点也不有利：他现在必须处理这位患者，而患者不懂那种语言，或许也没有听觉回想，印痕库中却充满了资料。那些资料曾经有意义，而且其实是他的第一个语言。

治疗这种个案最好的办法，是找一位既懂得他出生前使用的语言，又懂得他现在语言的听析员。另一个办法就是给患者找一本词典，从中找出反弹等等的指令。还有一个方法是频繁地让患者复返到婴儿期，使他能够逐渐忆起那种语言（使那个档案抽屉浮现），然后询问患者外语中表示这个、那个的语句为何。渐渐地，他可能会记起那种语言，把印痕库清除。只有患者未在婴幼儿期使用过那种语言时，个案才会特别困难。假若婴幼儿期使用过那种语言，听析员只要继续让患者复返到他懂那个语言的时期，再让他复返到出生前，患者就能够把发生的事件翻译出来。对听析员而言，外语中常用语句的字面意义，常与听析员的语言中相对应的语句所产生的字面意义不同。常用语句的不同，是造成各个国家中，社会性的偏差错乱不同的主要原因。西班牙人说："我有热"。英国人说："我是热的"。尽管对于分析器来说这两句话含义相同，但就印痕而言，它们是不同的。

治疗的各层面
及其机制

超感官知觉

每当听析员碰到具剪辑回想，或是充满情绪负荷的个案，患者复返到出生前区域后，就可能会描述起景象来。这样的现象，让旁观者啧啧称奇，因为患者虽然人在子宫里，却可以"看见"外面的情景。患者会描述父亲和母亲的样子、他们坐在哪里，还有卧室的模样，可是他人却是在子宫里。我们可以提出一些冠冕堂皇的理论来解释这个现象，其一便是：痛苦的胎儿为了想看见接下来会发生的事情，所以发展出超感官知觉（extrasensory perception）。"超感知"这个理论相当不错，做一些观察就可以证实这个现象的确存在，但不是在胎儿身上。

你一定还记得，纵使胎儿的细胞发育得相当成熟，显得很聪明，但胎儿还没有真正成为一个理性的生物体。有印痕不一定表示胎儿能够思考，当孩子终于会说话了，印痕才会变得极度令人偏差错乱。印痕不是记忆，而是对于疼痛和感知的记录。

当你将一个成年人或儿童复返到出生前，你是让一个有丰富经验的心灵复返，接触这些印痕，然后做出判断。听某些待清新者的描述，你会以为他们在出生前，每天下午四点，都一边读济慈（Keats）的诗，一边啜饮柠檬水。

将理性和分析能力复返到一个没有理性和分析能力的时期，当然会让复返的人产生很多想法。他该做的，只是经历印痕和印痕内容而已。但除了印痕之外，他也可能通过梦的机制和当时的计算，试着把一整幅色彩鲜丽的景象安插进来。

事实上，所谓的"出生前超感知"是不存在的。经过大量测试证明，每当复返的待清新者认为自己看见了某个景象时，那其实都是因为印痕里提到的事物让他想象出一幅画面。换句话说，没有所谓的出生前超感知，只有提示景象的描述和行为，而这些提示现在通过想象力的作用，促成了让他信以为真的视觉回想。

这种情况最常出现在那些谎言工厂力量很强的患者身上。听析员若看到这样的情况，就要对他在处理的个案有个概念：患者可能使用了剪辑听觉回想，听析员应该找出并释放他所能触及到的所有痛苦情绪，因为就是这些痛苦情绪，让个案逃避真相。然后，听析员就能够找到真正的谎言工厂，不是会制造谎言工厂的谎言工厂所制造出来的谎言工厂，而是实际造成这一切幻觉的那个印痕。

然而，你绝不要突然阻止待清新者给你这些资料。不要告诉他那是想象，那会驱使谎言工厂更努力地运作。因为这里包含了同情计算、充满绝望的失落、出生前的疼痛，及遭人忽略的童年。只要用一丁点力量，就足以粉碎患者努力累积起来的一丝自信。因此，你要把步伐放轻，找出绝望负荷、盟友、同情印痕，再找出谎言工厂。如此个案便会平静下来，逐渐进展，成为清新者。

电击疗法

我们发现，进入个案时的一个要点，就是找出并解除各种电击所造成的印痕。无论是精神科医生施行的电击，还是出生前意外接受到的电击（有过这样的案例），似乎都会将印痕聚集成一团。在印痕库中，任何电击似乎都比其它力量更强大，而且它显然会打乱电击发生前后事件的记忆档案。此外，电击所造成的伤害，包含了深层的"无意识"，这会使分析式心灵从此处于衰弱的状态。

心照不宣

两名待清新者互相治疗，轮流担任听析员的时候，可能会出现彼此避免对方接触某些印痕的情形。

例如，待清新者甲对某只狗有盟友计算。虽然不释放这个印痕肯定会阻碍治疗，可是他仍不自觉地保护他的这个"助生存"印痕。所以他在听析待清新者乙时，会倾向于将自己的问题投射在待清新者乙的身上，也就是说，他有点把身份弄混了。假若待清新者甲知道待清新者乙有一个关于狗的"助生存"印痕，他真的会在听析的时候，避免让待清新者乙去接触乙自己的印痕。这是一种错误的观念：甲认为让乙保有他的狗印痕，甲就能保有自己的狗印痕。这就是"心照不宣"。心照不宣可以简单形容成一种交易："如果你答应不让我好起来，那我也就不强迫你好起来。"对这种情形应加以防范：一旦认知到有这种状况存在，发现有不愿意让对方成为清新者的现象，"心照不宣"就会停止。

另一种可能的情况是，夫妻共有一段彼此吵架或不愉快的时期。当他们开始清新彼此，两人轮流当听析员时，他们会基于反应式的计算，不经意地避开双方共有的这段时期，将痛苦情绪印痕原封不动地留在那里。

正在心照不宣的人，并不能轻易地意识到这种情形，所以轮流当听析员的待清新者，应当特别留意此点，因为这只会延缓个案进展而已。

情绪与痛觉关闭指令[*]

如果个案应于事件中感受到情绪和疼痛，却没有表现出情绪，或感觉不到疼痛，那表示个案正受"感觉"关闭指令所苦：这最有可能在出生前区域发生。"感觉"一词可以代表痛觉，也可以代表情绪，因此"我什么都感觉不到"这句话，可能会把两者都麻醉。

如果患者具有体外观点（患者可以看见自己，不在自己体内）或有所谓的出生前超感知，那么造成患者情绪关闭的，可能是晚期生活或至少是出生后的痛苦情绪印痕。如果患者不是用体外观点，而在自己体内，但在经历印痕时，却没有明显的疼痛或情绪出现，我们就该怀疑有早期的情绪关闭指令，或早期的痛觉关闭指令，并且该用重复技术把它找出来。要求患者不断重复"没有感情"几个字，直到他得到意思相同的语句；让他重复"我感觉不到"，或其它意思相同的语句，如果印痕出现的的时机已经成熟，且没有被其它印痕所抑制，患者终会产生反应。

个案可能会"进行"得很好，也就是说，印痕会自动出现，你可以处理它、把它减弱，但其中的情绪却未显现，体觉不适也很隐约，与其说是疼痛，不如说仅仅是压力。如果使用重复技术，一开始没有办法让痛觉与情绪关闭指令屈服，那就可能得在只有压力及话语，而没有疼痛或情绪的情况下，在原点区处理许多印痕。对于这种个案，我们最终还是可以接触到他的疼痛和情绪，而在那之后，治疗就会更有效果。

---

[*] 无论患者有没有感觉到，体觉记录带可以在所有"关闭"的情形中运作。当事件因"无意识"而闭锁时，体觉记录带仍会遵从指令，但体觉不适不会在当时出现，而是在昏睡蒸发之后才出现。

体外观点

当你发现患者复返后，是在自己身体之外看着自己，那就表示患者脱离了轨迹。你不该这么告诉他，而应当尽快找出绝望负荷，也就是痛苦情绪印痕，把它释放。这与上述的超感知属于同一种机制。

心电感应

每几个个案中，就会有待清新者将心电感应当成导致偏差错乱的因素，来唬弄听析员。探究这点也不切实际。也许真有心电感应，但据研究显示，胎儿并没有接收到任何心电感应，即使有，那也绝不会使他偏差错乱。

对于心电感应和超感知的个案，我们做了详尽的试验，每个个案我们都找到了合理的解释，而这些解释毋须涉及测心术或千里眼。

若患者试着告诉听析员，他正在复述自己出生前收到的母亲的想法，你就可以肯定，在那块区域里有个印痕，而母亲在印痕中大声地说出了一模一样的话语。母亲有很多印痕可以复演，尤其是严重偏差错乱的母亲，又尤其是当她的偏差错乱严重到会企图堕胎的时候。这些复演的力量通常以独白的方式表现。某些母亲独自一人时，有很多话可以对自己说，这些言语在孩子受伤时当然就全都传给了孩子；而且有时候，也许孩子受了伤，但母亲并没有受伤，堕胎未遂的情形便是如此。在受伤后，孩子通常会有相当长的一段时间，处于"无意识"和痛苦之中。因此，他将这些独白（独白通常都讲得很大声）记录在印痕中。他并不是用听的：这只不过是声音记录在细胞上。这些独白当然都会令人偏差错乱，也会产生一些惊人的精神失常及神经官能症的行为模式。

根据现有的知识，并没有会令人偏差错乱的心电感应。所以，听析员不该接受心电感应事件，正如他也不该接受超感知事件一样。

出生前的生存环境

子宫里是很吵的。可能有人认为自己有听觉回想，但却听不到"子宫"里的声响，这代表他没有听觉回想，只有剪辑。肠子蠕动的嘎吱咕噜声、水流声、打饱嗝、胃胀气和其它身体的活动，都会不断产生声音。

出生前晚期的生活环境非常挤。

如果母亲有高血压，其子宫内的环境便十分恶劣。

当母亲服用奎宁时，胎儿以及母亲耳中可能会持续出现一种高频率的嗡嗡声——这种耳鸣声会伴随人一辈子。

母亲会晨吐、打嗝、感冒、咳嗽、打喷嚏。

这就是出生前的生活。

谁要是"想要""回归子宫"，唯一的理由，就是有人打了母亲，然后高声喊道："给我回来！"所以那人就照做了。

印痕归档系统

印痕的归档并不像清新者的标准库那样有条不紊。印痕以一种连亚历山大都没辙的方式归档。因此，我们很难知道下一个正确的项目何时会出现。

时间、主题、价值、体觉不适和情绪是它归档的方式。

从原点的原点回头，往晚期生活行进的过程，看起来可能井然有序。但突然间，一个绝望负荷被触发、释放出来了。听析员回到出生前的区域一看，发现一系列全新的事件现身了。于是听析员又一步一步地往目前时刻前进，触动并且释放了另一个情绪负荷，然后一系列新的出生前事件再度出现。擦除这些事件后，听析员继续往目前时刻前进，又一个绝望负荷释放，然后又会有更多的出生前事件出现，他再擦除这些事件，以此类推。

印痕的归档系统会依据体觉、时间、主题、价值或情绪给出资料。档案员则通常根据时间和主题来给资料。印痕库里的情绪会阻止档案员获得某个系列的事件；但这股情绪得到释放之后，就可以看到这些事件。事件会一个一个地显露出来，直到又一个情绪负荷出现，阻止了档案员。最需要听析员展现其机智的活动，并不是找寻出生前印痕，而是找寻并释放晚期生活的情绪负荷。

整体而言，印痕的归档系统非常差劲，与标准库不同。而在我们了解它之后，便也知道它其实非常脆弱。

印痕归档系统内的资料是可以擦除的，但标准库的资料则无法擦除。疼痛的寿命短暂，欢乐则恒久长存。

缓解痛苦

精神分析学家或一般人际关系的咨询顾问，偶尔会面临一种问题，这种问题只要稍微运用戴尼提便能轻易解决。

当一个人因为某件事而情绪混乱，无法处理眼前的事务时，我们可以通过几分钟的治疗来减轻他混乱的情绪。

一般说来，患者的样貌会突然改变，他会突然很不平静的原因，来自于造成他精神痛苦的事件。虽然这种心理变化的根源是印痕的再刺激，但我们可以处理再刺激发生的时刻，也就是锁，并藉此成功地缓解患者的痛苦。

通过潜思，或者仅仅要求患者闭上双眼，分析师就能要求患者复返，处在他受扰乱的那一刻。那一刻也许发生在他们会面的当天或当周。分析师会找到一个分析器关闭的时刻，当时有某个人或情况对患者有再刺激性，因而打乱了患者心灵的平衡。这个时刻就是一个锁。通常你可以让患者把锁当作印痕来重述，这样可以让最近期的压力来源获得舒解，好让治疗得以继续进行。至于那个锁所仰赖的印痕，可能非得运用完整的戴尼提技术，方能触及。

听析员如果发现患者心烦意乱，他可以只解除造成眼前心烦意乱的那个锁，以节省时间。

从戴尼提的观点来看，大肆寻找锁并无助益，因为每个个案都有成千上万的锁。不过，找出最近刚发生、会妨碍治疗的锁，也许会有所助益。

情绪度等级表与减弱印痕

由于减弱晚期痛苦情绪印痕的机制非常重要，我必须在此特别详加说明。

在广泛多样的场合中，都可以使用减弱晚期印痕的技术。比方说，听析员因为违反听析员守则，给自己与待清新者惹上麻烦；听析员可以把违反守则的事件当成一个痛苦情绪印痕来减弱，届时，听析员的错误就不再对待清新者造成影响了。听析员只需使待清新者复返到他出错的地方，把错误当成印痕来经历。假若丈夫和妻子吵架，或者妻子发现了丈夫某件令人不快的行为，丈夫可以把这场争吵或发现的过程当作一个痛苦情绪印痕来松脱，然后妻子就不会再挂心那场不愉快了。如果一个小孩的狗刚被车子辗过，这个事件也可以当作痛苦情绪印痕来释放。如果待清新者的妻子刚离开他，就把她的离去视为一个痛苦情绪印痕来释放。无论这个人遭遇到什么打击或不愉快，你都可以通过标准的减弱技术，将它减弱，让此人不再因为这个事件，而受痛苦情绪的困扰。

印痕发生在两小时前还是十年前，并没有多大差别，我们都能减弱其中的痛苦情绪。处理痛苦情绪印痕与处理其它印痕的方式一模一样。让患者复返到事件那里，从最初受到震惊的时刻开始，沿着事件持续进行，直到足以包含最初冲击的整个期间为止。

减弱的操作模式变化不大。如果一则消息将某人打击到冷漠无助的状态，那么，当他在重述时（除非别处有一个严重的情绪关闭指令），可能会把这个事件经历一、两回，然后才真正接触到事件。接着，冷漠无助的绝望与眼泪会出现。再讲述两、三回之后，他会愤怒起来。再重述更多回之后（每回都要让他从头到尾，再次经历），他会变得无聊。之后再重述几回，应就能把他的情绪度带到3或4的解脱状态，或是最理想的情形——让他大笑。

情绪度的这种进展方式，就是引导我确立0到4情绪度等级表的线索。情绪度4，即为欢笑。

有时候，处在情绪度2的患者会有一段时期，开始变得轻率、随便。这不是情绪度4；这告诉你，患者还有更多资料。到这个阶段，患者可能会拒绝重述，说事件已经松脱了。每当听析员碰到待清新者不愿意再重述，就必须坚持要他重述，因为这表示那里还有资料受到压抑、还有更多的负荷存在。我们通常会发现，患者轻率无礼的态度是一种逃避机制，他使用的字眼有时就是尚未揭露的印痕语句。这时就再让患者重述几回（听析员不用坚持要找出特定的话语），直到他达到情绪度4为止。

这也简要说明了整个印痕库在治疗过程中的行为表现。随着愈来愈多印痕被擦除或减弱，整个印痕库会从原本的情绪度往上提升，最后升到情绪度4。然而印痕库的情绪度并不会以平滑的曲线上升，因为你将接触到新的印痕，其中有的含有冷漠无助，有些则有躁狂语句。不过，痛苦情绪印痕情绪度的提升，就相当平顺。这种印痕如果可以松脱，就会顺着等级表上升。如果它没有这样上升——从冷漠到愤怒、愤怒到无聊、无聊到愉悦，或者至少不在乎——那就表示包含类似内容的事件，压制住了这个印痕。

印痕可以从情绪度1（愤怒）开始上升。假若这个印痕是从情绪度2（无聊）开始的，它几乎不能算是印痕。

然而，印痕可能处于假的情绪度 2，并受到其它资料的压抑，使得患者只显得无聊、毫不在意。重述几回之后，这个印痕可能会开始松脱，这个时候，它会立刻陷入冷漠无助（情绪度 0），然后再沿着情绪度等级表上来。不然，你可能就得去接触另一个印痕。

在整个治疗过程中，患者的身体状态完全按照这个情绪度等级表变化。他的精神状态也依循这个情绪度等级表。痛苦情绪印痕也会这样变化。

在原点区擦除印痕时，或是从原点的原点返回目前时刻时，除非该印痕是一条含有类似事件的新印痕链的原点，否则无论哪一种印痕，重述两、三回就可以擦除了。然而，不管在轨迹何处都完全不显示情绪的印痕，则是受到了情绪或感觉关闭的压抑，亦即有晚期的痛苦情绪，或早期印痕中，某些话语关闭了痛觉和情绪。

你要保持个案的"活性"，他的情绪应该有各种变化。某些情况下，有必要在原点区重述没有情绪起伏的印痕，这种印痕的情绪度不变，只不过还是会减弱。但假若患者的重述变得井然有序，表现得"训练有素"，对自己的印痕没有表现出任何忧虑，那就表示有晚期的痛苦情绪印痕等着你发掘，或在早期有情绪关闭指令。相反地，如果患者不管什么事情都一直有情绪反应；如果他一下子哭，接着又歇斯底里地大笑，这代表治疗正在生效。不过该要注意的是，他的出生前区域里可能有印痕性的东西，说他必须要"非常情绪化"；换句话说，这个人可能有印痕，而其中的指令迫使他表现出激动的情绪。

情绪度等级表非常有用；它是很好的指南。减弱有语言能力之后所收到的印痕时，它的效果最为显著，但是对于更早的印痕也会有用。

任何痛苦情绪印痕都是可以听析的。如果它确实有减弱，而且没有在其它地方受到压抑，那么这个印痕就会沿着情绪度等级表，上升到情绪度4。

如果患者进行重复技术的成效不大

如果患者重复了听析员给他的一句话，却不能够到达事件发生的时刻，那么，可能有三件事出了问题：第一、患者无法在轨迹上移动；第二、档案员明智地将这句话保留了起来，留待这句话可以清除时再提供；第三、这句话并不属于印痕内容。

患者也许还具有强烈的"控制你自己"的印痕。我们可以从患者抢夺听析员控制权的行为、他颐指气使的样子，或者根本拒绝合作的表现，得知有这种印痕存在。这时，针对"控制你自己"、"这我来处理"之类的语句进行重复技术，便会有效。

重复技术会不起作用，通常是因为患者处在一个滞留指令里。在对患者使用重复技术时，假如他复返后无法在轨迹上移动，那就针对滞留指令使用重复技术。

请记得，"感觉"关闭指令能够关闭一切体觉不适，使患者感觉不到。假如患者对于轨迹上的困扰显得无关痛痒，他就肯定有一个感觉关闭指令。

巨大的情绪负荷也可能会阻碍重复技术。

体觉记录带不太能完全进入情绪负荷（痛苦情绪印痕），因此这时该使用重复技术。

假如重复技术不起作用，虽然这很少发生，但你可以要求患者想象"婴儿可能遭遇的最糟糕的事情"等等，然后从他的谈话中，搜集新的语句来让患者重复，使患者接触到印痕。

单一字词技术

话语和印痕一样，都以链的方式存在。每一个字词都有它第一次在人生中记录下来的时刻。人的印痕库里，可能包含了所有的日常用语；这些用语可能有无限多种组合方式。否定指令、反弹指令等等的说法，总是多到让人数不清。

但是，有两件"值得庆幸"的事，可以节省听析员的力气。首先，患者印痕里的人物，此时已经偏差错乱了。每个偏差者碰到再刺激性的情况，都有他会固定重复的印痕复演。比方说，父亲会对母亲重复相同的反应：如果父亲在某一类印痕的情况里，说了某一组语句，在之后的类似情况中，他也会说出这组语句。又例如，如果母亲对父亲持谴责的态度，这种态度将以某些用语呈现，而这些用语会出现在一个又一个的印痕中。第二点是，如果父亲或母亲里，有一方经常对另一方恶言相向，那么另一方终会因偏差错乱的感染，而重复起对方的语句。如果患者是头一胎，而他的父母之间以暴力相向，我们便可以通过患者的印痕来观察他的父母，看到他们逐渐用起对方的语句；可能用来让自己操心，也可能对他人复述这些语句。这会使印痕以链状呈现，各个接连的事件都非常相似。每一条印痕链一旦找到了原点，链上接下来的许多事件，都会因为与原点十分相似，而立即减弱或被擦除掉。印痕链上的第一个事件，即印痕链的原点，会把其它的事件相当程度固定在那里，而且还会把它们隐藏起来；所以我们会以印痕链的原点为目标。

印痕库中的每一个字词，都有其首次抵达印痕库的时刻。字词也是以链来减弱的，减弱时有一项好处：这个字词接下来在印痕库中的哪里出现，就表示哪里有一个新印痕。听析员一接触到这新印痕，或找到原点之后，当然就要很快地将它减弱或擦除。

单一字词技术极有价值，也很好用，它是一种特殊的重复技术。绝大多数的患者光是重复一个字词，就能引出相关的字词来。因此，听析员可以要求患者重复忘记一词，并复返到那里。患者开始重复忘记一词，很快便得到一组相关的字词，组成例如这样的句子："你绝不能忘记我喔"。如此便找到了印痕中的一句话，接下来便可以处理印痕其余的部分了。

假若你必须接触一个晚期印痕，来使患者有所进展，而这个晚期印痕却无法解除，这时我们可以利用晚期印痕里的各个字词或语句，运用重复技术往回运行。如此一来，我们就能将固定住这个晚期印痕的早期印痕找出来，把它减弱。最后，你就会减弱到那个晚期印痕本身了。顺便一提，这个做法很常用也很有效。

这里有一个相关法则：印痕中有任何语句或字词无法减弱时，同样的语句或字词必然出现在更早期的印痕里。你也许得释放掉晚期的情绪，才能得到早期的语句，但通常重复单一字词或重复语句，就能找到了。

只要几十个字词，就可以找出几乎所有的印痕。这些字词，就是关键的单一字词重复语。例如：忘记、记住、记忆、瞎了、聋了、哑巴、看见、感觉、听见、情绪、疼痛、害怕、惊恐、恐惧、忍耐、忍受、说谎、得到、来、时间、不同、想象、对、黑暗、漆黑、深、上、下、话、尸体、死了、烂、死亡、书、读、灵魂、地狱、上帝、惊慌、不幸、可怕、过去、看、一切、大家、总是、绝不、到处、全部、相信、听、事情、追求、原本、现在、回去、之前、开始、秘密、告诉、死、发现、同情、发疯、疯狂、错乱、摆脱、打架、拳头、胸膛、牙齿、下巴、肚子、痛、苦难、头、性、牵涉到性与诅咒的各种脏话、皮肤、宝宝、那个、窗帘、壳、障碍、墙、想、思想、很滑、困惑、混乱、机灵、可怜、小、生病、生命、父亲、母亲、出生前以及童年时期父母或当时家里其他成员的称呼、钱、食物、眼泪、不、世界、借口、停、笑、恨、嫉妒、羞耻、惭愧、胆小等等。

反弹指令、否定指令、滞留指令、聚集指令、误导指令等等，每一种都有其常见的单一字词，而且为数不多。

反弹指令会包括：出去、往前、回去、走、晚、晚一点等等。

滞留指令会包括：抓住、逮住、别动、陷入、停止、躺下、坐下、留下、不能、卡住、固定、待在、放着、锁住、跑不了、过来等等。

聚集指令包括：时间、一起、一下子、不同等等。

单一字词技术用在二世个案，也就是患者与父母或祖父母其中一人同名的情况尤其有效。把患者的名字，从出生前印痕中清除后（印痕中的这个名字指的是另一个人，但患者将它误解成自己），患者就能找回自我和自己的个性扮演。不管患者是不是与亲人同名，都一定要用他的姓和名（分别）作重复语。

印痕库可能对某个语句没反应，但对于常用的字词却有反应。随意一本小型字典都能为单一字词技术提供丰富的题材。你也可以使用一张常用男性及女性人名的列表，或许你将因此发现其它方法无法接触到的盟友或情人。

如果只是将体觉记录带导向痛苦情绪印痕，有时很难让痛苦情绪印痕屈服。患者有时会觉得，要去接近印痕负荷过多的区域很困难。单一字词技术用在盟友的名字（如果知道的话），或是带有同情、钟爱、死亡、拒绝、告别的话语，特别是患者孩提时的昵称，常常很快便能奏效。

此外，以字词或语句使用重复技术时，听析员不可以过度搅动个案，他只需把出现的事件拿来减弱即可。患者进入潜思后，若显示出体觉不适，就把它减弱；每次都要花一些时间，试图找出体觉不适，纵使不成功也无妨。如果你在沿着印痕链回溯的途中，搅动了某样你无法减弱的东西，记下来，找到原点之后，再回过头来减弱它。

使用单一字词技术，你往往可以获得原本会继续藏匿的语句；触动了关键字词，这些语句就呈现眼前了。我们曾以 "听见" 为单一字词，揭露了一直以来彻底妨碍个案进展的语句。听析员并未试图在出生前区域接触这类的印痕。事实上，他根本没想到会有"争吵"的印痕链，因为患者从未复演过这种印痕。由于在出生前有如此暴力的争吵印痕链，他的标准库已经彻底删除了他父母在家里激烈争吵的相关资料，所以就算暗示他有这种情形存在，他也会震惊不已，并加以否定。他的体觉不适异常严重，因为父亲用膝盖顶着母亲，而且掐得她不能呼吸。

听析员请患者重复"听见"一词，然后复返到含有这个词的事件。患者持续重复这个词；当他抵达出生前区域，整个人就突然变得恍恍惚惚。他持续昏睡蒸发了大约三十分钟（其间听析员不时把他弄醒，要他重复"听见"这个词），然后就出现了强烈的体觉不适。"听见（hear）"变成了"待在这里（stay here）！"体觉不适变得更强了。患者就这样不断地重复"待在这里"，直到他能在轨迹上自由移动，经历整个印痕。他接触到父亲的声音，由于其中的情绪极为暴戾，患者百般不愿意继续经历这个印痕。经听析员小心地劝导，患者进入并重述了这个印痕：

父亲：待在这里！不要动，妈的，你这个贱货！这次我要杀了你。我说到做到。这是你自找的！（他的膝盖压入母亲腹部，造成剧烈的体觉不适。）你讨饶啊。快点啊，求我饶了你！你怎么还不投降啊？没关系，你会的！我会听见你淅沥哗啦地哭个不停，然后求我饶了你！你叫得越大声，下场就越凄惨。我就是要听见你叫！我是个坏胚子，是吧？你才是坏胚子。我现在就可以把你做掉，不过我不会这么做！（听析员突然遭遇困难，因为患者把最后一句话照字面解释，于是停止重述；听析员使患者再度开始。）这只是开胃菜。我还有更精彩的咧！我希望你痛！我希望你痛到哭！你敢对别人提一个字，我肯定杀了你！（患者现在因为经历这个印痕而情绪激动，所以指令对他的影响减轻了。他忽略了这道保持沉默的指令。）我要把你的脸打烂，让你尝尝什么叫痛！（膝盖移开了，体觉不适减轻。）我现在知道要怎么处置你了！我要惩罚你！我要惩罚你，老天也要惩罚你！我要奸了你！我要戳你，戳烂你！我叫你做什么，你就做什么！到床上去！躺下！不要动！（骨头碎裂声，因为母亲脸上挨了一拳。血压上升，孩子感到疼痛。）不要动！给我永远待在这里！我还没搞完呢！你不干净！你这个肮脏的病鬼！老天惩罚了你，现在我要惩罚你！（性交的体觉不适开始，动作猛烈，给孩子带来更多的伤害。）你一定有什么见不得人的过去。你以为该对我要狠！你想让我觉得一文不值！你才一文不值！这你欠我的！这你欠我的！（一连串了无新意的性用语，持续约五分钟。）

患者重述了三次后，印痕就被擦除了。这是原点的原点！根据事件至母亲停经之间的天数大致推算，印痕发生于受精三天后。这项发现使个案的其它重要资料也都明了起来。于是个案解决了，患者也成了清新者*。

单一字词也可能把患者带到一些其它的"听见"那里。假若如此，听析员必须找出这个印痕的起点，否则，印痕的其余部分

---

* 本段内容将"争吵印痕链"和"性交印痕链"结合，使二者都闭锁了。这原点印痕源自何处，或者混杂在原点印痕中的印痕源自何方，自然属于不可考的陈年往事。这是爸爸在家的表现：他妻子和孩子几乎是精神病患的事实，证明了他是什么角色。爸爸可不是"精神病患"。他是一个"大胆、坚强、直率"的人，任职银行董事长，以精明冷静闻名。儿子是个酒鬼，会在街头演说的无神论者，他反对父亲所代表的一切，包括金钱。儿子在接受治疗的期间，曾不小心把这个印痕告诉父亲，父亲大肆批评了戴尼提两天，接着罹患"风湿热"。在这样的状态下，父亲派人请本个案中的听析员来清新他。听析员达成了任务。这两个个案都有听觉关闭以及痛觉与情绪关闭。

可能就无法被擦除或减弱。

"听见"一词也可能将患者送到轨迹晚期。在这种情况下，听析员应该要往回追溯，直到找出能擦除的印痕为止。要减弱途中碰上的每一个印痕，直到找出最早的印痕为止。届时，所有的印痕全都会擦除。

无论是使用单一字词或语句进行重复，听析员不应让患者快速、无意义地重复，而应要他缓慢地重复。在重复的同时，听析员要求体觉记录带复返，并要患者接触其它可能和这个字词有关的任何事物。

> **注意**：如果患者在轨迹上没有移动，不要随便让他重复字词和语句，因为这会在患者卡住的地方堆积更多的印痕。只有努力发现并减弱正拖住患者的语句，才能使患者在轨迹上移动。

> **注意**：原点的原点不一定会有字词，通常都只有疼痛，并伴随子宫的声响。尽管如此，它仍会以感官讯息把一切固定住。

指令的特殊类型

指令有几种截然不同的类型。以下概略叙述各种指令类型，并各举数例，以备参考。

导致偏差错乱的指令可以包含任何内容，听析员不需特别关切。若参考第二篇里那位年轻人和外套的故事，我们可以假借催眠指令的形式，稍微了解何谓导致偏差错乱的指令。"我是一只喳喳鸟"、"我吹不出《迪克西》"、"全世界都跟我作对"、"我恨警察"、"我是世界上最丑的人"、"你没有脚"、"上天会惩罚我"、"我老是得玩玩我那玩意"……这些句子患者可能会觉得很有趣，甚至听析员也会觉得很好玩，而且或许曾给患者的生活带来许多困扰。就戴尼提治疗而言，这些语句都会在适当的时机出现。虽然，寻找一个特定的偏差错乱，或是一个特定的体觉不适，有时有趣，有时有用，但通常并不重要。这些导致偏差错乱的指令所包含的资料，可能足以使患者变成疯疯癫癫的狂热分子、妄想症患者，或一条鲶鱼，但这对听析员来说并不重要。时机一到，这些指令就会出现，因此处理它们是次要的工作，甚至还算不上次要。

对于任何个案，听析员首要的工作就是保持患者在轨迹上移动、使患者的体觉记录带保持灵活，以及减弱印痕。一旦患者的行为或响应，显示出没有在轨迹上移动的征兆，或是档案员不给资料，那就肯定有问题，而这个问题必定与某些种类的语句有关：虽然印痕中这类语句为数成千上万、说法各异，但类型只有五种。

否定指令

"别来烦我"字面的意思就是他不可以打搅这个事件。

"说不出来"意思是他不能把这个印痕告诉你。

"这很难讲"意思是难以讲出来。

"我不想知道"意思是他没有想知道这个印痕的渴望。

"忘了吧"是否定指令的分支——遗忘指令机制的经典范例。如果印痕就是不出现，但患者有体觉不适或肌肉抽搐的情形，听析员应把体觉记录带送至否定指令处。这个指令通常是印痕中的"忘了吧"或"想不起来"。"我不知道现在怎么回事"也许是妈妈在跟爸爸讲事情，但待清新者的分析式心灵受到该语句冲击，就会不知道现在怎么回事。

"还在更前面"意思是他就在那里，但却以为自己不在那里。

"抓好，这可是你的性命！"使得这个印痕成为生命中不可或缺之物。

"够不到"、"我进不去"、"绝不可以让任何人知道"、"这是秘密"、"假如被人发现，我就死定了"、"不要讲话"……还有好几千个句子都是否定指令。

滞留指令

只要待清新者不能在轨迹上移动，或没办法回到现在，就表示他处在滞留指令里。因此滞留指令最为常见，也最为常用。即使与否定指令结合，它也仍可以把人滞留住。如果找不到滞留指令，就先找否定指令，再找滞留指令。

"我卡住了"是典型语句。

"这就定下来了"是另一个例子。

"我今后不能再乱动了"这句话对待清新者来说，与妈妈当初的意思并不相同。也许对妈妈的意思是她怀孕了，但待清新者接收到的意思，却是他不能再于轨迹上自由移动了。

"别动"、"给我坐好，我说可以你才能动"、"停下来想一想"。（患者在第一次重述中，说出最后这个句子时，听析员也许得催促患者继续，因为患者真会这么做：他会停下来想一想，而且会停在那里想上一阵子。听析员在处理个案时，会看到这种完全遵从话语字面意义的诡异行径。）

这样的句子还有几千个。只要照字面理解，可以使人停止，或防止他移动的话语，皆属滞留指令。

反弹指令

用一条曲线来说明反弹指令是最清楚的。待清新者复返到出生前，却发现自己处于十岁，甚或目前时刻。这表示有反弹指令在运作。他往时间轨迹早期移动，而反弹指令要他回来。

如果待清新者似乎无法到达更早时刻，表示有反弹指令将他从印痕中弹出来。听析员要问待清新者发生了什么事。使用待清新者的回答，或挑出可能是反弹指令的语句来重复，直到他回到印痕上。如果他能轻易接触到那个印痕，就不会再给那个印痕弹开了。

"出去"是典型的反弹指令，患者通常会往目前时刻移动。

"现在已经不能回头了"，也许意谓着妈妈决定她无论如何都要生下孩子，或是要完成堕胎，但对待清新者而言，意思是他必须朝时间轨迹的晚期前进，或他找不到更早的时期了。

"到别处去。"

"快跑。"（"滚蛋"就不会是反弹指令；这表示待清新者要拿一颗蛋来滚。）

"我必须离得远远的"，所以他就离得远远的。

"我一直有在前进"、"把它抛到九霄云外"、"别过来"。

还有几千个这样的语句。

聚集指令

聚集指令是所有指令类型中最棘手的一种。它的说法极度多样，对时间轨迹的影响又极为严重，可以将整个轨迹都卷成一团，让所有事件看起来都在同一个地方。一旦待清新者碰到这种指令，你马上就能看出来。聚集指令并不容易找。但随着个案进展，聚集指令会水落石出，况且纵使有聚集指令处于再刺激，我们也还是能够听析个案。

"我没时间"和"怎么样都没差"是典型的聚集指令。

"每件事一下子全冲着我来了"的意思就是那样。

"事情全都搅在一起"、"乱成一团了"、"送作堆"、"全在这里了"。

"你可以在目前时刻记起这一切。"（如果听析员对很容易受暗示的患者说这句话，就大错特错，因为那会把个案搅得一塌糊涂。）

"你把每件事都联想在一起。"

"我被缠住了"、"同时把所有的东西都塞进去"、"没时间了"……还有几千个这样的语句。

误导指令

误导指令很阴险。它一出现在印痕里，患者就会往错的方向前进、到错的地方去等等。

"你整个弄反了。"

"一切到了现在"是聚集指令兼误导指令。

"要一直把它丢过来给我"会把待清新者放在轨迹上离事件有一段距离的地方；他会试着从那里得到印痕。

"你不能回去"部分属于反弹指令，部分属于误导指令。

"我们找不到事情的根源"会使他无法接触原点的原点。

"你可以重新开始"会阻止他把事件重述完毕；他会回到印痕开始的地方，而不继续运行印痕。

"再一次我会受不了"会阻止他重述。

"我不能告诉你是怎么开始的"会使他从印痕的中途开始陈述，导致印痕无法减弱。这样的句子有很多。

"要提前一点"等含有"提前"的句子，都迫使他在轨迹上往过去飘移。

"我要感冒了"会把偏差者置于一个感冒印痕中。可以想见，这个句子会使每一个感冒变得更严重。

"回来这边"实际上是一个唤回指令，但它会使患者离开他该去的地方。患者如果好不容易回到目前时刻，又开始往回走，就表示他有"回来这边"或"提前"之类的指令。

"往回退出去"会误导患者，不仅使他远离目前时刻，而且会将他带到轨迹起点，从而脱离轨迹。这是误导指令，同时也是脱轨指令。

"过不了我这关"是转向指令类型的误导指令。

"你前后不分"是误导指令的典型句子。

"把我整个转过来了。"

脱轨指令是一种特殊情形，这会"使他上不了轨道"，让他与时间轨迹失去联系。这样的语句非同小可，因为它会造成精神分裂。我们总是可以在精神分裂症患者身上，发现这类语句。这类指令有时会把他送进其它的个性扮演，而这些个性扮演并没有真正的轨迹。有的语句只是移除时间；有的语句则把他整个抛出时间轨迹。

"我完全没有时间"是脱轨指令兼聚集指令。

"我跟自己站在一起"，意思是他现在成了两个人，并肩站在一起。

"我得假装是别人"是造成身份混乱的关键语。

"你真是跟不上时代"，还有许多语句都是。

误导指令还有另一种特殊类型。听析员跟患者说要他回到"目前时刻"，档案员就丢出含有"目前"两个字的语句。不管句中的"目（幕）前"指的是不是舞台的幕前；如果这个语句出现在出生前区域，待清新者就会到那里，而忽视听析员真正的意思。

"一切尽在目前"是个尤其危险的语句，它把一切都带到目前时刻了。

"荧光幕前的朋友。"

诸如此类。有时候，"现在"会与"目前"相混淆，但这不常发生。听析员不应当讲"回到现在"，假如他讲了，他碰到的"现在"会多到让他无法招架。"目前"较少出现于印痕中，因此被我们选来使用。"现在"两个字出现得太频繁了。

总结

有几个患者对过去几乎没有记忆，而且有严重的偏差错乱。当我们进入那些个案时，我们发现他们完全脱离了时间轨迹，退化到出生前，并卡在那里。在他们的理解中，他们的生命从受精开始，只有短短几个月的历史而已。可是这些人不知怎的，仍然有办法像正常人般地运作。

情绪负荷通常会使人脱离轨迹。事实上，根据目前的研究成果，情绪负荷是唯一会给予这些印痕指令力量的东西。

差异性

有两项关于心灵运作的公理，是听析员应当要熟悉的。

一、心灵会感知、提出和解决与生存有关的问题。

二、分析式心灵以差异性来进行计算。反应式心灵则以等同性来进行计算。

听析员该知道第一条公理，因为这条公理能让他清楚判断，他眼前的是否为理性反应。如果一个七岁的女孩，被男士吻了一下就全身发抖，她就不是在计算，而是在对某个印痕起反应，因为七岁的小孩不应该觉得亲吻有什么不对，即使是热情的一吻。她必然有一个早期的经历（可能在出生前），使男人或亲吻变得非常糟糕。所有偏离最佳理性的行为，都有助于找出印痕；所有非理性的恐惧之类的现象，都是听析员该处理的上等题材。有了以上的法则，听析员也应当研究最佳解答的方程式。只要违反最佳状况，就值得怀疑。虽然听析员不怎么在乎偏差错乱，但有时患者会停滞下来，或似乎找不到印痕。此时为了获取资料，他可以去观察患者的行为，以及患者对生活的反应。

第二条公理是戴尼提对逻辑的贡献。哲学教科书对这方面有更充分的探讨。我们抛弃亚里士多德的钟摆论和二值逻辑，不是因为我们不喜欢亚里士多德，而是我们需要更宽广的评判尺度。其中一种评判尺度，就是"波谱原则"。这个原则使用的是从零到无限，与从无限到无限的渐进等级，并认为就科学目的而言，"绝对"是完全不可得的。

从第二条公理我们了解到，近乎完全理性的心灵，能明确清楚地辨别事物的差异性。而随着心灵偏离理性，它感知到的差异性便逐渐减少，直到最后，心灵会近乎完全丧失在时间、空间或思想上计算差异性的能力——这样的状况，可以说是彻底精神失常。当这种状况只依照单一想法发展，例如"所有的猫都一样"这种概括性的言论，若非漫不经心，就是精神失常。因为所有的猫并不一样，就连两只外观、动作和声音都相似的猫，也仍然不同。你可以说："猫其实都差不多"，这也仍是相当非理性的想法。或者你可以认知到，有家猫这个物种的存在，但其中的每一只猫都大不相同，不仅品种与品种间不同，每只猫也有不同点。那就是理性，不是因为他了解生物学名，而是因为他能分辨猫与猫之间的差异。对猫的恐惧起源于印痕。这个印痕里通常只有一只猫，而且是特定的一只猫，有特定的品种、明确的个性（也可能不明确）。什么猫都怕的待清新者，其实怕的只是一只猫，而且那只猫很可能好多年前就死了。因此，当我们从完全的理性滑向非理性时，心灵能分辨的差异便持续减缩，直到几乎消失，只剩相似与等同。

亚里士多德的三段论认为："若两事物相等于某事物，则两事物彼此相等"，这在逻辑里根本没办法用。逻辑不是算术；算术是人类发明的东西，具有一定的作用。若要处理逻辑的问题，心灵得穿梭于大量资料间，用几十个、甚至几百个变量进行计算。心灵不会这样思考："若两事物相等于某事物，则两事物彼此相等"，它从没这样思考过，除了算数学的时候。而数学是人为了解决抽象的问题，而想出来的东西。二加二等于四，是理论上的真理。但是两个什么加两个什么会等于四呢？如果我们说"两个苹果加两个苹果等于四个苹果"，我们其实没有任何测量系统、任何量尺、测径器或显微镜，足以证明这个说法的精确性。如果是相同的苹果，那么两颗苹果加两颗苹果，确实等于四颗苹果。但是，无论你想象出何种栽培及生产过程，那四颗苹果绝不会等于另外四颗苹果。人类觉得把近似值笼统地说成精确的事物也无妨。除了心灵为解决外部问题和获得近似值，以抽象方法设立起来的东西之外，世界上根本就没有任何绝对的事物。这样的观点或许听起来很牵强，实则不然。数学家非常清楚，他所使用的系统，是通过数字及用类比表达的近似值所建立的。这样的系统在人类之前或许不存在，在人类消失后或许也不会继续存在。逻辑，即使是思索十点钟出去购物是否明智这样简单的逻辑，都要经过大量的变量、不定值和近似值的处理。人可以发明出一箩筐又一箩筐的数学。没有真正的"绝对"，只有近似值。唯有那些落伍的文法家，才会坚持有"绝对的事实"和"真理"。或许这是为了纪念那些形而上学家吧。

在此讲述这些，一部分是因为有人可能会对此感兴趣，但主要是因为听析员必须明白，对于理性，他有一把精确的量尺。理性是辨别差异的能力。一个人愈能辨别差异（不管多么细微），并了解那些差异有多大，他就愈理性。一个人愈不能辨别差异，愈是以等同（A=A）来思考，他就愈不理性。

某人说："我不喜欢狗！"听析员要立刻明白，他在某一、两条狗上有印痕。一位小姐说："天下的男人都一样！"听析员也要立刻明白，此人真的有偏差错乱。"山好可怕！""珠宝商从来都不出门的！""我恨女人！"你要立刻警觉到，这些正是光天化日之下的印痕。

阻碍分析式心灵辨别能力的印痕，就是阻碍思考最严重的印痕。

"你看不出差别的"是很普遍的印痕。"都一样"、"对我来说，怎样都没差了"、"大家都是坏人"、"所有的人都讨厌我"，正如听析员所言，这些是诱人发疯的饵，让人"直达杜鹃窝"。

还有另外一种等同式思考，会破坏辨别时间的能力。"你不知道那什么时候发生的啦！"是典型语句。"我不知道是在多晚"，以及其它语句都对心灵有一种特殊的影响，因为心灵以自身精密的天文钟在运作，而印痕可能会完全读错仪表上的刻度。在有意识的层面上，人可以顺利沿着分析式的时间前进。印痕则会根据键入或再刺激的时刻而前后移动。今日让人采取某个行动的印痕，可能是时间轨迹上四十年前的事件；它应该待在四十年前的。使人偏差错乱的，与其说是有关时间差异的评语，不如说是印痕"无时间"的特性。时间是个庸医：时间什么也不能治愈，只能改变环境的外貌和一个人交往的伙伴。十年前的印痕，连同它全部的痛苦情绪，可能被包藏起来，遭人"遗忘"。但它就在那里，假若今天再刺激起来，便可立即迫人行动。

反应式心灵用的是杂货店买来的廉价手表；分析式心灵用的则是一整组具复检功能的精密天文钟，精准度足以让一艘邮轮引以为傲。细胞认为那只廉价手表是个挺不错的装置——确实，它曾经是。在人类的祖先刚刚被海浪冲上岸，勉强攀住沙滩时，它确实是个好东西。

因此，偏差错乱的基本检验方式就是相似性与等同性；理性的基本检验方式在于辨别差异，以及其所能辨别的差异大小。

她说："男人都一样。"对她而言，确实都一样！真可怜。男人都像年幼时强奸她的家伙、都像说这句话的那个可恶的父亲一样。

相对重要性与 "相信"、"不能相信"

听析员会碰到的两个头号大敌就是："你必须相信"和"我不能相信"。

心灵有它自身的平衡状态和能力。印痕带给心灵的帮助，就如按住的 7 键*对计算器的帮助一样大。心灵的重要功能之一，就是计算出资料的相对重要性。

例如，在戴尼提的发现及其研究过程中，过去的数千年来，我们在心灵方面累积了数量极为庞大的资料。现在，通过一面六英尺宽的后视镜，我们可以回顾过去，并发现各个时代的人曾表达过许多意见，或提出许多未经评估的事实。这些资料现在成了戴尼提公理中的数条，或戴尼提的部分发现。这些事实过去就存在了，有些现在成了戴尼提的资料，但其中有一个极大的差异：这些资料已经过评估了。在资料能有价值之前，评估资料的价值极其重要。爱说教博士在公元一二〇〇年时可能写过，他相信心灵里没有真正的恶魔；据说公元一七八二年时，就有人听苏菲太太说，她很肯定出生前的影响扭曲了许多人的生命；森巴博士在公元一八四六年可能已写道："假如告诉被催眠的患者说他是个疯子，他从此以后就会表现得像个疯子。"爱说教博士也可能说过，患者的病是天使而非恶魔所致，因为患者作恶多端；苏菲太太也可能说过，树桩内的神水制成的膏药能治愈 "胡言乱语"；森巴博士也可能宣称过，处于催眠状态的患者只需要多几句正向暗示，就能身强体壮。简而言之，每数十亿个资料中，仅有一项接

*（或说 5 键——最近在哈佛有个案例，发现有一滴焊料黏住了电脑的 5 键，令靠它计算的几位先生颇为丧气。）

近真理，其它的都不是事实。每项资料缺乏的都是科学评估，评估它对解决问题有多重要。想从毫无特色的水滴所组成的大海里，选出几颗特殊的水滴是不可能的。唯有抛弃过去所有关于人类及人类心灵的评估、抛开所有"事实"和成见，重头开始，根据一项全新的最高共同要素来发展这整门科学，才能解决找真实资料的问题。（戴尼提确实未曾借助于任何事物。它是先经过发现及整理，在整理完毕并发展出技术后，才与现存的资料做比较的。）

重点在于，如果将一批资料的重要性等同视之，结果便只是凌乱的一团困惑。评估的做法是：意见不足取，权威无用，资料也是次要的；相对重要性的确立，才是关键所在。假若能把世界和星星作为实验室，心灵又能为感知到的一切计算相对重要性，那就没有解决不了的问题。假若大量的资料全都只得到单一评价，那么这些资料拼凑出来的东西就只中看不中用。

"刚捕上船"的海军少尉，实地看到在书上苦读过的器材时，往往一脸惊愕；这证明了我们现有的教育制度多么荒谬。这种制度企图把一样东西训练到完美——记忆；我们的教育很少，甚至从不依目的和功用作调整，也忽略了学生自行评估资料的必要性——既要判断对资料的需求，也要判断其功用。海军少尉一脸惊愕，是因为一个巨大的领悟向他们袭来：虽然他们对眼前的事物掌握了上千样资料，却无法分辨孰轻孰重，是"观测六分仪时要读取天文钟"比较重要，还是"写航道日志时只能用蓝笔"。我们的教育亏待了这些海军少尉。倒不是因为他们没拿到一堆与船有关的资料，而是没有人告诉他们每份资料的相对重要性，他们自己也从没体验过。他们比没有受过教育的人知道更多事实，但他们对于资料间的关连却了解得很少。

与听析员比较密切相关的是，有两种印痕指令会使人将资料等同视之。这两类指令中的哪一类，若成了某人印痕库的主要内容，都同样会教人偏差错乱，尽管此二者所表现出的偏差错乱刚好相反。

听析员偶尔会不幸碰到一个"不能相信"的个案，这种个案极端恼人。同类的还有"我怀疑"、"我不能肯定"和"我不知道"的个案。

这种患者很容易辨认，因为当患者开始治疗的时候，他会先怀疑戴尼提、怀疑听析员、怀疑自己、怀疑家具以及他母亲的贞节。长期抱持怀疑的个案很不好对付，因为他无法相信自己的资料。分析器有一个内建的法官。这个法官会接受资料，衡量资料，再判断这资料是对是错还是也许。因为印痕而疑心重重的患者，有一个"按住的7"：他必须怀疑每件事。这与判断是截然不同的。他的怀疑是硬逼出来的。他必须怀疑。如果怀疑是神性，那个神必定是摩洛（Moloch）。他的怀疑不经检视；即使检视了最明确的证据，他仍然怀疑。

听析员可以使这名患者复返到一个体觉不适，让他头痛欲裂，还有伤疤、偏差错乱可以为证，他也仍旧会怀疑这个事件的真实性。

处理这种患者的办法就是，不管患者有没有进入潜思，用重复技术把他的口头禅给他。要他不断重复这些语句，把他的体觉记录带送到有这些语句的地方。很快地，语句就会松脱。用这种方式，将患者用过的怀疑语句都丢给他，然后再继续治疗。如此的目的不是为了使他相信，而是让他可以评估自己的资料。不要和他争论戴尼提：与印痕争论毫无意义，因为印痕本身毫无意义。

经过十或二十小时的治疗后，这种患者将对现实有足够的面对能力，使他不再怀疑太阳会发光，不再怀疑听析员，或怀疑他曾有些许的过去。他之所以难以对付，是因为你要多花这些时间精力。附带一提，这样的人通常极为偏差错乱。

　　这种 "不能相信" 的患者会觉得评估是件难事，因为他很难去认定某项事实比其它哪个事实来得更真实：这使他无法计算资料之间的相对重要性。结果就是，他关心上司领带颜色的程度，可能与关心自己即将踏入的婚姻相同。同样地，"你必须相信" 的患者，不易区别各种资料的重要性。他可能会确信 "纸是树做的" 与他将被解雇这件事，两者一样重要。这两种患者都很 "担心"，也就是说，他们无法好好地计算。

　　理性的计算，取决于个人对于各种资料相对重要性的计算。反应式 "计算" 只涉及一道等式：大不相同的物体或事情是相似或相同的。前者为精神健全，后者为精神失常。

　　从那些 "必须相信" 的个案口中听取到的反应库非常混乱，因为反应库会视莫大的差异为相近的特质。"必须相信" 的印痕指令可能要求个案必须相信某人、某一类人，或是每个人，无论他们说什么、写什么。听析员让患者复返后会发现，有一个仅含对话的锁，系住了患者主要的偏差错乱。

　　如果指令是来自患者的父亲，而他又是患者的盟友，那么听析员会发现，几乎父亲所说的每一句话，患者都会毫不怀疑地照字面接受。这位父亲也许根本就不知道自己造成了这种 "必须相信" 的状况，甚至他可能很爱打趣、常开玩笑。但他的每个玩笑都会被患者照字面接收，除非父亲表明那是玩笑 —— 意思就是，不可以照字面接收的话语。我手边有个个案，这位患者的 "必须相信" 来自于父亲：某天，父亲带着三岁的女儿到海边去，通过浓雾，他指向一座灯塔。浓雾笼罩下，夜晚里的灯塔样貌骇人。父亲说："比林斯蒂先生就在那个地方。" 这句话的意思是，灯塔管理员比林斯蒂住在那里面。孩子认真地点了点头，尽管她有点害怕，因为 "比林斯蒂先生" 甩着一头乱发（影子），一只眼睛在水面扫射，往大海瞪去。"比林斯蒂先生" 长得一百英尺高，而且还会发出凶猛的低吼。他所在的"地方"则是突出水面的岩台。二十年后，长大的女儿接受听析，我们发现她对所有低沉的呼啸声都感到恐惧。听析员耐心地追本溯源，找到了"比林斯蒂先生"，两人都很高兴。他们发现，患者的许多偏差错乱、奇特的观念和怪念头，都源于父亲一些漫不经心的谈话。这位听析员很清楚自己该怎么做；他没有试图找出并擦除父亲曾说过的一切，这可能会花费好几年的时间；相反地，他去找出位于出生前的那句"你必须相信我"和所有印痕性的锁。这么一来，所有非印痕性的锁当然也消失了，它们会自动以经验资料的形式，获得再评估，不再是"按住的7"。当然，一个个案除了"你必须相信我"之外，还会有很多毛病，但这位患者一处理掉这一点，在看法上就产生了非常惊人的改变：她现在可以自由评估父亲所给的资料了，这是她过去做不到的。

由于教育机构在教导学生时，讲究的尽是威望*与权威，所以在社会里形成了一种"你必须相信"的偏差错乱。要减弱一个人的整个大学教育是不可能的，尽管有时候你会很想这么做。但是，若能处理患者从幼儿园开始就被迫相信或接受学校教育的那些时刻，许多塞满资料的心灵，将不同以往地再度敏捷起来；因为心灵会自动重新评估那些资料的重要性，不再像过去"正规教育"那样，全部给予单一的评价。

处理"不能相信"的患者，会使听析员相当疲累，再加上过程沉闷，在治愈几个患者之后，听析员可能会有技巧地避开这类的患者。"我不知道"和"我不能肯定"的个案并不如"不能相信"的个案来得严重。在戴尼提里最棘手的个案，就是和父亲或

---

* "威望"所指的是声望程度的不同——威望较高者，单凭威望就能让威望较低者信服。听析员对于某些患者可能缺乏足够的威望，致使他无法顺利进行治疗；对于某些患者他又太有威望，使他们相信他所说的一切。威望太低，则不受信任；威望太高，又被过度相信。

母亲同名，不但有痛觉、情绪、视觉回想和听觉回想关闭，还有假的剪辑及疯狂运作的谎言工厂，不会合作并且"不能相信"的患者。

对资料单一的评价，使"不能相信"的患者无法接受任何事实。每一个个案都可能有几个"不能相信"语句，但有些患者却因这句话而变得彻底偏差错乱；他们不仅不相信事实，也不相信自己的存在。

在心灵里有一个"内建怀疑器"，它不受印痕阻碍，能迅速判断事物的重要性，然后根据重要性来解决问题并得出结论。理性的心灵会尽力分析现有的资料，对照经验、评估精确度，然后依事物的格局，赋予资料相对的重要性。清新者通常瞬间就可以完成这项动作，而一般人完成这项动作所需的时间则不一定；他倾向听取他人或专家的意见，而不是自己的经验。这就是现代教育的后果，虽然现代教育本身并没有太大的过错，同时也设法努力改变现状，但由于缺乏工具，现代教育被迫遵循经院哲学的做法。通过偏差错乱的传染，这种做法坚决反对教育改革者的一切努力。一般人接受的教育，一方面要他相信，否则就会不及格；另一方面又要他不相信，因为怀疑是科学的必要条件。相信和不相信是教不来的，必须由人自己计算出来。若将心灵比喻为一位有着专属幕僚的将军，你可以想象他有一个战斗情报中心，这个中心会收集资料、衡量资料的价值，然后对情势，或某个结论的价值加以评估。如果情报官收到命令，要他什么都不准相信，他就会失败；同理，如果心灵收到反应式指令，要求它什么都不信，它也会失败。当然，相反地，假如一个军事组织收到什么都必须相信的命令，那么，就算对手非常弱小，它也无法打赢；而一个人若听从反应式心灵要他相信世界上所有资料的命令，他也一定会失败。

相信和不相信印痕会有不同的表现，我们无法确定哪一个印痕比较偏差错乱，但我们可以肯定，"不相信"印痕通常会使人比较不擅交际。

当然，"不相信"有许多不同程度的表现。例如，社会中不相信的印痕助长了某一类的文学，而这类文学既不真诚也不风趣。虚假、羞于表现情绪或不敢称赞，这些可能是其它因素所造成的，不完全来自不相信印痕。但这类个案的大多数，一定都有一个不相信印痕。

当听析员在治疗一个严重"不能相信"的个案时，他会发现患者不相信经验、不相信听析员，也不相信可能会有结果。患者可能会讲出最荒谬、最无理的言论与侮辱。即使患者因体觉不适而痛苦扭动，宛如身处蛇窟，他也仍不相信自己正重新经历着什么。

偏差者有个可悲的习惯，那就是他会固定使用印痕库里的一套话语。无论何时何地，他都会重复这些话语。母亲有她的印痕库，父亲也有他的印痕库，所以他们总是一遍又一遍地重复着类似的话语。这便是印痕复演。也许父亲或母亲，不管说什么，都会先来一句"我不知道"，结果印痕库里就累积了一大"堆"的"我不知道"，这会严重损害一个人的理解力。"你必须相信！"或"你不能相信！"也可能"堆满"了印痕库。听析员听患者讲述几个印痕之后，就可以知道患者从同一个来源，还取得了更多、更多类似的印痕。听析员只要花一点时间听患者印痕库里的人物讲话，差不多就能知道接下来许许多多的印痕里会出现些什么。因此，任何话语都可能不断重复出现在印痕库里，并带有各种体觉不适及其它的感官讯息。假如母亲血压升高，身体不舒服（这会让孩子感到极为难受，而且通常会使他日后有偏头痛），而情况是父亲造成的，她很可能会说："我不敢相信你竟然会这样对我。"私底下，这位母亲肯定不容易说服（印痕的"道理"也没有什么好说服的），因为大约每隔三天，丈夫就会如此对待她，所以每隔三天，她就会说："我不能相信你"、"我不敢相信你居然对我做出这种事"或是"你说什么我都不相信"，诸如此类。

"不能相信"通常相当不友善，因为"不能相信"常是怀有敌意的对话。"你必须相信我"比较倾向于恳求或哭诉性质的印痕。不过，听析员可以想象得到，"烦死了，你信我的话就对了"也是充满敌意的。

如果听析员碰到非常多疑，多疑到不可理喻的患者，可以想见，那个印痕库里一定有一堆的"不能相信"。如果他发现患者无法坚持己见，像墙头草般地附和每个刚认识的人，或引用权威（在反应库里，所有权威人士都很容易与父亲等同），就要怀疑有某种形式的"必须相信"印痕，及其它的东西存在。这两种个案都有各种不同的表征。在治疗中经常出现的情形是，"不能相信"的患者会强烈怀疑自己的资料，因此不断改变说法，而印痕毕竟就只有那么一套内容，所以无法真正减弱。"必须相信"的患者则会把他听到的每一个印痕，都拿来当成自己的；那样实在对他一点好处也没有。

但不要以为所有患者都有一个标准模式；语言含有许多文字及文字的组合。许多偏差者的印痕库，内含语言中所有的基本字词及惯用语，这些话语全都与体觉不适紧密结合。个案的印痕库里通常同时含有"不能相信"和"必须相信"的话语。当其中一种压过另一种话语时，患者才会以固定的模式反应。无论这固定模式是哪一种话语，听析员眼前的患者，生活必定极不快乐。这两种个案都能成为清新者。他们都能获得清新，甚至连二世个案都行。

肉体疼痛与痛苦情绪指令

除了视觉回想和听觉回想之外，另一个对治疗非常重要的回想就是体觉不适，即事件中的肉体疼痛。在没有体觉不适的情况下听析肉体疼痛事件，是没有意义的。

肉体疼痛也许得等到"无意识"相当程度"昏睡蒸发"之后才会出现。如果事件含有疼痛，但并没有体觉不适出现，患者就会有扭动脚趾、呼吸急促、紧张或肌肉跳动的现象。不管体觉不适为开启或关闭状态，脚的扭动是体觉不适存在非常好的线索。呼吸急促、肌肉跳动和各种不含疼痛的抽搐，意味着两件事：事件中可能有否定指令，所以患者没有接触到事件内容；或者，如果患者有进行重述，他的体觉不适可能在事件中关闭了，或在其它地方，被较早的指令或较晚的痛苦情绪给关闭了。患者若不断扭动或完全没有扭动，代表他正受到一个痛觉或情绪关闭指令的影响，或是晚期痛苦情绪印痕的影响，或两者皆有。

有一整类的指令会同时关闭痛觉和情绪：这是因为"感觉"可以有两种解释。"我什么都感觉不到"是最标准的例句，但这种指令变化很多，有各种不同的字眼可以表达。根据患者对自己感觉的描述，或者更确切地说，根据他们对自己没感觉的描述，听析员可以把这些指令搜集成册。"不会痛"是专门关闭痛觉的语句类型，这一类当然还包括"没什么痛的"等等的语句。会将情绪关闭的语句类型，在句子里会有"情绪"的字眼，或者按字面解释后，会特别关闭情绪。

听析员应该把他发现到的所有否定指令、误导指令、滞留指令、反弹指令、聚集指令，分门别类记录在一本册子上。如此一来，当他发现患者在轨迹上的移动有状况时，他就能有更多的材料来进行重复技术。听析员也应该要研究并记录另外四种类型的语句：关闭指令、夸大指令、脱轨指令及谎言工厂。他也可以加上他自己发现的指令类型。

听析员在印痕中可以找到大量符合上述分类的指令。他应该要特别注意痛觉与情绪关闭指令以及夸大指令——这类印痕指令会使人表现出过度的疼痛和情绪。我们毋须详细列举这些指令。语言毕竟是语言，因此指令内容会有各式各样的变化。

指令可能有很多种组合。有的患者会为了学会说话后的一点芝麻小事而哭泣，但他只有一点点或完全没有体觉不适。这种现象可能有几个原因：可能他的母亲或父亲在他出生之前哭了九个月，不然就是他正受到夸大指令的控制，命令他对任何事情都要情绪化："太情绪化了。"这样的患者可能还有个东西说他不会感觉到痛，或不会疼，甚至"感觉不到"。

痛苦不堪却哭不出来的患者，他接收到的指令恰好相反：在他早期的轨迹上有一个，或是一长串的"无情绪"指令，又有命令他过度痛苦的指令："我受不了这种痛了"、"实在太痛了"、"我一直痛得要命"等等。但是"我感觉很糟"反而是一个关闭指令，因为这句话说的是他的感觉机能出了毛病，表示他没有感觉的能力。

疼痛和情绪皆可因指令而变得夸大。奇怪的是，身体不会假造出疼痛来给人感觉。所有感觉到的疼痛都是真实的，即使是夸大的疼痛也是。没有疼痛是想象出来的。一个人只能"想象"他确实感受过的疼痛，而无法想象没有感受过的疼痛。他可以在实际事件发生后的某个时刻去"想象"疼痛，但若是他感受到了疼痛，无论他有多么疯狂，我们都能在他时间轨迹的某处找到那个疼痛。戴尼提经过了仔细的科学检验，证实了这项十分有价值的事实。你可以测试这点：要求患者感觉各种疼痛、在目前时刻"想象疼痛"。只要你要求的疼痛是他感受过的，他就会感到痛。有时，你会发现患者无法真的感觉到他试着"想象"的疼痛。无论他有没有意识到，任何他"想象"的疼痛，都是他过去经历过的。他只是小规模地在让他的体觉记录带复返而已。

疼痛的这个层面相当有趣，因为许多患者在过去的某个时刻，都曾对家人或社会伪装过某种疼痛。当患者对外宣称这份"假装"的痛苦时，他认为自己在撒谎。在治疗中，听析员可以使用这些"想象"，因为它会直接引导你到同情印痕和实际的伤害中。此外，这些"想象"的疼痛，通常是患者展现给印痕时刻中赐予同情的盟友，或假盟友看的。所以，若一个小孩经常对祖母假装屁股痛（而他也认为自己是在假装），那么最终我们会发现，在过去的某个时刻，他曾经伤到屁股的同一侧，并在印痕期间接受到同情，而这个事件现在被遮蔽了，分析器什么也不知道。患者对自己的这些伪装经常感到内疚。在最近的战争中，有些士兵佯装受伤而得以回家。这些人在接受治疗时，会害怕听析员发现，或把这个秘密泄漏给他的同伴。这样的士兵在战争中可能没有受伤，但我们可以从他口中的创伤，找到一个包含同情的印痕。他正以精彩的故事来博取同情，并认为自己正在撒谎。在不告诉他戴尼提这项发现的情况下，听析员往往可以把一个同情印痕引诱出来；若不用这种方法，可能得费很大功夫才能找到这个印痕。

待清新者会否定印痕里的"爱哭鬼"一词，因而抑制自己流泪。待清新者经常将自己与出生前生活中的哥哥姊姊们搞混：哥哥姊姊们的嘲弄、母亲的命令等等，全部都被他记录了下来。因为小孩很有活力，经常会在母亲的膝上蹦来蹦去，或者撞到母亲，所以如果待清新者知道当时有年纪较大的小孩在，听析员就应该在出生前印痕中寻找他们。所以，孩子气的嘲弄话语并不全是出生后才进入印痕的。

戴尼提的研究曾推测，如果可以解除人一生中所有的痛苦情绪，听析员就完成了百分之九十的清新了。但是，痛苦情绪只是肉体疼痛印痕的表象，如果肉体疼痛没有同时存在，或存在于较早之前，痛苦情绪是不会令人痛苦的。

当个案中有情绪和疼痛关闭指令时，患者通常肌肉收缩、紧张，而且容易抽搐，或仅仅情绪紧绷。如果指令夸大了疼痛和情绪，听析员就得面对严重印痕复演的个案了。

盟友与敌对者

听析员有必要知道反应式心灵对重要性的评估。不论这是不是低能，反应式心灵对敌友的区分极为鲜明，这大概是它唯一会区别的东西。

有个绝佳的方法可以辨识出盟友。记住，盟友是同情印痕的一部分，同情印痕最有可能制造出壮观的身心性疾病、发育不良和困惑。只要反应式心灵有能力反抗和否定，它就会在能力所及的范围内应付敌人。当然，反应式心灵也可能被环境所扭曲，而扮演起敌人的角色。如果那是一个胜利的个性扮演，它就会尽情发泄、大肆破坏。不过，对于反生存印痕中敌人给的资料，反应式心灵除了加以否定之外，通常不会采用。如果患者整体的情绪度大约在第一区，反应式心灵当然就会采用及服从有敌意的指令。因此，如果父亲是故事里的反派角色、敌对者，偏差者的反应式心灵就不会服从父亲的指令，而通常会否定或避开那些指令。

如果是盟友，情况就不一样了。盟友是在患者生病或受伤时给予同情的人，患者会注意盟友所说的话，会服从盟友，因为盟友的"目的"显然与患者求生存的目的一致。假如某人有一个地方是对的，根据我们的低能小朋友——反应式心灵的观点，这个人的一切就都是对的。他的一言一行，尤其是盟友在印痕里所说的一切，也都是对的。

慢性身心性疾病通常来自同情印痕。这是相当重要的：因为同情印痕与求生存的目的相符，所以它会是最后也最难触及到的印痕。

从盟友那里收到的"必须相信"，意味着这个人必须相信，从敌对者那里收到的"必须相信"，通常会造成的状况是这个人会绝不相信。

在盟友和敌对者之间，我们看到历史悠久的英雄与恶棍、女英雄与恶妇、玛兹达（Mazda）与阿里曼（Ahriman）、白帽牛仔与黑帽牛仔的故事。虽然印度教三位一体的根源是父亲、母亲和未出生的胎儿，但"善恶"之战则来自于印痕库中，以盟友或敌对者形式呈现的反应式资料。

反应式心灵再强也只能做到二值逻辑，非黑即白；而二值逻辑也只能引起反应库的响应。反应式心灵把所有的问题都以绝对来计算，从而产生一种骇人的逻辑，因为这造成了"绝对的善"、"绝对的恶"及"绝对的等同式思考"。从事实或可行性的观点来看，任何理性的计算皆可证明，绝对的状态是不可及的：但反应式心灵从不计较，它只会反应。它一眼就能识别出谁在拥护它（它是这么想的），也知道谁是坏人（它这么认为）。具有任何盟友特征的人，都是它的盟友，是捍卫它的斗士；具有敌对者任何特征的人，则都是它的对手，是坏蛋。除此之外，任何与盟友相关的事物都会保护它，与敌对者相关的一切都有害。假如盟友是姑妈，那么所有的姑妈就都是好人；假如敌对者是画广告牌的人，那么所有画广告牌的人就都很邪恶。此外，姑妈会用钩针编织小垫布，所以小垫布是好的，所有织花饰品是好的，这些织花饰品摆放的地方是好的，跟这些织花饰品看起来相似的东西也都是好的；只有反应式心灵在进行如此荒谬的推理时，还能脸不红气不喘。而画匠画出来的广告牌很邪恶，设置广告牌的地方也邪恶，颜料邪恶，颜料的气味也邪恶，刷子也邪恶，所以，牙刷也很邪恶，放牙刷的洗脸台也很邪恶等等。

这里有一个公理，你在治疗患者时，最好不要轻忽它：

任何慢性身心性疾病的根源，都是同情印痕。

还有另一个：

反应式心灵不会允许人偏差错乱，或有慢性身心性疾病，除非这些疾病具有生存价值。

这并不代表人有分析式的选择力。但它的确说明，至今都巧妙隐藏起来的反应式心灵悄悄地在运作；它依据等同式计算，只要眼前的环境与印痕库的某种概念有一丁点相似，就会选择某些身体和精神的状况与之搭配。

有个东西叫做迫切需求度。迫切需求度的上升能键出印痕、键出反应式心灵的控制。迫切需求度经常上升。不管实际的因素是否存在，人能分析式地使迫切需求度上升。一个人也许没有"因杀人而坐电椅"的印痕，但他有一个想杀人的印痕。迫切需求度增加，可使分析式心灵压过所有想杀人的冲动，因为分析式心灵对于电椅相当了解。假若一个人的迫切需求度无法提升，你面对的就是一个低动力的个体。受到评论家热心贡献的刻薄批判，一位艺术家可以对自己的作品变得极为偏差错乱，但他仍能因自身需求而自力更生，涌起力量创作另一个作品。至于那个抱怨他给她画了太多层下巴，还把画像给撕了的阿姨，或是嫌他没经验、作品太草率的评论家，都见鬼去吧。要让迫切需求度提升到反应式心灵之上，套句海军陆战队士官的话，只要"有种"就行了。如果周围有太多的再刺激物，生活带来了太大的苦难，使一个人陷入印痕活化的下降螺旋中，最后，他可能就无法再运作了。假如这是他第一次经历情绪的严重下沉，而且下沉的幅度很大，身心性疾病就会显现，而且多少会演变成慢性病。重点是，这个病会直接来自某个同情印痕。

虽然不很明显，但所有的身心性疾病都带有令人偏差错乱的指令。换句话说，身心性疾病的患者，不管他喜不喜欢，也都会苦于同一个印痕里所包含的偏差错乱。

如果听析员想找出真正的滞留指令、找出个案会表现出抗拒治愈的真正原因、找出真正令人偏差错乱的因素和疾病，就该从盟友下手，因为每位患者都可能有许多盟友。听析员使患者排空盟友丧失或反目的痛苦情绪后，就要立即回溯轨迹，找出背后的印痕。

但是别忘了，反应式心灵并没有聪明到可以理解，同一人的两面仍是同一人。因此，母亲可以有如洁白的天使，又是怒号的泼妇。反应式心灵会毫无保留地听从洁白天使般的母亲，否定泼妇般的母亲。父亲可能是个大好人的父亲，也有可能是个弑婴的父亲。所有的盟友都可能有这种两面性。但只有那种纯粹、坚定、始终不渝的盟友，以果断坚决的态度，阻止了死神冰冷的毒手，把熊熊燃烧的生命火炬，轻柔地放入孩子危在旦夕、徒然期待的小手中（或至少对他说："可怜的宝宝，你一定感觉糟透了。别哭了。"）——那种盟友才是典范，才是楷模，才是能够直通诸神的无瑕偶像。（那就是祖父：祖父是个饮酒过度，打牌手脚不干净的家伙。但反应式心灵对祖父有不同的看法，因为祖父陪伴宝宝度过肺炎，直到痊愈。如果他没那么戏剧化，如果在可怜的孩子"无意识"时他能少讲几句的话，这本来是一件好事。）

你要有技巧地询问患者关于父亲和母亲的问题：假如患者对于父母亲去世不怎么难过（如果他们死了），或是对他们完全漠不关心，或表现出愤恨之情，那他们就是敌对者；盟友另有其人。如果患者对父母漠不关心、愤恨，或是奉承讨好，你可以肯定这位患者从受精到出生，以及之后的生活，都过得很辛苦；你也可以肯定，如果情况确实如此，这个个案会有许多盟友，因为这个孩子每次一受伤，尽管只是一点皮肉伤，都会去找出盟友。但通常只问问题是无法找出盟友的。即使包含盟友的那些印痕，其体觉不适足以毁了此人的一生，反应式心灵仍视盟友如纯金。反应式心灵会把盟友隐藏起来。听析员必须清除痛苦情绪，才能找到盟友。盟友的死亡、离去或反目，肯定是痛苦情绪印痕。你可以听析晚期的痛苦情绪印痕，或早期的肉体疼痛印痕。无论如何，盟友终究会现身，从印痕库中擦除，不再是疾病，而是存入标准记忆库中的记忆。

解决慢性身心性疾病，主要倚赖同情印痕的处理。同情印痕不会在听析的初期擦除，因为它们是位于核心的堡垒；反应式心灵藏身其后，观看敌对者猛烈炮轰外墙。丧失盟友的痛苦情绪，有时不但掩蔽了盟友，也掩蔽了敌对者。同情印痕绝非身心性疾病唯一的来源，但它是慢性身心性疾病的肇因。

附带一提，在此有关盟友的论述，不应被解读为"人不宜对孩子表达关爱"。过去曾有观察者感觉到，表达关爱会使孩子偏差错乱，因而妄下结论。缺乏关爱可能会毁了一个孩子，反之则不然。盟友只有对生重病或因受伤而"无意识"的孩子说话，并表示同情，才会使孩子偏差错乱。如果他这么做，就会把他的人格掺入孩子的人格里，使孩子后来很可能罹患身心性疾病、产生偏差错乱，甚至使孩子一辈子无能（当然，除非使用戴尼提）。孩子健康的时候，尽量爱他，好好照顾他。他健康的时候，你想对他做什么都行，想说什么都可以。他生病、受伤的时候，你最好照水手长的说法："把他包扎好，全都给我保持安静！"

象征物

魔法护身符的故事、幸运避邪物、符咒信仰、一长串的物神崇拜，以及人保留下来作纪念的物品和癖好，全都是反应式心灵的"最爱"。

一个人在客厅里养骆驼、穿紫绿相间的吊带、抚摸消防栓以求好运，都没有什么不对；对一只偷来的女用拖鞋叹息，或者抽匹兹堡廉价雪茄也没有什么不对。所有版本的人权法都理应准许这些怪癖的存在。不过听析员倒可以用这些资料来侦查出重大的讯息。

在戴尼提里，我们将象征物一词定义为个人或社会在不知不觉中，为延续盟友的存在，所保留下来的某些物品和习惯。

根据等同式思考，环境中的任何再刺激物，都有许多关联性再刺激物：也就是与再刺激物有关联的东西。由于对事情的真相一无所知，分析式心灵从身体的反应，察觉到某种再刺激物在附近，于是就挑出了关联性再刺激物，但没找到真正的再刺激物。（第二篇中，使年轻人脱外套的信号是摸领带：他的抱怨里没有提到领带；他顶多只找到催眠操作者本人，以及他的衣物。这些就是关联性再刺激物。）

电灯可能是一个反生存印痕的再刺激物；灯罩、开关的链子、房间，或灯光下的那个人，都可能教偏差者看不顺眼。他不仅不知道有一个再刺激物存在，还会认为那些有关联的事物本身具有某种邪恶。

一个反生存印痕的关联性再刺激物，并不需要其它名称——只要叫它关联性再刺激物就够了。重点是疼痛这个东西，只要与这东西有一点关联的东西就等于这东西、等于其它东西等等。这个反应式的等式使偏差者的世界充满恐惧与焦虑。让小孩子待在一个曾使他不快乐的场所或房间，他就可能生病，因为他会遇到某种再刺激物。小孩和成年人一样，充其量也只能用那些与再刺激物没有合理关联的东西，来解释他的恐惧。这就是印痕再刺激的机制。

最令偏差者感到难以忍受的是，他绞尽脑汁，也说不出为什么自己不喜欢某些人、某些物品，或某些地方。他无法把这三者中的任一者与真正的再刺激物联想在一起，也不知道自己在那上头有一个印痕。以这种方式来寻找印痕，很快就会进入死胡同。因为一个人不可能挑出物品、人或地方，并知道它们就是再刺激物。这些东西也许只是环境中真正再刺激物的关联性再刺激物而已。（附带一提，印痕中的字词及其它任何明确的再刺激物，如果用在偏差者身上，就会像"按按钮"一样，迫使偏差者行动，或使他冷漠无助。字词必须一模一样；比方说，如果印痕中的词是"画家"，"画完"就不会起作用。然而画完的东西却可能是一个关联性再刺激物，偏差者可能会说他不喜欢这幅画；但他不喜欢，并不表示这幅画会"按他的按钮"，使他咳嗽、叹息、发怒、生病，或去做其它包含该字词的印痕命令他做的事。）

象征物是一种非常特殊的再刺激物。听析员可能会发现，关联性再刺激物对找出反生存印痕没什么用处，但他可把象征物当作一种侦察工具，来找出盟友。

象征物是指盟友的物品、习惯或癖好。根据等同式思考，盟友等于生存，因此盟友所使用的、所做的一切也等于生存。盟友的个性是偏差者最常使用的个性。清新者可以根据自己的意愿及需要，扮演他想象或观察到的个性，且能随意再变回来，并保持自己的个性；偏差者则在不知情，也没有同意过的情况下，在各种个性扮演间滑来滑去，而且可能什么个性扮演都进去了，就是进不了他自己的。有一种人，每次碰面时，都似乎换了一个人，或者对他碰见的每一个人来说，都仿佛是不同的人；他在这里展现某种个性扮演，在别处又展现不同的个性扮演。这种人不断地在各种胜利个性扮演间变换；假如变换受到干扰，他就会进入次等的个性扮演；假如强迫他进入自己的个性扮演，他就会生病。当然，所有的个性扮演，都还是会显露出他自己的某些部分。

偏差者的基本做法，就是变换成盟友的个性扮演。当他自己的个性扮演在某种程度上，掺杂了盟友的个性扮演时，他会感到最为自在。若是盟友或假盟友不可得，偏差者就会用象征物来使自己记得盟友的个性扮演。这些象征物就是盟友所拥有过的物品、习惯及做过的事情。

偏差者经常把自己与假盟友紧密地联系在一起，例如与假盟友结婚，然后才惊讶地发现，与他结合的人，并不具有理想的盟友行为。（母亲是一位盟友；母亲会烘面包。妻子是假母亲，而他和妻子都不知道这一点；妻子不烘面包。母亲不喜欢口红；妻子擦口红。母亲随他高兴；妻子爱发号施令。妻子是假母亲只因为她与母亲的声音语调相似。）偏差者会把目前时刻当成同情印痕发生的时刻——这是语调之类的东西再刺激同情印痕，而引发的机械性移转——因而反应式地、不知不觉地企图诱导妻子或伴侣进入盟友的个性扮演，并开始以身心性疾病的形式，隐约展现出印痕中的疾病、创伤或手术。反应式心灵的计算很简单——就像傻瓜西蒙一样。这种计算是靠展现出曾获得盟友同情的体觉不适，以强迫盟友出现。反应式心灵也可能认为它在伴侣身上发现了一种矛盾的亦敌亦友的关系，因而努力想把伴侣转变为同情者的角色。妻子很冷酷。在他受伤以前，母亲也很冷酷，受伤之后才亲切起来。所以只要把受过的伤以某种慢性身心性疾病的方式展现，妻子就会变亲切。实际上，妻子并没有变亲切，所以这种计算就变得更强烈，病情也更严重，事情便陷入了教人晕头转向的下降螺旋之中。身心性疾病也是一种对自身危险性的否认，一种无能为力的恳求——有一点像是负鼠的把戏，叫作恐惧麻痹："我对你没有威胁。我生病了！"

偏差者在企图得到同情、否认自身危险性时，就会进入自己在同情印痕里的个性扮演。当然，他自己的个性扮演，会因为印痕中的年龄标签和体觉不适而复杂化：那时他尚未发育成熟，而且在生病。

身心性疾病也是一种象征物，可以提醒他，在某个时刻，他收到过爱与照顾，而且有人这么对他说过。当然，他有多需要被原子弹轰炸，就有多需要身心性疾病。但这是反应式心灵确实可靠的"生存"之道。反应式心灵打算完成使命，以确保他生存，即使这样会杀了他。

这个过程全是机械式的，它实际上只是印痕的再刺激作用，但把它当成一种较低层次的计算，比较容易理解。

当盟友不在了，他会反应式地模仿；甚至盟友还在时也会如此。有意识的模仿是一种很好的学习方式。反应式模仿则会大大地减损人格。在反应式层面上，他有过一位盟友，也模仿这位盟友。但在意识范围内，他甚至可能连盟友或盟友的习性都想不起来。

请记住，盟友是在分析器因生病、受伤或动手术而关闭的时候，发出同情或提供保护，因而进入此人内心世界的人。盟友是同情印痕的一部分，倘若一个孩子很喜欢他的祖父母，并且与他们共处时，很幸运地没有生病，或者当他患病或受伤时，他们也没有用同情的词句与他交谈，那么，他将仍然非常爱他的祖父母。在戴尼提中，盟友只是在印痕中提供同情或保护的人。我们不需要有印痕才能爱或被爱：相反地，在没有印痕的情况下，人更能爱人，也更能被爱。

戴尼提中所说的象征物只适用于盟友，它是与盟友的物品、习惯及癖好相似的物品、习惯及癖好。

盟友抽匹兹堡廉价雪茄，这个偏差者就抽匹兹堡廉价雪茄，不论这会对他的喉咙和妻子有何影响。盟友戴圆顶礼帽，这位女性偏差者就酷爱骑马服，即便她不曾骑过马。盟友打毛线，这个偏差者就特别喜欢穿针织品；若是女士，至少会假装喜欢打毛线，有时候奇怪自己为什么会打起毛线来，因为她实在打得很糟。盟友爱讲脏话，偏差者也讲同样的脏话。盟友用衣袖擦鼻子、爱挖鼻孔，偏差者就用他的晚礼服擦鼻子，没事就不停拨弄他的鼻孔。

象征物纪念的也许是一位纯粹的盟友，也许是亦敌亦友的矛盾角色中，朋友的那部分。它纪念的也可能是对偏差者具有矛盾感情的胜利个性扮演。象征物绝不会是关联性再刺激物，意即它不会纪念某个和偏差者作对的人，因为关联性再刺激物是令人厌恶的。

待清新者最常用的象征物——最根深蒂固的习性、习惯及癖好，是纯盟友的直接指标。纯盟友是反应式心灵八方受敌也要誓死捍卫的金銮殿。而那正是听析员的目标。听析员也许必须在解除绝大部分的印痕之后，才能擦除那个最有办法使人偏差错乱、背负怪习惯的包袱、长期患病的印痕。

观察你的待清新者，看看他有哪些言行与他的个性格格不入，有哪些事情是他在做但似乎不太爱做的。看看他用的物品及他的癖好。这么收集信息的同时，通过谨慎的发问，你也许会唤回他的记忆，找到一个早已遗忘的盟友，并可能因此迅速获得含有盟友的同情印痕；也或者你会得到一个情绪的释放，即失去那位盟友、盟友生病，或与盟友有关的事件所造成的痛苦情绪印痕。

另一种特殊的象征物，源自于"不这样就会死"的指令。例如，父亲怀疑自己不是孩子的爸，有时候就殴打或折磨母亲，同时宣称如果小孩不像他，就要把小孩给杀了。这不但是一种不吉利的象征物，更常成为极具破坏力的印痕；这种象征物能重塑身体结构，使鼻子变长或头发掉光；它可以迫使偏差者从事自己不喜欢的职业，以服从这个"必须像他父亲"的印痕指令。由于这类指令一般是在出生前给的，父亲通常没有透视力，所以常在不知情的状况下把指令给了女儿；这时候，该指令会使女性的生理结构产生极为显著的变化，并塑造一些很不寻常的癖好及"野心"（就像如果没衔回鸭子，就会挨打的狗）；这女儿的某些习性，至少会令人诧异。引发这种印痕的条件是，父亲在孩子出生后，必须显示出十分矛盾的态度，才能造成亦敌亦友的计算。孩子如不像父亲就会死：为了迫使父亲进入他在同情印痕中所扮演的角色，反应式心灵就必须展现象征物：疾病。象征物和像父亲就是这种计算产生的答案。此外，请记得，这种计算都不简单，几十种其它印痕会使得计算更加复杂。

亦敌亦友者的敌人那一面相当容易发现，而朋友那一面也不难找到。光是靠重复技术及复返等标准技术，最终也会找出印痕，擦除印痕库，使它好好重新归档。使用象征物则会加速听析的进展。

对于纯盟友、正义的化身，标准技术最终也会有效。但在这里，使用象征物有时会使治疗出奇顺利！因为象征物可能就像鸟笼中的大象一般离奇。唯有真正的盟友，才能使患者保留这类奇特的习性。

衡量待清新者是否符合他的环境、教育、社交圈和职业。看看他所使用的东西、他所钟爱的物品，以及令他朋友啧啧称奇的癖好中，有哪些似乎不属于他。然后查明他或他的配偶有没有认识谁会做那些事，或喜欢那些东西。

可别因此就假定我们的清新者会丢弃所有奇怪的癖好。自决力是个人特质的极致；人格是固有的，而清新所揭露出来的人格，远远凌驾于偏差者之上。印痕压缩一个人，使人渺小而胆怯；只有获得解脱后，他的力量才开始发挥作用。同情印痕就像一个双腿强健的人所拄的拐杖一样。唉，偏偏待清新者因失去高斯登大叔而啜泣；高斯登大叔有往地板上吐痰的习惯，他就沿用这习惯，使他的朋友和生意伙伴大为惊愕。但悲伤是短暂的，一般只需半小时的治疗，就能清除他的同情印痕。突然间，待清新者回想起高斯登大叔，回想起与高斯登大叔在一起时的千百件往事。因为印痕闭锁了高斯登大叔，将他置于那些"我"看不到的事物之中。尽管印痕中可能有过这段话："好啦，乖，乖，比利，听话。我会照顾你的。别那样翻来翻去的。你不会有事的。好啦，好啦，来。可怜的小家伙，可怜的小家伙。你这皮疹发得好厉害耶！好热喔！好了啦，好了啦。比利，只要我在这儿你就不会有事的，我会把我的小比利照顾好的。快睡吧！睡着就会忘掉了。"在这段期间，比利一直处于"无意识"，也从来不"知道"有这件事。后来，他找了一位长得很像高斯登大叔的合伙人（但碰巧是个傻子），破产之后，不知怎地就患了皮疹和慢性咳嗽，并且一天到晚觉得"好热"。他养成了走到哪儿，都吐痰在地板上的习惯，身心状况都变得愈来愈糟。但在治疗之前，你问他任何关于叔叔的事情，他的回答总是非常含糊。

听析员问："给我一个快闪答案，谁习惯在地板上吐痰？"

"高斯登大叔。"待清新者回答。"天哪，这可有趣了（清喉咙、吐痰），我很多年没有想到他了。他不常露面啊。（听析员可能会发现，其实连续有十年的时间，高斯登大叔都在他身边。）我不认为他很重要。我继续讲斯威奇太太好了，她是我老师……"

听析员说："现在我们要复返到高斯登大叔帮助你的时刻。体觉记录带现在要回到高斯登大叔帮助你的时候。"

待清新者抱怨："我觉得皮肤好像着火似的！这一定是……啊，那是我的过敏！可是我没看见谁啊。我没……等一下，好像有谁在那里。有人……哈，那是高斯登大叔！"他经历了这个印痕，皮疹就痊愈了。

但听析员或许必须先找到一百个印痕，才能得到这个。然后，待清新者突然记起了他自己和高斯登大叔在一起的样子，还有那段时光——但是你该回来继续治疗。

完整的记忆似乎是完全理性的同义词。但不要以为清新者摆脱了他的高斯登大叔及他随地吐痰的习惯，就不会再沈溺于其它的怪癖了。差别在于，他不会被迫拥有他自己不赞同的怪癖。老天爷，一个清新后的心灵，为了不让自己无聊，能想出多少事情做啊！

如果个案停止进展怎么办

就连最容易的个案，也会有进展似乎停止的时期。以下是可能的原因：

1. 有五种指令会阻碍待清新者自由移动或取得资料。受到任何一种指令控制时，不管表面上如何，他在轨迹上其实没有移动。其中最常见的便是滞留指令。此时你可能会发现待清新者处于某个印痕的某个奇怪的个性扮演之中。

2. 患者有一个情绪或痛觉关闭指令。即使在治疗初期，听析员也一定能察觉这些现象。如果患者处于印痕之中时，肌肉虽会颤抖或抽动，却无法感受到体觉不适，原因必然就是痛觉关闭指令。在治疗期间外，患者也许感到很紧绷，尤其是脖子上的肌肉可能会绷得很紧：这往往表示有情绪关闭。这两种状况，在许多偏差者开始治疗之前，都能观察到。假如治疗期间出现这两种状况，就要找出痛觉或情绪关闭指令。

3. 患者有一个夸大情绪的指令，和一个痛觉关闭指令，所以动不动就会哭，但你若要求他接触疼痛，他只会扭来扭去。他感受得到情绪，却没有感受到疼痛。

4. 在某处有尚未释放，但已准备好可以释放的情绪负荷。反过来说，如果你一直企图释放晚期痛苦情绪印痕中的情绪负荷，却毫无进展，那么，早在出生前区域中就一定有一个感觉关闭指令。

5. 违反听析员守则。应更换听析员，或把违反听析员守则的时刻减弱。

6. 在治疗的同时，生活中有事情使患者烦恼。应仔细询问他，可能的话，就把那件事情当作印痕，去除情绪上的负荷。

7. 听析员没弄懂本书中的某个要点。好好学习这个要点。

如果个案 "拒绝" 好起来

长久以来，社会上流行着一个观念，那就是人会想要保有他的神经官能症，然而这是错的。若有任何个案 "拒绝" 治疗，你可以肯定拒绝治疗的是印痕，而不是患者。因此，不要攻击患者，要攻击印痕。

有许多计算会使得患者表现出抵抗治疗的样子。在这些计算中，最普遍的就是盟友计算。盟友似乎在某些印痕中，恳求患者什么都不要拿掉，于是形成了这种计算。通常的状况是这样的：母亲的某个亲戚或朋友在劝母亲不要堕胎。盟友恳求道："不要拿掉啦！"待清新者知道此人是他最宝贵的朋友。于是待清新者也许会把这句话解读为他不该拿掉印痕。

另一种计算显示计算可以有多愚蠢。在这个计算当中，待清新者相信假如他放弃印痕，就会变笨，或者会疯掉。例如，母亲说她失去孩子的话就会发疯，便能造成这种计算：母亲把孩子称为"他"。个案里可能有一整条这样的印痕链，它使待清新者认为，如果他割舍任何一个印痕，就会发疯。这就是为什么过去的学派相信，心灵是由一堆神经官能症，而不是由固有人格构成的主要原因。印痕虽然不为人知，却显得非常有价值。实际上它们根本没有价值——全都一文不值。

还有一种计算叫秘密计算。待清新者似乎必须守住某些秘密，才能活下去。这种计算常出现在母亲有情夫的个案里。母亲和情夫都要对方严守秘密。而服从印痕指令的待清新者相信，假如他告诉别人这个秘密，后果会不堪设想，尽管强调要严守秘密的那些人并不知道他在场，而且就算知道也不会察觉到他在"聆听"。另一种秘密计算源于母亲害怕告诉父亲她怀孕了：如果母亲是孩子的盟友，孩子就会紧紧抓住这种印痕不放。

所有的个案都有至少一种阻碍患者交出印痕的计算。有的个案具有上述各种计算，外加其它的计算。这对听析员来说并不会造成很大的困扰，因为使用重复技术，他就能打开印痕库。

药物

所谓的催眠药，除了偶尔对精神病患者施行麻醉精神疗法时使用之外，在戴尼提中并没有多大的用处。催眠药是指苯巴比妥、海俄辛、鸦片之类的药剂。这些使人昏睡的药物，除了作为镇静剂外，并没有好处，而且当作镇静剂时也应当由医生来施用。任何一个需要镇静剂的患者，身边已有专业医生对他负责。因此，听析员不应涉及催眠药或其它致睡药物。有的待清新者会乞求听析员给他催眠药以"促进治疗"，但任何这类的药物都是麻醉剂，会关闭体觉不适、阻碍治疗。此外，除了精神失常者，没有人该在失忆恍惚中接受治疗，尤其不该在药物引起的恍惚中接受治疗，因为那样会延长治疗时间，且效果缓慢，这点前文已说明过了。戴尼提是要使人清醒，而不是要让人使用药物，或把人催眠。因此，对听析员而言，催眠药物毫无价值。

若有患者希望我们用铅管将他打昏，或用其它方式使他进入更深的恍惚状态，我们绝不可答应他的要求，即使他幽默地自己提供铅管也一样。

关键是让"我"与档案员相联系。所有催眠药的作用，都是把"我"关闭。虽然那样可以触及档案员，取得听觉及视觉回想，甚至在艰苦奋斗后，也可以清新个案，但即使最"无望"的患者，都应与"我"保持联系；如此治疗会更快、成果更令人满意，而且麻烦也更少。

一个人若发现了心灵的科学，必然也就会发现大量不属于他自己研究领域的事物。其中之一就是有关催眠药不为人知的混乱情况。那些贴有"催眠药"标签的药物，如以上所列举的，其实根本不是催眠药，而是麻醉药。而那些贴有"麻醉药"标签的药物其实不是麻醉药，而是催眠药。当听析员初次发现，自己正在与某个待清新者的氧化亚氮这种"麻醉药"的印痕搏斗，这一点就再清楚不过了。也许他还可能碰到另一个印痕，由于使用吗啡数天，甚至数周，而使患者处于昏睡状态。若根据"催眠药"的定义，患者应会进入恍惚状态才对。虽然昏睡中也会有导致偏差错乱的资料，但与三氯甲烷或氧化亚氮的印痕相比，程度轻微多了。

乙醚、三氯甲烷与氧化亚氮这些"麻醉药"，能置患者于深度的催眠恍惚之中：反应库门户大开，接收到的一切都非常锐利、清晰，而且令人偏差错乱到极点。上述的三种药物中，氧化亚氮造成的影响肯定最严重。它根本不是缓和痛苦的麻醉药，而是一级的催眠药。氧化亚氮使疼痛归档，档案内容极其鲜明、原汁原味。几年前，某位研究者就怀疑过氧化亚氮会造成脑功能衰退。幸运的是，脑不会那么容易衰退，但氧化亚氮的确能造成特别严重的印痕。听析员会遇到的严重晚期生活印痕中，使用氧化亚氮的牙科、外科或妇产科印痕，可能名列前茅。氧化亚氮印痕牵涉到拔牙时特别糟糕，常常成为晚期生活中最严重的印痕。以往所有的牙医都太过多话、诊所都太过嘈杂——街上的噪音、水流声、钻孔机皮带的啪啪声；除此之外，氧化亚氮根本没有麻醉作用：它不会缓和疼痛，反而使疼痛更加剧烈。

相反地，氧化亚氮为精神疗养院的治疗，提供了绝佳的催眠药。氧化亚氮肯定不是化学家可以提供的最佳催眠药物，因为既然现在戴尼提已为人所知，疗养院对更佳催眠药的需求也已获得理解，某位杰出的化学家一定能发明出一种好的催眠气体来。

然而另一些药物却能够帮助潜思。最常见、最容易买到的是浓的纯咖啡。偶尔喝一两杯这种咖啡，足以使分析器更灵敏，能进入更深层的"无意识"。苯甲胺及其它市面上的兴奋剂也有些许成效，特别是对精神病患者。这些药物会让心灵清醒到足以克服印痕指令的程度。但是，这些市面上的兴奋剂有耗竭心灵中"Q"量的副作用。

目前为止，我们对这个 Q 量所知不多。人脑在消耗印痕的力量时，仿佛会燃烧一定数量的 Q。例如，每天治疗也许会带来更快的效果，但也会使几场听析没什么进展。根据观察，每两天或三天治疗一次，效果最好。（一周治疗一次会使印痕下沉，延缓治疗，因此一周的时间太长了。）苯甲胺会燃烧 Q。用苯甲胺做几场听析之后，目前所储存的 Q 量便会耗尽。我们观察到，除非使用更高剂量的苯甲胺——但剂量有精确的上限——或是等更多的 Q 量产生，否则治疗效果会减低。

除以上所提各点，在此还须加上一项极为重要的事实。这项资料应自成一页，并加底线来强调。

所有的患者在治疗期间，每天均应口服或注射至少十毫克的维他命 B1。

减弱印痕时所消耗的 Q，相当程度上似乎取决于 B1。如果患者没有服用 B1，你可以打包票他一定会做恶梦。如果他服用充分的 B1，就不会做恶梦了。震颤谵妄也许同样是由 Q 量耗尽而引起的。要治疗震颤谵妄，最好就是用 B1 与戴尼提。我们观察到，没有服用 B1 的患者，偶尔会产生类似极轻微震颤谵妄的现象。服用了 B1，他们在治疗中便会进展良好。

酒对听析员来说几乎没有帮助。事实上，酒对任何人来说都几乎没有帮助。酒是一种镇静剂，充其量只能归类为毒药；它唯一的好处就是制造很高的税收。所有的酒鬼都是因为印痕才成为酒鬼的。我们能使任何酒鬼成为解脱者，除非他脑部已受到损伤——这样说只是因为这种情况有可能发生，戴尼提并不曾证明过这真会发生。酗酒是印痕性的。不难理解，酗酒已变成一种传染性的偏差错乱。反应式心灵将酒精和"够朋友"、"好玩"或"忘掉烦恼"给混淆了。服用番木鳖碱和氰化物也能得到这些效果。酒精有许多用途：你可以把青蛙之类的标本泡在里头；你可以用它清除针头上的细菌；它在火箭里也能充分燃烧。但是，我们不会想把自己的胃保存在玻璃罐里；除非精神错乱，否则也不会把自己想成针头。虽然某些醉汉认为自己的行动可以像火箭一样，然而根据观察，没有几个能达到比地面更高的位置。酒精不仅是一种低劣的兴奋剂兼镇静剂，也是一种极佳的催眠药：对一个酒醉的人所做的一切，都会成为印痕*。长期饮酒过度的人，身心上都有病。戴尼提能清新他，甚至不花什么工夫，就能至少让他解脱，因为酒的成瘾作用，显然不是生理性的。整个化学领域里有那么

---

*我可没有收基督教妇女戒酒联盟的钱来写这个东西；只是过去我必须清新太多酗酒的人了。

多种兴奋剂和镇静剂可供选择，为什么政府会偏偏选中一种会导致强烈偏差错乱，振奋作用又不佳的化合物来合法化，这个问题需要更高明的数学家来解答——可能得由那些税务专家来解答吧。鸦片的伤害比酒低；大麻不仅对身体的伤害较小，也能帮助一个神经官能症患者维持生产活动；苯巴比妥比较不会使感官迟钝，副作用也较小；氯化铵及许多其它的兴奋剂都较能产生振奋效果，危害身体的严重程度则差不多。可是偏偏打从那第一代的粗酿酒使我们某位祖先喝醉以来，这个印痕就挥之不去地一路传染，敕令人若想要"忘掉一切"、"痛快一场"，唯一可以喝的就是酒。酒并没有什么真正的过错；它唯一的过错，就是它主要是靠印痕和其它广告来产生影响，否则，它的功能实在很低劣：酒会产生令人极为偏差错乱的印痕——这可能就是它享有声誉，以及背负恶名的主要原因。谴责一种毒品，却对另一种毒品课税，这就是社会中酒精印痕运作的实例。尽管酒极为合法，听析员在治疗中能否发现酒的用处，却值得怀疑。

说到药物，在你耳里每秒三千周波的声音，若不是来自于氧化亚氮的印痕，就是母亲在你出生前服用了大量的奎宁，好不用当母亲，并且一边自言自语地说："它害我一直耳鸣，耳朵就是不停、不停地嗡嗡作响，就是不停！"

自行控制

自从十二年前戴尼提研究开始以来，大多数的患者都曾经相信，他们可以用"自行控制"的方式来处理自己的个案。

由于不了解听析员仅仅对于患者遭遇了什么，而不是他做了什么有兴趣，害羞或想象的罪恶感常使得患者心生自我治疗的念头。不过这种尝试终究会徒劳无功。

自我治疗是做不到的。这句话直截了当，也是一个科学的事实。有很多理由，使治疗需要听析员。听析员的作用不是控制或命令待清新者，而是倾听、帮助他坚持下去、计算他碰到的麻烦，并设法解决。听析是根据下列公式完成的：

待清新者的动力小于他反应式心灵的力量。

待清新者的动力加上听析员的动力，大于待清新者反应式心灵的力量。

每当待清新者触及一个印痕，他的分析式心灵就会关闭。因此，没有听析员的帮助，他就无法追查印痕，一再重述，直到足以释放其中的负荷。

待清新者的分析式心灵，加上听析员的分析式心灵，就能发现印痕、重述印痕。

还有一个公式在其它地方没有提到，但这个公式与听析员守则息息相关。此公式以数学的方法，证明了听析员守则的必要性：

待清新者印痕库的力量加上听析员分析式心灵的力量，大于待清新者的分析式心灵和动力。

这说明了为什么绝不能对待清新者做出人身攻击；也说明了日常生活中，偏差者遭受攻击时，为何会变得愤怒或冷漠无助——因为这个公式会压倒他的分析器。

这些公式展现的是真实的自然法则。

偏差者若企图自行控制，就是在企图攻击分析器不曾打败的对手。只要他的分析器还在运作，便会在内部一直不断地想要进攻反应式心灵。然而每当待清新者进入"无意识"区域，分析器就会关闭。这个事实，解释了为什么印痕受到再刺激时，能取得控制权，并把偏差者当傀儡般操纵——因为印痕关闭了分析器。

很多患者努力想在自行控制的层面上使用戴尼提，但全都失败了。因此到目前为止，我们相信这种努力是绝不可能成功的。待清新者在自行控制的潜思中，也许有能力接触到一些锁。他肯定能通过复返，触及愉快的经历，回想出一些资料，但若没有标准的"听析员－待清新者"这种安排，他便无法攻击自己的印痕。

除了戴尼提的潜思，有些待清新者也痴心妄想以自我催眠的方式来触及印痕。在戴尼提中，使用任何形式的催眠都没有道理。用自我催眠来做戴尼提，实在只能说是毫无益处的自虐行为。假如患者使自己处于自我催眠，让自己退化，想以此触探疾病、出生或出生前印痕，他唯一的下场就是生病。当然，还是会有人想试试看的。一旦兴起自行控制的念头，不试试看是没有人会相信的。不过要试的话，最好找一位朋友待命，并把本书准备好，如此当头痛等状况突然出现时，他才能帮你听析掉。

如果有听析员在场，戴尼提潜思既不危险也不难受。自行控制则常常令人感到极不舒服，并且经常一无所获。不要尝试自行控制。

只有清新者才能自行控制他的整个时间轨迹，一路回到受精时刻；他可以从生命中的任何一点取得他需要的资料。不过他是清新者。

器官性心理结构改变

包括大脑在内的神经系统，可能会发生几种状况，导致结构的变化。戴尼提称这些为器官性心理结构改变。我们不称之为"器官性神经官能症"或"器官性精神病"，因为结构的改变不一定会导致偏差错乱。在器官性差异所引起的行为，和印痕所引起的行为两者之间，过去一直存有困惑：会产生这个困惑，是因为印痕库和反应式心灵还不为人所知。

有器官性心理结构改变的人，也会有印痕。由印痕所支配的行为，和由器官性改变所产生的行动是两码事。印痕带来复演、幻觉、大发脾气和各种无效率的状况；器官性改变则产生无法思考、无法感知、无法记录或回想等状况。比方说，我们给收音机加上新的滤波器和电路，就会改变收音机的性能，使它不再处于最佳状况；新加的这些东西就是印痕。若我们把收音机原来的真空管或电路拆除，或使收音机的某些导线交错，那就会是器官性心理结构改变。

器官性心理结构改变的来源如下：

1. 基因模式变更所引起的生理构造蓝图的变化。身体的某些部位发育过度或发育不良，可以导致各种结构变化。这种变化通常极为显而易见。智障之类的状况，若非受印痕之苦，就是受构造蓝图改变之苦，但通常是两者皆有。

2. 疾病或瘤所引起的神经系统改变；可分为两类：

    a. 轻瘫等疾病所造成的损害。

    b. 肿瘤之类的多余构造。

3. 毒或药物所引起的神经系统改变。

4. 由于某些细胞组织受到抑制或破坏，导致身体失调而产生的结构改变；例如"中风"。

5. 伤害所引起的生理结构的改变，如头部受创。

6. 因受伤或生病必须用外科手术补救，而造成的结构改变。

7. 在不了解脑部功能的情况下实施的医源性结构改变（导因于医生）。这种情况可分为两类：

a. 外科手术、包括经眼眶前额叶脑白质切开术、前额叶切开术、额叶皮质局部切除术等等。

b. 各式各样的休克 "治疗"，包括电击、胰岛素休克等等、等等、等等、等等、等等、等等、等等、等等、等等、等等、等等、等等、等等。

　　器官性心理结构改变的前六种来源并不如一般想象的那样普遍。身体的结构非常坚韧，恢复能力也极强。只要我们能让一个人开口说话或遵从指令，不难想象我们就能够运用戴尼提技术，减弱印痕库里的印痕，使这个人的状况和心灵能力获得相当大的改善。若以上各种情况相当严重，以至于无法施行治疗；当我们可以肯定疗法完全派不上用场，而且运用标准技术、催眠恍惚和药物*也都绝对无法触及印痕库时，可以说戴尼提就帮不了这个个案了。

　　第七类造成的是另一种问题。这一类的情况是选择性的试验——如果没有花几个月的时间来研究他们的试验对象，我们绝对无法想象他们施行了多少形形色色的脑部手术，又采用了多少种稀奇古怪的休克治疗。

　　我们可以把所有医源性的神经系统改变，归入 "能力减弱"，也就是残疾的类别里。每个这样的个案都被动了手脚，造成他们感知、记录、回想或思考能力减弱。其中任何一种改变，都会使个案对戴尼提而言变得更复杂，但这不必然会阻碍戴尼提发挥功效。

　　在电击等休克个案里，患者的生理组织可能损坏，记忆库可能受到某种搅乱，时间轨迹可能改变，还有其它状况也可能存在。

　　我们必须说，对于所有医源性的结构改变，戴尼提的效果还有待商榷。

---

* 参阅后文中 "给听析员的忠告"。

但我们应该尽可能地使用戴尼提，来改善所有此类个案，尤其是电击个案的状况。

所有的休克和手术事件都应该找出来，因为这些全都是: 印痕。

只要是还能处理例行事务，注意力还能集中或固定的人，绝不该感到绝望，旁人也不该认为他们无可救药。

虽然遭受过这种待遇的人，也许心灵效能无法达到最佳状态，但他也许能够达到某种程度的理性，甚至能超越目前正常人的标准。我们该做的，就是去尝试。无论患者发生过什么，遭遇过什么，绝大多数的个案都还有机会恢复到十分理想的状态*。

器官性的错乱

出生前印痕有一种标准类型，内容是父母担心如果现在不真的堕了孩子，孩子就会是个智障儿。这种担忧为印痕添加了一份难以承受的情绪负担。同样要紧的是，这使得现在已成年的病患多了一种偏差错乱的可能：他"不正常"、"都不对"、"智障"等等。父母总是会低估堕胎的难度：堕胎的手段往往稀奇古怪；企图堕胎后，孩子却没有从子宫里出来，使父母忧心如焚；父母也会担心孩子已经伤到无法复元的地步 —— 这一切结合起来，成为极具偏差错乱力量的印痕，而且由于内容的关系，这些印痕是很难触及的。

当然，"智障"这一类的话语，产生的偏差错乱是很严重的。也常有父母担忧孩子可能生下来是瞎子、聋子或具有其它残疾。前一类的印痕性话语真的能够带来智障；后者对孩子眼盲等等的

---

* 堕胎未遂有时可能会对脑部造成奇特的影响。我们可以把这种情况归类为创伤。大多数的情况下，听觉回想皆可复原。即使各种回想能力无法恢复，印痕仍然能够清除。这些个案的智力会提高，而且往往已经非常高了。

担忧，顶多只会减损视觉回想和听觉回想而已。

回想关闭也来自整个社会的印痕性观念，认为胎儿看不见、无感觉，也无生命。企图堕胎时，人的自我辩解会把这种信念注入堕胎未遂的印痕中："唉呀，反正他看不到、听不到也感觉不到。"或者"它又不知道发生了什么事。它是个瞎子、聋子、哑巴。它比较像个肿瘤；又还不是人。"

大部分的视觉和听觉回想关闭，都是在这种时刻，由这些话语所造成的，不过也可能是由痛苦情绪和其它印痕资料引起的。这些回想可能需要经过几百个小时的治疗，才能打开。

大部分的回想关闭在治疗过程中都会打开。有好几千种印痕话语和情绪状况，会否定待清新者的回想能力，而这种回想能力一般而言是可以回复的。

一个动力非常低的患者（因为每个人天生都有不同的动力强度），相当容易有回想关闭的现象。高动力的患者，则要有非常大量的偏差错乱，他的回想才会关闭。只要听析掉患者的肉体疼痛和痛苦情绪印痕，就能重新打开这些回想。

有一点不得不提的是，堕胎尝试实际上可以（虽然很少发生）把大脑和神经结构，损害至胎儿自身无法修复的地步。其结果便是真正的生理残疾。

因此，我们可以将智障的孩子和成年人分成两组：具真正生理问题的为一类，偏差错乱的为一类。此外，撇开个人的智力和动力不谈，回想关闭也必须分成两类：堕胎尝试损及脑部所导致的回想关闭，以及源于印痕中的指令和情绪、仅为偏差错乱的回想关闭。

胎儿修复损伤的能力是很惊人的。无论有多少异物插入脑部，其损伤一般都能完全修复。不能只因为尝试堕胎时有碰到脑部，就假定堕胎未遂是回想关闭的原因——这反而是两个原因中较不常见的。

我明白本书的读者中，会有许多人有回想关闭，也明白这些资料可能会使他们感到相当沮丧。但请记得一点：要达到几乎完全解脱的境界，听觉回想和视觉回想并不太重要。在此对于器官性损伤所作的评论，并不表示这样的人无法解脱，不能变得更有能力、更快乐，因为不管有没有回想能力，个案一定都能达到解脱。也请记得：回想最后几乎一定会打开，即使有时要花五百小时或更多时间。加上这后半句话，只是因为少数几个个案的确会有这种情况。

很不幸，医院的人脑活体解剖"测试"和"实验"完全不具正当理由。尽管造成那种程度的痛苦、困扰和伤害，执行这些"实验"的人员对于偏差错乱及精神失常还是没有正确的了解。除了显示大脑能以各种方式切开，而不完全会致人于死地之外，这些资料根本毫无价值。这些患者在手术后，既有印痕性的混乱，又有精神科医生造成的生理失调，除非使用戴尼提，否则手术后的这两种情况根本无法区分。所以，从这些实验资料得出的结论也是无效的，因为手术后患者的反应可能有许多来源：印痕性反应、手术本身造成的印痕、生命早期堕胎未遂的损伤、手术产生的脑部残疾等等。因此，别妄下结论，说只有切除某部分的脑，才会破坏概念性思考的能力；或只有解剖活脑，才会产生回想关闭等等。从科学的观点来看，这些"发现"除了让你知道，可以在人成年之后损害他的脑，而不致完全杀死他，以及各种外科手术经常会引起患者心理状态的改变之外，其余什么也证明不了。好吧，可能的确有人发现，一旦移除了脑这个配电板的某个部分，也就移除了人的某种能力。

戴尼提急救

除掉受伤时刻的印痕，会极大地促进患者的治疗及康复，缩短病期。医院急救部门的工作人员，应该会对这一点特别感兴趣。

有时患者由于受到事故的打击，几天内就死了，或无法迅速恢复痊愈。无论受到何种伤害——烧伤、割伤、各式各样的碰撞——受伤部位都会产生一个挥之不去的创伤。受伤的时刻成了印痕，这个印痕会阻碍创伤的解除。受伤部位还持续疼痛的事实，是一种会抑制患者康复的器官性再刺激物。

医生、护士和家人应在伤害发生后，尽快地使用潜思，或仅让患者闭上眼睛进行治疗，将患者复返到受伤的瞬间，然后将这个事件视为一般的印痕，取得详细内容，清除其中的负荷。一旦伤害引起的印痕减弱了，患者的整个心理情绪度就会改善。而且，这个受伤部位将不再受到抑制而无法痊愈。

在这方面的一些实验已经证实，清除了伴随伤害而发生的印痕之后，有些烧伤在几小时内就痊愈消失了。测试也清楚明确地显示，更严重的伤害也能因此而加速痊愈。

当手术需要用到麻醉剂时，戴尼提在两方面很管用：

1. 作为一种预防措施。
2. 作为一种恢复措施。

关于第一点：手术中，"无意识"或意识不清的患者周围，不得有任何谈话，也不得与患者说话。关于第二点：手术后，应立刻找回手术事件的内容，并加以解除。

相互治疗上的问题

R与他的妻子C在八个月内，用戴尼提清新了对方。他们一周做四个晚上，每晚四个小时，四个小时中，两人各为对方听析两个小时。这样的安排后来变得有些复杂，因为R非常渴望成为清新者，他的妻子却对治疗漠不关心：在他不断劝说之后，治疗终于展开。

R是一个包藏了诸多情绪的高动力个案；C则是一个完全忽视自身问题（黑豹机制）的冷漠无助个案。R罹患一种慢性溃疡，并且对工作感到焦虑；C则为经常性的过敏所苦，并且长期对家务漫不经心。他们不至于会严重地再刺激彼此，但是有心照不宣的问题。他们会尽量避免两人所共有的最不愉快的话题，例如C的流产、多年前他们的房子给火烧了，以及其它的打击。此外，他们还面临到二人个性的问题：一方面R的个性强烈且内观（introversion），使得他轻忽了对C的治疗；另一方面C的漠不关心，使得R顺利取得更多当待清新者的时间，也造成C提不起兴趣成为一位好的听析员。

进一步的状况发生了，因为C不了解听析员守则或它的用处，所以当R在听析中复返的时候，C好几次对R发脾气，显出不耐。这种态度迫使R进入愤怒的角色扮演。

治疗就在这样颠簸的过程中持续进行。后来，我告诉R心照不宣的道理，并告诉他应该去释放他们共有的一些痛苦情绪，于是他就帮妻子听析了房子烧毁的印痕。突然间，R发现自己能够听析妻子早期的一些同情印痕了，而之前那些印痕从未出现过。我们发现C的过敏，是源自于对父亲的一个同情计算，也发现R是假父亲。C的个案于是得到了显著的改善。她的过敏症状减轻了，一直以来的慢性心痛也消失了——她有这个毛病的时间太长，长到自己都不在意了。C开始有兴趣成为一位好的听析员，研究起这个科目来了。当R要求增加他原有的治疗时段，C就变得有些不耐烦。（一开始会忽略印痕的冷漠无助个案，到后来总是会对治疗产生兴趣。）

然而，C过去的愤怒却严重抑制了R的进展。R发现他现在几乎完全处于自行控制的情况，他来决定自己应该听析什么、不该听析什么。这种自行控制当然没用，因为，假使他知道自己的偏差错乱和自己印痕里的资料，那些就不会是印痕了。由于 C 曾经取笑过他的情绪反应，所以他进入了一种拒绝表现任何情绪的状态，也不遵照 C 的指示，简而言之，他是在服从过去治疗期间，C 对他发脾气时给他造成的印痕。我建议 C 去把她当听析员时动怒的时刻找出来。减弱了这些时刻以后，R 又愿意配合了，他的听析也再次顺利起来。

R 的溃疡源自于一次堕胎未遂。他的父亲是一个非常偏差错乱的人，小孩已在子宫里七个月了，还曾经试图堕掉小孩。母亲抗议，说孩子生下来可能是活的，父亲就说假如生下来是活的，一生出来就会把他给杀了。此外，在他动手堕胎时，他还对母亲说过"不准动"。还有一次，父亲说要把母亲锁在衣橱里，直到母亲决定拿掉孩子为止。（这个个案非常复杂，因为母亲不敢告诉父亲她怀孕了。所以，她有三个月的时间假装没有怀孕，这使得她的丈夫相信七个月的胎儿实际上只有四个月大。因此，这个个案中有许多秘密、混乱和矛盾的资料。）这代表 R 在出生前区域有一个严重的滞留指令：他被这个含有胃穿孔的印痕滞留住了。这便是关键的印痕，也就是说，经由相似体觉不适及相似内容的机制，其它印痕会聚集在这个印痕的周围，抑制这个印痕。C 并不知道，她所面临的事件混淆不清的状况导因于此：而且情况因为她的愤怒，变得更混乱了。R 现在愿意配合了，但是他的时间轨迹已在这个滞留指令印痕，也就是关键印痕的附近纠结成一团。此外，两次使用氧化亚氮麻醉剂拔除智齿的事件，也抑制了出生前印痕。

C 花费了一段时间，试图触及晚期的拔牙印痕，这些印痕中包含了牙医、他的几个助理，以及 R 母亲之间的大量对话；他的母亲陪他到牙科诊所，对他的理智来说，实为大不幸。

C 连续不断地再刺激这些无法触及的印痕，使 R 产生强烈的不适。不过，这不适感并不会比他过去常有的状况严重，而且假若 C 理解并遵守听析员守则，他的不适完全不会存在。R 的个案几周以来，一直没有进展。

C 的治疗却持续进展。对 R 来说，帮 C 听析是一种强烈的再刺激，也增加了他的不舒服。但是，他帮 C 听析地愈多，C 给他的听析就愈好，也变得愈聪明（她的智商在治疗五周后大约增加了五十点）。C 很想知道如何能够打破僵局，使 R 的个案有所进展。我让她知道，她也在与对方心照不宣；因为，早在开始治疗的很久之前，她便曾多次无端地不重视 R 的感受；现在她虽已意识到过去对 R 的所作所为，却仍无法使自己面对这个事实：R 会这么不快乐，她也该负起一些责任的。她曾动不动就对 R 恶言相向，也很清楚这些话会"按到他的按钮"，迫使他做某件事，或从争吵中退出，而这些话语早在治疗前就一向对他有再刺激性。

于是 C 进入 R 晚期生活中的痛苦情绪印痕。她交替处理早期中说 R "感觉不到"的肉体疼痛印痕，以及晚期中他感受到强烈的情绪，却无法展现出来的印痕。这样前后听析，R 就开始释放情绪负荷了。此后 R 的状况便稳定进步。晚期的痛苦情绪释放后，早期的出生前印痕就会出现；减弱了早期印痕，又使晚期情绪印痕得以现身，并获得减弱。

然后 C 如此容易使 R 难过的原因在治疗中突然揭晓了。在 R 五岁开刀切除扁桃腺时，有一位护士照料过他，而 C 与这个护士的言行举止有一点相似。这是个同情印痕，一旦松脱了这个印痕，R 的时间轨迹就逐渐解开，于是他的堕胎印痕就比较容易接触到了。

事实上，R 有大半辈子都不在时间轨迹上。他的记忆闭锁；他的回想能力很差。原因就在潜藏的关键印痕中：在那个堕胎未遂印痕里，他父亲信誓旦旦地说，如果他出生就要杀了他，又说孩子反正什么都看不见、听不见，也感觉不到。印痕中的这些资料，从 R 无法在时间轨迹上移动便可见一斑。

发现关键印痕的那一刻，治疗已过了二百八十个小时。此后，R回到时间轨迹上，也能在轨迹上移动，于是印痕的擦除，便井然有序地展开了。

R接触到最后一个印痕时，C已经成为清新者两个月了。然而，在C的个案完全清新之前，她的过敏已消失许久了。当R终于成为清新者时，他的溃疡及其它的身心性毛病，也已经好一阵子不见踪迹了。

个案受到再刺激的问题

G在十个月断断续续的听析后成为清新者。他的个案在一开始时，初步诊断为无听觉回想、无视觉回想、有痛觉和情绪关闭、长期处于轻微恍惚、长期"退化"回三岁的状态。也就是说，在他进入潜思的那一刹那，他便既惊愕又害怕地发现，自己坐在一张牙科座椅上，三岁大，正在拔牙。之后他的人生有一半的时间，都不自觉地处于这个印痕中。这个印痕也是造成他慢性蛀牙和失眠（一种对麻醉剂的反抗）的部分原因。这个情况很明显，因为他马上就开始奋力扭动、口齿不清；听析员立刻处理这个状况，运行印痕以使他回到目前时刻，而他也的确回到了目前时刻。

他的生活困难重重；他明明是个高动力个案，却表现出冷漠无助。治疗开始七十五小时之后，他达到了解脱者状态。此时，我们发现他的妻子具有矛盾个性扮演，有时是他的假祖母，有时又是他的假母亲。他的同情计算要求他生病，这样祖母就会待在他身边；他的反生存印痕则告诉他，只有在他生病时母亲才会对他好。这些反应式的计算加起来的结论是：他必须不断生病，而他的身体有二十三年之久都在服从这个命令。当然，唯有减弱印痕，才能发现及补救这一切。

大约在治疗进行两百小时后，印痕开始擦除了，正顺利的时候，突然间完全停止了进展。在五十个小时甚至更多时间的治疗期间，我们只找到了几个印痕，找到的印痕也无法减弱，而且无法触及痛苦情绪印痕。那些触及到而且减弱的印痕，之所以能被找到和减弱，是因为这个个案的听析员很技巧地使用了强制性的技术，这些技术除了用在精神病患者身上之外，几乎没有必要、也不应该使用。这个个案一开始并不用那么费力。显然有事情不对劲。

通过仔细询问，我们发现 G 的妻子激烈反对戴尼提，决不放弃任何机会，用最刻薄狠毒的言词对 G 攻击戴尼提，特别是当 G 有朋友在场的时候。妻子斥责 G 是神经病，还找律师帮她办离婚（她在 G 接受治疗后宣布这个决定，但其实之前她已经与律师持续磋商了两年）。总之，妻子把 G 搅得极为困扰不安，使 G 连续不断地接收到痛苦情绪印痕，尽管他从来没有显示出不满妻子的情绪。

他们有一个九岁大的儿子。G 十分疼爱这个孩子。这个孩子的童年疾病特别多，患有眼疾和慢性鼻窦炎，在学习方面也显得落后。妻子对这个孩子有点苛刻，孩子所做的一切都使她感到紧张。

这个个案的听析员，在知道了 G 的妻子平常对 G 的态度，以及她对戴尼提这个主题的态度之后，有一次便和她讨论她丈夫的事情。结果发现，这个妻子并不反对她自己接受治疗。谈话之后不久，G 和这个女人小吵了一架，在争吵中，G 说妻子肯定有偏差错乱。妻子视此为奇耻大辱，反言道他才是疯子，因为他对戴尼提感兴趣。他反驳说自己才是两人之中最不偏差错乱的，因为他正在对自己的状况采取行动。他进一步地指出妻子一定有偏差错乱，否则就不会和孩子那样争吵不休，这种行为表明了妻子在第二动力——性方面，一定有障碍。

第二天，G 下班回家后，发现妻子已从银行提走了钱跑到另一个城市去了，还把儿子也带走了。他跟过去，发现妻子和一些亲戚住在一块儿。她告诉那些亲戚，说 G 揍她、发疯了，所以必须接受治疗。事实上，G 这辈子根本不曾对她动过粗。在众人面前和 G 会面，她开始胡言乱语，破口大骂那些相信人在会讲话前，就有记忆的"精神病学体系"。G 向妻子指出，过去许多学派都相信人在懂得语言之前就有记忆，而且在整个精神病学的历史中，人们老早以前就在谈论"子宫内的记忆"，虽然他们不明白那到底是什么等等。

妻子的那些亲戚看见 G 对此状况如此冷静，就强迫她与 G 一块回家。在途中，妻子作了一个戏剧性的动作（虽然没有人威胁她），表示要跳车自杀。

这个个案的听析员在 G 的妻子一返家，就与她进行了一次私人对谈。虽然稍微晚了点，听析员推断出她的生活里一定有什么事情，是她害怕丈夫会发现的，所以碰到一门能使人完全恢复记忆的科学，她会有很强烈的情绪反应。在仔细询问下，她最后终于承认事实的确如此，她有绝不能让丈夫知道的事。她的情绪非常激动，所以听析员在征得她的同意后，就为她听析了几个小时。听析员立刻发现，她父亲曾多次威胁要杀死她母亲，而且她父亲从来不想要这个孩子。听析员另外也发现，她的父亲名叫 Q，她的印痕库里充满了这样的话语："Q，拜托你不要离开我，没有你我活不下去了。"此外，在听析期间之外，她突然主动透露了一个对她来说极为可笑的事情：她一辈子都在和叫 Q 的男人搞关系，不管对方的外貌、身材和年龄如何。她离解脱的状态还很远，但考虑到这些不必要的喧闹骚扰已危害到他的另一名患者 G，使治疗处于停滞状态，听析员就进一步地询问她。她向听析员透露，她好几次企图堕掉这个儿子，因为她非常害怕儿子生下来是金发，而她和丈夫都是褐发。此外她知道，那个孩子的印痕里，包含的不只是堕胎，还有让她觉得更罪恶的事：她在怀孕期间，曾和丈夫以外的三个男人有过性关系。

听析员向她指出，这种罪恶感不论有多真实，都仍是来自她的印痕，而且她丈夫得知了这些讯息，也不一定真会杀了她。听析员告诉她，她因恐惧而产生的种种作为迫使孩子处于次等的存在状态，也使得丈夫陷入冷漠无助，并且让听析员多费了许多不必要的工夫。在丈夫和听析员面前，她坦承了她的不贞，并且诧异地发现，原来丈夫好几年前就知道她的婚外情了。但丈夫对她企图堕胎之事，则毫不知情。

听析员要求她念一本治疗手册，好清新她的孩子。在丈夫的协助下，她做到了。听析员继续工作，使 G 成了清新者，之后 G 也清新了他的妻子。

给听析员的忠告

有许多非常特定的因素，将人类偏差错乱的来源隐藏了起来。这些因素听析员都会碰到。虽然凭他手上的技术，反应式印痕库毫无招架之力，但他还是该知道这只身陷重围的畜生有什么样的性格。

印痕库有一些保护机制 —— 不过既然现在我们知道要如何穿越这层导致非理性的盔甲，这些机制就不怎么优良了 —— 列举如下：

1. 肉体疼痛。
2. 被囚禁的生命力单位所构成的情绪。
3. "无意识"。
4. 键入的延迟特性。
5. 再刺激和发病之间的时差。
6. 完全的非理性。

我们对肉体疼痛知道得很清楚 —— 心灵在记忆中会力图避开

肉体疼痛，就如同在生活中，心灵会设法避开外部的疼痛来源一样：因此记忆会封闭。

失落的情绪累积起来，会在个人和真正的死亡事件间形成缓冲物。

"无意识"不仅是一个隐藏资料的机制，也是记忆的障碍，因为当保险丝烧断时，记忆无法跳过这些空隙，回到过去。

印痕可以在人一生大部分的时间，都处于休眠状态。尔后，假若此人在身体疲惫或生病的时刻，恰巧碰到了一组对的再刺激物，印痕就会显现出来，在事故发生的多年以后，引发精神失常或较轻微的偏差错乱。

印痕库的另一种保护机制，是再刺激的时差，也就是说，当一个键人的印痕受到再刺激时，往往需要两、三天的时间，才会产生反应。（例如：假设一个偏头痛的再刺激物，是一种有节奏的撞击声；带有这个印痕的人听到了那个声音；三天后他的偏头痛就突然来了。）由于有时差，对于一个偶发的病症，你要怎么找出是什么造成了这一次的再刺激呢？

印痕的极端非理性；印痕中的每样东西都彼此相等，又等于外在环境中看起来仅约略相似的事物：这种顶级的非理性是一种白痴的特技，任何有知觉力的人大概都无法注意到这种"思考过程"。

人类探索这个源头已有数千年之久了，但前人探索的，是一个复杂化了的东西；他们认为既然这东西如此令人痛苦、如此具毁灭性、如此邪恶，且能制造出如此复杂的现象，它的源头必定很复杂；我们仔细审视后，发现这个源头其实简单异常。

听析员不会刻意画一条线，区分精神健全与精神失常，这两个词一点也不绝对。或许有人会要求听析员把戴尼提和克雷佩林（Kraepelin）复杂的分类法等旧标准作比较：是可以这么做，但其用途就像亚里士多德的博物学一般，只有历史学家会有兴趣。

如果一个人无力调整自己、适应环境，以便和他的伙伴和谐相处、以便服从或支配伙伴，或者更重要的，如果他无力调整自己的环境，我们就可以说他"精神失常"。但这是一个相对的词。另一方面，因为有了戴尼提，"精神健全"一词可以十分接近一种潜在的绝对意义：因为我们知道何为最佳状态的心灵。教育和观点的调整，可能使一个人的理性行为，对另一个人来说似乎是非理性的，但这不是精神健全的问题；这是教育和观点的问题。听析员不会太担心这样的问题。

因此，听析员所碰到的患者可以分成戴尼提中的三大类，即无听觉回想、想象式回想及有听觉回想。精神健全与否并不是问题；个案多难处理，以及可能会花多久的治疗时间，可以由这三种情况的程度大致推定。

然而，听析员可能会发现，他遇上了一个真正"精神失常"的患者，一个"精神病患者"。这种个案的处理方式，取决于该精神病患者属于上述的哪一类型。问题在于如何尽快使患者的印痕减感。

隐藏印痕库的条件和机制不会改变：这在每个患者、每个人的身上都会出现。戴尼提的技术还有改进的空间 —— 又有哪门科学技术不是如此，特别是在问世的头几年 —— 但这些技术也不会选择性地只对某些人有用，而是可以运用在所有人身上。

因此，即使是一个"精神失常"的患者，根本问题也是不变的。如同对其他患者一样，戴尼提技术还是会有效。此时的任务，在于减弱个案中负荷的强度，使得个案能以标准技术加以解决。

精神失常的患者经常卡在时间轨迹上。这时候我们应该要他重复滞留指令，一句一句地试，直到患者能在轨迹上再次移动。假如患者处于退化状态，这表示他已完全卡住，与目前时刻失去联系了。这种患者都很容易开始重活，而不仅只是复返。要补救这样的状况，听析员只需突然对他说，他可以记得这件事，就能使他再次处于复返状态了。我们发现，精神失常的患者往往会反复聆听同一个印痕。这时候，你也只需要再把他的注意力固定，然后给他滞留指令，直到他能再次在轨迹上移动为止。有时候，精神失常的患者会完全脱离时间轨迹，不是在听恶魔讲话，就是看见错觉。这类问题的做法永远都一样：先用某种方法来固定他的注意力，然后使用重复技术，让他在轨迹上移动，或使他回到时间轨迹上来。患有精神分裂症的人，通常离他的时间轨迹很遥远。

要让个案减感，让例行疗法能进入个案，最好的方法就是找出痛苦情绪印痕，释放其中的负荷。如果一般的方法失败了，就求助于医生，以氧化亚氮或喷妥撒钠，让患者处于深度的恍惚状态。即使他清醒的时候脱离轨迹，通常进入了深度恍惚，他就有能力在轨迹上移动了。按照情绪那章（第三篇第七章《情绪与生命力》）的描述，找一个晚期的绝望印痕，释放其中的负荷。深度恍惚没有什么特别的技术，但要采取非常谨慎的防护措施，绝不说会使患者更偏差错乱的话，谈话应仅限于治疗的固定说法，千万要记得下取消用语。

精神失常的患者，无论正在做什么，其实都在服从某个，甚或许多个印痕指令。那个指令经患者的错误解读，可以支配患者做出奇特的举动，可以强行设置恶魔线路，可以为所欲为，造成各种现象。然而，诊断的工作只不过是观察患者，从他的行为推想出可能的印痕指令而已。

关于"疗养院戴尼提"，本书就仅提供这几小段的说明了。不过，任何听析员，只要熟悉本书的基本原理，对戴尼提有最起码的理解，都能在很短的时间内使患者变得"精神健全"，而且这种回复通常会让那些疗养院的董事们啧啧称奇。然而，这样的患者离解脱者还很遥远。听析员该要花费更多时间，进一步释放患者的痛苦情绪负荷，减弱他的印痕后，才能认定患者是安全的，并允许他结束治疗。

至少在此后的二十年内，听析员应该对所有曾经住过精神病院的个案特别小心，因为除了患者的其它印痕以外，个案可能有医源性精神病——由医生所引起的精神病。如果个案脑部接受过"冰锥"手术，或"去核器"手术，戴尼提对这种心灵，只能帮上一点忙。除非某位聪明的生物学家发现可以长出新脑的方法，才有可能治愈这种精神失常。电击个案的情况则有待商榷：他们对治疗可能有反应，也可能没有，因为脑组织可能已严重烧毁，致使大脑无法正常运作。在进入这种个案的时候，听析员会因标准库一团混乱而不知所措，更不用说他应该用来触及印痕库的线路了。梅毒以及其它侵蚀脑部的疾病也应该归入相似的类别。在接触或治疗这类个案时，要充分了解，戴尼提对于这种已经解体的机器可能束手无策。这类脑部"手术"已发生过好几千次，电击治疗则已达数十万次。因此，听析员应当留意，既然你能帮助那么多个案获得更大的改善，别一头栽进那些可能已没有希望的个案。对于所有住过精神病院的人都要心存怀疑。听析员若观察到患者有记忆混乱，或缺乏协调性等不寻常现象，一番仔细询问，可能就会揭露出他曾住过疗养院的内情。另外，若有人要求听析员协助一个即将被送进疗养院的个案时，听析员一定要小心谨慎。尽管他的朋友和亲戚极力否认，这个个案也许已经进过疗养院了。

同样地，接受战斗衰竭症的个案时，也必须很谨慎；因为这些个案也许在退役前，就经过处理了，而当时他们可能在不知情，或从未同意的情况下，接受了电击、脑部手术或麻醉精神疗法。

之所以提出这些警告，并不是因为听析员置身于怎么样的危险中。其实不论精神健全与否，患者在接受戴尼提治疗时，几乎都会合作，尽管他们会怒吼谩骂——而是因为你可能付出了很多心力，结果却发现整个心灵机器早已被人损毁，无法修复了。

假如听析员要治疗一个电击个案，他应该把大部分的注意力，放在松脱那个电击事件上；因为这类在疗养院发生的印痕中，常包含各种漫不经心的谈话，而这些话语内容可能使治疗更辛苦。此外，还有另一件事实：任何电击，无论在身体的哪个部位，都具有搅乱印痕库，把印痕库绑在一起的倾向，于是里面的事件，就更为混乱异常。

仅只为了戴尼提的进步，也为了节省听析员的时间，我必须提到另一点。曾经遭受某些警政单位的拷问，或经历过一般警察虐待的罪犯或普通老百姓，在接受进一步治疗之前，应先将这些事件松脱。监狱服刑期间可能包含大量的绝望负荷，足以使心灵错乱，但患者却可能把事情隐瞒起来。他也许观念错误，认为他的"声誉"可能会是听析员的兴趣所在，或者会使听析员失望。

还有其它各种事物会进入印痕库，除非提出来，否则一般不会怀疑那会构成治疗的障碍。催眠可以导致极度的偏差错乱，也可能延缓个案进展。听析员应对催眠有一些基本的了解，倒不是要在戴尼提中使用它，而是要清除它所制造的印痕。催眠术是一门把正向暗示植入印痕库的技艺。在印痕库中，这些暗示可能会附着在印痕上，成为这些印痕的锁。由于大多数的印痕库都包含最常见的字词，催眠几乎绝对会导致偏差错乱。用人为方法减弱分析能力，会使得催眠对象处于一种接收印痕的最佳状态。催眠师会在他绝大多数的暗示之后，使用遗忘指令机制，而大多数人又都有类似的印痕性语句，使得催眠师的暗示根本无法解除。我们可以说，催眠是一种"高强度"的锁；它也可能成为患者印痕库里严重的障碍物。在清新的过程中，由于其下印痕里像锚一般固定住暗示的疼痛已经不在，这些暗示便以锁的形态消失了。不过有时候，听析员必须先找出并消除催眠暗示，患者才能继续前进。催眠术在现今这个社会相当普遍，而且由于使用了遗忘指令机制，患者往往无法回想起他是否受过催眠。复返技术能判定这一点；而重复技术则可用来找出催眠事件，也就是让患者一边重复如"睡吧、睡吧、睡吧"这一类的催眠用语，一边复返。

并非所有的催眠都是在客厅这种社交场合发生的。尽管有人主张催眠可以提升人的"道德"感，却常有性变态滥用催眠。检视患者的童年，我们甚至发现过与知名人士有关的事件。这些事件对患者而言，经常是完全闭锁住的，因为催眠暗示的指令充满了恐吓。

戴尼提是能够和催眠术结合，但若要这么说，它也能和天文学结合。听析员会碰到容易催眠的患者。此时为了尽可能地减少自己将话语置入印痕库的机会，他必须非常小心地使用固定说法，以免把戴尼提变成催眠术。

催眠的益处，仅仅限于研究领域，或是用来置入暂时性的躁狂印痕。后者所造成的伤害远超过它的好处。一般看法过度高估了催眠性质的麻醉剂。此外，任何社会都不该容忍把催眠当作室内娱乐的行为；因为，它的破坏性可能足以导致印痕再刺激，甚至造成精神失常。施行催眠的人不可能知道印痕库的内容。好的催眠师只要能克服想说话的欲望，就能成为好的听析员：但是，如果他企图把戴尼提和催眠术结合，手里就会有一个病得不得了的患者。不管患者如何乞求，绝不要给患者置入任何种类的正向暗示。事实证明，那几乎会致他于死地。

你可以整个治疗过程都让患者处于深层的失忆恍惚状态。如果连续几个晚上，每天都在同一时段，悄悄地在熟睡的患者耳边说话，你往往就可以唤醒他，让他进入深度的恍惚中，并且最后让他对你的问话作出回应；此时你便能开始运用戴尼提疗法。如果听析员不至于粗心到引发晚期肉体疼痛印痕的再刺激，在出生后区域主要针对痛苦情绪印痕来治疗的话，将会很成功。假若正在接受治疗的人意识到治疗行为，你可以把他带入潜思状态，如此就能取得较早期的资料，因为"我"的力量，比构成基本人格的那些虚弱（虽然还算聪明）的注意力单位更强。你可以交替用失忆恍惚和潜思来治疗患者。即使不使用潜思，个案最终还是能解决。但使用失忆恍惚时，听析员的责任极为重大：每一场听析都必须建立和使用取消用语；对话量必须减至最少；可能的话，所有听析员的要求都应以问句的形态表达，因为问句没有指令那么容易导致偏差错乱。这种方法有效，可以拿来用。但是潜思，即使似乎比较慢，即使患者没有听觉回想，仍旧比失忆恍惚理想太多了。之所以这么说，有一个最好、最无可争辩的理由：潜思的患者恢复较快，并且能稳定地逐渐恢复。而失忆恍惚则可能使患者一连好几天没办法做事，因为事件虽然在深度恍惚中似乎解除了，却仍"卡"在患者的清醒状态中。我们绝对不建议使用失忆恍惚：我们针对它作了很多研究，发现它不仅让患者不舒服，也使听析员伤透脑筋。然而，假如因为某种原因，其它的方法都不可行（这些原因不包括待清新者的渴望。如果听析员允许的话，待清新者可能会要求以药物、催眠和正向暗示，来让他摆脱印痕；允许他这么做的听析员，会给自己制造一个一塌糊涂的大烂摊子，最后还得自己收拾），这时才使用失忆恍惚，但用的时候永远都要非常小心。你也一定要了解，靠失忆恍惚，患者恢复所需的时间可长达潜思的三倍，因为你是在印痕库的层级进行治疗，所以在释放负荷时，分析器的线路会派不上用场。潜思才是最好的方法。

患者的外部问题

一个原本有进展的患者，很可能会突然停滞不前。为何如此？答案大概在别的地方，而不在于治疗。待清新者的环境可能给他剧烈的再刺激，使他分心，让他一直都处于再刺激状态，因此治疗的脚步就十分缓慢。在这样的情况中，我们也许会发现待清新者（有一个个案就是这样）跟他的妻子或丈夫讨价还价：妻子或丈夫要求离婚，而待清新者希望对方等到自己成为清新者之后再谈。生活中的其它情况，也可能让"不成为清新者"变成顺应环境的有利做法。听析员无须过问待清新者的私生活，不过，如果有状况存在，造成治疗难以进行，由于涉及时间的虚耗，听析员绝对有权找出理由。这些理由的逻辑都是一样的：环境中有某种因素，使得不成为清新者较有利。若使待清新者暂时离开家，也许能改变他的环境，使治疗得以进展。听析员有权利要求患者主动解决问题，不论他是否已清新了。待清新者往往不了解他已经是解脱者了。因为清新者的目标太闪闪动人，所以他不再将自己与普通人做比较。事实上，他已经超过普通人的等级了。

在戴尼提治疗的过程中，可以预见的是，患者通常会有非常明显的内观现象。在整个治疗经过了大概四分之三左右的时候，个案的这种内观会达到最严重的阶段，之后就会逐渐减轻。内外皆观（ambiversion）是清新者的一个显著特质。当内观的情形已非常明显，评估个案进展很好的一把量尺，就是待清新者对外在事物感兴趣的程度。

几乎所有的待清新者，在成为非常确实的解脱者之前，都会大量谈论自己的印痕。假如他们在一般的谈话中，没有或不愿意谈论他们自己的印痕，听析员就要怀疑在印痕库中，有个受到高度保护的东西，迫使患者要隐藏：听析员即可依此采取行动。虽然听析员可能会对这些对话很厌烦，但若仔细观察待清新者在谈到印痕时所使用的语句，他自然会从中得到许多新资料。

偏差错乱来自患者遭遇了什么，而不是患者做了什么——这是千真万确的。患者印痕复演、犯罪等等的行动不会导致患者偏差错乱。因此，听析员完全毋须理会待清新者的行为。有听析员把个案整个治疗完毕了，却仍然不知道待清新者的职业。虽然在一个偏差错乱的社会里，要求人为自己的行为负责是必需的，但反社会的行为，全都是印痕指使出来的。患者本身不用对自己所做的行为负责。如果成为清新者，情形就不同了。我们可以说，清新者对自身行为负有完全的责任，因为他能根据经验，理性计算。而偏差者几乎不能，或完全不能真正控制自己的行为。所以，听析员应该清楚表明，他不在意成了待清新者的偏差者，在一生中做过些什么。听析员及待清新者手中的问题是这个印痕库，而印痕库中只会包含别人在生命中做过些什么，以及在待清新者无法保护自己的片刻，别人对他做了些什么。这种做法不仅符合事实，也具有治疗价值。因为听析员如此表明自己的意图，往往就能够获得待清新者的合作，而不这么解释，待清新者常会拒绝合作。

听析员在治疗期间绝不可以违反听析员守则。治疗延长的原因，必然是违反听析员守则。

再刺激

心灵是个自我保护的装置——戴尼提也是如此。一门有效的思想科学，会非常接近心灵运作的原理，因此连带也会遵循心灵本身的命令和限制。戴尼提正是如此：根据心灵对治疗的反应来诊断心灵的状态，也根据心灵对治疗的反应来改进治疗。这个原则非常有价值，因为它解释了许多可以观察到的现象，并预测了其它大部分的现象。自我保护的特性，就是戴尼提与心灵类似的一种表现。

心灵几乎不可能受伤：它是一个十分强韧的有机体。当然，你要是拿金属劈它、锯它、用药物和细菌毒害它，或用催眠术掀开它的天然保护盔甲，不幸的事情就可能发生。

当我们实践戴尼提的任何一项原则时，蒙混过关几乎是不可能的。一个人若没有完全运用戴尼提并得到结果，他自己的状况就会恶化：这是必然的、科学性的事实。戴尼提是一门自我保护的科学，运用它的人，必须是清新者，或至少是状况良好的解脱者。清新者的行为表现，会自然遵循大部分的听析员守则：他的品格水准非常高。因此，任何开始实践戴尼提的人，不管他原本的意图是什么，都会发现自己正朝着成为清新者的目标大步迈进。

有个绝佳的理由可以解释这一点。这里有一个称为听析员再刺激的原理。我们现在对什么东西能使一个印痕受到再刺激，有一定程度的了解了。当印痕受到再刺激时，就会强迫生物体感到疼痛，或表现出印痕中的行动。观察到环境中某个与印痕记录（声音、景象或体内感觉）类似的感知，多少就会使这个印痕发生作用。同样，当一个听析员自己不是清新者，或他本身并没有朝向清新者的目标接受治疗时，就会受到再刺激。毕竟，他持续在聆听患者的印痕资料。这些印痕资料正是制造非理性的元凶。任何人都有印痕：迟早患者所经历的印痕，会十分接近听析员自己的印痕。这会让听析员极为不适，除非听析员也在接受治疗，可以排解如此引发的不适。若只是听析患者晚期的锁，情况比较不会那么严重；这是为何过去的从业人员和心理治疗师，得以免于许多他们自身偏差错乱的不利后果。但是当一个人处理这些偏差错乱的根源资料时，再刺激物的连续轰炸就可能产生严重的状况。这是导致精神病院里的工作人员自己成为精神病患的机制，不过人必得先有这些印痕，才会受到再刺激。

听析员可能治疗了一、两个个案，而不受什么严重的影响：的确，不管会产生什么影响，戴尼提都能消除。不过为了自身的舒适，听析员应当尽快成为清新者或解脱者。成为了解脱者，他就不会有太多困扰。如此一来，他也可以和另一个人互相协议，在他接受治疗的同时，也治疗另一个人。这时候，就会出现两名待清新者彼此也都是听析员的状况。这种躺椅和听析员座位轮流坐的方式，通常会产生十分良好的效果。

然而，两个人开始治疗后，可能会发现他们对彼此都有再刺激性，也就是说，彼此是对方印痕中人物的替身，或者一人会受到另一人的再刺激（因语调或事件等）。你不应该让这种情况阻碍治疗。曾经有人受到非常严重的再刺激，却仍能克服难关，继续治疗。患者常用的回避技术，就是宣称自己受到听析员的再刺激：这不会严重到必须停止治疗。不过若能安排第三个人进来，让一个人清新下一个人，如此也许能减轻不少紧张的状况。各人的待清新者都不是自己的听析员——这种三人合作的治疗方式是相当好的。

一对长期吵架的夫妻，可能会发现他们对彼此的再刺激过多，以至于难以清新彼此。如果没办法另做安排，夫妻互相清新还是有可能的，而且通常做得到：但是，如果治疗室碍难行，丈夫就该去找另一个治疗伙伴，妻子也一样。至于曾以尝试过堕胎，或用其它方法亏待孩子的母亲，也能达成治疗孩子的任务：但是，有任何像这样的再刺激情况时，听析员都必须格外小心，坚守听析员守则——否则可能会给治疗带来许多不必要的辛苦。在这种情况下，母亲在试图清新孩子之前，至少自己要先成为解脱者——而且至少要等到孩子八岁以后才可帮他听析。

不过听析员再刺激待清新者，或待清新者再刺激听析员，这些"听析员再刺激"的现象，并不包括治疗时的例行做法。在标准疗法里，听析员总是会以人为方式再刺激待清新者。经过几次的接触，印痕就能受到再刺激，然后它才能解除。听析员再刺激现象是个特定的问题：听析员是假敌人，与曾经伤害过患者的人有相似之处。患者强烈对抗听析员的原因通常是如此。某些患者痛恨男性，因此只有女性才能帮他们听析，某些患者痛恨女性，因此只有男性才能帮他们听析。不过，假如刚好没有别的听析员，或没有一个能尽快受训成为听析员的人，患者虽然会起强烈反感，治疗还是进行得下去，而且也会有成果。

让个案再平衡

个案若中途停止治疗，几周后就会达到再平衡。换句话说，患者会在一个新高点上稳定下来。除非使用药物催眠，或某种违反戴尼提原理的疗法，否则所有的个案都会再平衡，且获益良多。你可以预期，治疗产生的再刺激都会消声匿迹。患者会逐渐发现，自己已处于解脱状态。若听析员时间有限，就未必要让个案成为清新者。不过若能达成清新者，自然更好。事实上，绝大多数的患者会坚持要成为清新者。

治疗的时间

戴尼提的治疗时间通常是两小时。对一般患者而言，在这两小时内，应该能完成当天可以完成的一切。不需要每天进行，但每两天或每三天进行一次则是必要的。相隔一周才治疗一次不甚理想，因为个案很可能会再平衡。此外，若治疗周期不是在三天以内，第四天通常个案会出现下沉现象。第四天的下沉是一个机械式的自然现象：已键入的印痕，在生活中受到再刺激时，大约要到第四天威力才会突然展现。在治疗期间，要让一个印痕显影，有时需要三天，但这不表示一定要等三天才能触及印痕，也不表示治疗必须停止三天；不过这的确表示：由于印痕不是记忆，不像记忆一样有条理，所以有时需要三天的时间，才能在表层显现。

说得更明白一点，若听析员在第一天索取某个印痕，可能第三天才会拿到。在这段期间，听析员会取得其它印痕。这个过程是自动化的，除了一周只治疗一次的个案，你根本不需要花心思，也不会注意到这件事。你在第一天索取这个印痕，这个印痕在第三天做好减弱的准备，第四天下沉，第七天之前就再平衡了。

这三天的原则还有另一个有趣之处。说三天只是基于对一般待清新者的观察结果。精确调查后，这个期间或许可以定为 2.5 天或 3.6 天（因人而异），不过以我们的目的而言，三天就够接近了。当听析员仅以解脱个案为目标时，他有时候会需要处理一个晚期印痕：晚期生活（出生后）的肉体疼痛印痕似乎会浮起来，持续三天没有变化，然后下沉。下沉了之后，听析员必须再回去处理那个印痕。一再去除这些下沉现象后，最终会使晚期生活印痕保持在消退的状态。

听析员接触到一个含有躁狂指令的印痕时，个案通常会出现欣快症状。患者会到处说戴尼提有多棒，因为他现在状态绝佳，非常开心。要注意了。三、四天后，这个躁狂印痕会下沉，回到教人沮丧的状态。如果某人经历到这种火箭式的"康复"，就要特别小心，因为那如同一根燃烧的火柴，转眼熄灭，还会留下冷冷的灰烬。观察到这种欣快症状的听析员，最好重回个案，更彻底地减弱印痕，或者找出一个更基本的印痕。

清新一个人所需的时间差异颇大。只要清除绝望负荷并处理几个早期印痕，听析员在二十或三十小时之后，就能使患者达到比过去任何疗法更好的状态，也就是解脱者。这相当于过去治疗工作两、三年下来的成果。至于达到清新者所需的时间长度，则不能与过去的任何标准相比，因为清新者是过去的标准所无法想象的。

若个案有听觉回想，而且回想状态良好，约一百小时后就能成为清新者了。若个案有严重的回想关闭，时间就难以估计，极端的情况可达一千小时。同样地，想象式的个案，由于回想的内容从未发生，也许会拖得比较久。

这样看吧：戴尼提花几十个小时，就能获得精神分析二至三年的成果，而且，用戴尼提完成的事情不用再重做，而精神分析就做不到这点。这是解脱者的状态。解脱者的情绪负荷大多已获释放，他生活的能力已大幅增加。若以清新者为目标，我们企图得到，也能够得到的，是一种非凡的心灵状态。过去教育一个人，要花费成千上万个小时：要让一个人达到比他原本能力所及更高的层次，两千甚或一万小时的努力，都是值得的。但我们所需的时间完全不用这么多。成为清新者所花费的时间不等，范围可以从三十小时（如果他的听觉回想至少有一点音量）到五百小时（如果他有回想关闭外加想象式回想）。一个听析员对他最初几个个案的治疗需要多少时间，基本上是一个问号。他终究能达成清新的；就算他碰到极为艰难的个案，所花的时间也肯定少于一千两百个小时。在他朝向清新者的目标努力的同时，他也不断在造就一个状况愈来愈好的解脱者。花至少五十个小时，解脱者的状态就能远远超过当今的正常人，并且持续上升。一周复一周，他的改善在生理上会很醒目，在心理上更将令人惊叹。如果有人认为迈向清新者只是往前跳一小步，有一点小收获，那他对于那个目标有多高，根本还没有概念。

大多数听析员一开始会仅以解脱者为目标，这么做是很聪明的。等到他自己终于成为清新者的那一天，才会突然意识到，相对于达成的状态，花费的时间实在太值得了。

一个新手听析员会耗费多少时间在犯错、熟悉工具以及获得技巧上，是无法预测的，所以没办法估算要使患者成为清新者，得花他多长的时间。一个受过良好训练的听析员，处理最严重的个案，也绝不会超过八百小时：五百小时都嫌多了。

来自亲戚的资料

听析员总会碰到一个困扰——患者会急切地想从亲友那里取得资料。光是索求这种资料，就是对待清新者及亲人双方的再刺激。曾经有母亲病得很厉害，因为孩子"突然发现"了母亲过去病痛的再刺激物，并和母亲谈起这件事。

待清新者从他的亲戚、父母及朋友那里所获得的资料根本毫无价值，这是不变的经验法则。运用戴尼提，我们手上明明有精确可靠的资料来源，何必依靠偏差者的记忆呢？听析员曾碰过一些个案，原本进展都很顺利，却突然间停住不动了。经询问才发现，原来待清新者四处去向他的父母和亲戚打听资料。这些人一心只希望他忘了他们对他的所做所为，所以尽丢一些烟幕弹给他。听析员反而必须仔细删除这些资料。这些人是罪魁祸首——正是他们对待清新者的作为，导致他成了一个偏差者。所以，如果你巴望他们给你正确资料，那真是太阳打西边出来。

假如听析员跳过待清新者，直接去向这些亲友要资料，那还稍有可为。然而此种资料的价值，以情报单位的做法而言，通常要标上"来源未必可靠，资料未必属实"。

要告诫待清新者别去打扰他的父母和亲属，并向他解释，根据再刺激物的原理，向这些人索求资料可能会使他们生病。如果我们要确认所获得的资料是否属实，唯一的方法是让他的父母或亲戚也接受治疗。这时候，我们就能在父母的出生前及童年生活中，找到印痕复演的起源。但这是研究的问题，而不是治疗的问题。

如果听析员能找到待清新者的妈妈，就能够听析孩子的出生事件和妈妈的分娩事件，两者分开处理，然后检查治疗的精确性。在适当的防护措施下，还有其它资料也可以如此比较。

主观真实性（而不是客观真实性）对听析员来说才是重要的问题。从头到尾，最重要的就是：患者有好转吗？

停止治疗

假若听析员决定中止治疗，待清新者的反应，绝不输受到嘲笑的女人。

不管多久才治疗一次，只要让待清新者持续进行治疗，都能多多少少满足他的基本人格为清除偏差错乱而战斗的渴望。

就我们的目的而言，基本人格、档案员、想要控制生物体的"我"的核心、人格最基本的渴望，这些词都可视为同义。这个基本的自我——其实也就是个人本身——有一股想征服印痕的巨大冲力。而从主人身上吸取生命的印痕，似乎不愿被征服。尽管这一切都如此机械化，听析员却仍往往惊奇于印痕能产生的阻力，同时又惊叹于基本人格对征服印痕所做的努力。听析员与患者的基本人格（亦即患者本人）协力合作，对印痕企图干扰的行为毫不理睬。然而有一种情况是，基本人格似乎会让印痕自由展现，以达成治疗的目的。

治疗中的"患者"，很可能质疑听析员、挖苦听析员，甚至对听析员恶言相向。患者也可能让人以为他对印痕库完全不在乎。他甚至可能勃然大怒，说他痛恨治疗。听析员可能因为这些理由，不明智地决定中止为患者治疗。他若这样告诉患者，也许患者不会一下子做出反应。但几分钟、几小时、几天以后，由于出路受到阻碍，患者的基本人格也许会运用各种手段，迫使听析员重新开始治疗。

尽管前患者可能曾经坚持要求中止治疗，然而一旦治疗真的中止，他会大受影响，不是状况迅速恶化，就是开始当着听析员的面，或在背后攻击听析员，甚至攻击疗法本身。听析员若拒绝继续治疗，会招致前患者强烈的怨恨，连嘲笑女人都不会遭受这样的后果。听析员曾遭受当面辱骂；前患者也曾查出听析员其他的待清新者，对他们猛烈批评疗法，使他们信心动摇。听析员也曾经成为种种指控与流言蜚语的箭靶。总之，曾有听析员因为在待清新者达到解脱之前，便拒绝继续治疗，而吃尽了苦头。甚至连那些身心性疾病已经消失，货真价实的解脱者——他们本来应该心情愉快的——若听析员没有带领他们一路成为清新者，据观察显示，也会骚扰听析员。这些前患者可能采取的手段不计其数，任何可以强迫他人行动的机制都会出笼。其中之一是回复冷漠无助，状态"急速恶化"；其次是对疗法大肆抹黑造谣；再者是对听析员的人身攻击。事实证明，每一种手段的意图，都是为了恢复治疗。

心灵知道心灵如何运作。我们可以预料，一旦心灵体验过一条能带它离开疼痛与不幸的出路，若有什么阻碍了那条出路，它就会无所不用其极地使治疗重新开始。

无论这个前患者多么令人不悦，一旦听析员再度开始帮他治疗，他的态度就会改变。他绝不会再恶意反抗听析员或反对治疗，一切几乎就如同听析员宣告停止治疗之前一般顺利。

但是，待清新者先前要是毫不在乎、叛逆，或基本上就是不合作，别以为现在他就会乐意接受治疗，成为一个乖巧听话的患者。相反地，他现在至少会像过去一样难搞，此外，还因为停止治疗的关系，生出一些额外的敌意。

在这样的情况下，听析员帮患者治疗会受到诅咒，不帮患者治疗更会受到加倍的诅咒。不过还是有解决之道。这并不是"移情作用"，即患者把他的悲伤转移给治疗人员的现象；移情作用不一样，它源自于渴望获得注意，以及在世界上需要支持的感觉。如果情况允许，患者大概会永远展现移情作用。例如，一个接受医生治疗的患者可能会一直病下去，好让医生一直待在他身边。戴尼提治疗中可能会出现移情作用。患者可能完全依赖听析员，求听析员给予忠告，展现自己的印痕，目的就是要让听析员能努力多花时间帮他治疗，对他保持兴趣；这一切都是同情计算和偏差错乱的结果。聪明的听析员不会给予忠告、也不会试图控制他人的生活，因为，只有当一个人拥有自我决定时，才能有效运作。在戴尼提的治疗中，无论患者态度如何，无论他多么"渴望生病"，或者转移给听析员的负担有多重，甚至无论他在治疗期间如何对听析员恶言相向，这种情况都不会持久。基本人格正在试图穿越；"我"正在设法整合自己。即使听析员技术不甚高明，也终究会使患者释放够多的负荷，减弱够多的印痕，使患者达到更稳定的状态。基本人格会变得愈来愈强壮，也愈发独立自主。随着个案的进展，患者内观的成分会逐渐消褪，不再那么一心想触及印痕库的内部世界；他会显得愈来愈外观。所以解决之道，就是平顺、有效地治疗患者；有朝一日，患者就会完全解脱，或成为清新者。同时无论对谁，假若你中止了治疗，那发生什么事都请别太惊讶；唯一的补救办法，就是重新开始治疗个案。

听析员的评估

听析员必须在自己心中作许多评估。他不评估待清新者的计算，也不把任何计算强加给待清新者。如果待清新者计算出他生病是由于某个原因，听析员就该接受那个原因。向待清新者解释印痕中的什么在如何如何地影响他，不仅浪费时间，也会把待清新者弄胡涂。听析员之所以要评估，是要确保他没有把想象的资料，或是不完整的资料当作印痕来接受。

除非事件里的资料正确，否则这个事件不可能解除：这是必然的。即使只更改一个字，事件都会卡住；或表面上似乎消失，之后却再度出现。所以，只要是会随着重述而减弱的事件，不用担心它会不正确；事件中的资料一定是相当正确的，否则它就不会减弱。因此听析员若是质疑事件或资料的真实性，或扮演上帝的角色，过不了多久就会把个案搞得一团糟，他的治疗对象根本不会有进展。如果治疗对象开始经历一个妈妈在和五个爱斯基摩人性交的印痕，就让他经历吧。绝对、绝对、绝对、绝对不能告诉他你认为这个印痕不真实。如果你告诉治疗对象，你认为他是在想象，就可能会严重阻碍他的进展。你若告诉他，你认为妈妈也有她的苦衷，就站到反方去了：你不是在攻打印痕，而是在帮助妈妈攻打治疗对象。批评、指正，或以其它方式评价待清新者，这些举动和戴尼提根本沾不上边，而且比其它任何行为都还更会耽误个案的进展。听析员若质疑待清新者提供的资料，那他可能在从事妖术、中国针灸、萨满信仰或巫毒教，总之他并没有在使用戴尼提，也绝不会有成果。对治疗对象说一句"你大概误会了，你母亲不会想堕掉你的"，或者"我觉得你是在想象"，就可能使待清新者倒退五十个小时。听析员不可以指责或评价待清新者，也不可以为待清新者评估他自己的资料。

听析完全是在心里盘算，不透露出来的。如果患者现在描述了他出生前的第五次火车撞毁事件，你大概就可以肯定碰到了某个印痕中的谎言工厂。要纠正这个状况。错误的方法，是告诉待清新者这件事。正确的方法是找出谎言工厂，亦即一个包含这种言论的印痕："告诉我什么都好！告诉我什么都好。你说什么都可以，我不在乎。但是求求你，不要告诉我实话，我受不了！"或"你不能告诉他真相，那太伤人了。"谎言工厂有一千种形式。这种工厂相当普遍。

绝对不要告诉待清新者你为什么在寻找某样东西。如果你说你要找谎言工厂，谎言工厂就会编造出一个谎言工厂。如果你说你要找情绪负荷，就会完全抑制情绪负荷的释放。所以，听析员该做的，就只是对情况悄悄作出判断、减弱一切似乎真实的资料，然后继续寻找个案还不能以最佳状况运作的原因。

故事情节不是检验印痕是否真实的标准。情节毫无价值。印痕不过是"无意识"期间里话语的集合体。这些话语是否符合听析员所崇尚的生活原则都无所谓，这和待清新者应当如何尊重父母也没有关系。情节是作家放在故事里头的。听析员和情节一点关系也没有。印痕基本上是不合逻辑、非理性的；不要企图以理性解读印痕！假如待清新者的父母是团体里公认既优秀又正直的成员，但印痕却似乎指出妈妈在晚上当妓女，你就接受印痕吧。

要确定资料是否真实很简单。只要问下列有关印痕的问题即可：

1. 印痕里有体觉不适吗？

2. 体觉不适会起伏吗？也就是说，它会经历连续的变化吗？

3. 印痕能减弱吗？（如果无法减弱，待清新者在运行的内容就有错；或者印痕位于链的太后端，在它前面还有其它印痕。）

4. 印痕的内容与患者的偏差错乱相符合吗？

5. 体觉不适与患者已知的身心性疾病是一致的吗？

6. 它有为患者带来缓解吗？最后这个问题比其它所有问题都重要。

过去的心理治疗者或许冠冕堂皇地说过："哦，这跟我所崇尚的生活原则不合。"但这不是听析员让戴尼提脱离正轨的理由。昔日的心理治疗者没有成果，而戴尼提有成果；戴尼提之所以有成果，最重要的一个原因，就是我们不企图扭曲生活，不会强行把生活压入戴尼提的框框；我们是把戴尼提运用在生活中。听析员会发现许多新奇、惊人的事情。他的座右铭，可以是那个英国古老徽纹上的字样：一只九十英尺高的大乌鸦站在城堡上，底下写着："发生什么都不用惊讶。"

金赛报告的内容，绝不及身为听析员的你，在戴尼提中所听到故事的万分之一。就算母亲本身不像她呈现在孩子面前的模样，也不像她在社会上所呈现的那样；就算父母自身的行为不符这个社会的期盼，也不能因此强迫待清新者继续当个偏差者。

在精神病学的教科书里，我们经常发现患者试图告诉精神科医生他们出生前的生活，而精神科医生却总是用一种严肃到滑稽的态度告诉他们，这些事件是想象出来的。有些患者因为提供的资料不符合当今所有学派的理念，而遭到这些学派的遗弃。使用戴尼提后，这些患者已完全恢复，并达到最佳的心理状态，比他们前顾问的心理状态要好多了。这样的成果，部分要归功于戴尼提对生活实事求是的原则。戴尼提人不仅通过重述印痕要求患者面对现实，也要求自己面对现实，并接受这个事实：不管内容为何，只要符合以上所列任何一项条件，它在治疗中就成立。

听析意味着倾听；听析也意味着计算。对个案的计算，包括发现患者在生活中，有哪些行为举止与最佳的理性状态相违背；更重要的，是找出肉体疼痛和痛苦情绪印痕在哪里，以及如何接触它们、减弱它们。

患者接受治疗时，会发现一些有关父母和亲属的惊人事实。他们往往发现，过去的生活实际上比他想象的要好多了。例如有位患者就曾相信，自己以前每天都挨父亲揍。

婚前怀孕的情况十分普遍：常有患者发现自己尚未出生，却在父母的婚礼上。这种个案常常很难对付，因为他们的印痕中包含太多秘密了。

谎言工厂的机制常会设法给妈妈多几位情夫，使爸爸变成一头发狂的野兽。但是，谎言工厂很容易侦测：它所生产出来的事件处理起来与印痕不同；第二次叙述时，事件的内容变化很大，既没有体觉不适，内容也不会导致偏差错乱。

简言之，要检验的是此人是否有一个真正的印痕，而不是印痕是否符合逻辑。因为父亲在闺房里完全有可能是头发狂的野兽，母亲也很有可能与房客上过床。不管母亲在孩子出生后，为父亲塑造了什么形象，父亲也有可能是一只温驯的绵羊；不管待清新者听到多么荒唐的传言，母亲其实也可能只是个性冷淡的正经女人。真相会在印痕减弱时出现，但除了用来消除印痕之外，真相并不是听析员关切的焦点。

无论如何，你的首要任务，就是获得印痕，尽可能找出最早的疼痛印痕，以及晚期的情绪印痕，找出来、擦除它、释放负荷、清除干净！就是因为这些东西没有真实资料应有的逻辑，偏差者才会成为偏差者。把情节留给作家吧，我们的任务是治疗。

但不要"相信垃圾"：要询问有没有体觉不适，要观察体觉不适会不会随着患者讲出的字词而变化，要试探印痕。至于情节，见鬼去吧。

戴尼提的禁忌

不要把正向暗示当作治疗本身或协助治疗的手段，给予任何患者。

不要忘了在每场听析的一开始设置取消用语，并在听析结束时使用它。

不要告诉患者他能够"在目前时刻记住这个"，因为体觉不适会来到目前时刻，那是很不舒服的。

绝对、绝对、绝对、绝对不要告诉患者他能"在目前时刻记得他遭遇过的每一件事"，因为如果患者进入了深层恍惚，就会把所有的事件都聚集到目前时刻，你就得去解开整个纠结混乱的个案。打算浪费两百个小时吗？

假若患者在潜思中对你发脾气，不要报复他。遵守听析员守则。如果你对他生气，就可能使他掉入冷漠无助；你可能要花很长的时间才能补救回来。

不要评估资料，或告诉患者他的问题所在。

不要得意忘形。如果待清新者是你的妻子、丈夫或孩子，不要在伤口抹盐，说他吵架时的口头禅出自印痕。那还用说！

不要质问资料的正当性。疑虑保留在心中即可。听析这份资料，并从中找出你治疗的方向。只要患者不知道你在想什么，印痕就绝没有闪躲的余地。

不要只因患者哀求，就把他突然拉回目前时刻。如果他正在印痕的中间，摆脱之道就是去经历。患者复返回印痕中时，印痕的力量是很微弱的。若患者回到目前时刻，它会变得猛烈起来。如果突然把患者拉回目前时刻，他会受到严重的惊吓。

不管患者怎样扭动或哭喊，都不要害怕。虽然有时候情况会很戏剧性，但没有一次是严重的。

不要承诺你会清新个案，只能承诺解脱个案。你可能不得不离开，或得去做一件更急迫的事。听析员不守承诺，对待清新者而言是很严重的。

不要干涉待清新者的私生活，也不要指导他该怎么做。要他自己决定自己该做的事。

不要违反听析员守则。听析员守则不仅保护待清新者，更保护你。就算你只完成了一半的治疗，而且其中一半还做错，也不会伤到待清新者；但违反守则会让你不安，因为它会使你成为待清新者的箭靶，你得花很多额外的精力来收拾这个局面。

档案员若交出印痕给你，不要只把它减弱一半。

在你至少完成一个个案之前，不要对戴尼提搞什么创新。在你治疗过一个有听觉回想的个案、一个听觉回想关闭的个案，以及一个具有想象式听觉回想的个案之前，不要变太多花样。清新了这些个案你就明白了。届时，你见过的印痕也够多了，你的想法便会对戴尼提大有助益。如果你完成了这些个案，而且自身也接受治疗，成为清新者之后，仍然没有新的想法，那肯定是有地方出了问题。戴尼提是一门不断扩展的科学，但只有在知道了它的路径之后，才能扩展它。

不要把汽油与酒精混合，也不要把戴尼提与其它疗法混合使用，除非是专业医生提供的纯医学治疗。

不要把个案搞得一团糟后，再转交给不懂戴尼提的精神科医生。只有戴尼提能解决戴尼提的问题。当患者太快被你从事件中拉出来时，他需要的，只是再经历那个事件一次；过去的任何方法，都无法给予患者丝毫的帮助。你要鼓起勇气，把他送回去，再度经历那个事件。在戴尼提中，今天严重精神崩溃的患者，就是明天最开朗快活的人。

不要放弃，不要犹豫不前。只要努力不懈地听析印痕，总有一天你会获得一位解脱者。然后在另一天，你会得到一位清新者。

戴尼提的
过去与未来

戴尼提的历史

戴尼提的历史可以说是一个发现之旅。这趟旅程所探索的，是一个全新的、几乎无人涉足的国度。那个未知的领域——人类心灵，就位于你前额后方一英寸深处。

这趟航程耗费了十二年的光阴。经过漫长而艰辛的努力，我们终于有了航海图，可以随心所欲地往返了。

本书中人类学研究的基础建立在我对这片土地以及远方国度的野蛮与文明种族所作的观察之上。过去四千年间少数几个人的著述，则为本书的学术研究领航。古代印度教的文献、包括卢克莱修在内的早期希腊罗马的著作、弗兰西斯·培根辛勤的成果、达尔文的研究以及赫伯特·斯宾塞的某些思想，构成了本书主要的哲学架构。本书也不可避免地吸收了我们现今的文化，从而提供了许多前人不曾注意到的信息。其余的，则是航海家所谓"图上未标记"的区域了。

一些基础的研究工作我在一九三五年已经开始了，到了一九三八年，我已经发现并拟定出主要的公理。在此后的几年间，我在各地测试这些公理。战争中断了我的研究（战争总是这样，因为它是一种混乱），但战争一结束，这项研究又重新开始了。在一年之内，我将这门科学运用在人类心灵上的基础要点整理了出来，然后把这些成果运用在一大串随机挑选的患者身上。每次试验都令这项研究工作得到进一步的改善；但每次应用在患者身上，都产生了一定的成效。

重新恢复研究五年后，我于一九五〇年做好了发布这项研究的准备。所有的测试都指出了一项结论：戴尼提是一门心灵科学。对于思考，它的确揭露了迄今不为人知的定理，并且能治疗任何一种非器官性的心理疾病，及器官性的身心性疾病。此外，随着架构日趋完善，我们已经证明，未经长期训练的人，也可以不费力地使用这项技术。

我们的目标，是建立一门有效的科学，一门只需简短的指导，就可以成功运用的科学。一直以来，从未有人实现过、甚至接近过这个目标，但是在这里，我们实现了这个目标。

一旦在未知的土地上取得一个立足点，人就会开始知道更多东西，他的视野和知识，就会随着每一份新资料而不断扩展。戴尼提有效，而且绝对有效。而且它还有更高远的目标。

教育、医学、政治、艺术……事实上，戴尼提使得人类思维的所有领域都清晰易懂。然而这还不够。

目前，戴尼提的历史尚短：它已迈开强健的第一步；它预示着更美好的明天。在不久的将来，它的范畴还会拓展得更广。戴尼提的历史才刚刚展开。

A计划的内容包括将这门科学改良至完备，接着在各类患者身上做测试，最后是戴尼提疗法的推广。这项计划将随本书的发表而完成。

B 计划包括对生命力进一步的研究，并试图解决迄今尚未涵盖的一些病症，如癌症和糖尿病，再将我们发现的技术改良到完美，然后把技术推广出去。那将是 B 计划的结束。

C 计划包括探索更高层次的、万物共通的起源与目的（如果问题在于起源与目的）；若能获得这份知识，便发掘与其相关的各种要素与力量，以进一步理解这份知识，有效运用它；此外，便是这份知识的传播。

B 计划的其中一环，是建立一个基金会组织，使研究工作得以尽快完成。

戴尼提的历史才刚刚开始。还有什么会随着一门心灵科学的诞生而展开，只有未来能告诉我们。

司法戴尼提

这个有关司法戴尼提的简要概括也包括在本书中，作为听析员的辅助资料。

司法戴尼提讨论的是社会中，或人类不同社会间的司法裁决。这必然包括法学及法规，也须为公平公正建立精确的定义与公式。它是一门裁决的科学。

法学以及司法裁决是建立在对与错、善与恶的基础上。这些词的定义，是戴尼提的一部分：通过这些定义，人类的任何行为都能获得妥善的解决。

理性的基本测试，就是能否区分对与错。形成谴责所需的基本要素，便是善与恶。若没有关于这四种要素的精确定义，任何法律或裁决的架构都会无力可施，也都会因为武断的导入而变得异常复杂，因为那是以"导入错误以抵消错误"的方式来裁决。唯有给予这四种要素精确、科学的定义后，才能写出一部能满足各方需求的刑法；也唯有如此，才能制定真正公平的民法，而不致于滋长不公。

法学，乃至整个裁决的问题，皆与行为问题密不可分。

一个理想的社会是由没有偏差错乱的人，也就是清新者所组成的，同时他们也必须生活在没有偏差错乱的文化中；因为个人或文化都有可能发生偏差错乱。文化的偏差错乱来自教育、社会习俗以及司法中的非理性因素；它会影响行为模式。仅仅个人本身无偏差错乱是不够的，因为他会发现自己受制于某个社会，而该社会的文化已累积了许多不理性的偏见和习俗。

找出错误与邪恶的真正根源，是所有法学中的一项基本问题。很不幸，这个真正的根源，在于过去世代的非理性。他们知识有限，又受到当时周遭环境的压抑，所以用来求解的方程式中，含有错误和不确定的因子。前代的人早已入土，无法找他上公堂了。我们是过往所有时代的继承者，这是好事；但我们也是过往所有非理性因素的继承者，这就不好了。身处这样的环境，又缺乏全面的理性，听析员要判断待清新者有什么邪恶或错误的行为，就不可能准确。罪犯、疯子、疑病症患者、打老婆的人、想震撼世界的冷酷独裁者以及只能坐着哭泣的扫街清洁工，每个人都遭受着自身非理性根源的支配和驱使；那个世界进入了他们心灵深处，使他们饱受痛苦的折磨与摆布，更以社会性偏差错乱的形式，从外部向他们袭击。

听析员感兴趣的是他的患者遭遇了什么，而不是他做了什么；因为无论患者做过什么，那些事情永远不在回想范围之内，也不是根源，只不过反映出他的伤痛罢了。

假若我们有一个清新者组成的社会、一个剔除了所有非理性的文化，此时，也唯有此时，人才能真正为其行为负责。但我们也必须为这个既成事实负起些许责任。人并不一定得向他的印痕屈服。

或许未来有一天，只有不偏差错乱的人才能在法律面前享有公民权。或许未来某时，这个目标将可达成，届时只有不偏差错乱的人才能取得并获益于公民资格。这些目标是有价值的，实现这些目标，必将显著提升人类的幸福与生存能力。

即使是现在，我们也可以改进法律规章；我们可以分得很清楚，这个面对法律审判的人，其行为是否为个人的偏差错乱，或源自文化的偏差错乱，亦或蓄意伤害他人或社会的行为。惩罚的方式当然也可以改进，让法律对个人的判决，不致造成更进一步的偏差错乱，使他成为阶下囚，或彻底毁了他的一生；而是透过偏差错乱的消除，使他达到更高层次的理性。

对于一个已经成为清新者的人，我们甚至应像消除他的疾病一般，抹消他的前科记录，因为导致犯罪的原因既已排除，就没有理由再施予惩罚了。除非社会本身已极度偏差错乱，竟以虐待狂的原则行事*。这不仅是理想主义的言论，因为有资料显示，个人和社会的偏差错乱，与惩罚的使用量成正比。

在对与错、善与恶还没有准确的定义之前，想解决法学的问题，只能依赖戴尼提里所谓"武断的导入"这个原则。人为了解决问题，会强行置入一些全面而无法改变的规则。但每一条新规则都更加远离理性，于是就需要更多的规则。人观察到一种错误，于是努力设法纠正它，但其方法却是导入另一种错误：这便构成一种"武断的体系"。于是问题日益复杂，人必须不断导入新错误以抵消旧错误的恶果。不用说法律，就连整个文化，都会为了清除旧祸害而引入新祸害；随着祸害愈来愈多，文化也变得益发复杂与笨重。最后这个文化就失去理性，仅存暴力。当一个地方

---

* 现今社会在这一点上还没有偏差错乱：我们不会判精神失常的人有罪，也不认为他们该对自己的行为负责。但由于缺乏对疯狂本质的精确定义，且未认知到所有的非理性行为都是暂时性的精神失常，这个社会尚无法真正落实它的基本意图。

只有暴力，没有理性时，那里什么都没有，只有疯狂与愤怒构成的巨大漩涡。人若处于疯狂愤怒而苦无出路，最终必然变得冷漠无助；冷漠无助再继续恶化，死亡便无可避免。

我们现在站在一座桥上，这座桥横跨在人类的一种状态与下一种状态之间。我们位于分隔一高一低两座高原间的峡谷上，这个峡谷标示着人类进程中，人为演化的一步。

听析员就是站在这座桥上。成为清新者后，他会站在较高的那一端。他会看到众人蜂涌过桥。他也许会看到种种习俗、法律、组织、社会，企图避开这座桥，却被扫到一旁，滚落到桥下的虚无之中。

听析员看待他的待清新者或社会整体时，倘若以他目前的知觉力来申斥及评判过去的错误，他将一无所获。不仅一无所获，他还会抑制进步。对非理性的攻击已经展开，这是一个无情的事实。但进攻的目标是非理性，而非社会或个人本身。

戴尼提与战争

我们称之为国家和民族的社会生物体，其行为和反应在各方面都有如单独的生物体。文化有其分析式心灵：这是由一般公民，特别是艺术家、科学家和政治家所共同组成的知觉力。社会的标准记忆库即世代累积的资料。社会生物体也有其反应式心灵，整个群体的偏见和非理性便是例证。供此反应式心灵使用的印痕库，储存着过去的痛苦经历；每当某些主题在社会中受到再刺激，印痕库就会发号施令，使人在那些主题上产生反应式的行动。这便是对政治戴尼提非常简略的比喻。

社会生物体的行为模式，可以绘在情绪度等级表上；社会生物体有它的生存动力及压抑力，有它源于印痕的内部压抑力，以及朝向永生之最佳生存期间的驱动力。例如，罪犯、叛徒及狂热分子即构成社会内部的印痕，压抑情绪度等级表上的生存潜能。

每一种层次的社会，在情绪度等级表上都有精确的定义。一个成员间完全同心协力，努力朝向共同目标的自由社会，就是情绪度 4 的社会。一个受到武断规定及高压法律所阻碍的社会，就是情绪度 2 的社会。一个由一人或极少数人兴之所至所管理及支配的社会，是情绪度 1 的社会。而一个由某神秘主义团体的秘密或迷信所掌控的社会，就是情绪度 0 的社会。上述各种情绪度的生存潜能，在历史上随处可见。任何黄金年代都是情绪度 4 的时代。压抑性的作为、个人的贪婪，以及各种计算失误，将不满分子引入社会，使社会衰弱。为了应付这些问题，过去常使用更为高压的策略，社会的生存状况也就更加衰退。更多的压抑导致新印痕的产生，长期生存的机会也随着情绪等级的下降而流逝。当生存潜能低落，社会进入情绪度较低的区域，痛苦也就随之而来。

社会在情绪度等级表上起起伏伏。但有一个危险的点：低于这一点，社会就必然产生反应式行为；如同被压抑的个体，降至此临界点后，社会便疯狂了。这个点在 2.0 左右。

族群与族群、国家与国家之间的争端有许多原因，所有的原因或多或少都是非理性的。历史上曾有多次，一个族群必须镇压另一个知觉力较低的族群。但每一次的冲突，都会为国际社会和族群内部，带来新的印痕。

战争是一种国际性情绪度 1 的活动。它与情绪度 1 的个人一样不理性：这种人若是全面长期性地处于情绪度 1，就会被关进精神病院，若是暂时情绪度 1，就会犯罪入狱。然而，并没有狱卒在看守各个社会，此时除了死亡，别无选择。于是社会便死去，许多社会也已经死去了。

至今为止，一个民族在面对另一个已经疯狂的民族时，除了武力之外，没有其它办法。偏差错乱传染的结果，两个民族都疯了。

没有哪个民族在战争中完全赢过；没有哪个民族曾凭武力取得最终的胜利；也没有哪个民族曾以恐吓或炫耀军备，免除过战争。

由于仇恨日益高涨，人类所面临的武器，强大到了可以使人类本身从地球上消失。人在控制武器上没有问题。人要它在何时何处爆炸，这些武器就在何时何处爆炸。问题在于人的控制。

现今世界上，没有任何民族的问题，不能以理性解决。使战争和武器问题无法解决的所有因素，都是主观判定；一如窃贼或杀人犯的辩解，这些因素都不成立。

爱荷华州的农民，与斯大林格勒的店家之间没什么好吵的。说他们有架吵的人，是在说谎。

没有哪个国际性的问题，不能通过和平手段加以解决。这种解决靠的不是凌驾各国之上的政府组织，而是理性。

操控无法定义的意识形态，玩弄群众的无知——不存在的实体如噩梦般，以各种主义的神圣姿态，对世界发号施令。

没有什么私人利益，能大到需要屠杀人类。有这种需求的人、不愿以任何理性方式回避这种行为的人，就是疯子。战争是没有正当理由的。

在语言和不同习俗的隔阂下，民众受了误导，不去认同其它民族和自己的关联。领导人受限于自身的恐惧，为自己的偏差错乱所驱使，视其它各种主义为洪水猛兽。

今日地球上没有一个国家的政体是完美的，甚至对于完美的政治教条，都没有良好的定义。国家成为内在与外在偏差错乱的牺牲品。

戴尼提之所以提及战争，是因为这门心灵科学实际上在与原子弹竞赛。哪一方获胜，也许不会有下一代来见证了。

唯有理性，能够引导人类摆脱自身绝灭的威胁。

对定义与目标若无困惑，疯狂就不会存在。国际问题的解答，不在于限制武器或裁军，也不在于对人的约束。解答在于明确地阐释政治理论和政策，使一切程序都清清楚楚；在于树立理性的目标，使各社会能够共同合作，并个别朝向相同的目标奋斗；在于各社会力求富强的竞争，使得社会与社会之间，必须相互依存。

人类的头号大敌不是人类：那是疯狂的。人类的头号大敌是那些压抑人类这个物种、妨碍人达成高远目标的自然环境因素。人的战斗对象是自然环境、时间、空间，是对人类具破坏性的物种。人类才刚刚开始他的征战。直到今日，人才好不容易具备足够的工具与科学，可以展开征服宇宙的行动。他可没时间在那里拌嘴、大哭大闹，隔着篱笆为了原子弹吵个没完。

原子能的利用已使得其它世界触手可及。何必为这一个吵呢？植物光合作用方面的新发现，使得地球上即使人口成为目前数十亿的一千倍，都有可能让每个人吃得好穿得暖。那人还有什么理由争吵呢？何必呢？

两个理性的人会在财富、价值和生产力上进行竞争。难道这些强壮的民族，这些强大、凶猛、咆哮的"巨人"，实际上只是欠缺教养、毫无理智的小孩，为了抢一只死猫而彼此尖叫怒骂？军队又如何？军队也终将灭亡。如果武力就是正义，罗马至今仍会统治世界。今天还有谁会害怕那个已经成了考古学上珍稀古玩的罗马呢？

有一个目标，比化为废墟的城镇和放射线烧焦的尸体来得更远大、更美好；有一种胜利更光荣。自由、幸福、丰足，还有一整个宇宙，都等着我们去赢取。

看不到这一点的人不配统治。任自己沉溺于仇恨的人是疯子，根本无法给予建言。

人能够征服到什么地步？如果他征服的是人，那他就输了。如果他征服自己的恐惧，继之又征服星际，那他就赢了。

向人类的天敌进攻吧，好好地进攻，如此人与人的战争就再也不是问题。这就是理性。

戴尼提对拯救世界并不感兴趣，它只想防止世界再度被拯救。再一次就足以致命！戴尼提不反对战斗；它界定了该与什么战斗。战斗对象，包括存在于个人自身及社会中的人类苦难的根源，以及全人类的公敌。困惑的人类过去一直不知道自己的敌人是谁。现在敌人已清楚可见：进攻吧！

治疗的未来

二十或一百年后，本书提出的治疗技术将会显得过时。万一事实证明不是如此，那么，作者对于人类同胞的创造力所持的信念，就失去根据了。我们手上掌握的，是前所未有的事物；这是一门绝对有效的心灵科学。但其应用手法，一定会不断改良。

一切科学皆始于基本公理的发现，并随着新资料的发现以及范围的扩增而进展。各种工具和技术也会不断出现，被人改良再改良。戴尼提的基本公理，即其最初发现，是坚实的科学真理，因此将不会有很大的变动。用这些公理发现的资料数目已十分庞大，且与日俱增。本书中使用那些资料的技术，在不远的将来，必会经过修正与改进。就目前而言，这些技术的优点是有效，能产生良好、确实、无庸置疑的成果。

从前，有人提出了关于火的基本原理。在那之前，火是无法控制的。烹食、取暖及后来的冶金术，开创了一个新文化。火的基本原理并无太大变动。但人类在刚发现火时用以控制火的技术，现在看起来已有些过时了。今天我们有火柴、打火机和燃料，但在人类对火刚有一点理解，刚开始用火时，钻木取火、击石取火都是了不起的发明；即使如此，人类在发现或发明钻木取火、击石取火前，就已在使用火了；当时，人以火为武器，家家户户因火而受惠，已有一段时间了。

再以轮子为例，基本原理从古至今未曾改变。第一个可以滚动的轮子一定非常笨重。但与没有轮子相比，那已经是奇迹了。

戴尼提疗法亦是如此。戴尼提的基本原理、公理与其它发现，形成了一套人类前所未有的架构。就如同最初的火与轮子，治疗技术还有极大的改善空间。但目前它是可用的；我们可以安全而有效地使用它。

戴尼提目前使用的技术，有两个很肯定的缺点。听析员需掌握的技巧过多，而且治疗的速度也不够快。听析员应该不需作任何计算；我们甚至可以想象一种治疗技术，根本就不需要听析员。然而，目前听析员的角色极为重要。一位完完全全的清新者，应该只花几个小时就能制造出来。目前有待改进之处，就是减少所需的技术及减少工作量。

我们或许可以说，要求一位数学家兼哲学家自行解决所有的问题，完成所有的改良，实在强人所难。其实，就连要求他发展任何应用的技术，也是强人所难。因为任何社会里都该有劳动分工。

在戴尼提的基本公理和计算刚完成时，这些成果几乎无法发表，因为在当时，没有地方可以发表这样的研究，使它获得应用。因此研究工作必须延伸得极远，不仅得作测试，还得发展出技术，证明它的实用性。

在此，我们可打个造桥工程的比喻。假设有两座高原，一座比另一座高，高原间有一道峡谷。某位工程师发现，那座较高的高原更肥沃、更适宜人居，但迄今无人利用。如果能跨越峡谷，就能开创一番新文明。于是他立志要建造一座桥。在此之前，大家一直认为这道峡谷上不可能架桥。实际上，由于这些立足矮高原的人看不见更高的地平，他们甚至否认有这座更高的高原存在。这位工程师发展出新的造桥原理，对他的材料有了新发现，于是真的在峡谷上架起了一座桥。他自己过了桥,仔细地查看那座高原;其他人也过了桥,惊喜地观察那片新天地。有愈来愈多的人过了桥。这座桥非常坚固,虽然还不是很宽阔,但可以供人安全通过。纵使还不能让大量的人群快速通过,这座桥包含了基本的原理和公理;运用这些原理和公理,就一定能跨越峡谷。于是许多人来到峡谷前,开始瞻望了。

如果位于低矮高原上的社会,只会呻吟、哭泣、争吵,对于拓宽桥梁或筑造新桥之事却完全不伸出援手,你对那个社会作何感想呢?

我们在这本手册里,已经有了基本的公理及一套有效的疗法。拜托你,赶快行动,建造一座更好的桥吧! ❋

戴尼提用语

标准记忆库：（standard memory bank）心灵里的储存所，在那里记录并保留着一切有意识时所接收到的资料（视觉、声音、听觉、嗅觉、体内感觉、动觉、触觉，还有过去的心灵计算），供分析式心灵使用。包含从受精到"现在"的一切包含意识的资料。

擦除：（erase）通过一再重述，让印痕完全"消失"；此时印痕便会以记忆及经验的形式归档。

待解脱者：（prerelease）为了从自身主要的困扰、身心性疾病或偏差错乱中解脱，而展开治疗的患者。

待清新者：（preclear）已展开戴尼提治疗的人。

戴尼提：（Dianetics）希腊文 dia 是"穿越"的意思，而 nous 则是"心灵"或"灵魂"的意思；心灵（或灵魂）对身体的影响。

动力：（dynamic）生命的渴望、推力及目的 —— **生存！** —— 的四种表征：自我、性、团体和全人类。

恶魔：（demon）心灵中的跳接线路。称之为"恶魔"，是因为长久以来大家都这么解释。这可能是某种电子装置。

反弹指令：（bouncer）在时间轨迹上为分析式心灵所接触时，会使患者朝目前时刻移动的印痕指令。

反应式心灵：（reactive mind）细胞层次的心灵。此心灵并非"无意识"；它总是神智清醒——它是一个隐藏的、过去不为人知的心灵。

分析式心灵：（analytical mind）会计算的心灵——即"我"和意识。

否定指令：（denyer）会使患者相信印痕并不存在的印痕指令。

感官讯息：（perceptic）感官接收到的讯息，如景象、声音、味道等等。

共生物：（symbiote）协助个体或人类生存的生命或能量实体。

记忆：（memory）人感知到并归档在标准记忆库中的任何事物，可以由分析式心灵来回想。

减弱：（reduce）藉由重述来消除印痕中的体觉不适或情绪。

解脱者：（Release）原具有精神病或神经官能症，经戴尼提疗法而提升到一九五○年代的一般正常状态的人。

聚集指令：（grouper）一种印痕指令，它让时间轨迹或其中的事件全都纠结在一起，使时间轨迹看起来好像变短了。

链：（chain）印痕库中任何一系列带有相似内容的事件。

偏差错乱：（aberration）任何偏离或是背离理性的行为。戴尼提中使用此字词来涵盖所有种类的精神病、神经官能症、强迫性冲动，以及心理压抑。

偏差者：（aberree）戴尼提的新创词，指任何偏差错乱的个体。

清新者：（Clear）一个处于最佳状态，不再具有任何印痕的人。clear 在英文字典中的定义：（形容词）思维敏锐；清晰澄澈，因而宁静安详；洁净；听得清楚；能明辨事理；理解力强的；没有怀疑；有把握；清白无罪；净得的（指除去开销后的利润）；没有债务的；没有任何的纠缠不清。（及物动词）清除（如尘垢或障碍）；启发；免除（罪责、指控等）；打开通路；解开、理清（混乱的思绪、状况等）。（不及物动词）变得清晰敏锐。（名词）开阔没有阻碍的空间或部分。

身心性疾病：（psychosomatic）身体本身所产生的任何身体上的不适或疾病。

时间轨迹：（time track）一个人从受精到目前时刻的整个时间范围，上面依序记录了一生的事件。

视觉回想：（visio）用"心灵之眼"看见过去的景象所做的回想。

体觉不适：（somatic）戴尼提新创的词，用来表示疼痛，亦即接触到印痕时，人所经历到的任何身体状况；身心性疾病的疼痛。

听觉回想：（sonic）用"心灵之耳"听见过去的声音所做的回想。

听析员：（auditor）一位施行戴尼提疗法的人。听析意指"倾听"以及"计算"。

误导指令：（misdirector）一种印痕指令，会让患者在轨迹上移动的方向，和听析员所下的指令相反，或是和患者的分析式心灵所期望的相反。

压抑力：（suppressor）会减少生物形式生存机会的外部力量。

印痕：（engram）分析式心灵陷入某种程度的"无意识"，因而让反应式心灵有机会记录的时刻；指该时刻的所有内容，其中包含全部的感官讯息。

印痕库：（engram bank）身体中的储存所，会记录和保存印痕及印痕中所有的感知。印痕是由此处对分析式心灵和身体产生影响的。

印痕指令：（engram command）任何包含在印痕里的语句。

原点：（basic）任何相似印痕组成之印痕链上的第一个印痕。

原点的原点：（basic-basic）在受精之后的第一个印痕。只因它是第一个疼痛的片刻，所以是所有印痕链的原点。

滞留指令：（holder）让人知情或不知情地停留在某个印痕中的印痕指令。

戴尼提基本公理

存在的动力原则是：**生存！**

生存这个唯一且仅有的目标，可以划分为四大动力。所谓共生物是指帮助生存的所有实体与能量。

第一动力是个体追求自我与其共生物生存的渴望。

第二动力是个体藉由繁衍而追求生存的渴望；它包括性行为和养育后代，也包含照顾子女和子女的共生物。

第三动力是个体为团体，或团体为团体追求生存的渴望，并包括该团体的共生物。

第四动力是个人为全人类追求生存的渴望，或人类为人类追求生存的渴望，或团体为人类追求生存的渴望等等，并包括了人类的共生物。

479

生存的绝对目标是永生或无限的存在。个人透过自己作为生物体、精神体或是某个名称；作为他的子女、他所属的团体，或是全人类，以及他人与自己的后代及共生物等等方式，来追求无限的生存。

欢乐，是生存活动的报酬。

破坏性活动的最高惩罚是死亡或彻底的非生存，也就是痛苦。

成功会使生存潜能朝无限的生存提升。

失败会使生存潜能朝死亡降低。

人类的心灵不断地在感知资料、保存资料、构思结论、计算结论，并在四大动力上提出及解决与所有生物体有关的问题。而感知、储存信息、下结论以及解决问题的目的，在于引导生物体与其共生物，以及其它生物体与其共生物沿着这四大动力迈向生存。

智力是感知、提出、解决问题的能力。

动力是对生命的坚持，以及求生存的活力与耐力。

要能持之以恒并达成目标，动力和智力二者都是必需的。这两种能力的高低都因人而异，也因群体而异。

印痕会抑制动力，它横阻动力，并分散生命力。

印痕亦会抑制智力，将错误或分类不正确的资料输入分析器。

快乐就是战胜了非未知的障碍，向已知的目标迈进，以及对快乐的暂时沉思或一时的沉溺。

分析式心灵是心灵的一部分，它能感知及保存经验的资料，进而做出结论、解决问题，引导生物体在四大动力上前进。它以差异性和相似性来思考。

反应式心灵是心灵的一部分，它能归档及保存肉体疼痛和痛苦情绪，并试图完全以刺激－反应的方式来控制生物体。它只以等同性的方式来思考。

体觉式心灵是由分析式或反应式心灵所指挥的心灵，它将解答在身体的层面付诸实现。

训练模式是由分析式心灵所制定的一种刺激－反应机制，用来处理日常的活动或紧急事件。它存在于体觉式心灵中，并可为分析式心灵随意改变。

习惯是由反应式心灵所控制、来自于印痕的一种刺激－反应作用，并由体觉式心灵实施。只有能改变印痕的东西，才能改变习惯。

偏差错乱是由印痕造成的，其中包含所有疯狂或非理性的行为。偏差错乱具刺激－反应的性质，有助生存及反生存两类。

身心性疾病是由印痕造成的。

印痕是偏差错乱和身心性疾病的唯一来源。

在分析式心灵以某种程度减弱的"无意识"时刻，是个体唯一能接收印痕的时刻。

印痕是一个"无意识"的时刻，它包含了肉体疼痛或痛苦情绪，以及全部的感知，而且无法为分析式心灵提供经验。

情绪包含三种东西：对所处情况的印痕式反应、在分析式层次上身体为应付情况而产生的内分泌活动、生命力的抑制或强化。

个体或团体的潜能值（PV）可由下列方程式表达：

$$PV=ID^x$$

其中 I 代表智力，D 代表动力。

个人的价值是以他在任何动力上的潜能值，与该动力之最佳生存的一致性来计算的。高潜能值可能会因为作用方向相反，而导致负面价值；某些严重偏差错乱的人便是如此。任何动力上的高潜能值唯有在非偏差错乱的人身上，才能确保高价值。

二十一世纪的
戴尼提

戴尼提出版后，
至今已帮助数百万人摆脱障碍，
拥有自由、成功及自信。

在本书之前，
从来没有一本书
能够让人对心灵和生活
有这样的了解。
也没有其它主题提供方法，
释放人类心灵的
所有潜能。

戴尼提
为世界带来了什么样的影响？
只能说是无穷无尽。
以下内容针对各行各业
应用戴尼提的结果，
以及戴尼提在世界各地的扩展，
作概要性的介绍。

二十一世纪的
戴尼提

一九五〇年的 L. 罗恩哈伯德。

戴尼提的历史才刚开始。心灵科学的初
始，会揭开什么样的序幕，只有明天才会
分晓。

　　因此，L. 罗恩 哈伯德让读者作好心理
准备，迎接必然的发展；也因此，在此我
们为你回顾戴尼提的历史，呈现二十一世
纪的戴尼提。

　　正确说来，它的历史始于公元一九五
〇年五月九日，《戴尼提：现代心灵健康科
学》一书的出版，以及旋即产生的 "全国
性戴尼提风暴"。风暴一说的由来包括，
当时美国各地有七百五十个听析团体自发性地成立，有成千上万的
人投入了这个未知的领域，同时本书持续蝉联《纽约时报》畅销书
排行榜宝座。在这股热情的旋风中，一九五〇年春天过后，戴尼提
研究基金会在美国东西两岸成立。L. 罗恩 哈伯德在这些基金会演
讲、指导，同时也响应群众蜂拥而至的各种需求。然而，如同他在
本书末篇所承诺的，更进一步的研究的确马上开展了。这完全符合
罗恩所描述的B计划：对生命力有系统、有组织的调查。

LOS ANGELES 54
TUESDAY, SEPT. 5, 1950

...DENT NEWSPAPER FOR INDEF...

...acts all types in L. A.

DIANETICS SERIES TODAY IN DAILY NEWS

One of the most controversial subjects of recent months—the new science of Dianetics—is comprehensively analyzed in the language of the layman, starting today in the Daily News.

A Daily News staff writer, with instructions to keep an open mind on the subject and make a thorough study of it, read L. Ron Hubbard's best-selling book, interview the author and observed classes of instruction.

What he read, what he saw and what he heard he reports today in the first of a series of articles offering an objective analysis of Dianetics.

To be well informed on this popular subject, start reading the series today on Page 2.

L. RON HUBBARD, YOUTH...
It is science, he insists...

Hubbard's di...
they've all...

n't
...ion

...scored decisively
...legal skirmish with
...county's Communist
...nce.

...T. Bishop, of the
...ppellate Department,
...the county in refusing
...rary restraining order
...e enjoined the county
...its new anti-subversive

...ion war sought by the
...Liberties Union on the
...e county ordinances vio-
...al constitution and would
...institutional expenditure of
...ney.

...Bishop set Sept. 14 for a
...order to show cause why
...could not be enjoined.
...said that in his opinion "the
...interest isn't jeopardized by my
...sign the order."
...Bishop explained that the
...money the county would spend
...ing the ordinances between now
...14 "would not justify tying the
...ands."
...etitioners have a right to have
... heard," he added, "but no right
...vance judgment, which is what
...taining order would mean."
...ction came in the midst of a
...of county counsel Harold
...y, Deputy Dist. Atty. Thomas P.
...y Jr. and Lt. James Pascoe of the
...'s anti-subversive detail, to ham-
...ut the precise procedure to be fol-
...in making the arrest of known

...the conclusion of the meet-
...Kennedy said that "sufficient

—Continued on Page 45, Col. 1)

WED., SEPT. 6, 1950 • DAILY NEWS, LOS ANGELES • 2

Dianetics: A study of the mind—fastest growi...

(This is the first of a daily ser...
newly formulated science of Di...
known as Dianetic processing...
impartial report on the claims o...
mulator of scientific axioms of...
attracted millions of adherents...

Filling the small amphitheater w...
They present manifold contra...
two-thirds are men, a realistic wh...

There are numbers of young...
some of them bright-eyed and in...
lively turned out; some of them...
underweight and of strained cou...

And young men you will expect to find in an ant...
alternately tight visaged and fu...
thetic do they manage to co...
features. Determined intellect...

Maiden ladies suffering...
sterility of their middle ye...
already left them behind, a...
somehow forlorn...

A liberal sprinkling of...
cropaths, men no longer y...
privately decide have class...
lusion but live on alone li...
light of glimmering hope...

A few of their gene...
them pink and plump an...
 one in the meadow of w...
But they are no less w...
well-fed...

Conspicuously, a h...
younger men betray th...
mannerisms of sex...

As for the rest y...
conventionally, clea...
"normal."

But all in the sad...
denominator—the...
something very rea...
are directing their...
the smallest act the...
on the rampart of...

For the man is...
discerning on of...
yet mysterious...
turned, with req...
right all the wa...
the organism in...

L. RON HUBBARD LAUGHS READILY
Because "Dianetics is no solemn adventure"

HE EXPLAINS, DOES NOT DEFEND
"A science of mind was a goal ... of Man"

ALL OF LIFE W...
"I began to think o...

Dianetics – taking U. S. by storm

(continued from page 2)

was obvious that mind meters body function." He was later to conclude that "what has been called emotion is really in two sections: first, there is the endocrine system which, handled either by the analytical mind... or the reactive mind...brings emotional responses of fear, enthusiasm, apathy, etc." Glands were an instrument of body control!

Hubbard confesses he finally tired of listening with half an ear to lectures repeating the dictums of authority while he was doing his own thinking on other planes, and he left the university sans degree.

He went on a cruise to the West Indies aboard a four-masted

1930s and upon his return he encountered the necessity of nourishing the body as well as the mind.

During his student days he had begun to write pulp fiction and he turned to this as a means of livelihood. His first stock in trade were flying stories, to be followed by travel and adventure yarns and by science fiction.

When he married his economic problem was doubled, so he doubled his output. He became one of the most prolific and most successful writers in his field.

"I got pretty good at it. I wrote 100,000 words a month to support myself."

A note to critics here. Do not expect any apology from Hub...

trappings, he regards higher education as now administered as mere surface scratchings.

Neither will he offer any excuses for popular identification of him solely as a pulp author. Hacking out potboilers was a living and a means to an end. He regarded himself first and always the scholar and scientist.

By 1935 he was ready to begin some of the basic research, and by 1938 the primary axioms of Dianetics had been discovered and formulated. Hubbard at that time was so nearly tempted to send up a trial balloon that he wrote a book embracing the principles of his science, but he allowed the book to languish unpublished.

'Roof' caves in on dozen bar patrons

Too much overhead forced the Keith Jones cocktail lounge at 727 South Hill street to close its doors today, but the management was philosophical about it—there's no use crying over spilled liquor.

Twelve patrons were quietly imbibing their grog, said bartender Robert Keegan, 30, of 810 South Alvarado street, when the roof fell in.

It isn't exactly that roof, but tons of overhang that broke loose from its anchorage over the bar. Everyone escaped serious injury, but Keegan suffered painful cuts the hands when the mirror behind the bar was smashed.

Damage was estimated at $15,000, including destruction of a considerable supply of liquor stock.

Mrs. Opal Brownstein, 40, of 527 Curondelet street was pinned by one arm to the fallen wreckage and was released by her husband, Irving, 39.

Dianetics believed key to increased zest for living

(Continued from Page 3)

I'd be a lot happier," commented this seemingly very happy man.

Dianetics' list of cures, on the other hand, is a lengthy one, but the composer's own recital.

It can remove the aberrations which make man a selfish and anti-social creature.

It can put an end to his psychosomatic illnesses, such as the common cold, arthritis, migraine, ulcers, allergies, asthma, sinusitis, bursitis, (hysterical) paralysis and (non-pathological) eye trouble, to mention only a few, and possibly a whole host of other ailments which up to now have not been recognized by medicine as psychosomatic in origin. As an example of the latter he reported:

"A number of germ diseases are predisposed and perpetuated by engrams. Tuberculosis is one."

Dianetics can rid society of the costly curse of alcoholism: "All alcoholics are alcoholic because of their engrams. Discharge the reactive engram bank... and the dipsomaniac can drink when he likes and stop."

It can largely discourage the "criminal" practice of abortion, and it can decimate crimes of violence where the penal system has failed.

It holds hope that man may at last dispense with the ugly institution of war, because wars are the end product of social aberrations at the national level: "By contagion of aberration, both nations (go) mad. Rationality alone can guide man past these threats to his extinction."

It can stamp out homosexuality, which is attributed to attempted abortion: ... in an effective reference to handle the problem, a society which would continue to endure perversion... doesn't deserve to exist."

Linked with psychosomatic illnesses, chronic mental derangements, they cyclical or continuous, can be wiped out.

Dianetics can rectify the mental death, can increase accidental death, can increase accidentally minimize the pain of child bearing and present mankind with vast new intellectual vistas by freeing him from the fetters imposed by Precedent and Authority.

"Advance comes from asking free-minded questions of nature, not from quoting works and thinking the thoughts of bygone years," Hubbard argues. "So long as Aristotle remained the authority for All, the Dark Ages reigned."

But best of all, he says, Dianetics is available to all.

The technique of Dianetic therapy, he insists, is basically simple and can be understood and applied to each other by any two reasonably intelligent people.

"No previous background in psychoanalysis or psychology is necessary."

That claim is the target on which professional men have trained their heaviest critical guns.

(Concluded tomorrow)

Federal agents today picked up a San Jose beauty on a secret perjury complaint growing out of the investigation of the murder last Feb. 28 of dope runner Abe Davidian.

Charged was Georgia perjured herself was Georgia Martin, described as the sweetheart of Russell (Rusty) Deane, one of the 15 persons indicted in the multimillion dollar narcotics ring Dawap which resulted in blowup Adiao's slaying.

AAst. U.S Atty. Norman Neukom said the complaint, filed here before U.S. Commissioner Howard Calverley, was based on testimony Miss Martin gave the Federal Grand jury covering Doane's whereabouts the day of the murder in San Jose.

Neukom said she placed Doane in her apartment at the critical moment of the killing, but the government has proof he was elsewhere.

The judge particularly instructed the jurors not to allow themselves to be influenced by any shown feeling or toward Communism or by the reluctance or refusal of any witness to give testimony.

Mr. Weinbaum was accompanied to court at the end of the nine-day trial by his blond wife, Lina.

He is charged with three counts of perjury and of having sworn falsely in his denial to an Army hearing officer last year that he was ever a member the Communist party or sought the lent overthrow of the United States government.

Following the 1949 investigation the top-ranking physicist was driven...

DIANETICS:
...sbands are auditing their wives; ...ighbors form discussion groups

...is is the third of a daily series ...ed by the Daily News of Dianetics ...formulated science of mental therapy ...a technique of processing. The series ...will continue an objective and ...rtial report on the claims and ...mplishments of L. Ron Hubbard, ...mulator of scientific axioms of ...man thought processes which ...eady have attracted millions of ...herents.)

By JOHN CLARKE
(Daily News Staff Writer)

National headquarters of the ...d Dianetic Research Foundation ...t, like popular...

Yet even before the Foundation's local branch was opened and before Hubbard came here to lecture and conduct demonstrations of therapy before the initial class of paying students, the movement had fanned out at an epidemic rate.

Dianetics clubs blossomed like wild flowers in the spring, organized by people who merely had read the book "Dianetics: The Modern Science of Mental Health," urgently recommended to them by other people who had read the book.

Neighbors formed discussion groups, husbands began to "audit" their wives and wives their husbands, and seminars on such vaguely comprehended topics as "Survival Dynamics" and "The Optimum Individual" became ...ltural fare on college cam...

ry, where aspiring auditors themselves are audited as well as auditing, or processing, preclears. It is something akin to the pre-graduation cramming of students everywhere. These are seeking to be certified by the Foundation as professional auditors.

Much of this type of training is performed on a team basis, with student A forming on a team basis, with student A and student B alternating as auditor and pre-clear, as practitioner and patient.

Also much favored in polishing up students is the triad system, whereas student A audits student B, B audits C and C audits A.

Regarded as the "ideal" tryad is one in which all three members are of the same sex, the same general cultural level and whose relationships each to the others is friendly but not intimate.

Still another pract involves the reservation of 20 to 30 rooms each weekend at the country club hotel-Villa at 445 North Rossmore Avenue, where what is obscurely described as "intensive auditing with chemical assist" is conducted on a continuous 4 hour basis.

Participating in these seminars of concentrated auditors and 30 preclears we 40 student auditors and 30 preclears. For each hour spend there is a profession-of process of instruction but presumably to supervise the administration of the chemical "assist."

(continued on Page 12, Col 5)

...nt' in America

...SEARCH WAS HIS INSTRUMENT
...new what the principles were but ..."

...lls birth of ...brainchild

...daily series published by the Daily News on ...e of Dianetics and the technique of mental ...processing. The series will continue an ...rt on the claims and accomplishments of L. ...of scientific axioms of human thought ...e attracted millions of adherents.)

JOHN CLARKE
...ily News Staff Writer)

...ctime engineer, mathematician, philoso-...lific producer of science fiction of the ...ool of

motivated out of ignorance (of Dianetics) which is deplorable, or (economic) self-interest, which is even more deplorable.

But if medical men, the book trade, the literary critics, contemporaries in the writing craft, economists, politicians and observers of human phenomena generally have been astounded

---

New mental science helps to incr...
rationality, zest for living, claim...

(This is the fourth of a daily series published by the Daily News on the newly formulated science of Dianetics and the technique of mental therapy known as Diametic processing. The series provides an objective and impartial report on the claims and accomplishments of L. Ron Hubbard, formulator of scientific axioms of human thought processes which already have attracted millions of adherents.)

By JOHN CLARKE
(Daily News Staff Writer)

Spectacular success, particularly the sudden variety, does not bring rewards wholly unadulterated by tribulations, irritations and complications previously unexperienced.

L. Ron Hubbard has learned this lesson, if he did not know it before, in

he is pleased with explaining what it is.

Almost hourly, by way of illustration, he is called upon to rebuke the misconception that his theories and his conclusions constitute a new religion.

This is the most common of all the false notions about Dianetics which he is called upon to confront and attempt to batter down.

Although he asserts that all human behaviorisms can be accounted for without resort to metaphysics or mysticism, and although he does have a great deal to say about human morals and mores, Hubbard rejects and considers unfair the attempts which have been made to identify or confuse his (scientific) concepts with organized religions, religious philosophies, spiritual beliefs, faiths, cults or deitific venerations.

Hubba... other unsy... of what he...

Diane... chiatry, a... rival or ... new an... science ... simply ... rationa... one-th...

N... the r... althou... vast ... the ... natu... du...

特别补充资料

光是在一九五〇年间，L. 罗恩·哈伯德就发表了155场演讲，以满足美国各地民众对戴尼提的需求。

The New York Times
OCTOBER 1, 1950

The Best Seller List

An analysis based on reports from leading booksellers in 36 cities, showing the sales rating of 16 leading fiction and general titles, and their relative standing over the past 3 weeks.

General

Sept. 10	Sept. 17	Sept. 24	This week	
1	1	2	1	Courtroom. *Reynolds*
3	3	3	2	Look Younger, Live Longer. *Hauser*
2	2	1	3	The Little Princesses. *Crawford*
16	10	4	4	Kon-Tiki. *Heyerdahl*
4	4	5	5	**Dianetics.** *Hubbard*
7	6	5	6	The Mature Mind. *Overstreet*
	13	7	7	The Story of Ernie Pyle. *Miller*
5	7	6	8	Worlds in Collision. *Velikovsky*
9	9	12	9	Behind Closed Doors. *Zacharias*
	11	11	10	Anybody Can Do Anything. *MacDonald*
6	5	9	11	Roosevelt in Retrospect. *Gunther*
8	8	8	12	John Adams and the American Revolution. *Bowen*
			13	Behind the Flying
			14	Chicago Confid
12	12	14	15	Springtime in P

EVENING EDITION DAILY MAIL

Dianetics-Overnight Whirlwind Success

A Mental Science That Unleashes the Mind

DIANETICS SERIES TODAY IN DAILY NEWS

One of the most controversial subjects of recent months—the new science of Dianetics—is comprehensively analyzed in the language of the layman, starting today in the Daily News.

A Daily News staff writer, with instructions to keep an open mind on the subject and make a thorough study of it, read L. Ron Hubbard's best-selling book, interviewed the author and observed classes of instruction.

What he read, what he saw and what he heard he reports today in the first of a series of articles offering an objective analysis of Dianetics.

To be well informed on this popular subject, start reading the series today on Page 2.

488

这个主题相当巨大，而且研究的轨迹极为彻底。但一言以蔽之，L. 罗恩 哈伯德在为期十二个月的调查中，确实证实了每一个生命体中，都有一股创造生命的能量。他将这股能量称为"希塔（Theta）"，并认为希塔是在我们所知的物质宇宙之外，一种截然不同的能量。希塔就像墙上的一道裂缝，透露出墙后方存在的整个未知的领域。希塔也像一个路标，引领人探索《细胞与生物体》（第二篇第三章）中，罗恩最发人深省的一句话：

> "除非我们假设在受精时，人的灵魂就进入了精子和卵子，否则除了说这些细胞确实以某种方式具有知觉能力外，某些事情用其它任何假设都无法解释。"

一九五一年中旬，L. 罗恩 哈伯德发表了他的下一本戴尼提著作：《生存的科学》。这本书为生命力第一阶段的研究画上了句点。该书依据 "哈伯德人类评估表" 写成，让人可以准确无误地预测人类行为，更能明确点出切入个案的适当位置。这些成就意义重大；因为这就是前几页所提到的技术改良的第一批成果。

哈伯德人类评估表

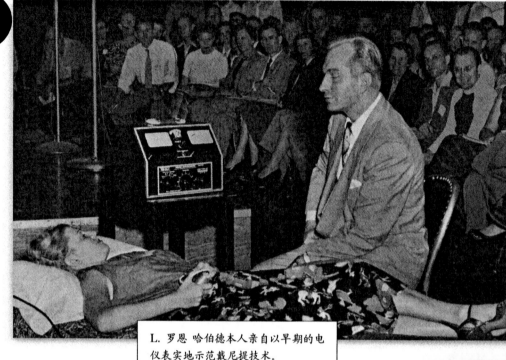

L. 罗恩 哈伯德本人亲自以早期的电仪表实地示范戴尼提技术。

在这段期间，如同本书头几章所述，L.罗恩哈伯德成功地研发了一种"非常敏锐的电流计"，它能检测出未知的人类能量。事实上，这是心灵电仪表（今日大多称之为 "电仪表"）漫长的研发历史中的第一代机型。它可以测量出心灵状态或心灵状态的改变。因此，以戴尼提的用语来说，电仪表很快地就以令人难以想象的速度，精确地指出印痕的所在位置。

不过，在一九五〇年春天之后，L.罗恩 哈伯德最深远的研究，依循的是更庞大的 C 计划：

"探索更高层次的、万物共通的起源与目的。"

无庸置疑，这是一个非常广泛的主题，目的无非是要量度他曾设想过的人类灵魂。（让你知道：这类评估首度于一九五一年下旬，在堪萨斯州威契塔市，

490

利用心灵电仪表展开，其后至一九五二年的期间，在亚利桑那州的凤凰城举行了更多的测试。）想当然尔，那些测试的结果又写成了一本本的 L. 罗恩 哈伯德著作，但简而言之：著成你手里的这本书之后，L. 罗恩 哈伯德在两年的时间内，成为第一位可以用科学的方法找到及辨识人类灵魂的人。

戴尼提的故事绝没有因为这个里程碑式的成就而结束。如同 L. 罗恩 哈伯德更进一步的预测：

"其应用手法，一定会不断改良。"

基于此，罗恩发展出更先进的戴尼提程序，以加速待清新者的进步。现在世界各地的戴尼提中心，都有提供这些技术，因此目前在世界上一百多个国家里，已经有数万名的清新者。

L. 罗恩 哈伯德总共举行了超过三千场演讲，详细说明他在人类心灵及精神上的发现。

Negative Comments by Surgeons Can Harm Unconscious Patients

Patients can hear during operations

戴尼提的出版首次告诉世人：开刀期间说话会对无意识的病患有负面影响。

戴尼提的发展，也带来了对于人类心灵"一般看法"的转变。比方说，通用的标准医学字典里对医师有以下的禁令："不得在昏迷的患者周遭陈述他不应听到的事情，因为患者虽然没有反应，但对周遭环境仍有意识，也听得见谈话的内容。"《伦敦周日时报》也发出类似的警告，告诉医师："病人麻醉后通常会下意识地听到开刀过程中，旁人所说的一切，而且往往因此出现不良的影响。"此外，"全国分娩运动"倡导"寂静生产"；医学思想的许多学派也终于采纳这个事实：出生前的经历，对人格塑造有深远的影响。

最后，是一九五〇年春天之后，戴尼提故事的另一章——《戴尼提》本身成了独树一帜的全球性运动。简言之，历史上没有一

今天，科学证实了每位戴尼提人在公元一九五〇年就已经知道的事实：孩子的人格受出生前经历和生产过程的影响极大。

SOFT LIGHTS IN DELIVERY ROOM
No one needs soft lights, peace and quiet more than a baby at the moment it is born.

"...the doctor is turning away from the clinical atmosphere of busy brilliance towards the customs of a...more human attitude towards birth."

戴尼提历久不衰的魅力,从它荣登全球超过六百个畅销书排行榜可以为证。

本手册像《戴尼提》那么受欢迎。自首度发行以来,《戴尼提》已经翻译成超过五十种语言,并荣登约六百个畅销书排行榜。

首度出版的数十年后,《戴尼提》又再度荣登《纽约时报》畅销书排行榜,还开创了上榜一百周的辉煌记录,因此获《出版人周刊》(Publishers Weekly)颁发世纪成就奖(Century Award)。戴尼提普及全球各地,从亚洲到非洲,以及整个美洲和欧洲,超过一百六十个国家,都有戴尼提基金会、机构以及草根性的戴尼提团体。在此引述几个较具代表性的实例:现在部分西藏的寺庙,已用戴尼提取代内省静坐;多所大学中,戴尼提已取代了心理学。此外,数百个州政府及市政府宣布五月九日为"戴尼提日";兰登书屋现代文库(Random House Modern Library)的读者票选中,戴尼提名列二十世纪最重要的十大非小说类书籍。而在我们继续开创二十一世纪的现在,在世界的某个角落,每 4.8 秒就会有一位新的读者开始阅读《戴尼提》,踏上你现在已经展开的旅程。

全球一百六十多个国家中，共有数千个戴尼提团体，而且每周还有数个新的团体成立。

上百个国家与城市宣布五月九日为戴尼提节。

旅途进展得多远或多快，当然取决于读者自身。不过，目前全球有数千个戴尼提团体提供戴尼提研习班及课程，这都是为了让你更快亲身感受到你所读到的一切。

每4.8秒就有一位新的读者开始阅读戴尼提。

戴尼提为个人与社会
所面临的问题提供了解决之道。
眼前的世界，种族间彼此抗衡，
国与国冲突不断，
突发的暴力摧残了生命，
而我们的朋友或家人
承受着痛苦、
困惑和不快乐的折磨。
这本书揭露了这些事情的共同根源，
以及人类真正、天生的敌人——
反应式心灵。
这本书也提供了
唯一可以
去除反应式心灵的技术。

历经五十多年，
它通过了时间的考验，
改善了世界各地人们的生活。

现在是你也踏上这项探险的时机。
请联络国际戴尼提中心，
今天就迈向崭新的生活。
祝你从此焕然一新。

附 录

进修指南
L. 罗恩 哈伯德的书籍

戴尼提的教材构成了人类在心灵方面最丰富的知识体系。这些资料是 L. 罗恩 哈伯德历经五十年的研究、调查和发展，仔细推敲琢磨，编纂而成的。其研究成果，全都包含在数百本书籍和三千多场的演讲录音中。

以下是我们推荐给初学者的一些书籍。这些书籍是按照罗恩撰写的年代顺序排列的。按照年代顺序阅读有很大的好处。因为书中所包含的一些字、词在最初使用时，哈伯德先生都给予了精确的定义。依序阅读，你就可以明白这个主题是如何发展的，这样不但能使你获得更多的领悟，还可以让你运用在你的生活之中。

从以下所列的书籍中，你可以找出《戴尼提：现代心灵健康科学》在这条发展道路上的位置。在这里你可以判定下一步要做什么，或自己是否错过了某些早期的书籍，以便能够填缺补漏。这样不仅能让你获得各项突破方面的知识，也会使你对学过的知识有更深的了解。

这是一条通往最伟大的冒险，探险人类心灵的道路，它将为你开启更美好的未来。沿着这条路走走看吧。

戴尼提的书籍

戴尼提：原始理论 • 这是罗恩对戴尼提的初次描述，最初以手稿的形式传阅，很快就被复制，流传开来。由于口耳相传，人们对于这个主题的信息需求激增，因此罗恩决定，要回答所有的询问，唯一的方法就是出书。这本书就是《戴尼提：现代心灵健康科学》，现在已是空前的自我帮助畅销书。来知道这一切是怎么开始的吧！本书包括戴尼提各种发现的基础：原始的公理、存在的动力原则、分析式心灵与反应式心灵的结构、动力、情绪度等级表、听析员守则，以及对清新者的第一次描述，它还包含了听析如何运作以及听析为何有效等的基本原理。这些只在《戴尼提：原始理论》中才有。

戴尼提：一门科学的演进 • 这是关于罗恩如何发现反应式心灵，以及如何开发出听析步骤清除反应式心灵的故事。本书原本是为了配合《戴尼提：现代心灵健康科学》的出版，而发表于一本全国性杂志的文章。它让《戴尼提：现代心灵健康科学》一出版，即在一夕之间如野火燎原。本书收录了戴尼提的基本原理，也是唯一一讲述罗恩二十年来研究历程的著作。书中并叙述了他如何运用科学的研究方法，解开人类心灵方面的问题与谜团，因而达到人类一万年来探索的巅峰。

戴尼提：现代心灵健康科学 • （即本书）这本书以石破天惊之势，开启了一场全球性的运动。这是罗恩的划时代巨作，书中描述他如何发现潜藏在人类之中奴役人类的反应式心灵。反应式心灵是梦魇、非理性的恐惧、沮丧及不安的来源。本书告诉你如何去除它，达到人类长久以来追寻的目标 —— 清新者。这是一本完整的戴尼提听析步骤手册；光凭本书，任何具一般智力的两个人，都可以击碎那束缚他们的锁链，从过去的沮丧及创伤中挣脱。《戴尼提》名列畅销书排行榜，已经持续了半个世纪以上的时间，发行量高达数千万，并已翻译成五十多种语言，使用于地球上超过一百个国家 —— 无庸置疑，它是史上有关人类心灵方面，读者群最广也最有影响力的一本书。那也就是为何人们永远称它为第一本书。

自我听析

自我分析 ─ 基本自我听析手册 • 生活中的障碍其实只是阴影。你应该学会认识自己 ── 而不只是自己的阴影。《自我分析》对意识作了最完整的描述,它带领你穿越你的过去,穿越你的潜能、你的生活。首先,通过一系列自我检测,并使用"哈伯德人类评估表",在情绪度等级表上标示出你自己的位置。然后,再应用一系列轻松却强而有力的听析程序,开始有关自我发现的伟大探险。这本书所包含的全面性原则,可以让人触及状况最低至最高的所有个案,还包括了极为有效的听析技术,其有效之程度,让罗恩在日后研究最高状态时,仍一次又一次地提起这些听析技术。总而言之,这本书不仅可以提升一个人的情绪等级,还能够让人从几乎任何事物中脱离出来。

现在，
扩展你对心灵的了解

阅读更多 L. 罗恩 哈伯德
所著的书籍

《戴尼提：一门科学的演进》（罗恩本人探索反应式心灵的二十年旅程故事）和纽约时报畅销书排行榜与国际畅销书排行榜上的《戴尼提：现代心灵健康科学》，这些书籍所论述的一些基本的发现，已将数百万人推上更美好生活之道路。购买并阅读 L. 罗恩 哈伯德的书籍，从而得知如何应用戴尼提来发现你最没有注意到的朋友 —— 你自己。

请洽距离你最近的出版商。

美国及世界其它地区请洽：

**Bridge
Publications, Inc.**
5600 E. Olympic Boulevard
Commerce, California 90022
www.bridgepub.com
info@bridgepub.com
电话：1-800-722-1733
传真：1-323-953-3328

英国及欧洲地区请洽：

**New Era Publications
International ApS**
Smedeland 20
2600 Glostrup, Denmark
www.newerapublications.com
info@newerapublications.com
电话：+800-808-8-8008
传真：(45) 33 73 66 33

索取
免费的入门书籍目录

各地国际戴尼提中心皆可直接买到这些书籍
参阅地址一览表。

来了解一下
这个全球现象吧!

请观看这部
爆炸性的影片!

《戴尼提概观》,这张免费的DVD真实地展现了"反应式心灵"是如何奴役一个人 —— 并且指导你如何处理它。

现在戴尼提已经被翻译成五十多种语言,其实践者遍及社会各个阶层以及地球的每个角落。戴尼提已经是一个全球的现象了。想了解数百万戴尼提使用者是如何应用L.罗恩哈伯德的发现、摆脱反应式心灵,达成他们的目标吗?请听他们现身说法 —— 戴尼提如何使他们的生命焕然一新。

欢迎订购这张多媒体 DVD —— L.罗恩 哈伯德书籍的读者可以**免费索取**。

获得一片免费的
《戴尼提概观》DVD

www.dianetics.org
也可直接向出版商索取。
(参阅前页的地址一览表。)

505

地址一览表

戴尼提中心在世界各地的城市都有，而新的中心也持续在成立中。

戴尼提中心会提供一些入门服务，并且帮助你展开你的旅程，或让你开始戴尼提听析的探险。欲获得更多信息，或想寻找离你最近的戴尼提中心，请拜访戴尼提网站：

www.dianetics.org
电子邮件：info@dianetics.org

你也可以写信给以下几页所列的任何一间洲际办公室，由他们导引你到全世界数千家的中心。或是提供你讯息如何在你的区域成立戴尼提团体。

这些地点皆有提供 L. 罗恩 哈伯德的书籍，你亦可以直接向第 504 页所列的出版公司取得。

洲际办公室：

美国

美西国际戴尼提中心办公室

DIANETICS CENTERS INTERNATIONAL OFFICE FOR WESTERN UNITED STATES
1308 L. Ron Hubbard Way
Los Angeles, California 90027 USA

美东国际戴尼提中心办公室

DIANETICS CENTERS INTERNATIONAL OFFICE FOR EASTERN UNITED STATES
349 W. 48th Street
New York, New York 10036 USA

加拿大

加拿大国际戴尼提中心办公室

DIANETICS CENTERS INTERNATIONAL OFFICE FOR CANADA
696 Yonge Street, 2nd Floor
Toronto, Ontario
Canada M4Y 2A7

拉丁美洲

拉丁美洲国际戴尼提中心办公室

DIANETICS CENTERS INTERNATIONAL OFFICE FOR LATIN AMERICA
Calle Puebla #31
Colonia Roma, Mexico D.F.
C.P. 06700, Mexico

英国

英国国际戴尼提中心办公室

DIANETICS CENTERS INTERNATIONAL OFFICE FOR UNITED KINGDOM
Saint Hill Manor
East Grinstead, West Sussex
England, RH19 4JY

非洲

非洲国际戴尼提中心办公室

DIANETICS CENTERS INTERNATIONAL OFFICE FOR AFRICA
5 Cynthia Street
Kensington
Johannesburg 2094, South Africa

澳洲、纽西兰和大洋洲

纽澳大洋洲国际戴尼提中心办公室

DIANETICS CENTERS INTERNATIONAL
OFFICE FOR ANZO
20 Dorahy Street
Dundas, New South Wales 2117
Australia

台湾国际戴尼提中心办公室

Dianetics Centers International
office for Taiwan
1st,No. 231, Cisian 2nd Road
Kaohsiung City
Taiwan, ROC

欧洲

欧洲国际戴尼提中心办公室

DIANETICS CENTERS INTERNATIONAL
OFFICE FOR EUROPE
Store Kongensgade 55
1264 Copenhagen K, Denmark

独立国协国际戴尼提中心办公室

Dianetics Centers International
office for Commonwealth of Independent States
Pervomajskaya Street, House 1A
Korpus Grazhdanskoy Oboroni
Losino-Petrovsky Town
141150 Moscow, Russia

中欧国际戴尼提中心办公室

Dianetics Centers International
office for Central Europe
Nánási út 1/C
1031 Budapest, Hungary

伊比利亚国际戴尼提中心办公室

Dianetics Centers International
office for Iberia
C/Miguel Menendez Boneta, 18
28460 – Los Molinos
Madrid, Spain

意大利国际戴尼提中心办公室

Dianetics Centers International
office for Italy
Via Cadorna, 61
20090 Vimodrone
Milan, Italy

开始你的
清新者之路

从任何一个
戴尼提团体开始

想成为清新者？想帮助你的朋友？

你能做到！就从成立一个戴尼提团体开始吧。

恶梦、莫名的恐惧、沮丧以及不安，这些都来自反应式心灵。

成立戴尼提团体，帮助你和你的朋友摆脱反应式心灵，通过听析向幸福与成功迈进。

简单明了、令人兴奋。这是你前所未闻的探险。

欲知更多信息
请洽询出版商

电子邮件：info@bridgepub.com
或 info@neweapublications.com
或参阅附录中的地址一览表

字词及用语之
编者词汇表

字词通常会有好几个意义。这里所列出的定义，只适用于该字词在本书中的用法。技术用语以粗体标示。在每个定义后，附有该字词第一次出现处的页码，以方便你在必要时参照正文。

本词汇表并不能取代一般标准字典。任何以下没有出现的字词或用语，皆应参考上述字典。

——编者

A

AP：（aberrated personality）偏差错乱的人格，如一个催眠对象清醒时所表现出的人格。第 147 页

阿斯库勒比尔斯：（Aesculapius）古希腊罗马的医药和治疗之神。其后裔为担任神职的治疗师，在宏伟的神殿里施展技艺。过去的人认为阿斯库勒比尔斯会在睡梦中来访，治愈病人，所以就使病人入睡（使用药物或催眠），再去解释病人的梦境。第 7 页

爱默生式：（Emersonian）有关拉尔夫·沃尔多·爱默生（Ralph Waldo Emerson, 1803-1882）的。爱默生是美国的散文作家及唯心论者。（唯心论为一种哲学思想，认为外在的世界，是由内心想象所产生。）他的作品大致上是一系列隐约相关的印象、格言、谚语和寓言，主题包括了像是自我信赖、友谊、礼俗、人性特质等。第 318 页

艾利斯：（Ellis）哈佛洛克·艾利斯（Havelock Ellis, 1859-1939），英国作家与医师，性心理学的研究者。第 122 页

爱哭鬼：很容易因极小的不如意就哭泣的人，特别指小孩子。第403页

爱说教博士：一个虚构的名字。爱说教表示喜欢用言语教训人，常针对道德问题提出批判。第393页

爱因斯坦：（Einstein）阿尔伯特·爱因斯坦（Albert Einstein, 1879-1955），德裔美籍物理学家，其有关物质和能量本质的理论，导致了原子弹的发展。第3页

安东·梅斯梅尔：（Anton Mesmer, 1734-1815）奥地利医师，他率先在医疗中施行催眠术。第295页

拗口：发音别扭、不顺口。第2页

奥林匹斯山：（Mount Olympus）希腊最高峰，据说为众神之家。第39页

奥秘：不会立刻或普遍显示出来的理由或解释；答案。副甲状腺所分泌的激素会调节血液中钙的浓度。因此，副甲状腺包含如何控制血液中钙浓度的答案。第118页

B

BP：（basic personality）称作"基本人格"的注意力单位。第147页

巴里摩尔：（Barrymore）约翰·巴里摩尔（John Barrymore, 1882-1942），美国演员，二十世纪初美国最杰出的影星之一。他因扮演哈姆雷特一角而声名大噪。哈姆雷特是英国剧作家莎士比亚所著的同名舞台剧中的主角。第214页

巴斯德：（Pasteur）法国化学家路易斯·巴斯德（Louis Pasteur, 1822-1895），于十九世纪末建立了细菌致病论，说明疾病是由细菌侵袭身体而传播的。他以发现酿酒所需的发酵过程，事实上是酵母菌（一种微小的单细胞生物）的功劳而闻名。他发觉在酿酒时，酒会变苦是因为有细菌进入，并证明可以使用温度的控制来杀死细菌。这就是著名的巴氏杀菌法（pasteurization），后来也应用于

牛乳的杀菌。（发酵是一种分解有机物质的化学作用。例如微生物的酵母菌可以把糖分解成酒精与二氧化碳。）第 ix 页

巴甫洛夫：（Pavlov）俄国生理学家伊万·彼得罗维奇·巴甫洛夫（Ivan Petrovich Pavlov, 1849-1936），因他对狗所做的实验而闻名。巴甫洛夫会边摇铃，边把食物端出来摆在狗面前。这个过程重复几次之后，每当铃声响起时，不管食物有没有出现，狗（在预期下）都会流口水。巴甫洛夫的结论是，所有后天的习惯，甚至是人类较高的心智活动，都取决于条件反射。条件反射是反复将次要刺激物（如铃声）与主要刺激物（如肉的影像）连结，而产生的反应（如狗分泌口水）。第 169 页

白帽牛仔：意指遵从法纪的好人或英雄。在西部电影中，这样的角色通常戴一顶白帽。第 405 页

白色风信子：指美国作家詹姆斯·泰瑞·怀特（James Terry White, 1845-1920）诗中的一段话："若你已身无分文，橱柜里仅剩两条面包，就卖掉一条，用这仅存的一点钱，买盆风信子满足你的灵魂。"（风信子是一种植物，花朵成串像铃铛般，浓淡不同且有香味。）第 39 页

柏拉图：（Plato，公元前 427-347 年），希腊哲学家，以其法学、数学、哲学和自然科学方面的著作闻名。柏拉图认为艺术家和诗人并不从事创作，因为他们虽然具备某些专门的知识，却受非理性的灵感，即某种"神性的疯狂"所控制。第 ix 页

柏格森：（Bergson）亨利·柏格森（Henri Bergson, 1859-1941），法国哲学家。他将心灵定义为纯净的能量，即生命力，负责所有生物体的演化。第 268 页

扳钳：一种扳手，可用螺钉调整钳夹开口大小，以符合不同尺寸的螺帽等物。第 303 页

本杰明·富兰克林：（Benjamin Franklin, 1706-1790）美国哲学家、外交官及科学家。他于一七四七年开始研究电，之后因为他的风筝实验而声名大噪：他在雷雨之中让一个自制的风筝飞起，证明了闪电就是电。第 268 页

拌嘴：为无关紧要的事物争吵、斗嘴。第 471 页

保险丝：比喻性用法，一种用来避免过度冲击、负荷超载等的装置。源自电子学的装置：在电路中置入一条容易熔化的金属丝，当它熔化（或"烧断"）时，就会中断电流，以防止电流超过安全限度，造成破坏。第 67 页

堡垒：任何戒备森严的地方或坚固的防御用建筑。比喻性用法。第408页

报酬：从活动、努力或工作中所得到的回馈或奖赏。第 28 页

贝德兰姆精神病院：（Bedlam）伦敦一家老旧的精神病院（全名是圣玛丽伯利恒精神病院），以对待病患不人道而闻名。第 8 页

苯巴比妥：（phenobarbital）一种带苦味的结晶状酸性物质，常用作镇静剂、催眠药和抗痉挛剂。抗痉挛剂可消除肌肉的强烈收缩。第418页

苯甲胺：（Benzedrine）一种药物名称，会增加生理与心理活动，降低食欲，并使人不易入眠。第 420 页

鼻窦炎：（sinusitis）鼻窦（任何在头颅中和鼻腔相连的空腔）发炎。第 65 页

比喻：将两种相似的事物相比，使得所说的话或所写的文章具体生动，容易了解，富有形象。第 32 页

避邪物：据说会赋予佩带者超自然力量，或保护佩带者免受鬼怪侵扰的物品。第 408 页

扁桃腺：扁桃腺是喉咙内两侧小片圆形的肉，靠近舌根；切除扁桃腺是将扁桃腺移除。第 433 页

变脸大师：熟练地快速变换装扮或改变性格的表演者。第 99 页

变量：会改变的事物。这个词最常用于数学和科学之中，用来表示一个未知的或无法预知的事物。变量通常和常数形成对比，常数是已知且不变的。第 9 页

变阻器：电路中的装置，可以逐渐增加或减少电流，例如改变灯光亮度。第 269 页

标准记忆库：（standard memory bank）心灵里的储存所，在那里记录并保留着一切有意识时所接收到的资料（视觉、声音、听觉、嗅觉、体内感觉、动觉、触觉，还有过去的心灵计算），供分析式心灵使用。包含从受精到"现在"的一切包含意识的资料。（出自戴尼提用语。）第 vii 页

病变：因疾病导致体内细胞、组织产生变化，影响正常组织器官的功能及结构。第 119 页

病毒：微小的生物体，只能在另一个活的生物体中繁殖。病毒与有生命的生物体不同，它无法靠自身存活或繁殖，也不是由细胞组成的。第 63 页

病理性：透过疾病或由疾病造成的。第 9 页

病理学：（pathology）一门研究疾病成因和性质的学问。第 110 页

波谱：（spectrum）某样事物的整个范围或广度，依程度排列，在其两端有相对的值。第 28 页

博物学：（natural history）研究、描述和分类自然界各种事物，如动物、植物和矿物的学科。第 291 页

博物学家：研究自然的人，特别是指直接观察动植物的人。第 27 页

不可一世：以优于别人或比别人更重要的姿态来对待别人。第 204 页

不屈不挠：不会因受阻碍而屈服。第 iii 页

不知枪中有子弹：枪枝意外走火的辩解，后来引申为由于缺乏远见、预测或观察力而导致极大损害的行动。第 35 页

不知所措：惊慌混乱，不知道怎么办才好。第 ix 页

不置可否：既不说"是"，也不言"否"，指不断言或不确实答复。
第 259 页

布袋竞走：参赛者的双腿套在麻布袋里，藉由跳跃而移动的一种竞
赛。第 130 页

C

擦除：（erase）藉由一再重述，让印痕完全"消失"；此时印痕便会
以记忆及经验的形式归档。（出自戴尼提用语。）第 vi 页

裁决：经考虑而判定，如法官在法庭上做决定。第 465 页

测径器：（caliper）一种精确的测量仪器，有一对弯曲可调整的脚或
钳，用以测量厚度、直径以及平面间的距离。第 391 页

插科打诨：本指戏剧表演时，以滑稽的动作或言语引人发笑。亦泛
指引人发笑的举动或言谈。第 214 页

查帐员：负责审查公司财务记录的人员。第 173 页

长毛象：（mammoth）和大象有血缘关系、已绝种的大型哺乳动物；
有着兽毛及长长弯曲的象牙，主要曾存在于北半球，于一万多年
前灭绝。第 35 页

长篇大论：以冗长的篇幅讨论某个主题。第 300 页

场：（field）某種特定、可量度的力所存在的空间。第 338 页

唱片：有沟纹（刻痕）的圆形塑料片（直径通常为十二英寸），盘面
上记录着音乐、话语或其它声响。将唱针放到旋转的唱片上；唱
针对上唱片的沟纹，录制在沟纹中的声音就会透过喇叭播放出来。
第 x 页

超感官知觉：（extrasensory perception）超出正常知觉能力的感知或
沟通，例如心电感应。第 367 页

沉溺：深深沉迷。第 50 页

陈腔滥调：陈腐而缺乏新意的论调。第 214 页

陈义过高：所说的道理过于高深。第 41 页

晨吐：（morning sickness）在怀孕初期，某些妇女会有的恶心和呕吐现象，有时伴随晕眩、头痛等症状。第 183 页

衬页：黏在书皮内面，使书坚固不易损坏的纸张。第 ii 页

撑柱：建筑桥梁或大型建筑物时，用来作为主要支撑结构材的大型铁梁或钢梁。第 103 页

成吉思汗：（Genghis Khan，约公元 1162-1227 年）蒙古征服者。他建立了历史上领土最广的陆上帝国，其军队以行径凶残闻名，四处征战，一遇到抵抗，就屠杀整城的居民。第 275 页

惩罚情结：（punishment complex）在精神分析中，情结是一组会迫使人习惯性地采取特定行为的冲动、想法和情绪；惩罚情结是会引发惩罚行为的冲动、想法和情绪。第 96 页

橙木棒：（orangewood stick）尾端削尖的细长圆木棒，取自纹理细密的橙树，用于修指甲。第 284 页

抽象：有别于具体的事实、特定的物体或实际的状况。抽象的概念是以笼统或不具体的概念为基础，而不是以实际存在的事物或情况为基础。第 391 页

吹牛：原意为夸口说大话，在此指一种纸牌游戏，一个人下赌注或向对手挑战，假装手里的牌比他实际拿到的更好。第 39 页

垂体后叶素：（pituitrin）由脑垂体制造的激素。脑垂体是一个小型的腺体，约豌豆大小，位于大脑下方，接近头盖骨的中央。脑垂体分泌的激素能控制或影响大部分的身体机能，包括某些其它腺体的活动。第 114 页

纯正主义：坚持强调纯粹或精确的主张或信念，特别是在语言或文

体方面。第3页

雌激素：(estrogen)一种促进人体发育并维持女性特征的激素。第114页

刺激：（stimulus）在一个生物体、器官或身体部位上，导致或改变其活动的行动或因素。例如引发一个神经冲动或启动一条肌肉动作的东西。第15页

粗略：简略而不讲究细节。第15页

促肾上腺皮质激素：（ACTH〔adrenocorticotropic hormone〕），一种激素，被当成药物用来治疗过敏、关节炎、气喘以及其它的一些身体不适。它同时刺激身体其它激素的产生。第109页

篡夺：未经授权，以不正当的手段强力夺取。第274页

催化剂：某个可用作刺激物，以引发或加速结果产生的事物。第181页

催眠测试器：（hypnoscope）用来决定一个人是否能成为催眠对象的工具，例如：将空心的磁铁套在手指上，若此人是"好的"催眠对象，他会有某种"感觉"。第268页

催眠分析：（hypnoanalysis）一种精神分析疗法。将患者催眠，以试图接触分析所需的资料以及过去的情绪反应。第146页

错误资料：（false data）和事实或现实状况不符的资料。第22页

D

达尔文：（Darwin）查尔斯·达尔文（Charles Darwin, 1809-1882），英国博物学家及作家。他首创自然淘汰的进化论，主张所有种类的动植物都是由较早的生命形式发展出来的，而现存的物种是最能够适应环境的生命形式。第63页

列奥纳多·达·芬奇：列奥纳多·达·芬奇（Leonardo da Vinci, 1452-1519），意大利画家、制图家、雕刻家、建筑师和工程师。他发现了血液循环，并且颇为精确地将身体内的血管描绘出来。第152页

打趣：取笑、开玩笑。第 336 页

大古力坝：（Grand Coulee Dam）位于美国华盛顿州，哥伦比亚河上的大坝。为世上最大的混凝土结构之一，并且是当地电力的重要来源。第 272 页

大海老人：（Old Man of the Sea）《天方夜谭》故事中的人物。大海老人（一位海神）强迫水手辛巴达把他背在肩上数日，直到辛巴达把他灌醉，他才自肩上落下。后来引申形容令人难以忍受，几乎不可能摆脱的沉重负担。第 166 页

大灰熊：（grizzly）指北美灰熊，一种北美洲的大型棕熊。第 132 页

大自然：能创造及调节的自然力量。一般相信这股力量在物质世界中运作，并且是所有物质现象直接的起因。我们经常把这股力量表达成具有人类的特质或个性，也就是大地之母。第 viii 页

待解脱者：（prerelease）为了从自身主要的困扰、身心性疾病或偏差错乱中解脱，而展开治疗的患者。（出自戴尼提用语。）第 206 页

待清新者：（preclear）已展开戴尼提治疗的人。（出自戴尼提用语。）第 121 页

戴尼提：（Dianetics）希腊文 dia 是"穿越"的意思，而 nous 则是"心灵"或"灵魂"的意思；心灵（或灵魂）对身体的影响。（出自戴尼提用语。）第 i 页

单调：简单，缺乏变化的音调。第 7 页

胆囊：一个梨型的肌肉囊，附着在肝脏下方。胆囊中存放并浓缩胆汁（由肝脏制造，用以分解脂肪的液体）。胆囊问题是指胆囊中形成小而尖硬的物质，会导致疼痛，阻碍脂肪分解。第 225 页

但丁：（Dante, 1265-1321）意大利诗人，在其最著名的作品《神曲》中，描述了他在地狱及天堂的想象之旅，并以诗的形式细腻地呈现出地狱的恐怖。第 123 页

《当骑士之花盛开》：（When Knighthood Was in Flower）查尔斯·梅杰（Charles Major, 1856-1913）所写的小说。这本书描述十二世纪与十三世纪，英国重礼尚义的骑士精神，当时的骑士享有崇高的声望。第 207 页

档案员：（file clerk）资料库的监控器，"他"同时监控反应式印痕库和标准记忆库。当听析员或"我"向他要资料时，他会透过"我"把资料提供给听析员。在第三篇第五章《复返、档案员与时间轨迹》中，对档案员有详尽说明。第 229 页

导管：沿特定路径输送物质的管子。第 85 页

导火线：爆炸物内用来引起爆炸的易燃细绳。点燃其中一端，火焰会延着这条线传到另一端，引爆火药。第 113 页

导线：指柔韧的导电体，用来连接电路上的两个点。在此形容心灵中的连结装置。第 274 页

道德规范：社会上广受认同，为民众所监督执行的行为守则。第177页

道德家：（Moralist）遵守道德规范的教师或学生；研究道德原则及相关问题的思想家或作家，特别是指中古世纪（五世纪到十四世纪）的基督教道德家。在他们的著作中，道德家要求一个人遵守某些德行，用这些德行来决定行为是好是坏、是善是恶。他们也认为邪恶的人就该过着不快乐的生活。第 23 页

等同式思考：（identity-thought）反应式心灵的思考模式。以事物彼此完全相等，也就是等同的方式来思考：一件事物等同于另一件事物。这可用每一件事物等于每一件事物，或 A = A = A = A = A 来说明。分析式心灵以差异性和相似性来思考。一个人愈能辨别差异（不管多么细微），并了解那些差异有多大，他就愈理性。一个人愈不能辨别差异，愈是以等同来思考，他就愈不理性。第 79 页

低能：极度缺乏判断力或辨识力。第 74 页

《迪克西》：（Dixie）关于美国南部的一首鼓舞人心的歌，由美国作曲家丹尼尔·迪凯特·埃米特（Daniel Decatur Emmet, 1815-1904）于一八五九年所谱写。第 383 页

地衣：灰、绿或黄色植物，常以平坦的斑点状出现在岩石等物的表面。第 36 页

点燃：比喻激起热忱或兴趣。第 278 页

电流计：（galvanometer）用以测量微量电流的一种仪器。第 338 页

电容器：用来累积及存放电荷的装置。电容器是由两个电量相同，但极性相反的导体表面所构成，中间以绝缘物质隔开。第 275 页

动力：1.（Dynamic）生命的渴望、推力及目的——生存！——的四种表征：自我、性、团体和全人类。（出自戴尼提用语。）第 ii 页

2. 英文 dynamic 源自希腊文 dunamikos，意为强而有力的。在此为驱动或活化（存在或生活）的力量，如"存在的动力原则"之用法。第 ii 页

独白者：（monologuist）说独白的人。独白为戏剧中人物向观众单独道出个人内心感受，或即将发生之事的一段台词。在此是指对自己说话的人。第 243 页

杜鹃窝：精神病院的俗称；疯人院。第 392 页

镀金：利用化学方法把薄层的黄金涂在器物的表面上。第 21 页

E

2.9 次挥棒落空：指棒球运动中，打者试着击球却没有打到球。当打者三次击球都挥棒落空时，他就失去机会，必须离开打击位置。因为一名打者最多只有三次挥棒落空的机会，故 2.9 次挥棒落空比喻某人或某事的成功机会非常微小。第 169 页

额叶皮质局部切除术：（topectomy）一种切除部分大脑的手术。第 227 页

厄咘拉苏耶：一个虚构的词，没有任何意义。 第 55 页

恶魔：（demon）心灵中的跳接线路。称之为 "恶魔"，是因为长久以来大家都这么解释。这可能是某种电子装置。（出自戴尼提用语。）第 101 页

恶性：（形容肿瘤）无法抑制地增殖。 第 111 页

二世：（junior）通常是指拥有相同名字的两个男性中，比较年轻的那位，比如说继承了父亲名字的儿子。 第 245 页

二值逻辑：（two-valued logic）以凡事没有中间地带为基础原理的逻辑系统：事物只有对或错、真或假、是或否。 第 282 页

F

发明之母：来自于"需要为发明之母"这句格言。意指紧急的需求常常促使人去找出新的解决方案。 第 36 页

发泄：（abreact）将冲动、情绪等释放出来或表现出来，比方先前已遗忘或压抑住的冲动、情绪等 第 404 页

法拉格特：（Farragut）戴维·格拉斯哥·法拉格特（David Glasgow Farragut, 1801-1870），美国海军军官，也是美国内战（1861-1865）的英雄。在一场战役中，目睹一艘船被水雷击中（当时称为鱼雷）而沉下时，法拉格特喊出一句名留青史的话："去他的鱼雷！全速前进！"并带领他的船队迎向胜利。 第 328 页

法兰肯斯坦博士：（Doctor Frankenstein）英国小说家玛丽·雪莱（Mary Shelley, 1797-1851）的小说中的一个角色。法兰肯斯坦收集尸体的各个部位，在实验室中创造出一个怪物，并用电力驱动这个生物。 第 269 页

法学：（jurisprudence）法律的科学或哲学；一个国家或社会里，关于法律、习俗和人民权利的知识体系，为司法管理所需。 第 465 页

番木鳖碱：（strychnine）一种味苦的毒药，从某些种类的树木和植物的种子中提炼而成；这些植物分布于印度、中国和澳洲北部。第 421 页

番摊：一种中国的赌博游戏。将一堆数量未知的硬币或小东西放在碗底下并盖上，每次移去四个，直到剩下四个或不到四个。参加者打赌最后剩下的数目。第 174 页

反弹指令：（bouncer）在时间轨迹上为分析式心灵所接触时，会使患者朝目前时刻移动的印痕指令。（出自戴尼提用语。）第 248 页

反派角色：对某个活动或情况造成伤害，负有罪责的人或物。原指戏剧中动机和行为邪恶的角色。这种角色在故事情节里很重要，是制造不幸或困难的主因。第 59 页

反社会：对社会或社会秩序抱持敌对的态度；不顾其他人或对其他人有敌意。第 44 页

反应式心灵：（reactive mind）细胞层次的心灵。此心灵并非"无意识"；它总是神智清醒——它是一个隐藏的、过去不为人知的心灵。（出自戴尼提用语。）第 iv 页

反转：位置变为相反；转变成一个相反的状态或情形。第 236 页

方程式：（equation）1. 数学用语，表示两件事物有相同的值或彼此对等。引申为任何有数个变动因素，已精确计算并证明过的状况或问题。第 iii 页

2. 一组会影响某个状况，必须一起考虑进去的因素，例如不同的资料或想法。第 26 页

房客：住在别人家中，定期支付食宿费的人。第 285 页

放血：切开静脉，让"不洁"或"多余"的血液流出体外之疗法。第 116 页

非器官性：（inorganic）不属于身体或身体部位（例如器官）的；不

与身体有关的。第 i 页

菲碧丝：（Febris）在罗马神话里，菲碧丝是一位使人免于发烧的女神。第 7 页

诽谤：以不实的话语，破坏他人名誉的行为。第 64 页

《吠陀经》：（Veda）有记录以来，最早的学术性著作。印度教最古老的宗教文献，讲述进化、人类如何来到这个宇宙，以及人生的曲折，也就是出生、成长、退化以及衰败。veda 这个字的意思是"知识"。第 34 页

分析式心灵：（analytical mind）会计算的心灵 —— 即"我"和意识。（出自戴尼提用语。）第 vii 页

风潮：对某物奇特或古怪的兴趣；一时的流行，例如内文中的"他们的'符号学'是一种神秘主义的风潮。"第 346 页

风湿热：（rheumatic fever）一种严重的疾病，症状为发烧、关节肿胀疼痛、喉咙痛，而且常会造成心脏瓣膜永久性的损害。第 382 页

奉承讨好：（propitiation）一种很低的情绪，位于愤怒之下，接近冷漠无助。奉承讨好是一种试图取悦或满足他人的行为，目的是赢得他人的欢心，以保卫自己不受他人反对、攻击等。第 356 页

否定指令：（denyer）会使患者相信印痕并不存在的印痕指令。（出自戴尼提用语。）第 235 页

浮游生物：透过显微镜才能看得到的微小生物体之总称，包括海藻；它们会在淡水或海水的表面，或接近表面的地方大量漂浮或流动，并且是鱼类或其它较大体型生物的食物。第 36 页

符号逻辑：（symbolic logic）使用数学的概念和技巧以解决逻辑上的问题。符号逻辑使用逻辑中可以用数学方式表达的部分，并操作这些部分以试图解决逻辑上的问题。此时人操作的是含意而不是数字。第 77 页

符号学家：指相信梦能象征个人清醒时的经验，以及其所"压抑的欲望"的精神科医生。第 244 页

负荷：（charge）能量的储存或累积。从字面上来说，负荷意指电荷，为电力的累积。电荷不是正的就是负的。正电荷排斥正电荷，负电荷排斥负电荷，正负电荷则互相吸引。第 65 页

负鼠的把戏：假装死亡、生病、睡着、无意识等等。负鼠是一种以树为家的美洲小型动物，通常在夜间活动，面临危险时会习惯性装死。第 411 页

复检：再检查一次；透过第二次检查来确认。第 392 页

复演大师：（drammer）这里指的是某人印痕复演的情况，将整套非理性的行为表演出来。第 223 页

副甲状腺素：（parathyroid）指副甲状腺所分泌出来的激素。副甲状腺由四个小型腺体所组成。这些腺体位于脖子前方靠近甲状腺的地方，能共同发挥一个腺体的功能。副甲状腺会分泌一种物质（激素）进入血液，调节身体中的钙和其它矿物质的含量。这些矿物质是骨骼成长、肌肉与神经运作等重要身体机能所不可或缺的。第 114 页

G

盖伦：（Galen，约公元 129-200 年）希腊的内科医生。他相信血液是由食物经肝转换而成，然后流向身体的其它部位，被各部位所吸收。他在医学界至高无上的权威阻碍了创新的研究，抑制了医学的进展；直到十六世纪，英国医生威廉·哈维（William Harvey，1578-1657）发现血液循环遍及全身，而且是由心脏驱动的，才推翻了盖伦的理论。第 152 页

杆菌：（bacillus）杆状的细菌。细菌是微小的单细胞生物，其中有一

些种类会造成疾病。第 35 页

感官讯息：（perceptic）感官接收到的讯息，如景象、声音、味道等等。（出自戴尼提用语。）第 16 页

感觉带：（sensory strip）大脑中一块狭长的区域，一般认为是监控身体感觉的区域，如视觉、嗅觉、触觉和听觉。（内文中有更多说明。）亦参阅**两个以脚跟倒挂的小人**。第 338 页

感知：（percept）经感官感觉而产生的印象或心理结论；被感知到的事物。第 vii 页

刚捕上船：才刚抓到的、刚送达或得到的，就像刚捕获的鱼一样。第 394 页

高低起伏：在此指根据印痕的行动而变化。第 138 页

高尔地的巫医：（Goldi medicine man）指高尔地族的巫医。高尔地族人传统上以渔猎为生，居住在西伯利亚东南部的山谷中。他们的巫医仪式是以鼓来与灵魂进行沟通。第 7 页

高卢人：（Gaul）西欧一个古老区域的居民，主要分布在现今的法国和比利时。高卢人在公元前五〇年代被罗马人所征服。第 65 页

睾丸酮：（testosterone）一种促使男性身体特征发育，及维持该特征的激素。第 114 页

膏药：热、软、潮湿的物质，像粉末、草药、芥末等等，有时候涂抹在布上，覆盖在身体疼痛或发炎的部位。第 393 页

个案：（case）泛指一个接受帮助或治疗的人。个案也指一个人受反应式心灵影响的状况。个案是一个人基于自身的偏差错乱而回应周遭环境的方式。第 viii 页

个案资料：（casebook）与一个人或主题有关的事实、情况等的记录或说明，可作为研究或历史记录。第 295 页

个性扮演变换：（valence shift）参阅第三篇第九章（一）中的"个

性扮演变换"一节。第 327 页

工作单：（worksheet）一张记录着预定工作项目、工作时间等等的纸张。第 225 页

公理：（axiom）对于自然定律的陈述，与物质科学中的公理类似。第 i 页

共生物：（symbiote）协助个体或人类生存的生命或能量实体。（出自戴尼提用语。）第 iii 页

骨科：（orthopedics）医学的一门分支，专门治疗骨骼、关节或肌肉等部位的畸型、病变及损伤。第 110 页

怪癖：1. 个人性格或行为的小缺点；弱点；例如内文中的"毕竟他了解人类在偏差错乱时，能出现什么怪癖。"第 194 页

2. 特殊的习惯或喜好。第 22 页

怪胎：发育不正常，畸形的人。第 186 页

过山车：（roller-coaster）比喻状况突然、极端地一再改变，或不断剧烈地上下起伏；例如在冲突与和谐，或狂喜与绝望间来回摆动。过山车是游乐园的设施，为具有开放式车厢的列车，沿着高空中坡度陡峭的弯曲轨道行进，忽而急转弯，忽而快速俯冲，满足追求刺激的乘客。第 92 页

关节炎：（arthritis）关节发炎，造成疼痛、肿大和僵硬的现象。第 65 页

光合作用：绿色植物和其它特定的生物体使用光能，将二氧化碳和水转换成食物的过程。第 187 页

归纳：基于观察（事实、现象等等），而获得结论。第 27 页

规格：测量用的标准量或尺寸，如测量物体的厚度或直径。比方说，一个十二号规格的铜线大约和金属衣架一样粗。第 212 页

闺房：布置典雅而小巧的房间，供女士独自休息，或接待密友。第 459 页

诡诈：狡猾欺骗的。第 77 页

滚蛋：恶声叱人走开的话。 第 386 页

H

哈哈镜：用来照出扭曲影像的镜子，常见于游乐园中的惊奇屋（一种游乐设施，有一系列的房间和走道、倾斜或移动的地板、扭曲影像的镜子，来使人惊奇或发笑）。 第 346 页

哈姆雷特：（Hamlet）莎士比亚的同名悲剧中的主角，该剧于一六〇三年首度发表。当哈姆雷特在生死之间犹豫时，说出了著名的台词："存在亦或不存在，才是问题所在……（To be, or not to be: that is the question... ）"。 第 214 页

哈维：（Harvey）威廉·哈维（William Harvey, 1578-1657），英国内科医生。他使用科学的程序和实验，发现血液循环的方式是透过心脏的推送而使得血液流通全身，因此推翻了盖伦（Galen）的理论。 第 iv 页

海俄辛：（hyoscine）一种具有镇静作用或催眠作用的药物。 第 418 页

海军少尉：（ensign）美国海军中，最低阶的委任军官。（委任意指持有一份由美国总统发布，授予军官权力的委任状。） 第 394 页

海市蜃楼：看起来像是真的，但并非如此的事物。海市蜃楼指的是在沙漠中或高温的马路上，看似有一片水面的错觉。这是由于冷空气层和热空气层交错，使光线曲折而造成的。 第 279 页

氦气：一种非常轻的无色气体，用来填充气球、飞船等。 第 130 页

焊接：用焊料接合；焊料可以是任何熔点低的金属，经加热后，会流进金属材料间的接缝，把它们结合在一起。电子学常用焊接来连接两个零件，使电流可以流通。因此，焊接有连结、固定或紧密黏着（到另一物上）之意。在此指印痕的特质有如焊接起来的金属导线，除非使用戴尼提的技术，否则分析器无法切断。 第 95 页

航道日志：（logbook）记录一艘船或飞机航行细节的本子。第394页

好比说人的脑袋需要开个洞：强调完全不需要的东西。字面上的意思是，对某事物的需求程度，就好像一个人需要在他的脑袋开一个洞一样。第115页

浩劫：造成极大破坏的灾难。第270页

耗到底：使劲地做某事，好使它达到绝灭、消耗殆尽等状态。第337页

核裂变：（fission reaction）当原子的中央部分（原子核）分裂成更小部分时，所发生的连锁反应；这些较小部分向外喷出，进而分裂其它原子，这些被分裂出的原子又分裂其它原子，使反应范围不断扩大。第170页

赫伯特·斯宾塞：（Herbert Spencer, 1820-1903）英国哲学家。他主张知识有两种：（1）由个人得到的知识。（2）由种族得到的知识。他也相信在我们的知识之外有一种基本和最终的真实性，并称此为"不可知"。第9页

赫尔克里士：（Hercules）古希腊罗马神话中，一位勇敢的大力士。他奉国王之命，完成了十二项看似不可能的艰巨任务。第168页

黑暗时代：（Dark Ages）指公元四〇〇年到一三〇〇年初期的欧洲历史。这段期间是知识上的黑暗时期，不但缺乏学习活动及学校教育，遗失了许多艺术和工艺技巧，先前希腊罗马文明的知识也几乎完全消失了。第34页

黑格尔文法：（Hegelian grammar）指由德国哲学家乔治·威廉·弗里德里希·黑格尔（Georg Wilhelm Friedrich Hegel, 1770-1831）所主张的某些字词的正确用法。他认为世界上存在着绝对的事物。黑格尔对语言的使用反应了这个观点。举例来说：只使用"精确"一词，而不用"非常精确"或"不怎么精确"，因为他认为后两者是"不好的文法"。第3页

黑帽牛仔：意指为非作歹的坏蛋。在西部电影中，这样的角色通常戴一顶黑帽。 第 405 页

红木：（redwood）美国加州和俄勒冈州特有的巨大树种，在一亿八千万年至一亿三千五百万年前便已存在。红木是存活最久、最庞大的物种之一，有些年龄甚至已超过两千岁，其高度可达三百五十英尺（一○七公尺），树干直径可以达到三十英尺（九公尺）。

第 36 页

洪亮：声音具有饱满、响亮以及浑厚的特质。 第 317 页

呼吸道黏膜异常：鼻腔以及喉咙黏膜发炎，造成黏液大量增加，如感冒中常见的症状。 第 3 页

胡佛大坝：（Boulder Dam）一座位于美国亚利桑那州与内华达州界，科罗拉多河上的大坝，为工程上的重大成就，坝高 726 英尺（221公尺）。 第 166 页

胡夫：（Cheops）公元前二十六世纪的埃及国王，世界上最大型金字塔的建造者，也就是举世闻名的大金字塔（the Great Pyramid）；他就葬在这个大金字塔中。 第 162 页

护身符：据说带有魔力，配戴在身上的物品，可以避邪消灾、保护自身安全。 第 408 页

滑囊炎：（bursitis）滑液囊发炎。滑液囊是介于关节与关节之间，特别是在手肘、膝盖或肩膀，用来减少摩擦的囊袋。 第 65 页

化合物：1. 事物组合在一起后的结果。 第 44 页

2. 由两种或两种以上的元素（无法再进一步分解的物质），依一定比例混合在一起所组成的物质。化合物可由许多种的元素混合而成，通常具有与成分元素不同的特性。 第 422 页

化脓：因为感染而产生脓汁（血液加上坏死细胞、细菌等所组成的一种淡黄色的液体）。比喻性用法，表示制造不断的刺激。 第295页

怀旧之情：思念从前的人、地方或事物时，一种混合着愉快、悲哀和渴望的感觉。第 87 页

坏胚子：骂人本性恶劣的话。第 381 页

缓冲物：用来减轻或缓和冲击或震动的物体。第 300 页

荒谬：显然毫无道理、不合逻辑；与所有常识相违背。第 109 页

黄铁矿：（pyrite）一种闪耀的铁与硫的化合物，很多地方都找得到，经常被人误认为黄金，又称"愚人金"。第 362 页

磺胺：（sulfa）指磺胺类药品，即过去某类用来治疗细菌感染的药物。第 159 页

恍惚：（trance）似乎介于睡觉和清醒之间的一种半清醒状态；在这段期间人不具有自主运作的能力。第 17 页

挥舞（手）：在此指实行催眠时，催眠者以手来回掠过催眠对象的身体上方或周围，据说如此可以产生催眠状态。第 73 页

徽纹：（crest）一个象征性的物品，位于盾形纹章上方。盾形纹章为一组图案和标志，通常安排在盾形图案的内外，以代表或辨别个人、家族或团体。第 457 页

回归子宫：精神病学的理论，认为人心中隐藏着一种渴望，想要回到"安全"、"舒适"的子宫里。第 xi 页

昏睡蒸发：（boil-off）过去无意识时期的表征，伴随着昏昏沉沉的感觉。蒸发原指把液体转变成气体使其消散的过程。昏睡蒸发在第三篇第九章（一）《治疗的各层面及其机制》中，有详细说明。第 250 页

浑沌：在宇宙形成之初，便已存在的没有形体的物质。特征是雾状、朦胧不清、没有特定的形体或特色。第 34 页

混血：由不同种族的男女所生育的后代。第 164 页

混仗：激烈且吵杂的打斗；通常是在公开场合里，一大群人的打斗。第 38 页

活体解剖：分解活的身体以检视其构造、部位之间的关联等。第194页

火力全开：指威力达到最高点。第96页

火焰青年：（flaming youth）指年轻人及他们精力充沛、多采多姿、无拘无束的行为，尤指美国一九二〇年代的年轻人。第214页

J

击石取火：以打火石（一种坚硬的石头）敲击铁或钢的起火方法。第472页

激素：（hormone）由身体里的组织或腺体所分泌的化学物质，能调节生长发育、控制各种不同组织的功能、帮助生殖、调节新陈代谢（消化食物以创造能量的过程）。第115页

机会主义：没有固定的原则与态度，而专门利用各种机会以期达到目的的技巧、方针或做法。第36页

机械化程序：以确切、特定的步骤运作，并且永远产生一致结果的程序。第90页

机制：（mechanism）1. 由零件或成分等结合而成，能如机器般发挥特定功能的结构或系统。如文中"第一次目睹人类行为的机制"或"人具有一种机制……分毫不差地记录一切"的用法。第ix页 2. 用以产生某种效果，或达到某种目的的方法或媒介，类似机械装置中，由零件组合而成，用以发挥特定功能的结构或系统。如文中"心灵有一种先天而非后天学得的记忆机制"的用法。第17页

肌腱炎：（tendinitis）肌腱发炎，肌腱是指连结肌肉及骨骼的坚韧组织。第215页

鸡奸：（sodomy）和同性或异性进行肛交或口交的行为。第309页

基本人格：（basic personality）指一个人他自己。去除痛苦、印痕复演、反应式心灵及其内所有资料后的那个人。第147页

基调：某件事的中心、最重要的点或主题。 第 36 页

基督教妇女戒酒联盟：（WCTU〔Women's Christian Temperance Union〕）创立于一八七四年的机构，提倡戒酒。 第 421 页

基石：支撑建筑物基底的石头。 第 152 页

吉米老大：一个虚构的名字，指犯罪帮派的领导者。"老大"意为领导者或首领。 第 173 页

棘手：比喻事情非常难办，如同荆棘刺手。 第 73 页

集合体：一群一群的生物体聚集在一起，共同生活与成长，成为一个关系紧密的结构。 第 63 页

几何级数：一组连续的数字，如 1、2、4、8、16、32、64、128、256、512、1024 等等，这当中的每个数字与一个定数相乘（在这个例子中，定数是 2），便得到下一个数字。于是随着级数的增加，每一个接下来的数字也越来越大。 第 28 页

记忆：（memory）人感知到并归档在标准记忆库中的任何事物，可以由分析式心灵来回想。（出自戴尼提用语。） 第 v 页

济慈：（Keats）约翰·济慈（John Keats, 1795-1821），英国诗人，其作品以尊贵、优雅和富有想象力而闻名。 第 368 页

家畜：牲畜；马、牛、羊以及其它在农场或牧场饲养或养育的有用动物。 第 133 页

甲状腺：一种腺体，负责控制身体的发育和新陈代谢（细胞将氧与营养素转换成能量及热量，供身体使用的过程）。甲状腺位于颈前部。 第 287 页

甲状腺素：指甲状腺所分泌的激素。参阅**甲状腺**。 第 114 页

尖牙利爪：（tooth and claw）具有凶猛或残酷斗争的特性，如在丛林里一样。 第 36 页

艰涩：文词深奥难懂。 第 2 页

监护人：法律上对未成年人，尽监督保护之责的人。在此指负责保卫或维护某事物的人。第 187 页

减弱：（reduce）藉由重述来消除印痕中的体觉不适或情绪。（出自戴尼提用语。）第 122 页

减感：（de-intensify）削减任何锐利或强烈的感知、感觉、情绪等等。第 314 页

剪辑：（dub-in）用以表示想象出来的影像或回想。这个词源自电影工业，在电影制片中，"配音剪辑（dub）"就是在影片拍摄完后，创造出声音然后加到影片上。配音剪辑的过程会产生一条新的音轨，让观众觉得这好像是拍片时的真实声音，但是，大部分的声音，甚至所有的声音，都是在影片拍摄完很久之后，才"剪辑"进去的。在戴尼提中，"剪辑"指的是经过变更的回想。此人"看见"的比事实还要多，或完全不同于事实。他看见的是想象，但他确信自己看到了。事情的真相是，在此人的分析式心灵不知情的情况下，他心灵的一部分会丢进虚构的资料，于是此人便会对你撒谎。第 220 页

建制：既定的体制与组织。第 33 页

键出：（key-out）字面上来说，键是一个小型的手动装置，可用来打开、关闭或转换电流。键出在此意指印痕进入休眠状态，离开线路。第 131 页

键入：（key-in）字面上来说，键是一个小型的手动装置，可用来打开、关闭或转换电流。键入在此意指一个休眠的印痕活化起来，现在已接通到线路中。第 79 页

将就：虽不很满意，但没有更好的，只好暂且如此。第 7 页

僵局：互相牵制、坚持而无法开展的局面。第 302 页

交叉索引系统：（cross-index system）将主题记录在某处，指引使用者在另一处找到参考资料的方法。例如参考书末端的索引，注明

某些主题在书中出现的所有地方，以方便搜寻。第 57 页

脚踏垫： 用来让人在进到屋内或房间之前，除去鞋底泥土的垫子。引申为常常沦为别人欺负或羞辱对象的人。第 356 页

教条： 泛指信念或主义。第 470 页

酵母菌： 一种细微的单细胞生物，能够把糖转换成酒精和二氧化碳。用来制造啤酒、葡萄酒，以及让面包发酵。第 ix 页

杰克・达顿：（Jack Dalton）威尔伯・布劳恩（Wilbur Braun）在一九三〇年所著的一出旧式戏剧《去死吧，杰克・达顿！》中的男主角。杰克与家中女仆谱出恋曲，但故事中的坏蛋与一名工于心计的西班牙女子（她想要嫁给杰克）密谋要对那位女仆下迷药，然后把她送进疯人院。杰克阻挠了这个计谋，没有让恶人得逞，并与女仆有情人终成眷属。第 214 页

诘屈聱牙： 文字深奥，音调艰涩，不易诵读。第 27 页

结核病：（tuberculosis）一种严重的传染病，会引起肺及身体其它部位肿胀，曾经名列全世界最常见的死因之一。第 111 页

结膜炎：（conjunctivitis）结膜发炎。结膜是包围眼睑内层以及眼白的脆弱薄膜；结膜炎的症状就是俗称的红眼睛，因为受感染的眼睛和眼睑会呈粉红或红色。第 119 页

解读： 经由解释、分析的方式，以呈现事物的本质、原貌或其涵义。有时暗指没有依据或错误的解释。第 32 页

解脱者：（Release）原具有精神病或神经官能症，经戴尼提疗法而提升到一九五〇年代的一般正常状态的人。（出自戴尼提用语。）第 i 页

介质：（medium）生物体可以自然生活或生长在其中的物质或环境。第 183 页

疥癣：（mange）动物的传染性皮肤病，有时会发生在人类身上，会造成毛发掉落、表皮起痂块，及发痒。第 83 页

金科玉律：有益而珍贵的格言。在此指有道德的行为准则，通常的
措辞是"要人怎么待你，就得先怎么待人"。第 138 页

金銮殿：原为唐代宫殿，后亦泛称皇帝的正殿。第 413 页

金赛：（Kinsey）阿尔弗雷德·查尔斯·金赛（Alfred Charles Kinsey,
1894-1956），美国生物学家。他针对人类的性行为进行调查，访
问了大约一万八千人，且在一九四八年和一九五三年发表他的研
究成果。第 245 页

《进入涅盘极乐世界的十三仪式》：一个虚构的书名。第 207 页

经典：可为典范而不朽的著作。后泛指具有代表性的创作。在此为
讽刺性用法。第 245 页

经眼眶前额叶脑白质切开术：（transorbital leukotomy）一种精神科
手术，在手术中用冰钻强插入眼窝后方，刺穿分隔前额叶与眼窝
的薄骨，然后把这个冰钻尖端插入前额叶，切断前额叶与脑部其
它部分连接的神经纤维，使得病人变成没有情绪的植物。第 116 页

经院哲学家：（Scholastic）从事经院哲学的人。经院哲学是一种基
督教信仰的体系，从九世纪初延续到十五世纪后半（中古世纪
末）。经院哲学致力于把基督教的教义和哲学的推理相互融合，以
赋予该教义更具理性的内容以及更深刻的理解。为了达到这个目
的，经院哲学家彼此讨论，并写下了诸如人与神的关系、邪恶、罪
孽等主题的文章。第 23 页

精灵：民间传说中，任何小型、畸型、侏儒模样的种族，据说居住
在地穴中，会守护其财产。第 38 页

精神病：（psychosis）互相冲突的指令，这些指令严重损害个人解决
环境问题的能力，导致他无法调整自我，以适应环境需求中某个
重要的面向。第 iii 页

精神分裂症患者：（schizophrenic）具有两个（或以上）明显人格的

人。第 65 页

精液：雄性动物生殖器官所分泌的液体，内含大量精子，可导致雌性动物怀孕。第 122 页

迥然不同：完全不同，相差很远。第 36 页

酒鬼：无法控制饮酒欲望的人。第 66 页

臼齿：人类口腔内后面的大牙齿，用来咀嚼或磨碎食物。第 137 页

巨子：在业界具举足轻重地位的人物。第 125 页

聚集指令：（grouper）一种印痕指令，它让时间轨迹或其中的事件全都纠结在一起，使时间轨迹看起来好像变短了。（出自戴尼提用语。）第 249 页

绝对的事实：（Absolute Reality）某些思想学派用以解释存在的一种概念。他们主张，有一个终极的事实存在于自然法则之上，超越自然法则或物质的范围。这类学派提出所谓"绝对的事实"，认为它独立于其它事物之外，单独并凭借其自身而存在。第 391 页

绝对主义：（absolutism）相信"绝对"存在且可以获得，譬如绝对的错或绝对的对。第 101 页

军备：军事单位所配备，用于战争的武器以及补给品。第 99 页

军火库：储存枪炮、弹药等军用物资器材的库房。第 7 页

K

卡利古拉：（Caligula，公元 12-41 年）罗马皇帝（公元 37-41 年）；一名疯狂又邪恶的暴君。他谋杀了自己大多数的亲戚、自称为神、任命爱马为罗马政府的高级主管，最后遭其护卫军官所暗杀。第 65 页

恺撒：（Caesar）居利叶·恺撒（Julius Caesar，公元前 100-44 年），罗马将军及政治家。他认为罗马政府腐败不堪，因而打算"拯救"罗马免于衰败。公元前五八至五〇年期间，恺撒征服并镇压了高

卢（Gaul）。这场战争所征服的最后一个城镇曾奋力抵抗；他等着该城镇的供水用尽，把所有反抗者的右手砍去，以警告所有其他想要反抗罗马的人。公元前四十六年，恺撒被封为罗马的终生独裁者，却在两年后遭到暗杀。第 45 页

凯莉·纳辛：（Carrie Nation, 1846-1911）美国提倡禁酒的改革家。她因手持一把短柄斧头突袭酒吧，捣毁酒瓶和酒吧装潢而闻名。第 214 页

楷模： 优秀而值得效法学习的榜样。第 407 页

糠： 谷粒的干燥外壳，不适合食用。第 125 页

抗体： 由某些血球所制造出来的蛋白质，是身体最主要的免疫防线，用来攻击入侵身体的特定病毒、细菌或外来物质。第 120 页

拷问： 以密集的审问或暴力手段，让人精神或身体受苦，以得到情报资料或逼口供。第 442 页

科日布斯基：（Korzybski）阿尔弗雷德·科日布斯基（Alfred Korzybski, 1879-1950），波裔美籍学者，普通语义学的创始人。普通语义学是以系统化的哲学方法研究语言的一门学问。科日布斯基相信不正确地使用语言会影响人类的行为（人在心理及生理上，都会对字词所代表的意义作出反应），造成人与人之间的困惑和沟通的障碍。科日布斯基相信，思考的基本要素，便是辨别的能力。他同时也相信，以相同的文字，表达其实不同的事物，是造成人类陷入困境，甚至非理性的原因。第 77 页

科学：（science）知识；对事实或原理有了理解后，加以分类，然后运用在工作、生活或真相的探索上。科学是把经证实的真相或观察到的事实有系统地组织起来，并以一般性的法则加以连结，所得到的一整套相关的知识体。科学包含了在它自己的领域中发现新事实的可靠方法，并将科学方法应用到从前一般认为仅能以主

观、传统或无法论证的抽象标准为理论基础的研究领域中。science 一字在这里用的是该字最根本的意义及传统，而不是物质科学的意思。第 i 页

克拉夫特 – 埃宾：（Krafft-Ebing）拜伦·理查德·冯·克拉夫特 – 埃宾（Baron Richard von Krafft-Ebing, 1840-1902），德国精神病学家，也是探讨性偏差行为的作者。第 122 页

克雷佩林：（Kraepelin）埃米尔·克雷佩林（Emil Kraepelin, 1856-1926），德国精神病学家，为精神疾病发展出一个分类系统。第 438 页

控诉：向法院或社会诉说不合法或者不合理的事情。第 8 页

控制条件：用来检验或证明实验结果的一项标准或对照因素。第 124 页

口吃：说话不流畅，常有自己无法控制的停顿和重复的字音。第 65 页

口语化：使文字或言论具有一般普通会话的性质，而不是正式的言论或文字；非正式的。第 2 页

快脚：快跑的能力。第 35 页

快乐的九〇年代：（Gay Nineties）一八九〇年代美国因工商业快速成长，带来了在美国历史上让人印象深刻的成功与富裕。然而许多行业和工厂中日益增加的劳动人口，原本希望能在城市中过更好的生活，却发现自己工作超时，而且处于有害健康的工作环境里。第 214 页

快闪答案：（flash answer）参阅第三篇第九章（一）的"快闪答案"一节。第 327 页

狂人：疯狂或古怪的人。第 214 页

狂热分子：对某种事物疯狂热爱的人。第 124 页

"可知及不可知"的理论：指英国哲学家赫伯特·斯宾塞（Herbert Spencer, 1820-1903）的哲学。他以将进化论的科学理论应用在哲学和伦理学而闻名。斯宾塞主张知识有两种：（1）由个体所获得的

知识，以及（2）由种族所获得的知识。他也相信有一个基本且终极的事实超出我们的知识之外，并称这种知识为"不可知"。第101页

奎宁：（quinine）一种味苦的药，用于减缓疼痛和发烧；曾经是唯一能有效治疗疟疾的药。第372页

傀儡：木偶戏中受人在幕后操纵的木偶。第v页

L

来舒：（Lysol）一种液状消毒剂的品牌名。第123页

莱斯博斯岛：（Lesbos）爱琴海中一个多山的希腊岛屿，位于土耳其的外海。第276页

类比：将类似的经验，与新知的事物相比，从其相同或相似之处中，求得了解的推论方法。第240页

冷血动物：用来形容毫无感情或缺乏强烈情感（如性欲）的人。第261页

理发师脸盆医疗法：（barber-basin medicine）指由理发师操刀，流传数百年的原始医疗服务，譬如放血。在那段时期，人们认为各式各样的病痛，都是由于血液过多，或血中有不洁之物所造成。理发师割开病人手肘弯曲处，让"多余"或"不洁"的血液流出体外。由于放血多以脸盆盛接，故称为"理发师脸盆医疗法"。第117页

理想主义：哲学上指人类的生活中，在欲望和快乐之外，于精神上更具有崇高的目的，努力求其实现，以达人生真正意义的理论。第467页

利他：无私地关心他人，或致力于为他人谋福利。第42页

连：（company）由大约六十名到一百九十名士兵所组成的军事单位。第48页

连锁分裂：（chain fission）同核裂变。当原子的中央部分（原子核）分裂成更小部分时，所发生的连锁反应；这些较小部分向外喷出，进而分裂其它原子，这些被分裂出的原子又分裂其它原子，使

反应范围不断扩大。第289页

链：（chain）印痕库中任何一系列带有相似内容的事件。（出自戴尼提用语。）第94页

粮食与消遣：（corn-and-games）形容一个提供娱乐给人民，以防止人民动乱的政府。这个词是指古罗马政府提供官方的大众娱乐活动、发放免费食物以收买人民的手段。第270页

两个以脚跟倒挂的小人：指大脑的运动带和感觉带。一般相信运动带是大脑中控制各种肌肉活动和身体运动的狭长区域，感觉带则是大脑中监控身体感觉（如视觉、嗅觉、触觉和听觉）的狭长区域。脑中这两条控制带的医学用语为 homunculus —— 拉丁字，意思是 "小人"，因为医学上相信这两条控制带的功能与人的身体相对应，带顶端掌控脚，中间部分控制躯干，底端则控制头部，如同 "倒立"。在医学刊物中，常用两个以脚跟倒挂的小人为图示，以说明这两条控制带的功能（参阅附图）。第338页

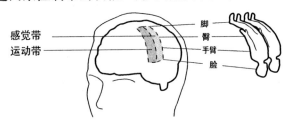

疗法：在此指执行或应用戴尼提的技术及程序，其目的为解决关于人类行为及身心性疾病的问题。第 iii 页

疗养院：专门为精神病患或某些慢性疾病患者的治疗和恢复而设立的医院。第7页

了无新意：丝毫没有一点创意。第382页

淋巴腺鼠疫：（bubonic plague）具高度传染性，通常由受感染的老鼠身上的跳蚤所传染的致命流行病，于十四世纪横扫全欧洲及亚洲。一般称为黑死病。第35页

灵体：（astral self）神秘主义的一种信念，相信有一种灵魂体，或者肉体的"相似物"存在。根据这种信念，灵体可与肉体分开。第 102 页

灵质：（ectoplasm）据称是从灵魂或幽灵中散发出来的一种物质，让灵魂或幽灵得以成形，并展现控制物质的能力，如使物体浮在空中。有些人相信，灵质是白色的气态物质，会在灵媒进入恍惚状态时，以人形或人脸的样子，自他身上散发出来。（灵媒是具有特殊感应力，能够为生者与死者的灵魂沟通的人。）第 103 页

流言蜚语：毫无根据的谣言，多指背后散布的诽谤性坏话。"流言蜚语"往往出自险恶的用心，多指诬蔑的，挑拨性的和无中生有的话，散布者都躲在背后不露面。第 454 页

留基伯：（Leucippus）公元前四世纪的希腊哲学家。他相信所有的物质皆由原子所组成。物体的所有可见属性皆起因于这些原子的活动，而原子的活动完全是事先决定好的。他认为所有事物的发生都是有原因的，而且有其必要性。第 36 页

六分仪：（sextant）领航员用来测得天体位置的工具。这个仪器的弧形部分是圆的六分之一，故名。第 394 页

垄断：拥有某物的全部供应量，以独占利益。第 194 页

卢克莱修：（Lucretius，约公元前 98-55 年）罗马诗人，也是未完成的教诲诗《物性论》（On the Nature of Things）的作者。该著作以六册出版，内容概述一门关于宇宙的完整科学。第 34 页

滤波器：（filter）收音机中的电子零件，用来阻隔空中传输的多余无线电波，以使收音机收到特定、正确的信号。第 425 页

路标：指示用的事物；指标。第 171 页

绿色遮阳帽：（green eyeshade）一种帽子；它有一条松紧带，上面衔接一片绿色的鸭舌板或遮阳板，用来阻挡光线直接射入眼睛，例如灯泡的直接照射。一般通常将绿色遮阳帽和辛勤工作的人联

想在一起，像是报纸编辑、会计人员、办事员等等。第 232 页

氯化铵：（ammonium chloride）无色结晶体物质，许多感冒药和咳嗽药里头都掺有这种物质。第 422 页

卵子：（ovum）女性的生殖细胞。第 87 页

洛仑兹 – 费兹杰罗 – 爱因斯坦方程式：（Lorentz-FitzGerald-Einstein equations）指亨德里克·洛仑兹（Hendrik Lorentz, 1853-1928）以及乔治·弗朗西斯·费兹杰罗（George Francis FitzGerald, 1851-1901）的方程式。他们推断，一个移动中的物体会沿其移动方向缩短或缩小，其缩小幅度取决于它有多接近光速。这些发现后来对阿尔伯特·爱因斯坦（Albert Einstein, 1879-1955）的研究很有贡献。第 3 页

低速　　　　　　接近光速　　　　　　移动方向

罗马城陷入火海："眼看着罗马城陷入火海，还能坐在那里吹口哨"这句话指的是一则传说：据说公元六十四年时，罗马城发生大火，整座城市几乎烧毁，而罗马皇帝尼禄·克劳迪·恺撒（Nero Claudius Caesar）当时却在拉小提琴。后世常用"罗马城都烧了还拉琴（fiddle while Rome burns）"这句谚语来形容就算天塌下来也漠不关心、无动于衷的人。第 209 页

罗斯：（Ross）罗纳德·罗斯（Ronald Ross, 1857-1932）英国医生，因证实蚊子和疟疾之间的关系而闻名。第 179 页

洛克：（Locke）约翰·洛克（John Locke, 1632-1704），英国作家、哲学家及政治理论家。他主张人类的心灵在出生时是一片"空白的石板"，直到经验开始在上面"书写"。他相信除非是人经历过

的事物，否则人什么也不会知道。第102页

M

麻疯病：（leprosy）一种传染性的皮肤和神经疾病，其症状为白色鳞状的疥癣、畸形，而且最终会失去感觉。第160页

麻醉精神疗法：（narcosynthesis）使用药物的催眠术；让病患服用药物，进入"熟睡状态"，以施行精神治疗。其英文名称源于第二次世界大战时，精神科医生试图以催眠性药物（narcotic）"重建（synthesize）心灵破碎"的士兵。第138页

马特洪峰：（Matterhorn）阿尔卑斯山脉的著名山峰，标高4478公尺。位于瑞士和意大利的边界。第38页

玛兹达与阿里曼：（Mazda and Ahriman）阿胡拉·玛兹达（Ahura Mazda），是琐罗亚斯德教（Zoroastrianism，伊朗的一个古老宗教）的最高神祇及万物的创造者；阿里曼则是一个邪神，为主神玛兹达的头号敌手。第405页

吗啡：（morphine）在医学中用来减轻剧烈疼痛的一种强效药物；长期使用会上瘾。这个名称源自于古罗马睡眠及梦之神摩菲斯（Morpheus）。第419页

麦克白：（Macbeth）莎士比亚剧作中的主角。麦克白遇见三个女巫，预言他将成为苏格兰的国王，但他的子孙将无法保有王位。麦克白为取得和巩固王位而杀了许多人，但他还是无法改变预言，最后在战役中身亡。他的妻子和共犯因良心的谴责而发疯，同样也死了。第314页

毛瑟枪：（Mauser）德国军用步枪的名称，以发明者彼得·保罗·毛瑟（Peter Paul Mauser, 1838-1914）的姓氏来命名。第133页

矛盾：（ambivalent）同时存有对立的态度或感觉，例如对一物体、想

法等既爱又恨。第 97 页

帽针：（hatpin）一根细长、装饰用的别针，用来将女性的帽子固定在头发上。第 303 页

梅毒：（syphilis）一种传染病，通常经由性行为传染，发病的过程分三阶段，其末期可能会侵袭脑部、脊髓以及身体的其它部分，导致失明、耳聋、精神疾病、心脏衰竭、瘫痪以及骨骼畸形。第 441 页

《煤气灯下》：（Gaslight）由英国剧作家暨小说家帕特里克·汉密尔顿（Patrick Hamilton, 1904-1962）所写的悬疑惊悚的舞台剧。内容叙述一名维多利亚时代的妇人被冷血残酷的丈夫蓄意逼疯。丈夫谋杀了她的姑妈，并暗中寻找她姑妈的珠宝首饰。他策画种种阴谋，像是把煤气灯转暗，假装只有他妻子注意到（以"证明"她有幻觉）。一位警探起了疑心，最后阻挠了他的诡计，并揭发了他杀害姑妈并打算谋杀妻子的真相。第 269 页

美国佬来了：（the Yanks are coming）指一首美国爱国歌曲"在那里（Over There）"中的一句歌词。这首歌是关于美军前往欧洲（1917）参与第一次世界大战的歌，由美国作曲家乔治·柯汉（George M. Cohan, 1878-1942）所写。第 214 页

闷烧：用灰或新柴盖住（火苗），以确保其持续慢慢燃烧。第 278 页

面向：事物的一面或一部分；整体的一个层面或部分。第 123 页

描述图：描述、解释某事物，或提供其特别细节之图表。第 29 页

瞄准定位：朝标靶的前后发射，以找出射程。比喻性用法。第 204 页

民主：一种政府体系，在这个体系里，政府赋予人民权力，由人民直接统治，或透过自由的选举方式选出民意代表。第 163 页

摩洛：（Moloch）远古时代中东国家所信奉的神，据说当时的人们曾残酷地将孩童献祭给祂。第 395 页

某一类的文学：指美国二十世纪初期至中期的杂志，内容多半是凡

夫俗子的生活、问题、罗曼史等的所谓真实故事，强调耸人听闻的犯罪事件和爱情表白。据说那些故事的许多内容，都由能接触到真实个案记录的女性所提供。第 399 页

母片：（master disc）唱片制作的原版，这个版是由金属制成的，用来复制唱片（塑料圆盘，上面有沟纹，音乐等声音可记录在沟纹中）。母片上有连续的沟纹，因此当压制在加热而软化的塑料上时，便会复制这些沟纹，所以唱片便复制了母片的声音。第 152 页

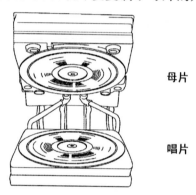

母片

唱片

N

拿破仑：（Napoleon）拿破仑·波拿巴（Napoleon Bonaparte, 1769-1821），法国军事领袖，一八〇四年时，自封为法国皇帝。他为了扩张法国领土而挑起一连串战争，却让五十万人战死沙场，使得法国人口比他掌权之前更少。"拿破仑让法国男人的身高少了一吋"这句话指的是，拿破仑（他本身体型矮小）的行动，把身材较高大的法国军人置于容易阵亡的危险处境中。第 45 页

内分泌：（endocrine）指内分泌腺体所构成的系统，这些腺体会从体内特定的器官和组织中分泌出激素（化学物质），以调节成长、发育和特定组织的机能，并且协调许多身体内的作用。例如：某些腺体在个体感受到压力的时候，会增加血压和心跳的速度。第 11 页

内分泌学：（endocrinology）生物学的分支，探讨内分泌腺体及其分泌物，特别是其作用程序或功能。第 11 页

内观：（introversion）把自己的注意力朝内，或朝向自己内在的事物。第 431 页

内外皆观：（ambiversion）内观与外观之间的平衡状态。内观是将个人的注意力导向内心，或朝向自我内在的事物；而外观则是将个人的注意力导向外在，或朝向本身以外的事物。第 445 页

喃喃：形容低声说话的声音。第 106 页

囊肿：（cyst）封闭、具保护作用的囊膜，内含液体或半固体物质。第140页

脑波仪：（electroencephalograph）一种用来记录脑部电能活动的仪器。第 268 页

尼尼微：（Nineveh）古代亚述帝国（现在的伊拉克北部）最古老且人口最多的城市（大约公元前七百年）。城内有复杂的运河和沟渠系统、宽阔的街道、花园和宫殿，以及一道环绕着该城，约 7.5 英里（12 公里）长的城墙。第 166 页

拟人化：将动物、抽象观念或其它无生命的事物，赋予人类的形体、性格、情感等的一种表现方式。第 37 页

逆来顺受：以顺从的态度接受恶劣环境或不合理待遇。第 356 页

娘娘腔：形容男人说话和动作像女性。第 270 页

袅袅上升：摇曳缓慢地向上升起。第 353 页

涅盘：（Nirvana）印度教的目标。印度教的信仰中，人的最高境界为"梵我合一"。当一个人完全抛开个人的存在，并与"大梵天"（即造物主）融合时，便可达到终极的救赎，从无止尽的生死轮回中解脱。第 113 页

牛顿：（Newton）艾萨克·牛顿爵士（Sir Isaac Newton, 1642-1727），英国科学家和数学家。他所发现及提出的万有引力定律和运动定

律，为诸多后代的科学进展奠定了根基。第 9 页

脓疮：皮肤的伤口因细菌感染，组织遭细菌腐败分解，而流出黄白色汁液（脓）。第 119 页

女色情狂:（nymphomaniac）性欲异常过度且无法控制的女性。第 316 页

疟疾：（malaria）一种传染性疾病，这种疾病由受到感染的蚊子叮咬而传播，常见于热带国家，症状是剧烈地忽冷忽热。若不治疗，可导致死亡。第 179 页

虐待狂：（sadism）伤害他人，使他人身心饱受折磨，以得到快感的行为。第 178 页

P

叛逆：违抗权威或指导。第 171 页

旁白：不属于实际对话中的一部分，用来告知发生了什么事情。源自戏剧演出中，某个角色可以直接对观众说话，而大家假想台上的其他演员都听不见。第 254 页

胚胎：（embryo）未出生的人初期的发展阶段，特别是从受精起至第八周左右。第 x 页

培根：（Bacon）弗兰西斯·培根（Francis Bacon, 1561-1626），对后世影响深远的英国哲学家。他认为科学的想法必须舍弃任何成见或偏见，并主张准确的观察以及实验对科学而言极其重要。他协助发展了解决问题的科学方法。第 9 页

佩那特斯：（Penates）古罗马宗教信仰中，掌管家庭或国家的诸神。第 7 页

喷妥撒钠：（sodium pentothal）一种常见的麻醉剂，在精神疗法里则用来当作催眠药。第 146 页

皮带：机器设备里，用来带动运转或输送能量，质地坚固有弹性的

带子。钻孔机皮带就是用来驱动牙医钻孔机的皮带。第 420 页

皮肤炎：（dermatitis）皮肤发炎，产生红、肿、痒或其它的症状。第 110 页

匹兹堡廉价雪茄：（Pittsburgh stogy）一种细长、品质粗糙的廉价雪茄，产自美国宾州南端的匹兹堡市。第 409 页

偏差错乱：（aberration）**任何偏离或是背离理性的行为。戴尼提中使用此字词来涵盖所有种类的精神病、神经官能症、强迫性冲动，以及心理压抑。（出自戴尼提用语。）**原文源自拉丁文 aberrare，意思是"从……偏离"；拉丁文 ab 意为"离开"，errare 意为"蜿蜒"。基本上意指失误、犯错，或更精确地说，有着不真实的固着想法。这个词也有它科学上的意义。它意指偏离直线。如果一条线应该从 A 走到 B，若是它"偏差错乱"的话，它就会从 A 到某个其它点，到某个其它点，到某个其它点，到某个其它点，到某个其它点，然后最后到达 B 点。以这个词的科学意义来看，它也意指没有直接看或者是扭曲地看，例如，某个人看到一匹马，但是他认为他看到一只大象。第 i 页

偏差者：（aberree）**戴尼提的新创词，指任何偏差错乱的个体。**（出自戴尼提用语。）第 16 页

偏激：意见、主张、行为等方面过于极端。第 316 页

偏执：对事物的见解过于偏差且固执己见。第 99 页

偏执型精神分裂症患者：（paranoid-schizophrenic）**具有优越、高贵等幻觉与妄想，或被迫害妄想的精神分裂症患者。亦参阅精神分裂症患者。**第 71 页

贫血：（anemia）指血液中红血球含量过少的情形，会导致呼吸困难、虚弱等现象。第 88 页

泼妇：斥骂人的话，指凶悍不讲理的妇人。第 407 页

婆罗洲：（Borneo）世界第三大岛；位于新加坡东方约四百英里（六

百四十公里）处，东印度群岛之一，靠近菲律宾。第 103 页

迫切需求度：（necessity level）一个人觉得有必要采取特定行动的程度。第 131 页

铺天盖地：形容声势大，威势猛。第 270 页

Q

Q 量：（Q quantity）一个没有名称或不明的因素或作用。第 420 页

七：在 "有时你会得到七" 一句中，指一种名为 "双骰子"（craps）的机率游戏。一次掷两颗骰子，第一个掷出 7（或 11）的人就赢，第一个掷出 2、3 或 12 的人就输。而第一个掷出 4、5、6、8、9 或 10 的人，只有在掷出 7 之前再次掷出同样的数字才会赢，如果他掷出 7，就输了。第 116 页

丘脑：（thalamus）脑里的一个传达中心，用来传递感官讯息。第 18 页

奇耻大辱：重大的耻辱。第 435 页

骑兵：（cavalry）骑马作战的士兵。在美国电影中，骑兵照惯例都在最后紧要关头才会出现，以解救苦难中的人。第 137 页

骑马服：骑马时典型的全套装备，包括外套、臀部宽松而小腿狭窄的特殊裤子，和圆顶窄檐帽。第 412 页

起起落落：上升又下降；不停的变动，有如潮起、潮落。第 34 页

弃绝：完全抛弃。第 116 页

汽油与酒精：指混合汽油和酒精的做法。因为酒精比汽油便宜，又可以作为汽车引擎的燃料，所以有人试图把这两种液体混合在一起。然而，由于酒精易从空气中直接吸收水分，所以当酒精和汽油混合在一起时，这种酒精与水的混合物会从汽油中分离出来，导致引擎的零件受损。所以，一般认为混合汽油和酒精是有害的。第 461 页

器官性：（organic）关系到或属于身体或身体部位的。第 10 页

器具：在此指分娩时所使用的各种不同工具，如剪刀、夹钳、注射器等等。第 350 页

千钧一发：用一根头发绑住千钧重的东西。比喻情况十分危急。中国古代三十斤为一钧。第 137 页

千里眼：能看到极远、极细微或隐蔽的东西。第 371 页

前额叶：（prefrontal lobe）位于大脑前部的脑叶。叶是身体器官里近似圆形的突出部分。第 55 页

前额叶切开术：（prefrontal lobotomy）一种精神科的手术，以器具在脑壳上钻洞，伸入脑中，并切断两个前额叶中的神经通路，使得患者成为没有情绪的植物。第 116 页

前例：先前的案例或情况，可用来当作后来个案的例子或规则，或者支持、证明一些类似的动作或情况是对的。第 152 页

潜思：（reverie）一种稍微"集中精神"的状态，不应与催眠状态混淆；在潜思中，一个人对于目前的情形有完全的意识。第 vii 页

嵌塞：挤在一起、紧紧卡住、阻塞。第 99 页

强迫性冲动：（compulsion）非理性或与自身意愿相冲突，但却无法抗拒的冲动。第 9 页

墙头草：长在墙顶上的草，会随风吹的方向而四处歪倒。比喻没有主见的人。第 400 页

亲和力法则：（law of affinity）亲和力法则可以解读成凝聚力（彼此结合或聚集的力量）法则。剥夺或缺少关爱，可以说就是违反亲和力法则。人和人之间必须有亲和力才能生存。第 76 页

侵蚀：慢慢地夺取、损坏或变差。第 441 页

青春期痴呆：（hebephrenia）精神病学中一种精神失常的状况，特征是会有不恰当的反应，如极度的愚蠢。第 142 页

青霉素：（penicillin）一种强效药物，用来治疗因细菌而引起的感染和疾病。第 159 页

轻率：不正经；不庄重。第 375 页

轻瘫：（paresis）因为脑部组织受到大范围破坏而造成的精神病，可见于一些梅毒（一种经性行为所传染的严重疾病）的个案中。亦称为"麻痹性痴呆"。第 227 页

清新者：（Clear）一个处于最佳状态，不再具有任何印痕的人。clear 在英文字典中的定义：（形容词）思维敏锐；清晰澄澈，因而宁静安详；洁净；听得清楚；能明辨事理；理解力强的；没有怀疑；有把握；清白无罪；净得的（指除去开销后的利润）；没有债务的；没有任何的纠缠不清。（及物动词）清除（如尘垢或障碍）；启发；免除（罪责、指控等）；打开通路；解开、理清（混乱的思绪、状况等）。（不及物动词）变得清晰敏锐。（名词）开阔没有阻碍的空间或部分。（出自戴尼提用语。） 第 i 页

情报官：负责以秘密的手段，收集和处理情报（例如敌方军情）的军官。第 57 页

情结：（complex）在精神分析中，情结是迫使人产生习惯性行为模式的一套冲动、念头和情绪。第 96 页

氰化物：（cyanide）一种致命的化合物，自古以来便用作毒药。第 421 页

球型喇叭：早期装在车辆上的一种装置，可发出警告音；一端是喇叭形管，另一端则是具弹性的橡胶球形物。挤压球形物会使空气从喇叭另一端跑出来，发出独特的声响。第 254 页

驱动力：推动的力量或动机；促进力。第 ii 页

权威：（Authority）一般公认在某种学术或专业上，有特别成就或影响力的人。他人通常会不顾观察到的事实，毫不怀疑地接受权威的意见。第 ix 页

权威信仰：由于某些人或团体声称能在某方面取得外人所不可及的特殊知识或力量，因而获得他人的信奉及追随的现象。第 163 页

权威主义：赞成绝对服从一个人或一群人（权威人士）的信念或理论，以用来反对个人的自由。第 205 页

R

让·雅各·卢梭：（Jean Jacques Rousseau, 1712-1778）法国作家和具影响力的政治哲学家。他最著名的理论是"自然人（natural man）"，相信人在自然的状态下，本质是善良的，且是平等的，只不过因文明而堕落了。他提倡"灵性的滋润"，鼓励人类回归自然。第 42 页

人类学：一门研究人类起源、生理及文化发展、生物特征、社会习俗与信仰的科学。第 463 页

人权法：（Rights of Man）指任何制定来保障个人基本权利、人民自由权等的文件或法规（法律）。第 409 页

人为再刺激：（artificial restimulation）治疗所引起的再刺激，相对于由环境所引发的再刺激。第 264 页

认知：充分地察觉到事物的存在，或是对事物有充足的知识。第 vi 页

儒家思想：由中国哲学家孔子（约公元前 551-479 年）所教导的品格、教育及政治方面的学说。该学说强调仁爱、尊崇祖先、孝敬父母，以及思想与行为的调和。二十世纪中期，共产政府接管中国，使得儒家思想受到排斥，因为共产政府企图推翻儒家思想致力维护并尊重的政府体制。第 163 页

软语温存：以温婉轻柔的话语安抚慰藉。第 356 页

S

萨妲·芭拉：（Theda Bara, 1890-1955）美国默片明星，因为扮演一

个把男人诱入危险或灾难情境的美女而声名大噪。第 214 页

萨克斯·罗默：（Sax Rohmer）英国作家阿瑟·萨斯菲尔德·华德（Arthur Sarsfield Ward, 1883?-1959）的笔名。罗默在一九一三年到一九五九年期间发表了一系列的小说，创造了"傅满洲博士（Dr. Fu Manchu）"这个神秘的角色。傅博士是一个知名的犯罪天才，但他的阴谋常会失败，因为他雇用的女间谍总是爱上不该爱的男人。第 123 页

萨满：（shaman）据说能在自然界和超自然界之间传递讯息的祭司，并能用魔法来治疗疾病、预言未来，以及接触和控制超自然力量。这些治疗疾病的技术中，其中一种是吟唱特别的歌曲并将烟草的烟吹到人的身上，因为他们认为烟草具有神奇的力量。第 7 页

三段论：（syllogism）一种论证方式，包含了三个陈述；前两个陈述会暗示出结论。譬如："所有的树都有根。橡树是树。所以橡树有根。"或"只有树有根。鸟不是树。所以鸟不会有根。"第 390 页

三氯甲烷：（chloroform）无色有毒液体，曾作为麻醉剂使用。第 419 页

三千周波的声音：（three thousand cycle note）高音调的声音。周波是指振动的频率。声波的振动频率越多，音调就越高。第 422 页

三位一体：（trinity）由三个独立的事物（像是神、人、事物等等）组合成一个整体，或彼此紧密相连。第 405 页

散光：（astigmatism）由于眼角膜形状不规则而造成的视觉缺陷。它使得光线无法聚集，因此造成视线模糊。第 107 页

森巴博士：（Dr. Zamba）一个虚构的名字。第 393 页

莎士比亚：（Shakespeare）威廉·莎士比亚（William Shakespeare, 1564-1616），英国剧作家及诗人，一般公认有史以来最伟大的剧作家。其作品中有几段指出心脏控制血液循环机能的事实。第 152 页

傻瓜西蒙：（Simple Simon）指一则儿童故事。一个小男孩的妈妈吩

咐他说："你出去玩的时候要小心。我放了六个馅饼在门口的台阶上凉，你小心踩到这些馅饼上。"他就逐字按照妈妈的指示，走到门口，非常小心地踩在每个馅饼的正中央。第 136 页

扇野马：（fan a bronc）骑士以帽子拍打跳跃的野马腹部，而野马则设法将骑在它背上的人甩落，常见于马术竞赛（展现牛仔技术的公开表演，如骑野马和用绳子套小牛）。以这种方式用帽子拍打，可以帮助骑士取得平衡，并进一步刺激马的野性。第 39 页

煽情：以文字、言语、动作等煽动人内心的情绪。第 214 页

商榷：研究、交换意见。第 426 页

上班女郎：（business girl）在此为娼妓称呼自己的用词，特指那些独自营业，所赚的钱全数自己享有的娼妓。第 214 页

上公堂：上法庭接受审判。第 466 页

上师：（swami）印度教给予宗教导师的荣誉头衔。第 113 页

蛇窟：装满毒蛇的大坑，某些原始族群会将受害者丢入坑中处死，或是测试其耐力。比喻用法，表示极度混乱或是令人憎恶的地方或状况。第 399 页

慑人：令人害怕。第 2 页

身心性疾病：（psychosomatic）身体本身所产生的任何身体上的不适或疾病。（出自戴尼提用语。）第 i 页

深层分析：（deep analysis）一种精神分析疗法，据说先揭露患者心中隐藏的资料，再为患者评估该事件。第 146 页

深渊：形容极深而危险的地方。第 39 页

神格：像上帝或神的状态或特质。第 165 页

神格化：赋予神圣的特质以和一般事物有所区隔。第 7 页

神经官能症：（neurosis）一种情绪状态，含有冲突与情绪性的资料，会阻碍个人的能力或身心健康。第 iii 页

神经外科医生：对神经系统的任何部分（包括大脑）施行手术的人。
第 8 页

神经学：（neurology）神经和神经系统的解析、功能及疾病的学科
或知识。第 18 页

神经元：（neuron）传送神经冲动的细胞，也是神经系统运作的基本
单位；又称神经细胞。第 85 页

神秘主义：（mysticism）一种信念，认为通过直接的感知或突然的深
刻理解，而不是理性的思考，就可以与真理或神沟通或结合。第 ii 页

神奇治疗水晶：一种某些人认为拥有治疗力量的水晶。据说澳洲原
始部族的巫医相信，治疗水晶是天上诸神放在地球上的。水晶是
一种透明，有点像冰的矿物。第 7 页

神童：聪慧异常的幼童。第 278 页

肾上腺素：（adrenaline）由肾上腺所分泌的一种化学物质，能加速心
跳、增加血压等等。第 60 页

生物化学：（biochemistry）化学的主要科目之一，研究生物的化学
组成，及在生命过程中生物体发生的化学变化。第 11 页

生殖腺：制造生殖细胞的器官或腺体；性腺。第 287 页

声望：（prestige）在别人眼中的地位、评价；影响力；名声。第 397 页

失言：不小心说了不该说的话。第 66 页

失忆恍惚：（amnesia trance）一种看似睡着的深度恍惚状态，使人易
于接受指令。失忆在此指的是，一个人通常不记得在深度恍惚状
态时所发生的事情。第 113 页

十二号规格的铜线：参阅规格。第 212 页

时间轨迹：（time track）一个人从受精到目前时刻的整个时间范围，
上面依序记录了一生的事件。（出自戴尼提用语。）第 vii 页

识时务：了解当世的事务、局势，故行为举止能适合时势或环境的

需求。第 173 页

实体：（entity）真实而独立存在的东西；某个以个别单位存在的东西。第 21 页

视觉回想：（visio）用"心灵之眼"看见过去的景象所做的回想。（出自戴尼提用语。）第 20 页

手鼓：（tom-tom）印第安或非洲部落的各种鼓，通常以手敲打，有时为巫医或部落团体用来驱逐某人身上的恶魔或邪灵。第 193 页

手摇柄钻：用来钻孔的工具，由可移动的钻子（钻头）配合转动的把手（手摇柄）所组成。第 15 页

受精卵：（zygote）一个已经和雄性生殖细胞结合的雌性生殖细胞。第 x 页

受精卵期：自受精至着床（附着到子宫壁）的期间。卵子受精后，开始进行细胞分裂，向子宫腔移动。着床约在受精后一周，此时受精卵已形成大约有二百个细胞的小球。第 349 页

受虐狂：（masochistic）因自己或他人的行为，使自身遭受疼痛、贬低等等，藉此获得欢愉（有时为性方面的）。第 309 页

叔本华：（Schopenhauer）阿瑟·叔本华（Arthur Schopenhauer, 1788-1860），德国哲学家，以其悲观主义的哲学而闻名。他相信活下去的意志是一种基本的事实，而且这个意志是持续不断的奋斗，无法得到满足，只会导致痛苦。第 125 页

疏离：对周围的人、事、物，不亲近也不关心，如同内文中的"教授般疏离冷漠的态度"。第 2 页

鼠疫杆菌：（Pasteurella pestis）一种细菌的名字，会引发淋巴腺鼠疫。亦参阅**淋巴腺鼠疫**。第 35 页

术语：在一个特定的科学或技术领域中所使用的名称或用语。第 vii 页

束缚：以绳索等捆绑。这里是指本来顺畅、计算快速的心灵线路，被

恶魔线路缠住或困住。第 108 页

树桩内的神水：树桩中空处累积的雨水，西方民间认为它有疗效，尤其是对肉瘤。树桩为树木被锯去树身所剩的根部的一段。第 393 页

双关语：利用文字同音异义或一字数义的关系，表达出两种各具用意的话语。第 232 页

水手长：（bosun）船上军官，其工作是监督管理船舰及设备的维修工作。第 270 页

思想器官：指大脑。第 86 页

斯巴达人：（Spartan）斯巴达的市民；斯巴达是古希腊的一个城市，由于其人民希望建立一个好战的民族，故杀害太软弱而不能成为战士的小孩；男孩七岁大就送到军营，学习忍受恶劣的情况及严格的纪律。第 175 页

斯大林格勒：（Stalingrad）伏尔加格勒（Volgograd）的旧称，位于俄罗斯西南方伏尔加河（Volga River）畔的一个工业及港口城市。第 470 页

斯多葛学派：（Stoics）古希腊（公元前三百年）一个哲学学派。这个学派认为，人应该平静地接受发生在他身上的一切，视其为天意或无可避免的宿命。第 38 页

松焦油：自松木里取得的一种黏稠棕黑色的物质，带有特殊的气味，常用于油漆或亮光漆。第 19 页

苏格拉底：（Socrates，约公元前 470-399 年）希腊哲学家，据说他相信一个"恶魔"（在这里是指一个内在的声音）。传闻这个恶魔只会妨碍苏格拉底做事，从不给予任何正面的鼓励；只有当他即将做下错误决定时，才会为他预测吉凶，或给予警告。第 65 页

苏族：（Sioux）居住在北美洲北部平原的美洲原住民族群，现在主要分布于美国中北部。第 295 页

髓鞘：（myelin sheathing）围绕着某些神经细胞的白色物质，能协助神经冲动的传导。在一九五○年以前，主流学说认为，人类的幼儿没有办法记忆，要一直到出生后，髓鞘发育完成后，才有办法记忆。第 ix 页

索引系统：一种将姓名、地名、主题等资料，依照笔画、种类、日期、时间等顺序，详细排列出来的方法。第 232 页

琐事：不太重要或根本就不重要的事物。第 136 页

T

胎儿：从怀孕的两个月后到分娩这段期间，子宫内尚未出生的人。
第 ix 页

瘫痪：（palsy）肌肉失去功能，无法移动部分身体或全身的病症，有时伴随四肢不自主的颤抖。第 157 页

坦率：性情坦白率真，不虚伪造作。第 315 页

糖尿病：（diabetes）身体无法正常吸收适当糖分的一种疾病。其病征为产生过量的尿及异常口渴，在某些情况下会对生命造成威胁。
第 111 页

滔滔不绝：形容说话连续而不间断。第 258 页

淘金：用平底盘淘洗（碎石、砂等等）以寻找黄金。第 362 页

特务：（secret service）政府的一个分支或部门，例如美国的特别勤务局，其职责是保护总统或国家元首的安全。第 71 页

体觉不适：（somatic）戴尼提新创的词，用来表示疼痛，亦即接触到印痕时，人所经历到的任何身体状况；身心性疾病的疼痛。（出自戴尼提用语。）第 20 页

体觉记录带：（somatic strip）在戴尼提中，指一种可以为个体找出特定时刻的心灵装置。这个装置遵守听析员的命令，并可奉命找

出过去的事件。在医学的领域，这就是所谓的运动带和感觉带。一般认为，这两条大脑的控制带可控制运动机能与感觉机能。既然戴尼提不依靠结构上的发现或结论，也没有证据明确证明大脑中这两条控制带具有那些功能，因此戴尼提采用体觉记录带一词，来说明这种医学中称为运动带及感觉带的功能。亦参阅**两个以脚跟倒挂的小人**。第 323 页

体内感觉：（organic sensation）在印痕时刻，生物体（或体内器官）的状况。第 14 页

天打雷劈：遭受上天的处罚而被雷电打死。用于咒骂人或立誓。第 284 页

天文钟：（chronometer）测量时间的精确仪器；用于导航的高精度时钟。第 392 页

跳接线路：（bypass circuit）转移部分或全部电流，以跳过线路中一个或数个组件的电路。用来描述位于 "我" 和标准记忆库之间，跳过了正常路径的恶魔线路。第 66 页

听觉回想：（sonic）用 "心灵之耳" 听见过去的声音所做的回想。（出自戴尼提用语。）第 20 页

听析员：（auditor）一位施行戴尼提疗法的人。听析意指 "倾听" 以及 "计算"。（出自戴尼提用语。）第 vii 页

挺拔：特立出众的样子。第 278 页

痛苦驱策论：（pain-drive theory）心理学的做法，靠施加疼痛、剥夺所有物等令人不快的方式，阻止某人做出治疗人员认为不当的行动。第 39 页

偷窃狂：（kleptomaniac）某个带有强迫性偷窃冲动的人，尤指当此人并非因穷困而行窃时。第 248 页

投其所好：迎合他人的喜好，以得到某些利益。第 175 页

透视力：（clairvoyance）或称为预知力、天眼通，指不用一般感官，在

事件发生之前就能够事先感知，或是得知遥远事物的能力。第 413 页

突变：（mutation）生物体细胞的遗传物质结构上的突然改变。这种改变会带来在双亲身上找不到的新特征或特性，与世代间逐渐改变所形成的变异并不一样。遗传的意思是藉由繁殖，把特征或特性，一代一代地传递下去。第 26 页

推导：从已观察到或已知道的事物之中，归纳出结论。第 31 页

推敲：比喻仔细思考，反复研究。第 86 页

退化性：1. 由于心理疾病，人在心灵里回到生命中较早的时期或阶段。第 xi 页

2. 退回到更糟的状况；走下坡。第 157 页

托尔克马达：（Torquemada）托马斯·德·托尔克马达（Tomás de Torquemada, 1420-1498），天主教的修道士和西班牙宗教法庭的首长，在他任職的十五年中，有两千人因信仰不同的宗教而被判处死刑。他的名字因此成为残酷的同义词。第 275 页

W

挖苦：用刻薄的话讽刺别人。第 336 页

外滩：上海的著名地标；一条沿着黄浦江的林荫大道，沿途都是公园及欧式建筑。第 38 页

晚期：接近或包含目前时刻的时期。第 viii 页

万灵丹：可治疗所有疾病或困难的事物。第 313 页

王朝：卓越且有权势的家族或团体，其成员保有权力及影响力达数代之久。第 7 页

威廉·杜兰：（Will Durant）威廉·詹姆斯·杜兰（William James Durant, 1885-1981），美国历史学家及通俗哲学作家。一九二〇年代中期，杜兰写下《哲学的故事》（The Story of Philosophy）一

书。这本书描写全世界伟大哲学家们的一生与著作，并以浅显易懂的方式写作，让一般人也能了解。该书已销售数百万册。献辞页

微积分：（calculus）数学的分支，用来计算不规则图形的面积等数值。第77页

微积分总和运算：计算微积分的过程中，常将许多数字加在一起（总和）。亦参阅**微积分**。第77页

卫道：维护传统的道德或观念。第187页

胃溃疡：胃壁或与胃相连的器官内壁，因为胃酸分泌过多而引起的溃疡（因破损而产生伤口或空洞），有时会造成慢性胃痛。第109页

文法家：指通晓文法或语言特性（如结构、拼法等）的人，亦可泛指任何科学、艺术、学问或技艺中，遵从基本的书写规范或原则的人。在此指文章中绝对的真实（Absolute Reality）与真理（Truth）这类的字词，在英文中以前缀大写处理（文法的一环），使它们从一般含意，转变成绝对而不具有渐层性的字眼。第391页

文艺复兴：（Renaissance）欧洲历史上从公元十四世纪初到十七世纪的这一段期间，因艺术、文学和学识的复兴著称。在这段期间里，许多学者和艺术家摒弃黑暗时代的文化，并且在自己的艺术作品中重现希腊罗马的精神。第34页

"我"：（"I"）（在哲学与其它领域）思考的发起者；一个人他自己，有别于肉体，并能觉察到自己的本质；灵魂。第vii页

乌托邦：（Utopia）一个理想而完美的地方或国家。"乌托邦"一词首度出现于英国作家托马斯·摩尔（Thomas More）于一五一六年所写的同名书。乌托邦是一个人人均享有公平正义的理想社会。第164页

污蔑：用谣言伤害他人的名誉。第64页

污名：恶名、不好的名声。第33页

巫毒教：（voodoo）源自非洲的一套信仰及仪式，包括巫术，以及透过邪灵的辅助行使超能力。第 456 页

无关痛痒：对于切身利益的事毫不在意。第 377 页

无稽之谈：没有根据，无从考查的话。第 68 页

无烟火药：不产生烟的爆炸性粉末，用来推动弹药从枪管中发射。
第 15 页

武断：（arbitrary）无视于状况而任意导入状况中的事物。第 101 页

物理：（physics）一门关于物质、能量、运动与力的科学，其中包括对这些事物的探讨、为什么它们会如此运作，以及它们之间所存在的关系。第 i 页

物神崇拜：有些原始的部族相信，一旦得到某些天然或人造的物品（像是动物的牙齿或木头雕刻），就会得到保佑或帮助。第 408 页

误导指令：（misdirector）一种印痕指令，会让患者在轨迹上移动的方向，和听析员所下的指令相反，或是和患者的分析式心灵所期望的相反。（出自戴尼提用语。）第 249 页

X

X：在方程式 $PV = ID^X$ 中，X 是表示未知次方的符号。（次方代表数字乘以本身的次数。例如 3^3 就是 $3 \times 3 \times 3 = 27$。）在此，"X"表示一个人的动力（D）可以自乘某个未知的次数。这样写是要鼓励他人研究动力的次方数可能为多少，以找出用心理计量学来推定潜能值的方法。第 51 页

希波克拉底：（Hippocrates，约公元前 460-377 年）西方尊称为"医学之父"的希腊医生。他的医学著作中包含一份誓词，这份誓词成为后世医疗伦理守则的范本。第 295 页

θ（希塔）：（theta）希腊字母中第八个字母的符号。第 129 页

习性：长期养成的习惯与性情。第 22 页

细胞学：（cytology）研究细胞的构造、功能以及生命史的生物学分支。第 x 页

细菌：单细胞有机体，其中有些种类会造成疾病。第 11 页

下沉：（sag）情绪度下降；情绪状态降低。第 336 页

下降（的）螺旋：（dwindling spiral）一个人的状况愈不好，就愈能让自己变得更糟。（螺旋意指情况持续不断地逐渐恶化，仿佛沿着螺旋下降。这个词源自航空界，用来形容意外发生时，或是专业的飞行表演中，飞机开始呈螺旋状下坠，所画的圆圈越来越小，若不加处理，可能因此失控坠毁。）第 115 页

先见之明：事先预见结果的判断力。第 102 页

线路：（circuit）在电学中，电流经过的完整路径，用来执行特定的动作。戴尼提用这个词来形容心灵的某些部分作用如同线路，可以执行不同的功能。第 14 页

消退：（recession）事件经数次重述之后，就消声匿迹的一种状况，例如内文中的"印痕消退。"第 255 页

小报：（tabloid）一种报纸，纸张尺寸通常是平常的一半，上头有许多图片，以及往往具耸动性的简短报导。第 357 页

心电感应：（telepathy）想法无须透过言语、书写或其它讯号或符号，即可由一人的心灵直接传至另一人的心灵。第 102 页

心怀不轨：心中存有不良的意图。第 270 页

心理测验：（psychometry）用来得知一个人智力、性向及各种人格特征的测验。第 362 页

心理错乱：心理不正常；疯狂。第 iii 页

心理压抑：（repression）将无法接受的记忆或欲望压抑到无意识中，或为使其脱离心灵意识而采取的行动、过程或产生的结果。第 9 页

心灵科学：将科学方法应用到从前一般认为仅能以主观意见或抽象资料为理论基础的心灵研究领域中，所得到的知识体系。第 i 页

心灵之眼：能够想象、忆起图片或场景，用心灵 "看见" 事物的能力。此能力看见的心灵图像是由想象或回忆中的景象所构成，而不是实际所看到的景象。第 19 页

心象：（imagery）心灵影像、图片等所形成之物，或此类影像的集合名称。第 18 页

欣快：（euphoria）幸福或欢欣的感觉，特别指毫无理由，或与现在环境不相符的幸福或欢欣感。第 116 页

新手：刚开始从事某种工作的人。第 362 页

信仰疗法：（faith healing）透过宗教信念、祈祷等而得到治疗功效的做法。第 200 页

刑法：关于犯罪与刑罚的法律，即规定何种行为为犯罪及应处以何种刑罚的法律。第 465 页

行尸走肉：指缺乏能量、热诚或独立思考能力的人。原意为会走动却没有魂魄的躯体。第 8 页

形而上学：（metaphysics）哲学的分支，研究高于自然法则或物质现象的存在本质，或终极真相的本质。形而上学一词，最早出现在亚里士多德（公元前 384-322 年）的著作中，原文字面上的意思是 "继物理学之后"，因为这些文章是继他的《物理学》之后所写的。第 ii 页

性冷淡：性行为期间体验性兴奋的能力受到抑制的状况。第 307 页

性向：人对某事物所具有的学习潜能。第 362 页

休克：（shock）由于冲击、伤害、药物等影响，导致心灵觉察力和身体机能降低的状态。第 66 页

休姆：（Hume）戴维·休姆（David Hume, 1711-1776），苏格兰哲

学家。他相信人类所有的思想和知识都是透过感知，对世界直接体验而来的。他并试图分析心灵的运作以证明这个论点。第 102 页

嗅出：用心灵感知。第 281 页

旋转苦行僧：（whirling dervish）土耳其某个宗教僧团的成员。在他们的祈祷仪式中，他们会围成一圈，随着音乐不停地回旋起舞。第 315 页

《血与沙》：（Blood and Sand）指一九二二年一部与小说同名的电影。一名英俊但对妻子不忠的斗牛士，在竞技场中斗牛受伤，生命垂危。被抬出场外时，沙地上留下一道长长的血迹；最后他死在妻子怀里，临死前说："我只爱你。"第 214 页

循规蹈矩中的典范：符合社会一般规则，行为得体，足以作为他人完美典范的人。循规蹈矩意为处处遵守礼法，按照规则行事。第 246 页

Y

压抑力：（suppressor）会减少生物形式生存机会的外部力量。（出自戴尼提用语。）第 34 页

鸦片：（opium）一种会使人成瘾的毒品，由罂粟（一种有红、橘或白色花朵的植物）的汁液提炼而成。第 418 页

亚里士多德：（Aristotle，公元前 384-322 年）希腊哲学家、教育家与科学家。他认为地球是宇宙的中心，灵魂和身体是不可分割的，知识只能建立在感官的经验上，事物只有对或错、是或否，没有中间地带。第 152 页

亚里士多德的钟摆论：（Aristotle's pendulum）希腊哲学家亚里士多德所主张的原理。他主张没有中间地带，事物只有对或错、是或否，和其它事物一样或不一样。第 390 页

亚里士多德逻辑：（Aristotelian logic）希腊哲学家亚里士多德的逻辑推理方法。其基本原理为两项主张结合后，便可得出一个新的结

论。例如："所有的树都有根，橡树是树，所以橡树有根。"亚里
士多德逻辑的资料与结论只能以是或否、对或错来评估。第 291 页

亚历山大：（Alexander）亚历山大大帝（公元前 356-323 年），马
其顿（位于北希腊的古老王国）的军事领袖以及国王。他征服了
当时公认为文明世界的一大部分，领土范围从今日的希腊延伸到
印度。亦参阅**亚历山大都没辙**。第 275 页

亚历山大都没辙：指一则有关于亚历山大大帝（Alexander the Great,
356-323）的故事。亚历山大和其军队来到小亚细亚的戈迪姆（Gor-
dium）古城。在这个城市的广场上，有一辆马车，以绳索巧妙地系
在一根柱子上，无人可解开。亚历山大听到一个著名的预言：谁
能解开这个复杂的绳结，就能统治全亚洲。于是他举起佩剑往绳
结用力一击，切断绳索，然后继续征服了亚洲的多数地区。"没
辙"意为没有办法。第 372 页

烟幕弹：比喻用以掩饰真相或本意的言词或行为。第 452 页

延宕：延迟耽搁。第 282 页

演化：自然界经由逐渐的改变，从早期发展不完全的阶段，逐渐成
为较有组织的状态。第 iv 页

羊膜：在胚胎周围形成的囊膜，里面充满液体（即羊水），让胚胎
在其中漂浮，以减缓摇晃或震动所带来的冲击。第 186 页

羊水：羊膜内的液体。参阅**羊膜**。第 156 页

阳具忌妒：（penis envy）精神分析中的说法，认为女性有一种未显
露的渴望，想要拥有阳具，并因而导致女性的自卑感。第 151 页

氧化亚氮：（nitrous oxide）一种闻起来、尝起来都有甜味的气体，
在牙科与外科手术中，用来使病患失去意识。第 135 页

摇葫芦：指宗教仪式上，巫医用来驱赶邪魔而摇动的器具，会发出
声响。葫芦是指一种植物的果实，其外壳坚硬，晒干后可制成乐

器、器皿等。第 193 页

冶金术：锤打或加热金属，改变金属的形状或性质，以增加其价值或用途的技术或学问。第 472 页

叶：（lobe）身体器官里近似圆形的突出部分。第 55 页

页：书中的一张纸，也指上面所写或印刷的东西。引申为值得写下来并加以记载的事件，例如内文中"增添了新页"的用法。第 110 页

液压式破碎机：（hydraulic ram）藉由水等液体的压力来运作的破碎机。破碎机是各种用来敲打、压碎、捶入物体的器具。第 290 页

医神：参阅阿斯库勒比尔斯。第 7 页

胰岛素休克：（insulin shock）一九三〇年代开始采用的一种精神科的休克疗法。这种所谓的疗法，是注射一系列过量的胰岛素到体内，导致抽搐与昏迷。第 227 页

移情作用：（transference）在精神治疗的过程中，某个人，例如患者，不自觉地将感觉、恐惧或情绪转移到另一人（通常是分析师）身上。该理论主张，患者的感觉不是源自现况，而只是重复他在较早之前，对另一个人（例如父亲或母亲）的感觉。第 236 页

疑病症患者：（hypochondriac）过度忧虑自身健康的人。这种人经常会有想象出来的疾病。第 71 页

乙醚：（ether）一种无色液体，具芳香的气味，尝起来有甜味和烧灼感，曾用作吸入性的麻醉剂，使人进入无意识状态，对疼痛不会有感觉。第 73 页

义正词严：理由正当，措词严厉。第 284 页

异端：对某个思想或事物付出极大心力的团体；但其奉献是古怪、奇特或一时的。第 102 页

异教：非正统教派。在此为基督教徒对古罗马和古希腊人信仰的多神宗教的指称。第 33 页

抑制器：（censor）早期弗洛伊德的理论中，一种会将不想要或不喜欢的想法、冲动及感觉，抑制在人的无意识之中的力量。第 v 页

意识流：（stream of consciousness）持续不断地流过心灵的想法与感觉。第 104 页

意识形态：（ideology）个人或团体所持有的特殊观念或思维方式，尤指一套用以建立社会、政治或经济制度的思想。第 470 页

臆测：凭主观的意思猜想推测。第 iv 页

阴险：看似无害，但实际上却有着严重的影响。第 287 页

印度教：（Hinduism）印度的一门宗教，强调从物质宇宙中，透过清除欲望和消去个人身份而得到自由，其信仰包括轮回。印度教有《吠陀经》等经典。第 101 页

印度教三位一体：（Hindu Trinity）印度教中三个至高无上的神：大梵天（Brahma）是宇宙的创造者；毗湿奴（Vishnu）是宇宙的保存者；而湿婆（Shiva）则同时象征宇宙的破坏力和生育力。三位一体是指由三个独立的事物（像是神、人、事物等等）组合成一个整体，或彼此紧密相连。第 405 页

印度绳技：源自东方的一种魔术技法；魔术师先把一根绳子悬在半空中，让一个人沿着绳子往上爬，接着人似乎就不见了。第 102 页

印痕：（engram）分析式心灵陷入某种程度的"无意识"，因而让反应式心灵有机会记录的时刻；指该时刻的所有内容，其中包含全部的感官讯息。（出自戴尼提用语。）第 v 页

印痕复演：（dramatization）一整套非理性的行为。当印痕彻底受到再刺激时，这些非理性行为便会呈现出来。当印痕完全复演时，印痕内容会逐字流出，而且这个人会像演员、木偶般地扮演指定的角色。印痕复演在第二篇第三章《细胞与生物体》中有详细说明。第 81 页

印痕库：（engram bank）身体中的储存所，会记录和保存印痕及印痕中所有的感知。印痕是由此处对分析式心灵和身体产生影响的。（出自戴尼提用语。） 第 vi 页

印痕锁链：（engram lock chain）印痕锁是任一条印痕链上，发生于原点印痕之后，其本身也十分严重的印痕。印痕锁链即由一系列相似印痕互相连结所构成的链。第 94 页

印痕指令：（engram command）任何包含在印痕里的语句。（出自戴尼提用语。） 第 vi 页

英属圭亚那：（British Guiana）圭亚那（Guyana）的旧名。圭亚那是位于南美洲东北岸的一个独立共和国。第 7 页

忧心忡忡：忧愁不安的样子。第 185 页

邮轮：载运乘客、邮件、货物等等的大型船只，特别指一艘有固定航线的船。第 392 页

游街示众：一种惩罚方式。人由台车载着穿越大街小巷，暴露在公众面前，供大家轻视或嘲笑。第 284 页

宇宙：存在的一切事物；我们所存在的这个时空连续体，其中包含各种物质和能量。其范围不止于观测所得到的宇宙。第 8 页

预产期：预计的胎儿出生日期。第 316 页

预置：（predisposition）使人具有某种条件，而容易生病、受伤等。第 110 页

寓言：用来解释或教导哲理，常含有道德劝说的简短故事。第 174 页

原点：（basic）任何相似印痕组成之印痕链上的第一个印痕。（出自戴尼提用语。）第 216 页

原点的原点：（basic-basic）在受精之后的第一个印痕。只因它是第一个疼痛的片刻，所以是所有印痕链的原点。（出自戴尼提用语。）第 151 页

原生质：（protoplasm）无色、胶状的液体，存在于所有活的植物、动物和人类细胞之中；植物和动物细胞中的有生命物质。第74页

原汁原味：比喻忠于原本的事实或细节。第419页

圆顶礼帽：帽冠圆、帽檐弯曲的硬绒帽。第412页

运动：（motor）关于或涉及肌肉活动的。第v页

运动带：（motor strip）大脑中一块狭长的区域，一般认为是控制各种肌肉活动和身体动作的区域。（内文中有更多说明。）亦参阅**两个以脚跟倒挂的小人**。第338页

运行：（run）去实行或完成某事物；在此是指进行听析；对某人应用听析程序。如内文中"他把这些期间当作真的印痕来运行"的用法。第241页

Z

灾变：大型的灾难或变故。第35页

再刺激：（restimulation）生物体在周遭环境中，感知到有东西与其反应式心灵的内容或部分内容相似的状况。第79页

藻类：生活在海洋、湖泊、河川以及池塘等之中的简单生物体，如海草等。藻类不同于一般植物之处，在于它没有根、茎或叶。它们利用阳光作为能量来源，以制造自己的食物。第36页

躁狂：（manic）异常兴奋激动、具有夸大的幸福感，如内文中的"这就会是躁狂型的精神失常。"第71页

躁狂印痕：（manic）一种充满赞美的助生存印痕。一个人如果陷入了躁狂印痕，他的生命力就直接透过印痕展现，他的行为不管多么热情欢欣，实际上都极为偏差错乱，如内文中的"甚至可能是个躁狂印痕——那可惨了，尽管表面上它会让你'欣快'"。第116页

躁狂语句：躁狂印痕中的一个词组，如内文中的"如果还加上：'他

是个万人迷，女孩子都对他崇拜得不得了。'那就是带有躁狂语句的助生存印痕"。第 276 页

躁郁症患者：（manic-depressive）极度兴奋与极度沮丧的感觉交替发作的人。第 65 页

责难：强烈地不同意，公开批评或责备。第 33 页

喳喳鸟：（jub-jub bird）一只虚构的鸟，以本性凶猛而闻名，由英国作家路易斯·卡罗（Lewis Carroll, 1832-1898）所创造的角色，出现在其作品里。第 225 页

渣滓：比喻剩余而无用的事物。第 300 页

摘要：将篇章或论文内容以简洁的文字扼要叙述。第 i 页

詹姆斯·克拉克·麦克斯韦：（James Clerk Maxwell, 1831-1879）苏格兰物理学家及数学家。他于一八六四年说明了电与磁之间的关系，其研究为往后电学应用的发展奠定了基础。第 86 页

谵妄：（delirium）精神极度亢奋的状态，特征是坐立难安、胡言乱语以及产生幻觉。第 8 页

战斗衰竭症：（combat exhaustion）在漫长或严重的战争经验之后，所产生的焦虑、易怒、沮丧等状态。第 441 页

张力：（tension）心灵或情绪上的紧绷；强加克制住的担心、焦虑或兴奋。第 313 页

针灸：一种中医疗法，将针插入身体的某些特定穴道，以治疗疾病或导致局部麻醉。第 456 页

真空管：一度广泛使用在电子制品中，用来控制电流流动的装置。将密封的玻璃管或玻璃球中，所有的空气几乎抽光，以增进电流的流动，故名真空管。第 275 页

真理：（Truth）某些思想学派在一般或抽象的层次上，认定为真实或确实的东西；真理本身就是完整且绝对的，没有灰色地带。这

些学派主张 "真理" 属于人类经历范畴之外，因此其实无人可得
知。 第 391 页

枕木：铺在铁轨下用来垫平或固定铁轨的平行横木。 第 32 页

震颤谵妄：（delirium tremens）长期饮酒过量所导致的一种状况，症
状为产生幻觉、心神混乱、坐立难安、冒汗及不停颤抖。 第 421 页

正面我赢，反面你输：（heads I win, tails you lose）不管结果如何，
都是我赢。源于正面或反面（head or tail），即掷硬币决定先后
或输赢时的用语。当硬币落定时，就要求掷币者说出哪一面朝上。
如果他说的是正确的，他就赢了。硬币正面是有人头肖像的那一
面，反面则是另一面。第 122 页

正向暗示：（positive suggestion）在催眠状态中，给予催眠对象一个
暗示或指令，之后这个人会不知不觉地遵从它。同样，任何在心
灵里的语句或指令，若运作模式类似被催眠者所接收到的暗示，
都称为正向暗示。 第 69 页

直觉：不经由推理或经验去理解事物，而由心灵直接去感受体验的
作用。 第 30 页

制约：（conditioning）当某对象每做出某个动作，即奖赏他或处罚
他，直到那个对象将那个动作联想或等同于愉快或痛苦，以改变
其行为之过程。这是基于伊万·彼得罗维奇·巴甫洛夫（Ivan Pe-
trovich Pavlov, 1849-1936）对狗所做的实验。巴甫洛夫会边摇
铃，边把食物端出来摆在狗面前。这个过程重复几次之后，每当
铃声响起时，不管食物有没有出现，狗（在预期下）都会流口水。
巴甫洛夫的结论是，所有后天的习惯，甚至是人类较高的心智活
动，都取决于条件反射。条件反射是反复将次要刺激物（如铃声）
与主要刺激物（如肉的影像）连结，而产生的反应（如狗分泌口
水）。 第 60 页

掷骰子：（shooting dice）在名为"双骰子（craps）"的机率游戏中，掷一对骰子。亦参阅七。第 116 页

掷骰子大富翁：（Parcheesi）一种由四人或四人以下玩的纸上游戏，以掷骰子来决定棋子如何沿着方格构成的路线移动。第 248 页

智齿：人类上下颚两侧最后端，最后长出来的四颗牙齿。第 136 页

智商：（IQ）智力商数（Intelligence Quotient）的简称；智力商数是利用测验而得到的数字，可依此得知一个人智力的程度。（商数的意思是除法的结果，同时也指计算这项测验在某年龄范围内之平均值的方法。）第 13 页

智障：心智能力不健全的；愚笨的。第 157 页

滞留指令：（holder）让人知情或不知情地停留在某个印痕中的印痕指令。（出自戴尼提用语。）第 235 页

中风：（paralytic stroke）通往大脑的血管阻塞，造成氧气供应不足，导致身体部分瘫痪。第 425 页

中了邪：仿佛被邪魔附身，或被邪恶的咒语所影响。第 169 页

中伤：用言语破坏别人的名誉。第 122 页

重述：（recount）向人讲述发生过的事件或经历。第 148 页

侏儒：身材过度矮小的人。第 165 页

主义：对事物或原理的基本主张，是一种观念和信仰的形态，可形成一股思潮或学说。第 470 页

资料库：（bank）信息的储存装置，例如在早期的电脑中，资料是储存在一叠或一系列的卡片上；这些卡片即称为资料库。第 57 页

子宫颈：（cervix）子宫底部的颈状开口，下接阴道。第 284 页

自力更生：靠自己努力开创生机。第 406 页

自律神经系统：神经系统的一部分，负责调节非自主以及表面上看来自动化的活动，例如心跳速率、呼吸以及消化。第 115 页

自然淘汰：即天择。生命形式若能发展出有利于生存的特性，便得以存活，否则便无法适应环境压力而遭受淘汰。在此过程中，某些生物体逐渐拥有较佳的生存特性，面对天敌、气候的改变、争夺食物或配偶时，会比同类的生物体更易生存，并能繁衍较大量的后代，因而确保那些有利的特性，能在后代中存续下去。第120页

自我催眠：（auto-hypnosis）对自我施行催眠的行为或程序；也指一种自我产生的催眠状态。第424页

自我中心：（egocentric）与他人交往或处理事务时，只顾到自己的需求或益处，而不顾虑其它事物或别人的一种态度。第286页

自行控制：（auto-control）可控制本身，而不需要外在事物控制或操作。举例来说，一架飞机可以透过自动驾驶装置来飞行，并维持在一定的高度和航线上，不需驾驶员以手操控。自行控制与戴尼提的关系，在第三篇第九章（二）的"自行控制"一节中有说明。第360页

总和符号：用在高等数学中的符号，代表东西加在一起后的总数量。第3页

纵情酒色：过度且无节制地放纵一个人的欲望，特别是追求感官上的满足。第33页

走私：非法私运货物到某地的犯罪行为。第214页

阻生：紧紧地挤压在一起，如一颗牙齿硬挤进颚骨与另一颗牙齿之间，结果因为位置不正常、缺乏空间等等，导致牙齿不易长出来。第136页

组织胺：（histamine）当过敏反应出现时，身体组织释放出来的一种物质。组织胺会使更多血液和其它液体流至受影响的区域，来帮助身体抵抗感染。但组织胺同时也会制造令人不舒服的反应，像是打喷嚏、流眼泪、流鼻水、发痒以及身体组织肿大。第109页

钻木取火： 一种古代装置，由一把以弦系住两端的木制弓，及一根作为钻头的尖锐棍棒（或骨头）组合而成。弦环绕钻头的一端，钻头的尖端抵靠在一木块上，当弓左右移动时，尖端摩擦生热，使木块开始燃烧。第 472 页

罪恶情结：（guilt complex）在精神分析中，情结是一组会迫使人习惯性地采取特定行为的冲动、想法和情绪；罪恶情结是会引发罪恶感的冲动、想法和情绪。第 315 页

《醉汉》：（The Drunkard）由威廉·H·史密斯（William H. Smith, 1806-1872）在一八四四年所写的通俗剧本，内容是关于酒的危害以及戒酒的好处。该剧一再翻版重演，成为美国寿命最长的剧作之一。第 214 页 ▓

索引

A

A=A=A , 77, 213, 391

AA

参阅**企图堕胎**

A **计划** , 464

AP（**偏差错乱人格**）, 147

阿斯库勒比尔斯 , 145

神殿 , 7

艾利斯 , 122

爱

儿童与 , 124, 408

"血亲之爱" , 182

亦参阅**亲和力**

爱情 , 357-360

奉承讨好与 , 356

爱因斯坦 , 10

癌症 , 111

安东·梅斯梅尔 , 295

安静 , 138, 184, 186

伤害发生时 , 187

听析员守则 , 208

暗示 , 69-81

催眠后 , 69, 70, 78

调高或调低听力、视力、触觉 , 112

例子 , 69

偏差错乱的种类与 , 70-72

是否"有效" , 70

听析员与 , 219, 443

同情印痕与 , 78

亦参阅**正向暗示**

按按钮 , 91, 269, 410

因素 , 269

按住的 7 , 23, 164

计算器 , 269

例子 , 395

澳洲原住民 , 7

B

B **计划** , 465

BP

参阅**基本人格**

巴里摩尔 , 214

巴甫洛夫 , 169

巴斯德 , ix, 110

拔牙过程 , 135, 420

包藏

生命力 , 283

时间与包藏伤痛 , 330

抱持怀疑的个案 , 395

暴力统治 , 164

保密 , 364

保险丝 , 67

贝德兰姆精神病院 , 8, 116

C

D

K

W